99

新知
文库

XINZHI

London Rising:
The Men Who Made
Modern London

Copyright© Leo Hollis 2008

This edition arranged with Conville & Walsh Limited

through Andrew Nurnberg Associates International Limited

伦敦的崛起

五个人重塑一座城

[英]利奥·霍利斯 著　宋美莹 译

生活·讀書·新知 三联书店

Simplified Chinese Copyright © 2018 by SDX Joint Publishing Company.
All Rights Reserved.
本作品简体中文版权由生活·读书·新知三联书店所有。
未经许可，不得翻印。

图书在版编目（CIP）数据

伦敦的崛起：五个人重塑一座城／（英）利奥·霍利斯（Leo Hollis）著；宋美莹译．—北京：生活·读书·新知三联书店，2018.7 （2021.4 重印）
（新知文库）
ISBN 978-7-108-06278-9

Ⅰ．①伦…　Ⅱ．①利…②宋…　Ⅲ．①城市史-史料-伦敦　Ⅳ．① K956.15

中国版本图书馆 CIP 数据核字（2018）第 069739 号

特邀编辑	刘清愔
责任编辑	徐国强
装帧设计	陆智昌　刘　洋
责任校对	曹忠苓
责任印制	卢　岳
出版发行	生活·讀書·新知 三联书店
	（北京市东城区美术馆东街 22 号 100010）
网　址	www.sdxjpc.com
图　字	01-2018-3049
经　销	新华书店
制　作	北京金舵手世纪图文设计有限公司
印　刷	北京市松源印刷有限公司
版　次	2018 年 7 月北京第 1 版
	2021 年 4 月北京第 3 次印刷
开　本	635 毫米 × 965 毫米　1/16　印张 25.5
字　数	308 千字　图 41 幅
印　数	13,001-16,000 册
定　价	58.00 元

（印装查询：01064002715；邮购查询：01084010542）

新知文库

出版说明

在今天三联书店的前身——生活书店、读书出版社和新知书店的出版史上，介绍新知识和新观念的图书曾占有很大比重。熟悉三联的读者也都会记得，20世纪80年代后期，我们曾以"新知文库"的名义，出版过一批译介西方现代人文社会科学知识的图书。今年是生活·读书·新知三联书店恢复独立建制20周年，我们再次推出"新知文库"，正是为了接续这一传统。

近半个世纪以来，无论在自然科学方面，还是在人文社会科学方面，知识都在以前所未有的速度更新。涉及自然环境、社会文化等领域的新发现、新探索和新成果层出不穷，并以同样前所未有的深度和广度影响人类的社会和生活。了解这种知识成果的内容，思考其与我们生活的关系，固然是明了社会变迁趋势的必需，但更为重要的，乃是通过知识演进的背景和过程，领悟和体会隐藏其中的理性精神和科学规律。

"新知文库"拟选编一些介绍人文社会科学和自然科学新知识及其如何被发现和传播的图书，陆续出版。希望读者能在愉悦的阅读中获取新知，开阔视野，启迪思维，激发好奇心和想象力。

生活·讀書·新知三联书店
2006年3月

  我现在要用歌辞赞美敬虔的人，就是要赞美我们的列祖。……这样的人都是为同时代的人所钦敬的，他们在当时得了荣耀。……在这些被纪念的人中……有人建造了宫宇，为上主修建了圣殿……并修葺了我们的房屋。

——《便西拉智训》(*Ecclesiasticus*)

献给我的父亲奈杰尔和岳父迈克尔

目　录

前　言　1

第一部　内战时期的孩童

第一章　有史以来英格兰年轻人的最大危难　3
第二章　无声的革命　29

第二部　复辟时期伦敦的兴衰

第三章　复辟与复兴　53
第四章　双城记　79
第五章　"伦敦不复存在了"　109

第三部　我将再起

第六章　丈量城市　133
第七章　测绘总监　156

第四部　现代伦敦的形成

第八章　投机的城市　185
第九章　古老与现代　204

第十章　政治的对立　223

第十一章　革命前夕　246

第五部　伦敦再生

第十二章　彻底摧毁，重新再造　279

第十三章　伦敦革命　301

第十四章　凤凰涅槃　323

第十五章　终点　346

注　释　361

参考文献　370

致　谢　385

前　言

走过伦敦纵横交错的街道与邻近地带，整个城市所展现的现代化、速度以及闪亮的外表和繁忙的交通，都在呈现着未来的意象。然而，伦敦有着很多层面，钢铁、玻璃帷幕的背后，往往还留存着许多过往的历史。利德霍尔市场（Leadenhall Market）里有个理发厅，地下室还保留着发掘出的1世纪古罗马广场石块；伦敦市政厅前院底下，还有罗马人在5世纪留下的圆形露天剧场遗迹，此处一度是盎格鲁－撒克逊族人的"部族会议"，也就是当时公民集会的场所。君临其上的市政厅，自12世纪以来即是伦敦旧市区（City of London）的权力中心。伦敦的历史从其街道名称也可略窥堂奥，如古城墙里面的中心市集齐普赛街，英文称为Cheapside，其中cheap在中世纪英文里指的便是"市场"，时至今日齐普赛街左右还有面包街和牛奶街，顺着齐普赛街还可通到鸡农和菜农做买卖的"鸡鸭路口"。

当我们揭开一层又一层伦敦的历史面纱，这座城市就益发显得复杂而多元。伦敦是个在古迹上重新打造的城市，历史上没有任何一个时代，比起1666年伦敦大火后的17世纪，更能让人看到这项叹为观止的事实；也没有其他建筑物比重建后的圣保罗大教堂更辉煌、更有象征意义。伦敦此番史无前例的大重建，重建的不仅是城市的砖石，更远远涵盖了机构组织和街道的规划，这些熙来攘往的市集和活力旺盛的商行，至今仍是金融中心"平方英里"（Square Mile）的主要景观。

17世纪所体现的不只是伦敦的重生，同时也预示了现代城市的样式，重建的伦敦成为全世界各大城市复制或转型的学习范本。这个时代人们初次触及的问题，至今仍是我们深思的课题，如政府是什么，我们要如何判断某件事的真伪，世间是否存在一种普世的基本法则，如何权衡利益是否符合道德规范，或者上帝是否存在。本书讲述的就是，这个现代都会的种子当初如何播下的故事。

17世纪中叶的伦敦是个充满了不安的城市，人人都很焦虑，到处都是关于上帝的预言。乘马车来的外来访客，投宿在城外的众多旅店中，他们一下车就被淹没在汹涌的人潮里；随着泰晤士河浑浊潮水乘船而来的人，一路在雾气弥漫的空气里看到的，是北岸杂沓的中世纪屋顶和高耸的哥特式尖塔。水边的木结构房屋紧临河岸而建，水手和商人在码头和仓库之间忙碌穿梭，这些仓库存放着来自世界各地的商品。在优雅的伦敦大桥前上岸的旅客，将被迫卷入那些等待通行的拥挤人潮，并马上体会到大城市生活的混乱喧嚣。

离开河岸，进入旧市区的中心，街道上挤满了人和马车，一切都在移动。下垂的屋檐几乎遮蔽了天空，看起来就像弯腰祷告的僧侣。空气中弥漫着烟尘，就如作家约翰·伊夫林（John Evelyn）假借一位法国游客的语气撰写的《英格兰之特色》里所述："居民呼吸的尽是污浊浓重的雾状空气，空气中夹杂着满是煤灰的污秽蒸气，使他们的生活暴露在种种不便与不快中。"[1]步行时既缓慢又危险，虽然部分主要街道都铺设好了，但大部分街道铺设的却是产自肯特郡（Kent）的尖锐碎石，较小的巷道则铺上土，因此一旦下雨就变成泥泞不堪的灰泥沼泽。路上到处丢满垃圾，任由雨水把它们冲到泰晤士河里去。无雨的夏季，整座城市简直臭气冲天。

17世纪下半叶，伦敦濒临瓦解的边缘。旧市区变得太过庞大，导致中世纪的行业公会、市政府官员和一年一选的伦敦市长再也无法掌控。邻近的新兴区域绕着"平方英里"的城墙迅速扩张，城墙对古城虽有防卫功能，却也限制了它的发展。17世纪40年代时，三分之二以上的人口已经散布在新兴的外围市郊。当时，在旧市区里享有市民权而不再是学徒的职业人士被称为自由工匠，他们除了有公会的保护，也具有相当的社会地位，对公会具有责任和义务；而在郊区营业的商人，当时被称为"无主之人"，他们不受公会管理，既非学徒也非自由工匠，拒绝承担与自由工匠相同的责任与义务，这些人的兴起对首都的政治经济形成了一种威胁。

内战使得英格兰、爱尔兰和苏格兰四分五裂，1642—1648年的内战中心就在伦敦。首都成了"当前叛乱的温床"[2]，然而，几年内伦敦却变成它自己所制造出的新事物之受害者——共和国取代了王室，但政治并未因此稳定，伦敦人生活在恐惧不安中。王室的复辟重建了秩序，大家又重燃恢复旧制的希望，可惜这个希望也不过是昙花一现的幻梦而已。

1665年，王室复辟后五年，当初的欢欣鼓舞和满怀希望，受到一场瘟疫的打击，千百条性命就此丧失。第二年夏天，英格兰遭受干旱，牛津的河川因此干涸。除了7月一场怪异的冰雹以外，整个夏天都没下雨。到了仲夏，伦敦的木结构房屋干燥得像引火物一样，只要有零星火花就可以引燃整座城市。

1666年9月2日，周日晚上，河北岸布丁巷（Pudding Lane）

的一家烘焙店开始起火。以伦敦那样拥挤的巷道，火灾本来就是难以避免的灾害，但是，这一次一定是哪里出了严重的差错。作家伊夫林在日记里记载道，他第二天下午从位于德特福德区（Deptford）萨耶院（Sayes Court）的住宅要出门时，他的花园篱笆对面国王军需库的众水手正在集合，赶着去救火。伊夫林当天走到泰晤士河南岸的河岸区时，简直不敢相信自己的眼睛，仿佛在看一场大毁灭的恐怖戏剧。他能找到的描述眼前景象的方式是："狂暴的烈焰发出的爆裂声响震耳欲聋，女人、小孩哭喊尖叫，群众飞奔逃命，高塔、房屋和教堂纷纷倒塌，仿佛一场骇人的狂风暴雨……毁灭的景象一如特洛伊战争。"[3]

那天稍早，黑烟蔽日，使得白昼有如黑夜，伊夫林还记载，黄昏之后烈焰高张禁止了黑夜的到来，"十里之内光亮有如白昼，白昼呈现的方式却十分骇人"。天空变成血红色，仿佛空气都着了火，"如同燃烧着的炉子顶部"。伊夫林除了哀叹，也束手无策："啊！如此惨绝人寰的景象，自开天辟地以来应属空前，未来除了毁灭宇宙的大火之外，恐怕也是绝后了。"他眼前整个伦敦都在熊熊燃烧，火焰一条条街道、一栋栋房子地延伸跃进，风暴似的一路吞噬，无一物能够幸免。他无助地看着一切，叹道："伦敦再也不存在了。"[4]

伊夫林特别注意到位于拉德盖特山丘（Ludgate Hill）上俯视着首都的圣保罗（St. Paul）大教堂，它在烟雾中朦胧可辨。此刻，它还耸立于烈焰之外，而到了周二，教堂巨大的正殿已经挤满了前来避难的人，他们不是来乞求上帝的保护，就是以为圣保罗大教堂这样大的建筑应该足以庇护里面的民众。当地商人赶着把货物搬到教堂的墙下，而密集开设在教堂庭院周围和英国书业公会（Stationary Hall）附近的印刷商，早已把他们的纸张、草稿和作品堆满了教堂地下的圣菲丝（St. Faith）礼拜堂。

到了中午，火焰包围了整个教堂庭院，不到几小时，教堂周围已经陷入火海，几乎所有来寻求庇护的人，都不得不慌张地逃离。幸而所有人都惊险地及时脱逃，只有一位老妇人例外，三天后，有人在教堂的哥特式主体边发现了她蜷曲焦黑的尸体，以及一些烧焦的狗皮。作为伦敦古老地标的圣保罗大教堂与它象征了一千年的城市，沦于同一命运。

炼狱般的烈火由于东风的煽动，狂烧了四天。吞噬13200栋房屋、87处地方教堂、6座奉献礼拜堂，以及所有贸易中心和政府的主要建筑，如市政厅、皇家交易中心、海关大楼、会议大楼、52栋公司大会堂，还有位于布莱德威尔（Bridewell）、新门（Newgate）、伍德街（Wood Street）和鸡鸭路口的监狱，外加3座城门和4座石桥。财富于瞬间付之一炬，金属餐盘熔入土中，昂贵的香料蒸发成带着刺鼻恶臭的气体。光是出版同业公会的印刷商，就损失了价值200万英镑的书籍纸张，所有紧急堆放在圣保罗大教堂地窖里的财货尽皆化为灰烬，泰晤士街的码头商则损失价值150万英镑的烟、酒、糖和李子。

然而，伦敦并没有就此消失。短短六十年内，这个大都会从大火的余烬里蜕变重生。到了1708年，仅仅不过人一辈子的寿龄，伦敦便成为欧洲最大的城市，也是国际贸易的风炉，从此向建构大英帝国的路子迈进，逐步将自己打造成世界金融中心，并奠定英国启蒙主义的基础。

这个大都会的重生过程中有五个关键人物——克里斯托弗·雷恩（Christopher Wren）、约翰·伊夫林、罗伯特·胡克（Robert Hooke）、约翰·洛克（John Locke）和尼古拉斯·巴本（Nicolas Barbon）。他们的故事要从伦敦大火的二十年前开始说起。因为生长在英格兰内战时期，内战爆发所带来的动乱和不安，都在他们的生命中留下了不可磨灭的印记。这场内战主要肇因于政治和宗教的冲突，进而导致国家分裂。造成分裂的原因当然不止于此，不过对这五个人来说，这个童年经验让他们产生了寻求一个新社会的共同决心。

伊夫林出生于上流世家，父亲是英格兰绅士，在国王、教会、义务的既定体制和信念下，从小就可以预期他一辈子享有闲适生活的特权；雷恩是在英国国教的高层阶级长大的；胡克的父亲也是神职人员，不过是低层阶级。雷恩和胡克从小就认为自己会受传统教育，然后一辈子在既有的教会体制里工作；洛克的父亲是萨默塞特郡（Somerset）的乡下律师，而巴本的父亲则是伦敦备受尊重的工匠，也是清教徒的传教士，由于并非国教，只能秘密信仰，常有遭受迫害的恐惧。

对他们每个人来说，内战瓦解了稳定和有序的生活，带来了动荡不安和无所适从。雷恩和胡克的父亲失去职位，被贴上"罪犯"的标签；伊夫林离开英格兰，远游寻求慰藉，因而改变了他的一生；巴本的父亲变成新政权下聚众闹事的主要领导人；而洛克则在恐惧中眼见各种思想的种子互相冲突发展，进而影响到他的余生。骑士党（Cavaliers）和国会的战事虽然于 1648 年结束，当时出现的许多小派系仍持续争斗了半个世纪以上。大家都想转变和修复这个国家，经过种种失败和努力，现代英国才由此诞生。

然而内战的余波和后果不只影响到社会的传统秩序，却也成了国家文化和思想的转捩点。内战之起不只是对国王个人的攻击，也是对整个阶级结构的质疑。国王的权威奠基在什么上面？王位遭受攻击，支持它的机构也同样受到攻击，包括教会和大学，因为他们都认为真理是专属于王室的。新观念和知识的来源渠道产生了，从内战的大混乱之中发展出的哲学，预示了现代科学的诞生。这种追求新真理的精神分别显现在战后社会的无数领域中，伦敦则是这许多场辩论的主要思想中心。

1666年那场毁灭性的大火，意外地给了这五个人改变一生的机会。大火过后，大家就城市的性质讨论计划：伦敦应该要依照旧基地的规模重建，还是要以全新的城市规模加以取代？对雷恩、伊夫林、胡克、洛克、巴本来说，大火给他们提供了一个空白之地，可以就此打造一个现代化的城市。

胡克是大火过后对伦敦新貌最早产生影响力的人。他是模范思想家，用新方法测量记录首都焚毁的程度，把中世纪混乱不堪的建筑学转变成清楚易懂的科学，因此，他以数学来规划重生的首都。胡克重建城市的工作，与他的另一个角色是相辅相成的，他是1660年成立的英国皇家学会里的"新哲人"（New Philosopher），这个机构是专门为促进人们重视实验和数据而成立的。

对巴本而言，伦敦被毁为他提供了另一种形式的机会，即投机、利益与建筑商的兴起。他是从都会的建筑业起家的，在伦敦古城墙内重建被烧掉的房屋。不过当他的野心变大以后，偶然发现了"石块"之外的新机会，也就是发展改建苏豪（Soho）、斯皮塔菲尔德（Spitalfield）、霍尔本（Holborn）等郊区。巴本对利益的追逐，使得伦敦发展出现代城市的新貌，也促成经济与商业的新观念。

洛克是在大火之后才到伦敦来的，一到此地便卷入政治与知识圈的剧变。他与庇护他的安东尼·阿什利·库珀（Anthony Ashley Cooper）爵士一起工作，专注思考贸易与资产、宗教信仰自由、政府机构、知识原则等问题。这些思想使洛克身处危境，随时有可能会被控煽动叛乱，甚至驱逐出境，可是他的理论却对首都的知识思想形成有着极大的影响。

对伊夫林而言，这场大火使他这样一个富有思想和品位的人，有机会在最苛刻的试炼下把想法呈现出来。由于经常被人低估为一个有点小聪明的外行人，伊夫林靠着文笔、结交重要人物，以及他在萨耶院自家的作品，为自己赢得颇具权威的声望。他的作品质疑并激辩有关英国人形象的塑造。例如怎样定义英国的特质，"英国式的"所表达的是什么，贸易、宗教、理性与文化之间的关系是什么。

然而，对于这次伦敦的重生与现代英国的崛起，最有代表性的还是要算圣保罗大教堂的重建，以及雷恩自身想要创造现代建筑的企图。他最初以天文学家成名，代表最前卫的世界新视野，推动理性、实证与科学方法。然而，在成为建筑师以后，他重新界定了自己的原则，在传统的设计艺术里，融入从实验室里学来的现代方法。圣保罗大教堂就是这个新方法的见证。

圣保罗大教堂在整个17世纪所代表的意义，诉说了一个在巨变洪流里与时代搏斗的国家的流动多变的故事。时至今日，它仍然是伦敦的一个神圣的象征物，同时也是国家庆典和严肃仪式的所在地。站在圣保罗大教堂的穹顶底下仰望石块堆砌的半球体，下面理应是静默的厅堂与耳语的长廊，寂静却被每日循环的礼拜仪式和每年80万游客的脚步声打破。穹顶的比例非常完美，光线从上面射入内部空间，穹顶的顶端有个类似望远镜之眼的镜片，将光束从顶端灯塔的底座投射而下，光几乎成了建筑的一部分。

圣保罗糅合了复杂的观念，也把时间凝结在石块中。大教堂站在这段伦敦与英国历史的中心，成为这个时代的象征与投射。到18世纪初，大火之后不过四十年，圣保罗被重建。1708年10月，雷恩站在大教堂前的庭院中，仰视他自己的作品，看着最后一块砖石被砌在尖顶上。据他的家族历史《祭祖文》所记载："穹隆顶端最高处,也是最后一块石头,是由验收官雷恩指定其子代替他亲手摆上的。"[5]

它是一个人毕生作品的巅峰,也是经历过内战、瘟疫、大火、革命和政治大混乱,却仍然能够把周围市区重铸成现代化首都的一代人的永恒见证。

第一部

内战时期的孩童

第一章
有史以来英格兰年轻人的最大危难

当今革命的摇篮

在国会所在地威斯敏斯特宫（Palace of Westminster）前面的大广场上，群众开始聚集，带着挑衅也带着恐惧，他们是为战事的逼近而来的。1641年12月和次年1月之交，有个伦敦人看到，"早在国王和国会都还没有武装之前，人民已经在街上开战了"[1]。古城墙内，教堂遭人袭击，街上到处是革命的传言。表象底下，漫延的是对天主教阴谋的恐惧，1641年秋天爱尔兰人残暴屠杀新教徒的旧事，使全国充满了恐惧不安。没有人知道接下来会发生什么。

伦敦是个危险的地方，尤其是对年轻人而言。作家亨利·皮查姆（Henry Peacham）1642年出版的《居于伦敦的艺术》一书描述，当外头乱民聚集时，城市就像"一个巨大的海洋，充满了强风、骇人的暗礁与乱石，准备在暴风雨降临时，让脆弱和缺乏经验的小船沉没，并把新入伍的水兵从船上抛掷出去，连同罗盘和技巧熟练的舵手也不能幸免"[2]。战争前兆带来的毁灭性，立刻打击到雷恩的家庭生活，当时他才9岁。

雷恩1632年10月出生于威尔特郡（Wiltshire）的东诺伊尔（East Knoyle），受洗所用的名字是前一年死去哥哥的名字，在那个吉凶难卜的年代，这是很普遍的现象。他的父亲当时43岁，是地方教区的牧师。雷恩6岁时，父亲受邀进入王宫当查理一世的弥撒牧师，这个尊荣的职位使他们全家得以入住宫廷。雷恩全家搬到温莎堡（Windsor Castle），住在防御墙边缘的房屋。在王宫的属地之内，他们与全国最尊贵的家庭生活交融。雷恩一家代表了权威的上层阶级，他们深信在这个世界中，上帝、国王、主教、贵族位于社会阶层大树顶端的固定位置。然而，这棵大树很快就连根带枝受到攻击。

1641年秋天，这个年轻的男孩从温莎到邻近的威斯敏斯特公学去上学，这是英格兰最古老尊贵的学院，在宗教改革早期由亨利八世所建，是代表英格兰人文精神的堡垒。由严格的校长理查德·巴斯比（Richard Busby）博士带领，培育全国最聪明的学生。然而，当年轻的学生在此求学时，在公学和威斯敏斯特宫中间的开阔地上，事件已经闹得沸沸扬扬。

1641年圣诞节后两天，有人在主教进入国会时出言羞辱他，国王的守卫因此与群众起了冲突。第二天晚上，群众趁天黑以威斯敏斯特修道院（Westminster Abbey）这个王室正统的象征为目标，一边大声辱骂以壮声势，一边朝庭院西侧袭击，先破坏窗户，然后是大门，随即转为暴力。威斯敏斯特公学的学生也卷入这场混乱，他们准备了毛瑟枪和20磅重的火药，堆在公学的院子里。当群众里较为好斗的人开始猛击教堂大门时，学生协助守卫抵御暴民，捍卫这座古迹。

在这场风波中，几乎等同雷恩家族同义词的英国国教，正是主要的靶子。雷恩的叔叔马修（Matthew Wren）担任伊利（Ely）主教，是教会的高级领导者之一，理所当然成为公共宣传的攻击目标，他的名字响遍伦敦街头，被许多海报丑化成魔鬼，说他在国会里鼓动战争，反对神旨，并谴责神的臣民。1641年8月，就在其侄子雷恩到威斯敏斯特公学来念书的那个月，马修被国会控告崇拜偶像与迷信。次年，他被下狱伦敦塔，在此囚禁了十八年。

当战争急速逼近时，少年雷恩稳定的世界也为之瓦解。大教堂之乱三天后，他写了一封新年信给父亲，誓言："我会尽力发挥才能，不让它白白浪费，而我成为不知感恩之人。愿全能的上帝在我的承诺中与我同在，在您温柔的父爱里为您做好所有您最想要我做的事。"[3] 未来如何，似乎已不再安稳确定。

1642年秋天，查理一世宣布开战，雷恩家与全国人一样感受到冲击与恐惧。10月，福格（Fogg）上校率领国会的军队，进入温莎堡。雷恩家损失了所有财物，不是失窃就是遭到破坏，而且全家还被赶出城堡辖区，城堡后来也未逃过被洗劫的命运。士兵进一步的侮蔑是把教堂的大门打破，征收所有杯盘。只有主任牧师事前埋在宝库底下的珠宝逃过一劫，一直埋藏到1660年。

雷恩一家回到位于东诺伊尔的房子，当地教区并不欢迎他们，地方上的清教徒诽谤他们，破坏他们自己付钱所买的教堂饰物，还给他们冠上危险的"失职者"之名。后来，雷恩父亲的职务被剥夺，一家人又卷铺盖搬家，他们最后在牛津郡的布赖特钦顿（Bletchingdon）找到避难之处，住在威廉·霍尔德（William Holder）家里，他刚娶了雷恩的姐姐苏珊。

战争之初，伦敦是站在革命分子一方的。聚集在威斯敏斯特广场上的群众煽动起首都人的狂热情绪，街上到处是民兵，还有地方卫兵与行会的操练演习。旧市区里，保王派绑上红布条，在街上与市民争斗冲突。郊区的人聚集到首都来游行，以表达对国会的支持。市民为了连接并保护旧市区和威斯敏斯特，开挖了一圈防御土垒，称为"交流线"，这是由市民自己承担建筑工程的社区活动，包括女人、小孩，甚至市长夫人都出面参与，这在伦敦历史上还是第一次。沟渠围绕首都，与军事堡垒结合，不仅能瞭望远方前来的军队，而且可以监视"作乱的市民，以确定无论在什么情况下都能快速平定"[4]。没有人知道威胁会从哪里来。所有紧靠着古城墙而盖的建筑都被拆除掉，作为第二道防御措施。通往市郊的道路都设置了路障，炮台也准备好，定期开火演练，以备不时之需。

8月中，查理一世终于亮出底牌，对自己的臣民宣战。他从诺丁汉的营地向南出师，希望在冬季之前进入伦敦。1642年11月13日，军队抵达距首都8公里处，王室军队在图汉格林村（Turnham Green）的平原上遭遇伦敦的民兵。来自各方的民众，总计男女老幼24000人，都前来保卫自己的家园。每个拿得起铲子的，都一起来帮忙，在一夜之间把防御工事修建起来。他们吃饱喝足，虔心祷告，聚集在房屋和巷弄之间，使得王室军队的攻击无从着力。伦敦民兵的首领菲利普·斯基庞（Philip Skippon），在城市外的最后一道防线上集合部队。面对这群愤怒的造反者，国王犹豫了，他下令撤军。

查理一世再也没有机会像这次这么接近伦敦，他已经失去首都，而其中被迫拱手让给敌人的最大宝物，就是圣保罗大教堂。大教堂是旧市区的崇拜中心，危机时期给市民母亲般的慰藉，它曾经是全世界第二大的教堂，更是伦敦的骄傲。它也是王室统治的最高权力象征，在这里，国王的权力通过神职人员和主教的运作，高高挺立在城市的日常喧嚣生活的上方。然而，当内战的阴影降临伦敦时，所有动乱的罪恶，也都归到了它的头上。

早在战争爆发的十年之前，建筑师伊尼戈·琼斯（Inigo Jones）

已经着手处理这座大教堂了。他企图把这座哥特式的建筑改造成国王权力的象征，在英格兰这是前所未见的。13世纪所建的哥特式教堂主体，将被重新敷以白色的波特兰石（产自英国南部波特兰岛），让它在阳光下熠熠生辉；将扶壁和礼拜堂的风格古典化，把传统的形式转变成古罗马巴西利卡式长形教堂；教堂西院，五道巨大的黑色大理石阶梯，往上通向古典式的柱廊，看起来不太像英式建筑，倒比较接近罗马风格。朴素的西端正面有十根巨大的科林斯式柱子，各约4英尺宽，60英尺高，柱顶的檐楣形成一道长线，高过教堂大门，上头立着詹姆斯一世和查理一世两座雕像。琼斯的这座新庙堂，把上帝和国王的权力结合为一，扮演着首都古权势的唯一守护神角色。

城中不属于国教派、由秘密集会产生的清教徒反对派，却不做如是想。对他们而言，新改建的大教堂反而证明了国王想要压迫他们的信仰方式，让英国再次听命于罗马，它是用来快速确立反对者罪名与惩罚的手段，这正是他们最害怕的。1642年，教堂院区发生了一次暴乱，乱民企图破坏教堂管风琴。围绕教堂四周的小印刷店出版了两千份宣传小册页，从各种不同角度反映当时的冲突，有保王派、清教徒、旁观者等。这些未经审核的大量出版品，在危机急速加剧的时期，在城市里扮演了引导、告知、谴责和煽动的角色。都会里开始充斥了传单、海报、歌谣、报纸等，伦敦街道成为报纸言论的国会，每位市民都有自己的意见。

1642年这第一场"动乱时期"的小论战之后，圣保罗大教堂的整修工程停工，琼斯从城市逃亡，改建计划没有完成。圣保罗面对敌人的威胁，而院区四周出版商发行的宣传小册页又替保王派阴谋论和这栋"庞大无用的建筑物"之间的关联增添了许多谣言，使得大教堂已建成的部分被一步步拆掉。琼斯匆忙之间留下来的、围绕中心尖塔的脚手架，被拆卸下来卖给杰夫森（Jephson）上校，这导致部分屋顶因失去支持而塌陷，同时西面的古典式柱廊也遭到蓄意破坏。内堂南侧袖廊的大理石地板被挖起来，卖给有钱的市民，然后变成锯木场；连屋顶的铅块也被拔走。一座大教堂就此沦落为荒废的谷仓。遭受这些破坏之后，接下来的问题是，是不是应该把整座大教堂都给拆了？

清教徒掌控首都之后，驱逐大教堂的神职人员，解散英国国教的机构，将主教的土地卖掉，用来支付给国会的军队。到1643年，伦敦五分之四的神职人员由清教徒的宣教士取代，他们担任了圣坛的宣教工作。有一小段时期，圣保罗的东侧用做讲道坛，同时内堂有清教徒的热烈讨论，不同的聚会可以自由使用大教堂的各个区域，以不同于传统的方式做礼拜。教堂外面南面的墙上，盖了一排靠墙的斜顶单面建筑物，变为成群的店面和销售摊。最后在1644年，管风琴被破坏，连同所有的财宝一起被没收。教区办公室变成监狱，原有的金银杯盘被熔掉，琼斯的改建基金用来支付军队的欠饷。

对某些人来说，这些对大教堂的侮辱，等于是对国家希望的象征的亵渎，简直令人难以忍受。伊夫林后来写道：

> 你会讶异这个时代的天才居然会遭受如此命运，这样一座美好可敬的建筑，竟变成无赖的仓库，如此卑劣地抹黑毁损，再没有更贪婪、恶劣、卑鄙、畸形的心态可以形容它了……啊！这圣保罗是何等可厌的髑髅地！英格兰是全世界唯一让基督徒教堂变成厕所和马房、市场与酒馆之处，要想把酒馆老板和金钱交易者赶出庙堂，恐怕毒蝎子比皮鞭更有用。[5]

"动乱时期"之初,传言把威斯敏斯特公学说成伦敦保王派的避难所,是个危险的地方。如后来一位国会议员告诉奥利弗·克伦威尔(Oliver Cromwell)的:"若不镇压威斯敏斯特公学,国家将永无宁日。"[6]知名保王派家庭出身的少年雷恩,在此已经不再安全,于是他前往牛津郡布赖特钦顿的避难寓所与家人会合,此处暂时还在保王派的掌控中。牛津郡的领主宅第改为驻军要塞,有200名士兵进驻,直到1644年4月24日,克伦威尔率领的国会军队抵达门外,当地保王派的首领弗朗西斯·温德本克(Francis Windebank)爵士投降,没有费一颗子弹。

当不安全感日益升高时,雷恩的未来不再稳定,然而不只是他而已,全国这一代的小孩都面临变化不定的未来,正如托马斯·富勒(Thomas Fuller)牧师的警告:"许多父母原应像是对子女呵护备至的大嘴鹈鹕,却因为这场违反自然的战争,成了逃避现实的鸵鸟,让孩子自己去面对残酷的世界。"[7]普通百姓不得不放下工作,参加操练并前往战场,在那里,炮弹、步兵的口号、毛瑟枪的射击以及长矛的刺杀,制造着一场浩劫。妇女小孩也不能幸免,许多主妇站在丈夫身边,帮忙给毛瑟枪上膛、保卫城墙,或挖防御工事,有时甚至要领队上战场。有军队驻守的乡镇,人民濒临饿死的边缘,到军队开拔,又变成敌军暴力掠夺的受害者,牛羊受惊奔逃,地方教堂也被破坏亵渎。

天地不仁

在英格兰南岸外,怀特岛的西角,有个小渔村叫弗雷什沃特(Freshwater),当地教区的副牧师是胡克的父亲约翰·胡克(John Hooke),在英国国教的阶层里,这只是个低阶小兵,收入低微。

除了办公室以外，他还有一个茅草覆盖的小屋，里面是客厅、书房、厨房和三间卧室，也够安居糊口了。1635年7月18日，次子胡克出生。虽然他的背景与雷恩相去不可以道里计，然而，他们两个人都因战争而改变了命运。

胡克小时候体弱多病，所以并没有按照一般习俗送到奶妈家，而是留在家中，后人所写的传记说其"主要食物为牛奶与水果，绝无任何不利其虚弱体质之物在其中"[8]。他虽然有个哥哥，却是个孤单的小孩。因为头痛所苦，无法专心，父亲也放弃了他的功课，本来希望他能跟随自己学习教会的事务，但胡克年仅7岁，动乱时期便已到来，几乎是与伦敦同时。胡克的家人深受战乱之苦，父亲失去维生的职业，不但不能在英国国教的正统教会里讲道，还像雷恩父亲一样，被冠以"失职者"的罪名遭受惩罚。但是在国会军队的控制下，岛上的生活虽然困难，却也算稳定。对年轻的胡克而言，这段时间给了他独处与探索的机会。

当雷恩和胡克因环境所迫，别无选择地要去面对国内难以预测的战争之时，伊夫林选择出走，离开动乱时期的危险，逃到较安全的欧洲大陆去。他出生于1620年，是萨里郡（Surrey）富有乡绅的次子，童年备受宠爱，寄养在奶妈家，母亲过度保护放纵，一度又被送到萨塞克斯郡（Sussex）的刘易斯（Lewes）去，与溺爱他的祖父继室一起住。他的教育长期被忽略，只从一个教区教会看门的修道士那里学到零碎的知识，并与一位法国教师学了拉丁文，9岁时他去上了地方上的一个"小"学校。父亲原想送他去伊顿公学（Eton College），但因学校素有严酷的声誉，年轻脆弱的他怕自己承受不起而拒绝。17岁时他到牛津去上贝利奥尔学院（Balliol College），也不曾获得任何优异成绩。

这个出身富裕却漫无方向的年轻人，可以用"不成熟、虚荣浮华、茫无头绪、漫不经心"[9]来形容。他到伦敦去,住在圣殿区一地,从他的住处窗户可以看到"这段动乱时期的伦敦,尤其是'宫廷'一带的暴动景象"[10]。伊夫林也面临另一个来自家庭的打击,多年为水肿所苦的父亲,终于在1640年的圣诞夜在沃顿(Wotton)过世。

新年的黎明时分,伊夫林跟着父亲的灵车到了墓地之后,觉得自己"在这场有史以来英格兰年轻人最大最惊人的危难里,孤单地遗留下来,自生自灭"[11]。当时年轻的他在当律师,有一幅画像是他离家旅游之前所画的,画中的他看起来忧心忡忡。他继承了母亲的鹰钩鼻子,据说还有她的忧郁弱点,对自己非常没有自信。失去父亲的伤痛,以及周围可怕的事件,对这个脆弱的年轻人似乎只有一个解决之道。幸运的是,他由父亲的遗嘱继承了一些土地,让他有钱旅游,可是身为人尽皆知的保王派,他的财产随时有被没收的危险。1641年7月15日,他搭船到西班牙的属地荷兰,踏出谨慎的第一步去"看世界",一半是为了寻找答案,一半是为了逃避国内的现实生活。

对雷恩来说,战争的破坏所导致的不安定生活,是无处可逃而必须面对的。他不像伊夫林可以掌握自己的未来,他还太年轻,不能不倚靠家人的翼护。胡克呢,外来的攻击使他的童年只能局限在弗雷什沃特的小世界里。对这三个年轻人而言,现下的形势十分危险,可是未来更不确定。如此危险的形势对三人的打击既深且重,不只打击了他们对未来的期望,也打击了他们身份认同的基础。如果他们不是自己父亲的儿子,又能是谁?

雷恩虽然离开威斯敏斯特公学,与家人住在一起,但父亲仍密切注意他的教育。雷恩之父是小有名声的学者专家,对纹章学、天文、数学有兴趣,姐夫霍尔德是神职人员,内战期间也失去教区职务，但以现代思想家的身份知名，对医药有专门研究。雷恩在这种非正式却十分郑重的家教方式下，学习古典书籍、修辞学，以及强烈的社会责任感。此外，霍尔德还教授数学、物理学、解剖学，这些都是刚从传统学校课程里出现的新科目。就是这些课程，为雷恩铺设了未来的道路。

1646年当这个年轻的男孩病危之时，霍尔德去找驻扎在附近牛津保王派营帐的一群杰出同行，询问意见。查理一世当时已将牛津大学招募旗下，并将他的临时流亡宫廷设在学院里面。国王的咨询人员和将军之中，有一群医生和思想家，包括乔治·恩特（George Ent）、托马斯·威利斯（Thomas Willis）、拉尔夫·巴斯赫（Ralph Bathhurst）和查尔斯·史卡伯（Charles Scarburgh）。战争时期常需要好医生，而这些人正是伦敦最好的医生，以及皇家医学院的领导人物。他们不是只会敲开骨头、放血，更是御医威廉·哈维（William Harvey）周围的光环，开发新领域的先锋。

哈维在1628年发现血液是借助心脏的跳动输送到身体各部分的。这项划时代的新发现，是无数实验的结果，却似乎与传统的医学常识背道而驰，一般人仍奉古希腊学者盖伦（Gallen）提出的体液学说为圭臬。在牛津，哈维与他的学生在帮病人缝合伤口的同时，得以继续研究探讨解剖学和医药学的新领域。战场上大量遭屠杀的尸体，让之前不可能做的实验和探索成了可能。

史卡伯到牛津成为保王派成员之前，已经是成名的数学家和医生。成了哈维的门徒以后，1645年与他合写了《论动物的生殖》，这是第一本提出所有动物是从卵萌生的胚胎学书籍。霍尔德很幸运能找到他来看小舅子雷恩的病。史卡伯在照顾雷恩的时候，显然对这位年轻的病人很佩服。1646年6月，当牛津陷入国会军手里时，史卡伯安排雷恩与他一起到伦敦去。有史卡伯的保护，雷恩身在首都比留在牛津郡与家人在一起要更安全。

遇到史卡伯转变了雷恩的命运。史卡伯虽然是保王派，但国会当权者似乎很愿意原谅技术良好的医生，因为他们可以因应首都的需要而加以利用，于是1648年史卡伯于皇家内科医学院复职。在伦敦的史卡伯家，雷恩从他的病人变成医疗助手和知识上的学徒，与在史卡伯身边全面地探索各种观念，让他在这充满焦虑的时代里怀有希望。

然而，改变雷恩的不只是他与史卡伯的关系，还有这座城市本身。卷入内战旋风的伦敦，是横扫全国的大转变里的中心地带。住在霍尔本的诗人与清教徒论述家约翰·弥尔顿（John Milton），抱着疑惑观看时局，他在《论出版自由》一书里告诫读者：

> 看这巨大的城市哪！如今它就像个避难所，象征自由的大厦……战事中，商店里斧锤砧板之多，前所未见，为防卫围攻下的真理而打造武器。还有许多人，手执笔墨，勤恳地守在灯下，沉思寻觅可行的方针与观念，为即将来临的改革奉献忠诚。[12]

伦敦成了打造新观念的工厂。印刷机使得城市有了许多思想主张，世人开始质疑文明社会的基础，也产生以新方式看待世界的需求，印刷让这些想法得以从讲道坛上传播到各处去。战争把所有以往为大家所接受的秩序都打破了，人民在战场上打败国王，原有的教会崩坏，古教堂建筑被袭击砸烂，在最狂热的冲突下，政治、宗教和知识的问题，人与权威的关系，都成了争论的焦点，既有的观念好像石板上原有的字迹被抹得一干二净，有待重新定义。

战事所产生最危险的事物也许要算克伦威尔本人了。他是国会议员，从战争冲突一开始，就以上帝的名义鼓吹革命。克伦威尔原是剑桥郡的乡绅，在17世纪30年代有过一次皈依宗教的特别经验，他因为听到上帝的声音而为自己罪恶的生活忏悔，从此厉行清教徒的生活方式。1640年，他到伦敦当国会议员，发现自己与批评国王最激烈的激进派志同道合。

克伦威尔是个强硬激烈的演说家，1642年战争一开始，就让大家清楚地听到他的声音。到1644年，双方的冲突陷于胶着，彼此都伤亡惨重，但尚未分出绝对的胜负。当年冬天，克伦威尔提议建立国家第一支职业军队，称为"新模范军"（New Model Army）。这支刚组建的军队，在战场上坚定地进行实地磨炼，他们由22000名士兵组成，是穿着制服、定有军事规则的革命战士。

克伦威尔招募军人的标准，是他们的个人专长，而不是身份地位。在行伍里，他找到值得为之奋斗的热忱，并把它称为"好理由"（Good Old Cause），所谓的"好理由"结合了取胜沙场，以及为崭新未来奋斗的决心，后来也成了新模范军为国会而战的口号。克伦威尔容许他的军队有自己的宗教思想，因此这支军队成了独立思想家的温床，把他们改革社会、要求以《圣经》来定义政策的想法传播出去。这些未经审慎思考的共和主义耳语，还结合了审判日即将到来的想法。正统英国国教之外的教派都是从军队里产生的，如喧嚣派教徒（Ranter）相信上帝的恩典是给每个生物的，平均派教徒（Leveller）提倡每个人都有"与生俱来的权利"，掘地派教徒（Digger）则想把私人拥有的土地权争取回来。他们希望重塑事物的自然次序，从社会的底层翻到上面来，在英国创造新的乐园。除此以外还有贵格派教徒（Quaker），他们裸体上街游行，除了神以外，拒绝承认任何权威。

关于社会形态的激进想法，也从其他阶层崭露头角，它们与克伦威尔的剑一样危险。社会秩序的问题，也包括了对权力的争论，如国王的角色、政府的合法性、神与人的关系等，但主要是集中在社会主体本身。他们重新提出探讨并检验古代的阶级次序，以决定社会形态应该是什么样子，更重要的是社会的最初源头是什么。数学家托马斯·霍布斯（Thomas Hobbes）离乡背井十年，建构他的哲学，重新思考人类文明。他在1651年出版的《利维坦》一书是对世界扭曲的想象，通过新发现的物理学理论看人与社会，把人贬为只有基本需求的个体，每个人都被胃口所驱使，而且与别人的需求相冲突。他认为，社会缺少法律或权威，就成了恶劣的无政府状态。

霍布斯的作品是身为哲学家的他对眼前所见一切的诅咒性解读。人性自私，需要加以控制，而他对同时代猖獗的无政府主义的唯一回应是创立强有力的政府。法律规条是平安与灾难之间无情的阻隔物，想要安定只有法规一条路。他责难社会，鼓吹以君臣间牢不可破的契约为基础的政治新哲学，臣民必须完全把权势交付给掌权者，否则就会毁灭。他的观点反映了动乱时期各种层面的恐惧。

与霍布斯对权威的严厉主张相反的是从法国移民而来的萨米埃尔·哈特利伯（Samuel Hartlib），他于17世纪30年代来到英格兰，怀抱着把这国家改变成另一种社会的理想，身负通识教育的任务，鼓吹全民教育，以解救当前的分崩离析。随着内战的进行，他的想法结合了清教徒精神，变成千禧年的预告，认为这个冲突会带来新的社会和全国教育的政策，宣告最后审判日的来临。因此他设立"交流处"，并在1641年写的《马卡利亚》一书中描述了一个科学的社会，让人民以知识相联系，从学习中建设理想天堂。

内战不只引出政治与社会秩序的问题，还动摇了知识本身的基石。在此之前，思想的权威与管理和推动它们的机构，如国王、教会、大学等,结合在一起。印刷业受到严格的管制,以确保制度完整一致。然而,当这一切都受到质疑之后,连带它们所定义的真理也动摇了。一度是伟大的知识中心,现在被看成是孕育英国国教的危险温室,严格管控完全是为了宣扬现况。直到战争开始前,政府都只允许单一的意见,如今全国分裂成无数小派系,原有的想法也全然瓦解。

知识是研究上帝在人间的创造物,可是很少人对如何准许以及可以准许什么有一致的想法。对某些人来说,真理得从《圣经》的字句和神授的文本研究里去再三发掘;有的人却认为只有物质世界才是研究的唯一对象,不需要从《圣经》或古文来诠释,这只能用新的测量方法来加以理解,是唯有通过摒除人的权威,由客观的数学来管控,真理方能被发现。

史卡伯和雷恩来到伦敦之时,正好进入这个论战的中心,两人在史卡伯家继续探索对哈维解剖学的共同兴趣。他们一起研究并准备一系列演讲,在外科医师会堂(Surgeons' Hall)发表,延伸哈维的观念,认为身体虽是有机体,却也可以用机械体来理解。史卡伯对肌肉如何运作特别感兴趣,他用一连串实验和演讲,企图辨别它们的各部位和功能。这些早年的研究,酝酿了雷恩一生对人类身体奥秘的兴趣。此外,史卡伯也把一套革命性的机械哲学介绍给雷恩,这是一套探索世界的思想体系,在这个缺乏安全感的时代,雷恩从科学的实据里找到意外的安慰。

这两位解剖学家也在伦敦寻找其他新知识的同好,每周四晚上,雷恩、史卡伯和几个人聚会辩论,期望塑造出一个英国自然哲学的雏形,用新方法来观察了解世界。数学家约翰·沃利斯(John Wallis)是主要成员之一,他记得:"我有机会与各方面的杰出人物交往,他们对自然哲学和其他人文学科喜欢刨根问底,尤其是所谓的新哲学或实验哲学……我们所做的是，撇开神学与国家政策不谈，讨论并思考哲学问题和相关事情。"[13]

这些聚会之所以成功就在于它非正式的性质，参加者从医生到服装师，从职业科学家到艺术鉴赏家，从清教徒到保王派都有。一开始他们就决定，政治和宗教的纷争不能干涉这个团体的方向，而理性的追求应高过所有个人或政治的仇恨，正如新理念是要寻找一个可以客观测量世界的方法。这种观念是希望能在当时使国家四分五裂的暴力之外，找到一个可以超越国家疆界和宗教观点的真理。数学把所有事物都精简为重量、高度、体积和速度，是人力之外普世通用的测量法，或许可以当作润滑油，使得同时代的乱流平静下来，因为小麦的重量不管由清教徒、掘土派，或英国国教的主教来量，不都是一样的吗？

当他们辩论这些观念的同时，雷恩也开始将自己的天分发挥在数学、解决问题的方法和制作仪器上。一直到这时候，数学的研究还被视为绅士身份以下的人所做的事，但是时代在改变。身为主持牧师的雷恩父亲和霍尔德对科学知识的益处，比大多数人的态度开放，可是雷恩在这个领域的天分是出乎意料的。以前年轻人会学最基础的算术来管理自己的财产，而伦敦的商人无疑会需要多一点这方面知识，才能控制航海及会计，但年轻的雷恩所研究的，是另一个层次，即便是小时候，他就已经有非凡的才能，能看到数学在几何与三角，以及各种测量法上简明确切的实际运用。

他很快就成了发明家，用所发明的器物和机械，开启了对世界的探索。在外科医师会堂里，雷恩与史卡伯上课，也从聚会的辩论里学习，他制造了一系列厚纸板模型，来表现肌肉的功能。这些模型以令人惊叹的视觉方式，呈现出解剖台上的新发现，这是雷恩第一次展现他用视觉方法表现复杂观念的天分。到了16岁，他已经被誉为"以卓越发明贡献于天文学、静力学、机械学,并持续丰富这些领域"[14]。

雷恩在这一群伦敦的哲学家里,逐渐变成实际而富有创造力的年轻人,有着独立发明创造新事物的潜力。他的新庇护者不久便鼓励他翻译英国同时代数学大师威廉·奥特雷德(William Oughtred)所作关于日晷的论文《论几何时间测量》,奥特雷德也是乘法符号"×"的创造者。这项工作使雷恩跻身于少数英国哲学家之列。大师在前言里对这位少年后进赞誉有加,称雷恩"真正是一位寻找伟大事物又不徒劳之人"[15]。

最佳教育

雷恩在史卡伯和那群非正式的新哲人的翼护之下,意外地发现了一个希望。伊夫林说自己寻觅"最佳教育,然而所有人都认为国内教育缺点甚多,这使我产生了只有远赴国外才能取得良好教育的想法"[16]。1641年,他有大半时间旅游于荷兰,观看文艺复兴时期欧洲的奇特风景,把自己想象成艺术鉴赏家(virtuoso)。

1642年,他曾短期返回英格兰,但这只让他觉得更难留在国内,于是1643年11月他又前往法国。来到巴黎,安顿好住宿后,伊夫林出于礼貌去拜访国王驻巴黎的代表理查德·布朗(Richard Browne)爵士,这是海外保王派的中心。当时巴黎是欧洲最大的都市,甚至比伦敦还大,人口近40万,并且在过去五十年间开始由中世纪的首都转型为现代都市。

伊夫林对此地的第一印象十分喜欢,他赞赏巴黎的设计优雅,"熙来攘往,车水马龙"[17],伊夫林对歌剧院的商品与人潮所构成的首都繁荣景象惊叹不已。巴黎在本世纪之初,曾有一个世纪以上不曾改变，城市拥挤不堪，陷于没落衰竭的景况，亟须重整新生。经过一场惨烈的宗教内战，国王亨利四世想要在现代国家的中心建造新首都，象征他的统治新貌。为了吸引商人与行业，使国家富裕起来，他着手整顿市区的乱象，并且用一系列计划重新点燃城市的生命力。诗人皮埃尔·高乃依（Pierre Coneille）说："整个城市建得如此壮丽，仿佛是从旧水沟里冒出的奇迹一样。"[18] 新城要以砖头或石块建造，并且严格遵照古典建筑的风格，以对称、比例和几何的原则建构。

亨利四世把意大利广场清晰明确的建筑风格介绍到巴黎来，作为市民空间的典型风格。1601年由亨利所建的"新桥"（Pont Neuf）横跨塞纳河最宽处，是巴黎最漂亮的桥，桥中央有块三角形的空间，称为皇太子广场（Place Dauphin），建了一排巨大的房子，是广场、建筑、景观、雕像的精致组合。巴黎要以有序和优雅找回古罗马的荣耀，成为欧洲的首都。

亨利四世改建城市的同时，也希望能因此刺激经济起飞。他计划在中世纪城墙外的马雷区（Marais）建造皇家广场（后改名孚日广场），也打算鼓励地方上的丝绸产业。这个广场有皇太子广场的两倍大，空间设计井然有序，整齐一致的房屋是为了发展国内奢侈品市场而建的。皇家广场的兴建吸引意大利丝绸、金银线的织工远道而来，启动了亨利四世新驱动的技术和行业。伊夫林来到巴黎的时候，皇家广场已经变得非常热闹，闻名而来的贵族数目直追商人。

1610年亨利四世去世以后，其子路易十三与首席枢机主教黎塞留（Richelieu），继续改造巴黎。路易十三虽然爱好打猎，很容易在城市规划的事务上分心，但对城市发展仍鼓励有加。他的第一步是1614年把后来改名圣路易岛的瓦什岛（Vache），发展成古城墙外的新郊区。这是第一个以几何格线规划巴黎的建设计划，于1640年完成，刚好是伊夫林抵达之时。该计划由王室掌控，但由私人投资兴建，是城市设计的新方向，不仅创造现代住宅，还建设了新的邻近社区。新建的五座桥梁，则是王室想要使巴黎商业货物畅通无阻的见证。

巴黎持续扩张着，市区按照计划依次扩展，铺设街道，以一致的外观建造房舍，使城市显得有序而壮观。塞纳河左岸的圣热尔曼（St. Germain）新市郊，从王室花园改建为整齐的街道，街上的房舍与市场提供给涌进城里的新兴劳工使用。伊夫林描述巴黎快速的现代化脚步说："不只每天都在盖房子，而且整条街都在重建，整顿得如此美丽，形式如此统一。"[19]建筑师勒米埃（le Muet）为了加快城市的扩展，编了一本建筑手册《如何为所有人建筑好房子》，出版于1623年，这本书把所有地方建筑简化为四种主要样式，提倡统一的风格，促进都市的成长和格调的优雅一致。

伊夫林发现巴黎在古典化的过程中，有一种新风格也被引进来。原本与罗马画上等号的巴洛克风格，是反宗教改革的代表，在巴黎接近国王的几位枢机主教都鼓励采用，如过世于1642年的黎塞留和他的继承人马萨林（Mazarin）。17世纪上半叶，隶属于耶稣会（Jesuits）、演说会（Oratarians）、苏比斯会（Sulpicians）等教派的超过七十座新建筑是以此华丽风格建造的。这两位枢机主教都想把法国塑造成欧洲的天主教大国。

恩典谷（Val de Grâce）教堂是巴洛克风格的最佳例子，始建于1645年，这正是伊夫林来巴黎的第二年，由法国建筑师弗朗索瓦·芒萨尔（François Mansart）模仿米开朗基罗的圣彼得大教堂穹顶建造。索邦大学（Sorbonne University）教堂高耸入云的壮观穹顶，也是以相同的形式建成的。这两栋建筑不只是复制罗马的杰作，而且企图用法国自己对巴洛克的特殊诠释，与罗马建筑相抗衡，吸收意大利建筑"凝固的音乐"风格，但仍然保有法国的传统。巴黎在伊夫林的眼前重新创造自己的形象，伊夫林后来记载："我看过那不勒斯、罗马、佛罗伦萨、热那亚、威尼斯，它们都是雄伟的大城市，充满壮丽的建筑，但是当我把它们做比较时，巴黎便远远超越了所有欧洲的其他城市。"[20]

1644年10月，伊夫林离开巴黎，赴地中海岸的马赛港，开始第二次旅行——意大利之旅。1630年法国与西班牙停战之后，意大利之旅开始成为这位游学旅游者在阿尔卑斯山以南的行程，而伊夫林也变成"游学旅行"（Grand Tour）的先锋。他在热那亚第一次看到意大利建筑，尤其是"新街"（Strada Nuova）上的富商华厦，此时已成为这个著名港口的标记。伊夫林由一位名叫汤姆森的商人带领，游览高墙环绕的港口，他带着画家彼得·保罗·鲁本斯（Peter Paul Rubens）的一本书《热那亚的古典与现代宫殿》，他在里面速写风景并记录了所见所闻。随后，他又到比萨旅游，对歪斜的钟塔极为惊叹。最后来到里窝那（Leghorn），这里有个人尽皆知、恶名远扬的奴隶市场——奴隶市场所在的广场曾经给琼斯带来灵感而建筑伦敦的考文特花园（Covert Garden）——内战之前才刚完成。

到达佛罗伦萨这个15世纪文艺复兴的摇篮时，伊夫林只注意显赫且最新的美第奇建筑，美第奇家族是文艺复兴时期佛罗伦萨的最大艺术庇护人，对当时的建筑艺术影响甚大。此时，这个用功过头的学生已经远远落后预定行程，剩下的时间只够他做最基本的功课，他只能期待异日再来了。不过他还是找到时间去购物，为自己的百宝箱添置了一些东西，他从荷兰之旅时便开始搜集这些东西。他的第一批收藏品是十九块镶嵌的大理石，而搜集奇物异宝后来成为他一生的瘾头。他所购买的第一个百宝箱可能也是与此相似的风格（现存于伦敦维多利亚与阿尔伯特博物馆）。百宝箱是伊夫林以艺术鉴赏家自许的表征，用以存放石头、徽章、稀有宝石和文稿等收藏品，正如文艺复兴时期的人想要了解世界所用的方式一样。他很快就培养出搜索的眼力，大凡可供研究或收藏的东西，都在他搜集之列。

罗马对伊夫林是新启发，他雇了一位"导游"，并且"每事必问"[21]。来访的第一个月，他有计划地跑遍了市区的主要景点，第二个月则重新造访几个特定地点。他在两个月内所看到的，比他同时代的任何英国人都要多。每天下午他都固定到由乔凡尼·贝尼尼（Giovanni Bernini）设计喷泉、刚完成的纳沃纳广场（Piazza Navona），去市场摊位搜寻徽章、绘画和稀奇古怪的物品。

年轻的游览家很幸运地在罗马遇到罗杰·普拉特（Roger Pratt），一位流亡国外的保王派，后者此时也正经历自己一生的转变。普拉特后来回到英国，成为当时最好的建筑师之一。伊夫林此时已经懂得欣赏古代与文艺复兴时期的杰作了，1644年11月19日，他和普拉特造访梵蒂冈的圣彼得大教堂，在此，两位年轻的旅人便由这一栋建筑而欣赏到现代建筑的整个历史。

米开朗基罗雄伟的巴西利卡式长形教堂是笔墨难以形容的："远超越任何世上现有的建筑，也许包括所罗门的圣殿，甚至过去和未来的所有建筑物。"这位意大利大师在单一建筑里，"重现了当时已遗失的建筑艺术"。文艺复兴时期其他的艺术家志在与古人的成就并驾齐驱，但米开朗基罗则立意要超越古人。他似乎能够赋予建筑周遭的氛围以气势，操控教堂里的光线，把建筑的空间从单音和弦变成多音符的音乐瀑布，尤其是改革了大教堂的穹顶。现在的穹顶高坐于桶形的列柱上，让教堂高耸入罗马的天空，使伊夫林大为惊叹："整个石造结构与异于寻常的高度，更超过古罗马人所造最大且完整的万神殿。"这位学者以前总是学习要崇敬古典时代，如今站在这座以坚实石块建构的、体积大得几乎令人无法想象的建筑前面，却发现它远远超乎古人的创意。

伊夫林也发现已经有人把米开朗基罗的新创更加推进一步，而且此人与伊夫林身处同一时代，他就是现代巴洛克的大师、意大利建筑师贝尼尼。伊夫林和普拉特对大教堂里贝尼尼于1633年完成的祭坛大华盖非常惊异，它驻立于中央圣坛的上方，麻花形扭转柱式所支撑的青铜篷盖，"巨大精美、华丽壮观，胜过所有同类的人造工艺"[22]。教堂里还有一些值得仿效的雕塑，包括以金色青铜与大理石造的乌尔班八世教皇的墓穴。米开朗基罗以矫饰风格扭转古典形式，在建筑内部用空间感营造动态的统一性，贝尼尼则以别出心裁的新方法诠释了古典建筑的法则，更进一步把古典法则加以改造。身为雕塑家的他，让大理石看起来如同有了生命，在建筑里塑造规模庞大的雕塑，赋予同样的活力和动态，使得整座建筑仿佛会呼吸一样。

伊夫林此时盘缠将尽，必须抵达威尼斯。他预定经由地中海东部的黎凡特（Levant）到耶路撒冷去，可是在最后一刻他的船被威尼斯官方征用。这却是一个好运，他因而改道意大利帕多瓦（Padua），此地以大学出名，是欧洲最先进的知识机构。伊夫林原本想在那里念几个月书，却在一天之内拿到了一个学位，他的荣誉入学许可中还附加了午餐邀请函。

到帕多瓦两天后，伊夫林有幸遇到托马斯·霍华德（Thomas Howard）爵士，他是第二十一代阿伦德尔伯爵（Earl of Arundel）、第四代萨里伯爵（Earl of Surrey）以及第一代诺福克伯爵（Earl of Norfolk），是英格兰最显赫的天主教贵族，1642年因躲避战争来到此地。霍华德家在奥尔伯里（Albury）的地产，与伊夫林在萨里郡的祖产很近，两人之前也见过面。伊夫林对他的崇敬不只是他贵族的身份权势，也因为他是英格兰重要的艺术收藏家与庇护者。对伊夫林而言，阿伦德尔伯爵是英国艺术鉴赏家与爱好者的代言人。这位贵族从早年便游历海外，与琼斯同是将欧洲艺术引介到英国的人物。他是画家鲁本斯、凡·戴克（Van Dyck）和波西米亚版画家文策斯劳斯·霍拉（Wenceslaus Hollar）的庇护者，正是同时代作家皮查姆所描绘的完美绅士的典范。他在伦敦中心河岸街（Strand）上的阿伦德尔府，收藏有古代大理石、宏伟的图书馆、数量众多的达·芬奇素描画，其他还有霍尔拜因、提香、丢勒、拉斐尔、布吕格尔的作品。可以说，阿伦德尔伯爵代表了品位与知识的精髓。

在帕多瓦，阿伦德尔伯爵带着伊夫林闲逛整个城市，看了许多有名的景点和自己多年前走过的街道。1614年他曾与琼斯在此求学，如今他把英国当时最好的建筑师曾教他的，也教给了伊夫林。伊夫林跟着伯爵住了几天，观察到一位艺术鉴赏家如何在国家内战而流亡在外的窘境之下，仍能维持具有品位的生活和环境。这段短期的逗留，使得伊夫林决定要过艺术鉴赏家的生活，而英国最伟大的同时代审美家阿伦德尔伯爵似乎也把他的棒子传给了这位年轻人。

之后，伊夫林告别他的精神导师，安排好行程，从帕多瓦起程前往米兰，横越阿尔卑斯山往日内瓦走，然后再次回巴黎。1647年回到巴黎后，是伊夫林休闲的一年，他学了进阶荷兰语和西班牙语，练习跳舞，与莱弗比尔（Lefebure）先生学化学，弹鲁特琴，并在城里许多书店满足他的嗜书癖。他还计划要做出一个永动机，可想而知最后没有结果。

不过巴黎的日子也不尽是轻松逍遥的，城里已经开始聚满从英国流亡而来的骑士党，因为国内的形势每况愈下，愈发没有希望。

伊夫林不可避免地卷入在巴黎国王的住所四周围绕的流亡团体，布朗爵士的家就在这个恐慌党派的中心。

然而，在混乱的时局中，伊夫林爱上了布朗的女儿玛丽。玛丽许配给伊夫林时才13岁，在伊夫林眼中，她是"温柔的花蕾，有着我从未见过的吸引力"[23]。这位年轻的女孩是在法国土地上避居生长的英国玫瑰，说法语和意大利语，学习数学和绘画。1647年6月，他们在巴黎唯一有英国国教仪式的地方——圣热尔曼镇区（Faubourg St. Germain）的居民小教堂——举行婚礼。婚姻迫使伊夫林结束旅程，把心思集中在自己的财产上。该是回英国的时候了。

伊夫林在旅程中一直与国内保持联系，但是到1647年，英格兰的情况看起来很凄惨，他决定照顾家庭事务。回到离开四年的伦敦，发现国王被军队挟持在汉普敦宫（Hampton Court），而克伦威尔的新模范军进入伦敦，一如外侵的武力，他们把首都变成了武装要塞。国会威胁王室地主，要把他们的土地充公，伊夫林担心自己若留在巴黎，便会失去遗产。

伦敦的命运又一次可以从它的大教堂所受的苦难一窥端倪。城市中心的圣保罗大教堂，是琼斯对斯图亚特王朝的骄傲礼赞，如今却被新模范军征用。更羞辱人的是，他们把教堂的唱诗席当作马棚。有位游客还见到小马在此出生，它随即被带到教堂前面受洗。教堂院区的当地居民抱怨不已，但是对民兵的骚扰却没有太大的制止作用。

伊夫林回沃顿会见家人的路上，顺道拜访了被囚禁在附近汉普敦宫的国王一面。出乎他意料的是，国王还保持着幽默感。不过此次囚禁也未维持太久，因为1647年11月，有人便酝酿了一项计划，让他从花园乔装溜走，上马出逃。然而，这次逃亡却很失败，帮助国王逃亡的军队虽然顺利完成第一步，却没有想好要逃往哪里。最后他们选择前往怀特岛,由于当地还在国会军队的掌控中,所以国王很快又被捉拿回来。

查理一世虽然被捕,却没有被囚禁,他可以在岛上自由旅游,流亡宫廷很快就在此衍生而出。王室马车由船运到岛上来,供国王探索他削减后的领土,他甚至有时间任命王室画家给他画肖像。在卡里斯布鲁克城堡(Carisbrooke Castal)度假时,他一边与国会交涉,建议和平共处,一边还有闲情逸致与当地的女子简·沃伍德(Jane Whorwood)调情。当地士绅经常来拜见他,偶尔他还会乘坐马车出游。他曾出游弗雷什沃特,会见了当地的地主约翰·奥格兰德(John Oglander)爵士,无疑他也见过胡克的父亲。国王甚至有时间造访小胡克念书的当地学校。

虽然情况不太可能,查理一世却开始不顾一切筹谋最后一次夺回王位的计划。他表面上给人一种悠闲生活的印象,却暗中煽动将熄的战火。城堡里开始出现一些不寻常的访客,像从苏格兰来的勋爵,关起门来进行秘密协商。结果,1648年夏季,第二次内战爆发。这次战争短暂激烈,查理一世落入敌手,权力尽失。他留在岛上,由重兵看守,然后被下令准备起程。1648年12月1日,查理一世的随扈一行经过弗雷什沃特,开始了他伦敦的死亡之旅。

王室复辟的希望终于敲响了最后的丧钟,国王被捕,再多挣扎都已徒劳。胡克受到的打击不只是国王惨败,还有个人的失落,他的父亲于当年10月去世,有人说是自杀。小胡克便与雷恩一样,从此再没提起过自己的童年。丧父时,他13岁,父亲的死因他只听到一些零星的片段。这个小男孩得自己打造未来,学习如何运用他的才华在广阔的世界生存。同年冬天,他带着家族世交的推荐信,怀揣着父亲留下的50英镑,坐船到了伦敦。然而,胡克所抵达的伦敦却又一次陷入大混乱中。

"啊！英格兰啊，恐惧颤抖吧！"

伊夫林回伦敦不只是为了保护他的家族产业，更是为了知识事业。他回到首都找印刷商，想出版第一本著作，用很容易辨识的假名"自由爱好者"翻译的勒瓦耶（le Vayer）的法文书《奴役与自由》，书中质问："如果我们一度是最快乐的臣民，为什么要让自己变成最悲哀的奴隶？"[24] 这本书于 1649 年 1 月出版，却陷伊夫林于险境，因为他所加的前言使他"受到严重的威胁"[25]。同月，他所提出的问题引起了强烈的反应。

1 月 30 日早晨，查理一世国王起得很早，圣詹姆斯宫（St. James's Palace）外，阴灰的冬阳悬挂在冻结的城市上方，强风刮得十分猛烈。在臣子托马斯·赫伯特（Thomas Herbert）的陪伴下，他准备接受处决。他要求穿两件衬衫御寒，因为不想被对手说成是发抖的懦夫。接下来的五个小时，他穿着妥当，参加了教堂仪式并且领了圣餐，仪式由他忠诚的威廉·贾克森（William Juxon）主教主持。宫外的伦敦也在准备，威斯敏斯特公学里巴斯比博士将校门上锁，并将学生集合在大厅祷告。在怀特霍尔街（Whitehall），国宴厅前集结了一群人，在这座古典的建筑正面，架起了断头台，放着一个石块和一口铺着绒布的棺材，等候行刑的刽子手和受刑人。

中午时分，一队警卫来到圣詹姆斯宫，护送国王最后一程。起程前，国王回到卧室里，吃最后一口硬面包和红葡萄酒，与主教谈了几句话。赫伯特崩溃了，说他无法继续下去，国王挑了一个白色的缎面睡帽给他。然后，赫伯特与贾克森含泪跪地，最后一次亲吻国王的手。查理一世转身，命令打开大门，要警卫前往怀特霍尔街。就在 3 点之前，他穿过国宴厅的大堂，群众在外聚集等候。审判后曾嘲弄他的暴民，现在都安静地站着祷告。

他穿越了上有彩绘天花板的大厅,这些绘画原是委托鲁本斯所画,画面是一系列颂扬斯图亚特王朝的图像,中央的《詹姆斯一世封神》画的是他的父亲詹姆斯一世升天,詹姆斯一世任内一直在为"君权神授"而奋斗。国王向厅堂另一端的窗口行进,然后踏上外头的断头台。

身兼英格兰、苏格兰与爱尔兰国王的查理一世,对群众致意,交代了刽子手一些指示,把衣服脱下交给贾克森主教,再与他交换了几句临终的话。他把头放在石块上,祷告,然后快速伸出手来,指示斧头砍下来。刽子手的武器只挥了一下,他的头就掉落下来,人群中发出了沉重的叹息声。国王死了,王室烈士就此产生,全国也陷入不可知的未来。正如清教徒传教士拉尔夫·若斯兰(Ralph Josselin)的警示:"啊!英格兰,恐惧颤抖吧!"

国王的死,是这场惨烈戏剧最终的一幕。1642—1648年的内战,使英国社会四分五裂,然而混乱之余,却有意料之外的机会与新的未来展现曙光。

第二章
无声的革命

查理一世行刑之后，克伦威尔很快赢得权势，开始逐步解散现有的教会与政府阶层，废除王室与上议院，宣称英国为共和国。然而事实证明，建立新政体比拆除旧社会秩序的古老架构难多了。在这过渡期的第一年，英国因为还在寻觅新的立法机关，缺乏明确的宪政，而遭受一连串出乎意料的危机与政治挫折。伊夫林充满哀悼之情地称之为"无君政治"。

英格兰人以杀死国王的方式来摧毁权力，造成权威的破产。摧毁了原有的单一教会，以及从国王、主教到教士的阶层，取而代之的是多种不同的宗教派系。想要找宪法的单一解决方案，却有众多立宪意见。审查制废除后，分歧的意见和政治宣传小册页再度充斥了伦敦街头。克伦威尔为了重建权力的迫切需要，甚至还起了把王室角色抬出来的念头，由自己当"护国公"掌握君权，只是不用国王的头衔。

在如此不确定的时代，对那些身份已经暴露的保王派来说，伦敦不是建立功名的好地方。权势之门已经紧闭，那些内战中站错边的人，当局不会宽待他们。对雷恩和胡克而言，所受教育是在新政权内找到新角色的关键,洛克也是一样,大学教育也会对他造成深刻的影响。这三名学生所受的教育,成为他们日后成年生活的重要基础。伊夫林从欧洲回到英格兰,希望在新局势下找到一席之地。他选择在国内流亡,住在伦敦的边缘,远离权力核心,也不参与企图改造国家的政治辩论。这些经验对每个人都将成为转变的契机,因为在此地,一场无声的革命正在悄悄发生,等待在最适当的时机,向世界宣告它的来临。

哲学俱乐部

圆颅党(Roundhead)军队于1646年攻下牛津郡,战争胜负的逆转使得牛津沦为受害者。新模范军取胜以后,对支持国王及其教会的机构,以及大半为长老会(Presbyterian)教士的圣坛加以痛击。学院则是下一个遭受惩罚的对象,"几周内,忠诚的牛津大学几乎被铲除净尽",影响遍及大部分学院,"一群无赖暴民取代了大学里原有的职务,他们本来可能是农夫、商贩、文法学校或邻近大学的乌合之众"。[1] 牛津原本是英国国教的摇篮,此时变成了新共和国发展的根据地。

不过,新的学院学者并非全都是剑桥的清教徒。约翰·威尔金斯(John Wilkins)牧师是1648年4月到牛津来的人中最杰出的一位,雷恩在伦敦见过他,是成立不久的沃德姆学院(Wadham College)著名新院长,气派的沃德姆学院为詹姆斯一世时代建筑,有中庭和广阔的花园。宗教上,威尔金斯受到清教徒祖父所影响,他是内战中的国会派支持者,但也不介意与保王派人士交往,所以威尔金斯不怎么以宗教派系来判断人,而是看他们对自然哲学是否有兴趣。

1649 年，伦敦的一群非正式的哲学家团体来到牛津，加入威尔金斯的行列。霍尔德与史卡伯的朋友塞斯·沃德（Seth Ward）牧师，成为萨维尔天文学教授；曾经为国会党破解密码的沃利斯，获任萨维尔几何学教授；1651 年，克伦威尔的首席医生，曾任教格雷欣学院（Gresham College）的乔纳森·戈达德（Jonathan Goddard）医生，成为默顿学院（Merton College）院长。牛津开始吸引一群想法相近的学者，聚集在威尔金斯四周，其中也包括化学家威利斯，他在 1647 年被基督教会学院驱逐，但仍留在牛津，把其实验室贡献给大家做实验。威廉·佩蒂（William Petty）博士是流亡在外的保王派，曾在巴黎拜霍布斯为师念书，一周只靠 2 便士的胡桃过活撑下来，历经穷困回到国内，赌一赌共和国的运气。这些人组成了"一个集团，都是当代国内外最有学识的人"[2]。"哲学俱乐部"于是成立，固定每周四下午聚会，第一次是在佩蒂博士的住所巴克利堂（Buckley Hall），它位于一家大药房的楼上，颇得地利之便，后来则移师威尔金斯在沃德姆学院的房间。

雷恩于 1649 年来到牛津修习艺术学士学位，两年即修毕，1651 年开始修硕士。他持续探索从前与史卡伯学习的人体学，成就慢慢赶上保王派威利斯。1651 年，一位因谋杀罪被吊死的年轻女犯人安妮·格林（Anne Greene），在威利斯的实验桌上复活，他因而声名大噪，可与佩蒂相提并论。在威利斯的住所比姆堂（Beam Hall），雷恩可以做自己的实验，熟悉解剖技巧，探索人体功能的证据，并设计实验以认识人体的血液循环系统。他用几只西班牙猎犬做实验，为它们注射各种不同物质，成了静脉注射的创始者。

雷恩没有太多时间做一般学生的消遣活动，他既不是运动员类型的人，也不像皮查姆笔下所讽刺的大学贵公子一样"精通西、法、荷"，不过这些贵公子所精通的并不是语言，而是来自这几个国家的"雪利酒、红葡萄酒、莱茵白葡萄酒"[3]，城里约三百家旅店和酒馆就是他们的去处。然而，雷恩在牛津却首次接触到他唯一的不良嗜好——咖啡。约翰之家是牛津最早的几家咖啡屋之一，开设于17世纪50年代，在这里雷恩又培养出对土耳其甜酒的嗜好，这也成了他终其一生戒不掉的兴趣。为了净化自己的灵魂，他参加威利斯在比姆堂私人房间举行的英国国教秘密集会。据悉比姆堂是支持国王的集会场所，不过雷恩除了经常出席支持之外，并无证据证明他曾实际参与了阴谋行动。

威尔金斯介绍给这位年轻实验研究员的是数学的奇妙及其应用，如天文、几何、建筑、航海和机械等。数学不仅提供确切的证据，也是有用的工具。威尔金斯是雷恩探索过程里的理想向导，这位沃德姆学院的院长以一系列著作宣扬新观念，这些观念不但大多是欧洲最早的发现，也为机械哲学奠定了基础。他在1638年出版了《月中世界的发现》，对地球与其他星球不同的说法提出质疑，认为用来定义这个星球的法则也适用于全宇宙，提出实验室所发现的证据是放之四海而皆准的可能性，认为这套规则也可以遍行于天界。威尔金斯的第二部著作《关于新行星的讨论》出版于1641年，为哥白尼的观察和观点进行辩护，认为太阳是宇宙的中心，而行星是围绕着太阳旋转的。接受了哥白尼的学说，威尔金斯便可以解释后来的发现，包括开普勒的行星轨道椭圆说，以及意大利人伽利略的观察所得，即认为月亮是绕地球旋转卫星的说法。

雷恩也受到鼓励，把注意力转到由这些结论衍生而出的许多神学问题上。威尔金斯1648年的《数学的魅力》，使得欧洲大陆的新理论在英国流行起来，继之，雷恩探索新兴机械哲学背后的思想。至此，他想到解剖台上的新发现，可能与主宰全宇宙的法则有关联。哈维对人体血液循环的实验，说明有机体也可以视为机械体，那么星球是不是也可以用同样的方法来解释呢？

机械哲学认为每件事物均可简化为物质体以及影响本质的各种驱动力，亦即物体与动作二者。跟在威尔金斯身边，雷恩发现实验可以用来测量重量、体积、几何形状，也可以用来定义影响这些事物的法则，如加速度、摩擦力、重力等。如果这个学说正确，雷恩希望能发现整个宇宙也可一体适用的自然定律。

威尔金斯的想法对新知系统的根本，提出了一些重要的问题：有没有可能找到一个维持宇宙的定律？这些结果是用什么方法发现的？这些新知有什么依据？更重要的是，这些问题的提问者，也是教会的一员。威尔金斯热切相信现代天文学的潜能，可以鼓励探索新知的自由，突破现有权威的狭窄限制。虽说如此，这种新想法仍然建立在探讨上帝旨意的目的上，希望新哲学可以让人更清楚地看到神旨。

年轻的雷恩受此趋势驱策去寻找新领域，也寻找能应用这些理论的方法。他经常去听天文学教授沃德的演讲，在沃德的引领下，萨维尔讲座变成大学里的第一个讲坛，讲授的模式不是重复固定的教科书，而是实验示范。雷恩很快就学到：真理要从实际的验证中去找寻，以眼见为凭，而不是接受别人的二手信息。

在实验室和演讲厅之外，雷恩开始有了自己的野心。1652年，沃德姆学院的塔楼上设置了天文台以后，他开始观看天空，用镜头集中观察月亮。他想画星象图，于是他学会了如何磨制镜片和"似乎是唯一能透视自然的最隐秘部分"[4]的望远镜新技术。他碰巧看到一本由波兰观星人约翰内斯·赫维留（Johannes Hevelius）所写的《月面图》，这进一步点燃了他的热情。长久以来人们都是以"裸眼"观测天空的，赫维留是这个传统的最后一位学者。年轻的天文学家雷恩认为自己能做得更好，并开始用望远镜搜集资料。

如此一来他学到，数学不只可以用来厘清自然律法，也可以用来创造新技术，作为寻找定律的辅助工具。在早期的摸索阶段，追求新知与开发技术是密不可分的，雷恩在这种"混合式数学"上展现了超凡的才能，脑子从天文学仪器转到各种形式的工具和发明。他制造了一种可以同时写出两行相同字迹的机器，还有织布机，他研究耕地之犁并提出改善农耕的方法，建议采用新的印刷术，甚至发明了可以在马车上或马背上使用的罗盘。

雷恩的家族史《祭祖文》里罗列了一大串他在这段年轻的学生岁月中的发明成就，虽然并非全然可信，但这凸显了他源源不绝的想象力。其中最不可思议的一项发明是沃德姆学院花园里的一个透明蜂巢，它可以视为雷恩早慧的范例。这项设计多方面展现出雷恩的天分，包括早期就有的对模型制作和建筑的兴趣，以及如何在实体空间探索数学定律。后来他又做了许多建筑方面的实验，包括："使人行道的铺设材料比大理石坚固且便宜"；"让建筑更强固、便利与美观的新设计；发明更易建、更坚固的庇护所；清除沙子；测量大海的深度；新的攻防机械；防御工事的发明"。[5]

如果实验没有哲学理论做后盾，就不过是游戏而已，哲学思想赋予各种探索以意义。当时许多思想家都在读笛卡尔的《方法论》，采用"演绎法"，先提出理论，然后设计实验来证实。但是沃德姆学院的学者并不以为然，因为刚经历过战争，体会到教条与理论的可怕，雷恩与他的同伴都希望能有一种方法，可以避免所有假设，只肯定眼见的事实与客观的资料。他们比较崇尚提倡"归纳法"的英国哲学家弗朗西斯·培根（Francis Bacon），认为应该先有实验，才有理论。雷恩是培根的支持者，标榜新的"自然哲学"，这门新式科学的范式乃是"依据眼见实验取得的几何式推理思考而建立，证明真实的自然科学，而非假设自然为何物"[6]。

沃德姆学院的"伟大俱乐部"知道当时迫切需要从历史的残垣断壁中找出未来的方向，而这个目标只有通过合作努力才能成功，所以他们首先做的是"把所发现的事物汇集成书"，利用大学图书馆藏书，深入调查，"做成索引"。所有知识都要搜集，查验为真才予以保留，新问题所形成的领域则标志出来，等待发掘和探讨。所有关于自然法则的书籍都要重写，包括：

> 物理学、解剖学、几何学、航海、静力学、磁学、化学、机械学、自然实验，以及这些门类在当时国内外的发展情况。然后我们讨论血液的循环、血管里的活瓣、乳糜管、淋巴管、哥白尼的假设、彗星的性质、新的行星、土星的卫星、土星的椭圆形状（当时人的想法）、太阳里的黑点、太阳绕自己的轴心转动、月表的起伏与月表学、水星与火星的盈亏、望远镜的改进以及为此目的而发展的镜片研磨术、空气的重量、真空的可能性和自然界对它的排斥、托里拆利（Evangelista Torricelli）的水银实验、重物落地与其加速度。[7]

英国的奠基于理性的未来从此展开，科学与有用的知识成为此后国家复兴的渠道。

小不列颠

同样的期望在别处有不同的表现方式，当雷恩和沃德姆学院的俱乐部追寻探索大宇宙的同时，伊夫林在首都一个让人料想不到的小地方找到了他的未来。国王被处决以后，伊夫林曾经回到巴黎待了一小段时间，但他很快明白王位不可能马上归还给国王的儿子。

那些打算回国的流亡者开始逐渐回流,尽管要忍受羞辱的场面、沉重的罚金,以及"失职者"的标签。1652 年 2 月,伊夫林只身回到伦敦,管理岳父险些被充公的房产和土地,在国外生活将近十年以后,他只渴望"过过安定的生活,这里或其他地方都好,然而如今到处都被乱民掌控,似乎不太可能找到更好的所在,而这个特别的寓所和庄园算很接近理想了(它属于岳父所有,而他又是国王的忠心臣子)"[8]。

这个家族庄园位于泰晤士河南岸,德特福德区的萨耶院,乘船到市中心只有很短的路程。伊夫林妻子的祖父曾经监管花园围墙东侧王室码头的建筑,房子原是女王伊丽莎白一世租给他的。可是共和国的新政权底下,所有王室的财产都被充公,卖给出价最高的人。前一年冬天,这栋房子又遭受过德特福德区整个地带的大水灾,当时泰晤士河的水漫出河堤约 7 英尺之高。伊夫林在日记里记载:"房子受创甚重,需要朋友的援手,帮助它脱离篡夺者之手。"[9] 他决心要取回房产,最后终于用 3500 英镑买了回来。

为了迎接从巴黎前来、此时已怀有身孕的新婚妻子,伊夫林很努力地把萨耶院整顿成新家,发誓要打造一个"集中所有世间愉悦、最接近天堂的处所"[10]。他沉浸在恋爱之中,而妻子玛丽则与他一起来到一个或许自幼就不曾到过的陌生环境。在时局不利于己时,他选择了隐退的生活,独善其身。他在给朋友威廉·普雷蒂曼(William Prettyman)的信里说自己"完全没有从政的野心,与不幸的国事搅和,会心满意足地填补不足的教育,期望将来或可以此开创前程"[11]。

伊夫林把注意力集中在建筑实物上,希望把已经失去往日风光的都铎式宅第改建成休闲别墅,以缓解都市和新政权所带来的不快。周围土地平坦潮湿,花园围墙外的码头的喧嚣,加上克伦威尔决心要扩展共和国的海事军力而大兴土木的嘈杂声,不断给居民带来了干扰与冲突。德特福德区离伊夫林的理想天堂实在很遥远,不过小夫妻俩一起商量如何改进和更新房子,他们把都铎式建筑的正面改成古典式门廊,屋顶上设计了一个穹顶小篷,让光线进入屋内;把屋内两间厅堂扩大,增大主楼梯,加盖一个空间,并且把楼下所有房间的墙壁都用木板装饰。

玛丽来到萨耶院不久,便生下第一个儿子理查德,九个月后生下次子约翰,但数日内便夭折了。一年后又生了另一个儿子,也取名约翰。伊夫林后来又相继添了四个子女。成为一家之主,对伊夫林有深刻的影响,发现自己"变得很温柔,以前从来不知道自己会如此"[12]。他致力于孩子的教育,尤其对长子理查德的童年发展特别有兴致,热心过头地在房子里到处钉上匾牌和记号,上面画上装饰漂亮的引文和格言。

尽管萨耶院离伦敦很近,这幢房子却被开发成对骚动都市的一种批判。伊夫林刚回国时,曾写过一本宣传小册页《法国》,批评英国首都。他悲叹伦敦与巴黎比起来,有如拙劣的对比,认为受过教育的旅游者都应参访法国首都,去看他们的建筑与社会的先进发展。相对来说,伦敦却充斥"木头造的、北方式的、朴拙的成群房屋……此处没有装饰之物,毫无华丽之风,缺乏公共与体面的作品……是一座非常丑陋的城市,有的只是出租马车、粗野车夫、商店客栈、嘈杂噪声,还有煤烟弥漫,仿佛人间地狱一般"[13]。

对周遭世界无力做出任何改变,又被迫远离政治事务,伊夫林只好在萨耶院过隐退的生活,但仍然希望能发展出独善其身的生活哲学。他拟出了一则座右铭:"每事探索,唯取最佳",终身奉为圭臬。在一系列老生常谈的书里,他开始有了一些概略的想法,后来转化为冗长的叙述,反映了其艺术鉴赏家的思想。同时他也花费时间去规划自己的花园。

伊夫林在旅行途中，曾经对欧洲的园林非常着迷，有迹象显示，这一时期他甚至有当园艺家的念头。意大利风格的园林此时在英格兰已成为时尚，所有上流社会的花园，都逐渐以它取代刻板的都铎形式。文艺复兴的园林用艺术提高自然的不规则状态，借助阴影和隐秘感来制造趣味，充满了私密与惊奇。用洞穴、流水、坡地、教堂等建筑物的安排，让有生命的物体与建筑交错混合，制造出莎士比亚《暴风雨》剧中魔法师普罗斯佩罗的梦幻岛屿，恍如暗影底下的休憩巢穴，以及供沉思默想的所在。伊夫林在日记里，对陪衬自然风景的设备与雕像特别喜爱：热那亚的内格罗庄园（Villa di Negro）的陡峭楼台，把花园变成剧院的效果；罗马的博尔盖塞庄园（Villa Borghese），四周环绕着角楼高耸的围墙，以及散布的宴饮屋，也提供了类似"世外桃源"[14]的隐蔽乐趣；蒂沃利的德斯特庄园（Villa d'Este）里，流水是最重要的角色，有的从瓮中汩汩流出或激射而出，有的从海螺里喷洒而出，有的从铺着漂亮石块的洞穴里沉静流淌，更有一条代表台伯河的溪流，从古罗马模型里川流而过。

不过文艺复兴式的园林也被更新的形式和观念所代替，理性取代形而上学成为规范自然的原则。伊夫林在游历西班牙属地荷兰之时，注意到他们种植成列的莱檬树形成大道，路缘再饰以花床，以鼓励行人散步，有如聚合了文明与机械装置的公共剧院，制造一种明显聚焦未来的文化印象。回到巴黎后，他发现巴黎王室园林的风格更加夸张华丽，巴黎人以数学定律来规范自然，严格地把文明和野生的界限划分清楚。巴黎的公园和花园是为了要宣扬政治的权威而建，不是为了启发人的思考。

他在1653年1月开始规划自己的花园时，萨耶院还是个"未开发的果园，此外则是上百英亩的大片原野，除了一些冬青树连到山坡小道边以外，别无任何树篱"[15]。几年下来，这片荒地变成分隔许多区块的花园。伊夫林放任自己对意大利风格的喜好，把紧邻房子的地盖成带有象征意义的"秘密花园"，包括一座鸟舍和植物实验室。在这个自成世界的封闭园林里，他运用"新哲学"，把自然当作研究的主题兼艺术作品。房子附近还有菜园和苗圃，通到规划良善的小树林，里面以步道与小径分隔。外围是一座大果园，有各类品种的苹果、梨子、樱桃，还有醋栗和覆盆子，既是园艺的小百科，也是可供食用的果园。花园里的各种不同区块，以树丛分隔，代替围墙。伊夫林也引介了在西班牙属地荷兰所见到的莱檬树大道，用来连接各区域。

他以巴黎园丁皮埃尔·莫兰（Pierre Morin）的花圃作为模范，在花园的中心设计了一个四周环绕起来的整齐的花圃。莫兰是他岳父的邻居，住在圣日耳曼镇区，他所拥有的花园虽小，却以花农之名广为人知，园里引进不少新花种、罕见的灌木与常绿植物，伊夫林曾造访过莫兰两次。法式花园规模虽小，但常以实用性和优雅来弥补。这是四时皆须照料的园地，随着季节和新植物的引进而变换。花园中央有个日晷，环绕着椭圆形的大花坛，其中是两排花瓣状的花圃，边缘以黄杨灌木围绕，以此为中心往外呈辐射状，外缘以柏树为栏栅。边缘有许多"各种不同的石制基座，上置仿古石膏及泥塑雕像，并且爬满蔓藤"[16]。

萨耶院是混合了意大利、法国、荷兰风格的英式花园，不过除此之外，还有其他多层意义。因为伊夫林对园林的想法不是固定的，就像是实验室一样，这是用来实验的地方，在此他提出科学与园艺的观念与课题，并加以观察，对于艺术培育自然的种种不同方式，伊夫林有多层次的讨论。除此之外，花园还有宗教的意味，他想要创造一个"最能代表失乐园的所在"[17]。萨耶院所呈现的是伊夫林一辈子都在思考的课题，他的名声就是在这块自己耕耘的私人土地上开始萌芽的。

新课题

1648年，胡克来到伦敦。次年初，他已在肖像画家彼得·莱利（Peter Lely）的工作室，试着成为艺术家。不过，13岁的他可能是因为对颜料过敏，也可能很快"理解到人们该做什么，所以想，这件事为什么不能自己来做"[18]，于是胡克离开老师，到巴斯比博士的威斯敏斯特公学去念书。校长可能从怀特岛的朋友处听到关于胡克的困境，对这位身处危难的年轻保王派心生怜惜，特地让他到自己家里住。国王遭处决那天，胡克和其他学生都被巴斯比关在学院的大厅，听命为殉难国王的灵魂祷告。

当天被关在大厅里的另一位学生是洛克，他比胡克大三岁。洛克在内战时期的经验与同时代其他人大不相同，他出生于远离大都会的西南部萨默塞特郡的一个清教徒家庭，童年与胡克一样离世独居，然而安静的生活却在他10岁那年被战争破坏。他的父亲原是当地县里的律师，1642年在冲突乍起的第一个月就追随国会军队。1643年7月，洛克上尉参加了德韦奇斯（Devizes）之战，经过两天的战斗，国会军队败于保王军之手，洛克之父回到自己的村子贝鲁顿（Belluten），发誓再也不要面对战争的恐怖。

接下来的几年，洛克家生活很困难，洛克的父亲被迫担任郡政府职员，管理下水道的工作。他是一位认真的父亲，稍嫌严厉，鼓励孩子以纪律与勤勉去抗争不合乎上帝旨意之事，对儿子的教育是通过书籍、讲道与演说，用文字和语言来传达的。1647年，通过洛克父亲的资深骑兵长、国会议员安东尼·波帕姆（Anthony Popham）的资助，年轻的洛克被送到伦敦，就读于威斯敏斯特公学。

巴斯比的课堂虽然课业沉重，但洛克很快崭露头角，被视为优秀学生，他的语言才能尤其凌驾其他学生之上。虽然父亲是清教徒，他并没有被威斯敏斯特公学里明显的英国国教气氛所干扰。到1650年，他已经成为"国王学者"——只是几个月后国王就被处决了。1652年11月，他来到牛津，以拉丁语、希腊语和希伯来语演说，获得奖学金，并在基督教会学院（Christ Church College）住了下来。然而，在此，他发现大学生活并不比巴斯比管理下的威斯敏斯特公学轻松。早晨5点就要起床祷告，6点用早餐，在大厅里念四个钟头书，再加下午两个小时。文学学士的课程是所有贵族和教士训练的传统课程，洛克修习古典语言、逻辑和修辞学，为辩论技巧做准备。在克伦威尔的新政权下，学生也必须一天听两次布道。

然而就像历代人文学科的学生一样，洛克在学校里大部分时间都在虚度时光。他读罗曼史（尤其对塞万提斯的《唐·吉诃德》着迷），想从事写作，草拟了剧本《奥罗斯科：阿尔巴尼亚之王》的剧情（但从来未曾面世），并花很多时间追求漂亮的异性。他长得很英俊，而且擅长调情，在一封给神秘收信人的信里，他喃喃诉说衷情道："你不会失去你所掳获的心。最能摧毁爱情的人地两隔，不会阻碍也不会损害我对你的爱；时间也不能把你的鲜明影像从我心中抹杀。"[19] 但他的爱慕显然不是针对某个特定对象。

不过，他后来抱怨牛津的沉闷传统令他窒息。甚至在第一年，洛克对老式的教学和强调辩论技巧高于一切的学术方法，便已感到难以适应。多年以后，他还发牢骚说自己"刚开始念书的时候，浪费了许多时间，因为在牛津大家只知道亚里士多德学派的哲学，用晦涩的名词混淆你,以无用的问题填塞你"[20]。

对年轻的洛克,前十年的内战似乎起因于极端的现象:一端是对宗教的狂热情绪,另一端是人文学课程的严格传统,对口才犀利的崇尚超越了对理性的重视。洛克对两种教条都不满意,于是自行寻找可以解释人类如何理解事物的新答案。

他在威斯敏斯特公学里年纪较长的一位朋友理查德·洛厄(Richard Lower),此时成为沃德姆学院集会的小成员。通过洛厄,洛克开始记录医学常识、医疗药方和解剖学上的奇闻。这群"新哲人"聚会的地点距离他经常念书的地方只有几百码远,不过,不知道为什么,他始终没有参与。他比较喜欢与"亲切愉悦、诙谐机智之人"[21]轻松愉快地相处,图书馆里从17世纪40年代到1659年收藏的笛卡尔作品,他也不会找来看。他从图书馆转移阵地到实验室,是几年以后的事。

一年后,胡克和洛克一样也来到基督教会学院,可是他们大学生活的第一年经历非常不同。胡克不像其他同学有空闲荡,他必须担任唱诗班歌手兼学者,又要兼自费工读生替古德曼(Goodman)先生做事。古德曼先生可能是他在怀特岛的家族世交。胡克给人的第一印象是"身材矮小,脸色总是很苍白,眼睛灰大……深褐色的头发长长地垂挂在瘦长的脸上",这种外表很多人会认为是缺点,然而底下掩盖的才华洋溢的心智和"锐利灵巧的眼光"[22],却让他在大学时期受益匪浅。此外,他也很幸运得到巴斯比博士的推荐。通过巴斯比的朋友威利斯博士,这位初出茅庐的技师得以结识沃德姆学院的集会成员。

威利斯当时对人类身体的化学作用特别感兴趣,胡克当他实验室的助手,开始了对"新哲学"的探索。哈维对血液循环的观察揭示了人体结构背后的方法,知道血液"如何"作用,可是没有人知道"为什么",亦即血液的作用到底是什么?化学不像天文学或数学一般由来已久,它是新兴的研究领域,是从对炼金术的形而上的思索发展出来的,而威利斯正好在古老炼金术演变成化学这门现代学科的关键点上。这场新的化学革命的中心思想是一个古老观念的复兴,即凡事皆由相同的物质形成。法国哲学家皮埃尔·伽桑狄(Pierre Gassendi)重新提出古希腊时期的"原子说",认为原子是所有物质的最小单位。没有人知道这些原子在哪里,或有多少不同种类,可是这个观念却强而有力,足以解答许多重要的问题。

威利斯带着胡克,探寻人体的构成物质。胡克原本就已显露测量与制作仪器的天分,对威利斯化学上的帮助必然极其珍贵,可问题是,这位助手无法忍受解剖的景象。胡克很快就知道自己要在别处寻求发迹的机会,而刚好威利斯也要雇用新助手——洛克的朋友洛厄。

雷恩和胡克在许多地方很相似,不过到1653年,雷恩已是万灵学院(All Souls' College)的研究员,也是沃德姆学院集会学者群中的领袖,通过与思想家学者的频繁通信,名声遍及欧洲。另一方面,胡克尚未被大学录取,只好先担任次级的实验室技师,帮别人执行计划,或协助实验以及操作仪器。雷恩和胡克两人几乎是一认识就开始一起工作。在威尔金斯的指示下,他们制作了新的仪器(里程计、气候仪),观测天文,并改良搜集资讯的方法。

作为哲学家,他们有互补之效,甚至缺点都可以互补共生。雷恩常以机智攻击某种观念,寻求答案的过程却常半途而废,胡克则会花好几年思考一些问题。他们联手便有足够的勇气对"新哲学"里最大的一些问题发动攻势。两人尤其希望找出解决测量经度的方法,记录世界上任何地点距离轴线的位置。两人也因此与科技的发展产生关联，17世纪初欧洲大陆已经发明望远镜，在英格兰内战中普遍使用，但镜片学却是在沃德姆学院的集会团体里，才成为众人瞩目的焦点的。望远镜能更精准地探测夜空，而显微镜则揭示了微小面积中的宇宙，原来平滑的物体表面其实是凹凸不平的，坚硬的石头是斑驳多孔的。胡克和雷恩开始研究这些隐藏的世界，因为两人都具备绘图的天分，能够生动地将他们刚发现的新世界描绘下来，给世人观看。

然而牛津的生活并不能让年轻的哲学家远离世俗，免疫于现实。1653年，执政者命令拟出英国国教教徒的名单，并予以驱逐，幸运的是雷恩和胡克找到同情他们的庇护人。此外，共和国政府开始注意到沃德姆学院的学说，对他们的非正统思想有些担心。国会批评大学当时未能有效支持神权政治，不是"革命派"。威尔金斯和沃德写了一本小册子为牛津辩护，特别举了雷恩和胡克探寻自然的作品做典范。

胡克念大学部时，雷恩专注于天文学，向世人揭晓以望远镜观察到的新天空，又把镜片指向月亮，在学界颇负盛名。17世纪初时，意大利人伽利略已经率先揭晓月亮并非完美平滑的表面，而是有凹陷，有坑疤，有山有海，但雷恩决心更上一层楼。经过一连串辛勤的观察，他终于能够改善伽利略的地图，借助所有观察资料记录，用石膏板做了一个完美的模型，呈现月球的完整表面。这个模型不只是辛苦详尽的观察和资料搜集的结果，也是"新哲学"最具视觉震撼力的宣传工具。雷恩不只测量了月亮，还把它展现在世人眼前。

此外，雷恩的望远镜使用自己改善的镜片和加长的镜筒，探索到更远的夜空，观察到土星。另一位英国天文学家威廉·鲍尔（William Balle），于1655年观察同一星球时，已经发现有光环围绕着它，但这奇异的形体到底是什么？它们是什么形状？雷恩在接下来的几年里，探讨检视这奇特的现象，虽然在人类肉眼看来它不过是夜空中的一个小点而已。如果可以借助于观察，搜集到足够的证据来说明土星光环的形状，他将达到有史以来无人有过的成就，而他的名字也将与行星共存。

胡克也在追寻自己的野心。1654年，另一位科学家罗伯特·波义耳（Robert Boyle），即科克伯爵（Earl of Cork）之子，受威尔金斯之邀加入沃德姆学院的集会群，以颇具名气的优秀实验家之姿，带着大笔钱财而来。这位贵族在牛津的主要大街上开了自己的实验室，就在万灵学院对面，雇用吹玻璃手和药剂师，吸引了许多仰慕者前来参观。胡克因威尔金斯的推荐，成为波义耳的个人助手，为他提供技术上的协助，帮他完成伟大的哲学计划。

波义耳与威利斯一样对化学非常感兴趣，不同的是，威利斯是从人体内部去寻找答案，而波义耳则从周围看不见的物质——空气中找寻启示。几个世纪以来，科学家一直在辩论是否有"真空"的存在，即自然界物质的不存在现象。亚里士多德不接受自然界会容许物质不存在的可能，但是意大利实验家托里拆利却于1644年提出证明，他把水银倒入一端封闭的管子，再让它回流到一碗水银里，如此造出气压计。科学家对半月形的水银和管子密封端之间的物质感到万分惊讶，它看来像是空气，但怎么可能呢？波义耳想要重造大型的这种"真空"，来探究它的性质，因为如果可以看清楚"无物"是什么，那就有可能弄清楚与之相对的空气的化学性质。

波义耳需要一个可以制造这种"无物"的机器，让他能观察里面的实验，他要求唧筒上的玻璃瓶必须够坚固，能承受压力。胡克对喜欢刨根问底的波义耳而言是最理想的助手，他遵循波义耳的挑剔指示，还加上自己一些改良的建议，与伦敦的仪器制造工拉尔夫·格雷托雷克斯（Ralph Greatorex）合作，格雷托雷克斯曾灌溉剑桥郡沼地，因此有使用唧筒的经验。气动空压唧筒的设计是胡克在工程学上的大贡献，充分表现了他对实验者需求的了解。他在15英寸高的玻璃瓶顶端置一开口小瓶，可以放入各种对象，譬如点燃的蜡烛放入便熄灭，活生生的鸟会因没有空气而拍翅挣扎至死，人的手臂暴露在真空中会膨胀。波义耳的唧筒成为新哲学的代表物，而他与助手也开始着手一系列对自然界的创新实验。

"每事探索，唯取最佳"

对新未来的寻求，并不限于图书馆或实验室。1654年，伊夫林和妻子从德特福德区的花园出发，去探索他们最不熟悉的英格兰乡村。他们搭乘马车游访了许多大城镇，看了当时最有名的屋宇和园林。旅途从英国西南部开始，往北到达伍斯特（Worcester），横越中部朝东北的约克郡（Yorkshire）进发，历经四个月，旅行长达1130公里，最后回到伦敦。伊夫林对乡间各式各样美丽的景色惊叹不已，也对英格兰山水的本质有了清楚的认识。

这次英格兰发现之旅，使得伊夫林对植树产生了浓厚的兴趣，接下来的几十年，他在萨耶院所种的花草愈来愈少，而树木则愈来愈多，尤其是在欧洲之旅中所见的常绿植物。他结合欧洲大陆的常绿植物和本土灌木，尝试创造英格兰的新花园。对树与灌木的爱好，也让他卷入新政权对园艺作用的政治辩论中。在克伦威尔的支持下，清教徒们开始倡导播种与收割，尤其是种植果树，更被视为深具宗教与经济方面的重要意义。当时英国的许多宗教宣传小册页便把伊甸园描述为果园，如加尔文教派教士理查德·奥斯汀（Richard Austen）所写的《果园的修道作用》便是如此。伊夫林对园艺的这种灵性诠释很感兴趣，因此翻掘自己的果园，在主要园地上遍植果树，较广大的旧果园则改为灌木丛。

伊夫林和妻子在旅途上造访了牛津和那里的"新哲人"小团体，花了很多时间与威尔金斯相处，得以进入威尔金斯在沃德姆学院的房间，观看天文观测台和花园。伊夫林在这里看到雷恩发明的透明蜂巢，威尔金斯后来送给了他，他放在萨耶院的实验室旁。伊夫林也有机会见到蜂巢的设计师——"少年奇人雷恩"。最后一天，雷恩与他们夫妻共进晚餐，并致赠"一块原为白色的大理石，涂成深红，极其鲜艳美丽，仿佛天生一般"[23]。这次造访奠定了这位艺术鉴赏家和新哲人雷恩坚固的友谊，在此后几年间，伊夫林与沃德姆的许多成员变成好朋友，当他们到伦敦时，伊夫林带他们参观自己的花园，并一起在自己的实验室里做实验。

伊夫林人生中这段时期的另一位重要人物，是伦敦的哲学家哈特利伯，以及他的著作《遍植果树的致富计划》。哈特利伯对伊夫林之所以有吸引力，是因为他身兼自然哲学家与园艺思想家的双重身份，看了哈特利伯的书，伊夫林才有信心开始从事"商业史"的研究，将所有行业集合成概要。他做了一系列笔记，搜集了自己的随笔和想法，以及艰涩的读物与引文，用各种不同"标题"分门别类。不知从何时起，伊夫林也开始写《农事、建筑等事务之杂记》，搜集观察所得、概略笔记与口头传述，作为实用的入门书。《机械行业上手秘辛》则是企图把工业各方面的知识集合在一起，包括铸钟业、制柜业、石灰业和造船业，最后一项的知识是他从德特福德区自家花园围墙外的海军码头上观察而来的。

然而到了1657年，伊夫林原本说快要完成的计划，最后却宣告失败。他无法取得机械工人的信任，让他们透露商业机密，而且计划似乎也庞大得超乎他自己的估计，除了分为旧农业、高雅艺术、妇女工作、人文艺术等许多大标题，并将产业分为陆上与海上以外，没有太多进展。不过另一方面，他把精神贯注于翻译罗马诗人卢克莱修（Lucretius）极其困难的《物性论》，并开始写《蚀刻与雕版，以及油画、微绘、玻璃研磨、珐琅、云石纹纸五种技艺》，探讨艺术世界、传统、工艺，以及最新的技术。

在朋友托马斯·亨肖（Thomas Henshaw）的鼓励下，伊夫林回到园艺领域，翻译出版了《法国园丁》一书。他同时构思了一部有关园艺历史、科学、实践、耕作和特殊知识的百科全书，后来称为《英伦花园》。他写信给住在诺里奇（Norwich）的哲学家托马斯·布朗（Thomas Browne）爵士，承诺要写出他在"书里和花园里遇到的许多难题，没人想谈，却非常需要判断的事"。这本书不仅会很实用，也将是哲学作品，表现他所有的知识精髓，以及"花园的氛围与设计如何把人类心灵提升到美德与圣洁的境界……石窟、洞穴、山丘和园林各种不规则的装饰物如何增进哲学思考的热情"[24]。这本书花了他一生的时间，是作者思想的最佳反映。

到1658年，在萨耶院住了六年以后，花园和园丁都已大非往昔面貌。伊夫林原本希望创造一个远离共和国危险的天堂，然而这时代已一去不返，共和国政权岌岌可危，伊夫林所热望与"一友一书一花园"为伍的幽寂生活，似乎早已不可能了。在退隐处所，他把自己塑造成代表国家知识分子的角色。为了造园，他以自然作为实验室，以许多不同形式做实验，并思考如何描述英国人的想象力。他的答案综合了政治、园艺、哲学、宗教，反映了祖国的家园以及海外的所见所闻，也混合了古代与最新的知识。

新哲学的首都

当伊夫林在书写并开发萨耶院的花园时,牛津的新哲人也在持续做他们的实验。他的许多新朋友彼此讨论,都非常支持学院应倡导新哲学的想法。哈特利伯自17世纪40年代起便想创立"全知"学院,而威尔金斯也曾企图筹措经费,在牛津设立科学院,但都没有成功。伊夫林有个狂热的想法,要为当时的哲人(当然也包括他自己与妻子)设立一所修道院,可是当他在1658年写信给波义耳,讨论"由我们高贵的朋友威尔金斯博士设计的数学 – 化学 – 机械学院"[25],却没有定下任何确切的计划。在此之前,沃德姆学院的学者团体离权力核心一直很遥远,因此得以在思想上开花结果,不过新哲人在国家舞台上扮演角色的时机已经到了。

这段时期的事件多半以伦敦为中心,而不是在牛津的四方院子里。威尔金斯已经转到剑桥大学,这也预示了沃德姆学院团体的解散。此外,1657年8月7日,24岁的雷恩进入伦敦的生活圈,这一天很特别,因为他当上了格雷欣学院的天文学教授。雷恩已经成为英格兰的卓越天文学家,因为他杰出的表现,众人也相信他能将"新哲学"从一小群拥有类似想法的学术团体推广到首都去。雷恩的就职演说是他的实验哲学最清楚的展示,也是对未来的挑战。

这次演说是"新哲学"对真理清澈响亮的呼吁,雷恩承诺要提倡实验与论证的价值:"近来,自然哲学以眼见为凭的实验,应用在几何的理性上,去证明自然科学的真实性,而不是假设自然是什么。望远镜和显微镜的改良,使我们的感官得以无限延伸,几乎透视自然界最隐秘的部分,以及宇宙万物如何生成。"他强调寻求真理比言辞辩论更重要,把这个商业城市与"新哲学"的命运联结在一起,为伦敦下了这样一个结论——伦敦将成为理性的首都:"因为航海带来财富、显赫、文明与知识,我还能许诺伦敦人什么更大的快乐呢?……我愿他们永远是……'海上之主',而伦敦将会成为数学名城亚历山大里亚(Alexandria)。"[26]

第二部

复辟时期伦敦的兴衰

第三章
复辟与复兴

1658年6月,经过一个严寒的冬天和怪异的暴风雨,一条鲸鱼游上泰晤士河,一直游到格林尼治(Greenwich),迅速吸引了人潮围观。伊夫林从萨耶院的花园可以看到这只大怪兽。它有"58英尺长,16英尺高;外皮黝黑,有如马车皮革;眼睛极小,尾巴极大,仅有两片小鳍,尖吻高起,嘴部宽大,潜水夫都可以直立在其口中"。河水开始退潮时,巨兽被困在浅水中。伊夫林很担心它会在盛怒中击坏附近的船只,却惊恐地看到暴民以鱼叉攻击,最后将它野蛮地杀死。

像这类奇怪的事件,有些人会当成危险将近的噩兆。但是伊夫林在此之前便已经遭受重大打击,1月27日,他5岁的长子过世。伊夫林的妻子悲痛欲绝,泪流不止,并说在屋里的每个角落都能听到他的声音。一年之后,伊夫林在文章里承认失去儿子已经使他白了少年头,他说:"我的眼泪与墨水混合过多,必须就此搁笔,不再多说了。"[1]然而,虽有个人的哀痛,首都发生的种种紧急事件,仍然不容他忽视。

9月3日,护国公克伦威尔过世,伊夫林欢喜若狂:"这是我见过最快乐的丧礼,没有哭声,只有士兵在街上边抽烟喝酒边赶狗的呵斥声,以及狗儿发出的哀号声。"[2] 然而,克伦威尔死后,时局并未就此平静,接下来的反而是无政府的混乱状态。克伦威尔的晚年统治已几近王权,只是不肯称王而已。但接下来该如何,史上并无前例可循,因此,护国公之位便传给了克伦威尔之子理查德,但他缺乏使人甘心效忠的号召力,只凸显了他的权位是来自人为而非神授。军队失去具领袖气魄的克伦威尔来统整各派系,但仍竭力管控伦敦城,不肯放手。

虽然伦敦如此混乱,雷恩仍然持续每周一次由牛津到伦敦格雷欣学院演讲,到夏天已准备提出他对土星的观察报告。同事鼓励他发表所观察到的新发现,但雷恩很谨慎,打算先以短篇论文开始,之后再发表较深入的论述。然而他的计划却在1659年10月被进驻格雷欣学院的军队扰乱,无法进展。学院被征用,教授被迫离开,建筑充当军营。雷恩失去了实验室,害怕生计不保,因为学院已愈来愈没落。最后他决定离开危险的首都,常驻牛津。父亲去世后,他在万灵学院当行政人员,负责会计工作。

这次隐退可能还有另一个原因,雷恩在写《土星物论》时,从沃利斯那里听说荷兰著名天文学家克里斯蒂安·惠更斯(Christiaan Huygens)也在观测遥远的宇宙,而且提出另一种理论,认为土星的光环并非如雷恩所想的是一个椭圆,而是一圈把星球完整环绕起来的光圈。这种说法对雷恩是一大打击,因为惠更斯是国际知名的欧洲首席哲学家。雷恩原本希望以他的发现一举成名,现在马上把《土星物论》置于一旁,希望他的失误就此悄悄湮没。他被迫重新思考自己的未来,并决定在新哲学里找寻属于自己的新领域,以免再次面临被人将了一军的尴尬。

这年冬天,伦敦到处是动乱,许多派系公开对抗不太稳固的武装军政权。各处传出报道说民众囤积武器和炸药,而武装军则准备进入旧市区,威胁大家若是有人动武,他们会拿圣保罗大教堂当作最后的防守阵地。12月5日,两万市民联名签署,抗议压迫他们的军方,企图上呈市长大人。他们往市政厅前进时,被马队拦下,领队的是鞋匠出身的休森(Hewson)队长。群众喧闹起来,开始拿石头和瓦片、冰块、芫菁,甚至还有冰冻的足球丢掷马队。士兵开火回击,打死七人,并伤了其他人。

几天以后,两万三千名工匠、学徒、商人、海员和船工又上了另一封请愿书,威胁说他们会"团结一体",反抗当时还信心满满的武装军。虽然城市验尸官报告民众是被蓄意谋杀的,但军方官员调查结果,却判休森的举措没有过失,这对民众无疑是火上浇油。指责的声浪大起,伦敦市民一致对抗武装军,他们堆了一个象征性的雪人作为报复对象,雪人"只有一只眼睛,脸庞老迈,颈上绕着绳子,周围摆了许多旧鞋,头上长了一只角,以影射休森"[3],摆在圣保罗教堂中庭示众。

然而,怎样才能让国家安定下来呢?克伦威尔的儿子显然不过是被武装军将领控制的傀儡,而国会里开始有人公开批评新模范军的专制政体,意图再建立共和国。伊夫林是最先提议恢复君主制度的人之一,就在群众抗议集会的前两个月,他匿名发表了一篇《为王室辩护文》,文中讽刺内战是来自不顾后果的理想主义,以自由的希望为名,实则只是幻想出来的"模型和幼稚的妄想",世界的混乱便是由此而来的,所带来的不是平和,"而是由威斯敏斯特的士兵看守的棺材"。[4]伊夫林宣称让国王复辟是国人最好的忏悔方式,根据他的说法,查理一世的儿子查理,也就是后来的查理二世,不只是天定的国王,而且具有重整分裂国家的特质。

愈接近新年,伦敦的保王派愈有信心。消息传来说苏格兰有军队来援,由蒙克(Monck)将军率领,要进军伦敦,重整秩序。国会里也有叛乱的传言,有人则认为只有与查理谈判,国家才能重归安定。当时掌控武装军重镇伦敦塔的赫伯特·莫利(Herbert Morley)上校是伊夫林学生时代的老朋友,伊夫林冒险去见他,想说服他站在自己这一边,但没有成功。许多伦敦人开始暗中策划阴谋,伊夫林冒着被起诉的危险,在自家收留"各种优秀人士,当时就算只与这些人谈话都是叛乱之举"[5],并汇出巨款给身在荷兰的国王。17世纪60年代初,伊夫林因为紧张、疲惫,或许还有过度悲伤而病倒在床,濒临死亡,长达两个月之久。

放逐海外的查理,有如包裹着破碎国家的绷带,表现出王者的形象,他答应给所有人一切可能的希望。在长达数月的斡旋中,他很怕树敌,因为他很清楚,自己能否复辟成功,命运掌握在别人手里。但他暗自下定决心,一旦重掌权势,绝不失去掌控力。他从荷兰发出《布雷达宣言》,说他会大赦内战中的所有人,这是给那些"温柔敦厚人士"带来希望的宗教调解方式,与国会和军队进行和解,同时承诺反对党的元老将成为他的左右手,并对帮助他复位者予以奖励。他说得很慷慨,因为现下他什么也没有,只有当他重获所希望的一切以后,考验才算开始。

查理终于在1660年5月20日抵达英格兰海岸。九天以后,他从泰晤士河南岸进入市区。他身着朴素的衣装,胸前戴着嘉德勋章的星帜蓝色胸带,没有戴任何帽子遮掩,群众很容易便认出他来。市长致赠了一把剑,身着蓝白服饰的女孩在马前撒花和香草,跳舞欢迎他。进入旧市区时,迎接他的是喧闹的欢迎群众,横跨伦敦大桥,一直延伸到圣保罗大教堂,英国国教的残余分子聚集在此,站在讲坛上,他们在国王空缺的过渡时期一直遭到迫害。当国王从这个代表他父亲在位的象征物前经过时,教堂建筑就与它所代表的人一样荒废倾颓。

这次事件也冲击了伊夫林，他加入到河岸街的群众中：

> 道路上布满花朵，钟声响彻全城，街上挂着毡饰，喷泉涌着葡萄酒；市长、市议员和所有伴随人员都穿着制服、金链、旗帜；贵族与勋爵身穿金银丝绒的衣着；女士站满了所有窗口和阳台；喇叭、音乐和无数民众聚集……像这样的复辟，历史上从未记载过，不管远古或现代，从犹太人脱离巴比伦的奴役归国到现在。[6]

经过七个小时的游行，国王终于抵达位于怀特霍尔街的宫殿，与妃子芭芭拉·维利尔斯（Barbara Villiers）就寝休息，外面街道上的庆祝宴饮持续了三天三夜。

查理二世的复辟宣告了"英格兰革命"的结束，查理一世被处决以后的宪政实验，最终是一场灾难。1658年克伦威尔的死亡证明了，只是他个人的魅力将不稳定的共和国聚合在一起，少了护国公的强力掌控，英格兰共和国的众多派系便分崩离析了，而恢复王权似乎成了别无选择的可行之策。查理二世之所以受欢迎，是因为经过战争的骚动，他是让英国平定下来的最好机会。然而，就在大众欢欣鼓舞地迎接国王复位的同时，却难免透露出一些讽刺的意味。正如诗人约翰·德莱顿（John Dryden）在《民意》中的冷眼观察：

> 群众无过，虽则举措两极：
> 杀死父亲，召回其子。

调停之道

在牛津，洛克从信件和报道中得知伦敦所发生的事，觉得很惶惑，面对当前火热的时事，他无法决定下一步该如何走："整个国家都动荡不安，我找不到安定的生活方式……分裂之庞大剧烈，阴谋之毒害致命，比之前有过之而无不及。"[7]本能要他为信念奋斗，但他承认自己已不知该靠哪边站。洛克此时已完成硕士学位，获选为基督教会学院的高级生，相当于研究员，但是对于未来还是很不确定，因此大部分时间不在学校里面。这种情形更因学院里发生的事件而变本加厉。当伦敦在共和政体末期摇摆于两极之间的时候，大学也被危险激进的观念所冲击。1659年王位悬空时期的最后几个月里，学院院长约翰·欧文（John Owen）被一位贵格派教徒取代。

洛克觉得当时人的幻想和狂热已经超越了理性的界限，他对共和时期日趋狂热的极端主义思想非常忧心，对空位时期的宪法实验也愈来愈不以为然，因为政府不是依据理性，而是以神学来定法律，是"圣坛上的煤炭点燃的"。对此，他认为应归咎于不信奉国教的新教徒，因为他们容许人们以自己的道德观为社会准则，而非诉诸信仰："所有人都认为自己内心有这道光，而其他旁人都跌倒在黑暗里。"[8]

当前国家如此衰败，迫使这位年轻的哲学家重新检视自幼以来的一切想法。到1660年，他已明确决定要成为英国国教的教徒，认为恢复王权是解决当前难题唯一合理的方法。在牛津大学出版的一套庆贺查理二世复位的书《大英重光》中，洛克写道：

> 我们的祷告蒙天聆听，命运不再蒙尘，

>我们也恳求同样的喜悦，
>
>有你的慷慨赐予，因为你，伟大的先生啊！
>
>是我们现在和即将来临的一切欢欣的总和……[9]

然而，要让复位的王权找到可以生长繁殖的土壤，必须先解除空位时期神权政治的基础。洛克是牛津那群人里了解到这种观念的一个，他讨论了关于自然法的问题，而自然法就是研究法律的基本原则，特别是人定法律和神授规则之间的界限。他写了几本未出版的小册子，找寻解决当前危机的理性方法，讨论元首的角色，提出元首权势应来自神授还是人定，以及国王可以在人民日常生活的哪些方面制定法律的问题。他的结论是查理二世应该"对他的臣民所有无关紧要的大小行为，都拥有绝对且专制的权力"[10]。

民众期望查理二世能平抚风暴，然而本身已饱尝苦难的国王，知道实际上国家的调停策略最重要的是必须做些妥协。他之所以受欢迎不是因为自己本身的好坏，而是因为国家没有其他更好的选择。他承诺过要让国人安全，而现在必须做新的调停，来统一业已疲乏困顿的国家。然而，在平定当前局势之前，他得先扭转十九年来的记忆，查理二世希望借助消除内战的记忆，以及1641—1660年没有国王许可的执政，把自己的政权与过往重新联结。政府的会议记录里有几页被撕去，1660年被称为查理二世治下的第十一年，将空位时期的宪政从记忆里抹除。这项措施早期很少有人反对，然而过去的历史终究是无法完全抹杀的。

查理二世也知道如果没有那些以前曾誓言与他为敌，后来却支持他的人，他不可能回来复位，所以选择了宽容，体谅他们的行为是复杂形势下的不幸事件。他在1660年的《大赦令》（Acts of Oblivion）里宣告大赦天下，只惩治了四十一位弑君犯和为他父亲行刑的两名刽子手。克伦威尔与其将领的尸骸被掘出、吊挂、斩首，作为象征性的处置；并解散武装军，将收到的钱财支付欠款，希望培植共和国的组织可以分散消失。

复辟之后，洛克留在牛津，但仍密切留意国王为安定国家所采取的政策。新政权对大学没有太大的兴趣，许多在共和时期被重用的学者仍然保留职位，而1649年被驱除的教师只有少数几位回来。洛克获益于政治的重组，被选为希腊文讲师，他的学院则重新恢复成为大学里英国国教的基地。他是十位新学生的导师，以家长的角色照顾他们。

对自然法的兴趣引领洛克探讨另一个当时的重要议题——宗教宽容，在此种情况下，国家的安定与个人的自由是一致的。查理二世认为国王复位不仅是让现世的权力重归王位，也是让上天授权的英格兰教会复得其所，而教会扮演的是上帝在人世的代理官角色。国王通过教会组织来管理国家，但教会却正是引起内战的根本原因。所以要找到真正安定调停的方式，教会本身必须要加以定义。

查理二世是否应该了解并允许顺服君主的非正统教派继续他们的崇拜方式呢？英国国教能不能扩展胸怀，容纳各种不同的聚会方式？洛克在思考这个问题时，崇拜方式是其中特别重要的一点，到底祷告是个人的，还是政治的？信仰和政治之间的界限，在空位时期已经变得无法划分，那么如贵格教派在街上裸行叫嚣、喧嚣派教徒祷告时摇摆尖叫、第五王朝派（Fifth Monarchist）以刀剑要挟信仰，这些崇拜方式该不该加以规范呢？洛克对秩序和强势政府的狂热，使他相信国王应该拥有完全掌控全国信仰崇拜的权力。

查理二世所希望的新政策，是可以容忍共和国时期演变出来的许多不同但顺服君主的宗教派别，但事实上却窒碍难行。1661年初，伦敦有场会议，集合了各种团体来讨论英国教会的未来，大家希望的是禁止较危险的教派，但也期待能更普遍地容忍顺服君主的非正统教派。然而明显的事实是，英国国教是唯一被承认的正统。这也反映在法律上，急于求成的英国国会于1661—1665年通过了一连串的法案，以查理二世超级保守的大臣克拉伦登伯爵为名，订立了《克拉伦登法典》(Clarendon Code)。

不信国教与放逐

《克拉伦登法典》的制定，让全国人民都陷于险境，因为在新的法律下，非正统教派被视为政治上的不良分子，不论狂热人士或者"温柔敦厚"的顺民都算。查理二世的调停政策非但没有使英国团结统合，反而加强了分裂，而洛克所呼吁的强势政府和单一的官方宗教，也让许多想与国王和平共处的人变成了罪犯。其他对共和国的失败公开表示哀悼的人，被迫转入地下，隐藏起自己的信仰，希望有朝一日能找回重建新模范军的"好理由"，或是如一位原共和主义者辞职时所承认："如今是归国王统治的时候了……宽容只维持了很短的时间，没多久权威又归他们掌握了。"[11]

虽然共和主义愈来愈不受欢迎，却没有就此消失，有些人仍然不满现状，在他们的怨言与威胁之下，危险一触即发。1661年1月，五十位第五王朝派教徒攻击圣保罗的教堂院区。他们是激进的清教徒，要以圣战拯救世人。圣保罗大教堂邻近有一位书商约翰森(Johnson)先生，持有教堂钥匙，武装教徒要求搜索他的房屋被拒后，他们便击破了教堂大门而入，在门口站岗，强制路过的人对他们表示忠诚。他们问路人顺服谁，有人回答国王，便马上被刺穿心脏，暴力于焉展开。武装军队被召集而来，却被极端分子击退，这些教徒有很多曾效力于新模范军。市长大人亲率更多的部队前来，才将这些恐怖分子赶到城外去。三天后，狂热分子又回到圣保罗教堂庭院，与一个团的武装部队对抗，结果很惨烈，二十人被当场射杀，十人被捕，包括领导人韦纳（Venner）上校，而企图逃跑的六人则惨遭杀戮。

类似这种对清教徒革命的热情，仍在许多人的心里熊熊燃烧，例如一位名为赞美上帝·巴本（PraiseGod Barbon）的内战期间在伦敦富有影响力的人物，他原为皮革商，工厂位于与舰队街（Fleet Street）相交的费特巷（Fetter Lane）内，招牌上画着锁和钥匙。住在这里的还有他的妻子莎拉（Sarah）与在1637年到1640年之间出生的儿子，他为儿子取的名字是"如果耶稣没有为你而死你会下地狱"（If-Jesus-Had-Not-Died-For-Thee-Thou-Wouldst-Be-Damned）。他对工作很尽心，辛勤教导与他们一起住的学徒，并参与城市的上层阶级——行业公会。他识字，通晓英文《圣经》，也懂一些基本的拉丁文和希腊文。与许多伦敦人一样，忧虑自己的灵魂会失落在现代世界里。他也是宣教士，领导一群在自己店里聚会的浸礼会教友（Baptist）或布朗派教徒（Brownist），布朗派是16世纪布朗的追随者，主张每所教会都应独立自主。

在空位时期，赞美上帝·巴本被克伦威尔选为1653年的圣人国会（Parliement of Saints）中伦敦城的七位代表之一。这个国会是新政权企图建立基于神权的共和国的中心组织，由于"赞美上帝"的激进分子名声，人们用巴本姓氏的谐音给它取了"骨瘦如柴国会"的绰号，因为"巴本"（Barbon）听起来像是"骨瘦如柴"（barebone）的谐音，它要英国人准备审判日的来临，但是这个尝试却因有些人害怕代表们的极端主张而喊停。虽然如此，老巴本仍继续追求太平盛世的理想，为伦敦城的市议会工作。"第五王朝"宣布要在伦敦城墙内建立新耶路撒冷时，老巴本虽然没有签署请愿书呼应他们，但他显然是声音比较大的支持者之一。

共和国衰落以后，他仍然参与激进活动，并成为共和党在考文特花园附近的弓街（Bow Street）聚会处的重要人物。1660年，老巴本在一封请愿书里宣称复辟为不合法，准备国王一复位便破釜沉舟，誓死颠覆新政权。1661年11月，在企图拿下伦敦、恢复共和国的密谋里，老巴本以叛乱罪被捕，只因其生病以及其妻莎拉的哀求，才免于下狱伦敦塔。

以"如果耶稣没有为你而死你会下地狱"之名受洗的儿子，与他的家人住在费特巷，在伦敦历经战争与共和国时期长大，复辟时期跟着父亲一起面临迫害。与许多年轻人一样，他不想在一个猜忌的王权和有限的生存机会底下过恐惧的生活，于是他选择逃亡。许多清教徒选择远走美洲新殖民地去重建他们的耶路撒冷梦想，小巴本和其他人则越过海峡，逃到了荷兰共和国。他没有留在海牙或鹿特丹的港口，而是与雷恩、洛克和胡克一样，寻求受教育的机会，1661年，莱顿与乌得勒支的大学录取他为医学生。

内战期间，激进分子常常会重新受洗，新模范军的各级士兵充斥了"屹立不摇·斯特林格""为信仰奋斗·怀特"，甚至还有"杀死原罪·平普尔"之类的名字。"如果耶稣没有为你而死你会下地狱·巴本"后来觉得，还是把自己的名字改成常见的尼古拉斯·巴本比较明智。

他发现欧洲大陆是一个与伦敦完全不同的社会，因为17世纪中叶的荷兰共和国是由总督、商人、掌权贵族等团结统合的成功国家，他们把宗教宽容当作国家成功的主要政策。这是都市型的社会，以新兴的中产阶级为主。荷兰共和国不只给了从复辟迫害下逃亡的英国人安居的住所，也让他们看到另一个基督教国家的现代新貌，看到真正的共和国可以是什么样子。

荷兰共和国是文化的灯塔，是艺术与建筑的中心，远远凌驾于同时代的欧洲其他国家，尤其是英格兰之上。荷兰以航海立国，近乎全面都市化，最好的例子是主要大城市阿姆斯特丹的运河，以及漂亮街道上活跃的工业活动。阿姆斯特丹所呈现的是一个金融首都应有的面貌，以交易所为中心，从波罗的海的木材到土耳其的郁金香，各式各样的商品都在此流通。所有街道都铺设妥善而且宽敞便利，四周是无数富有创意的排水装置，以及高效的货物交易运输通道。运河两岸高大优雅的商贾华厦，展现了来自繁忙海港的财富。这些新房屋展示的是傲人的国家代表建筑，而首都的主要建筑则是文艺复兴时期的古典风格，配上一点荷兰的风味加以改造。这些房屋形式对称，高大优雅，它们是为现代的家居生活而建，而不是华而不实的炫耀。

巴本先到莱顿大学念医学，但他在此所学到的却远远超过诊断和治疗的技术。莱顿大学建于1575年，是荷兰的第一所大学，以"自由之棱堡"的校训为傲，它鼓励言论自由，被放逐的法国哲学家笛卡尔便以此为家。除了神学之外，医学研究是学校的核心工作，它传授革命性的新课程，除了研究古代典籍，更鼓励医疗实践。伊夫林曾在二十年前造访此校，观察到解剖室是设在前天主教教堂里，里面还有一个收藏稀有之物的博物馆。伊夫林只在这所大学念了一天，可是巴本就辛苦多了，在市中心的圣塞西莉娅（St. Cecilia）医院，教他的是以新方法治疗疾病和放血的重要人物，应用医药学教授西尔维厄斯（Silvius）。

巴本后来又到刚成立的乌得勒支大学念书，他发现这城市里，抗辩派（Remonstrant）、路德派（Lutheran）、门诺派（Mennonite）、虔诚派（Collegiant）、犹太教徒和天主教徒统统都有，他们全都致力于商业事务，没有在仪式的问题上互相争斗。年轻的巴本浸淫在这个致力于商业发展的荷兰城市的气氛里，学习到的不只是它的风格，还有野心。大量财富带来快速的都市化，也带来艺术、观念、建筑的黄金时代。17 世纪 50—60 年代，乌得勒支进行了大规模的扩建，以因应新兴工匠和技术移民所需的便宜住宅，让市民以城市为傲，并美化城市并与其他大城市并驾齐驱。

巴本看着乌得勒支的建筑在他周围高高建起，对建筑工程和它所带来的财富印象格外深刻。他一定也注意到荷兰为满足快速增长的人口，而往高处发展的特殊建筑风格。荷兰的土地非常稀少，但建筑商找到一种兼具优雅与功能的建筑样式。莱顿和乌得勒支街头的这些景象，对这位遭放逐的年轻清教徒有着长远的影响，而这种影响不只体现在临床科学技术领域。

升　迁

对那些欢迎国王复位的人来说，宫廷的重建给了他们高升的机会，而空位时期远离权力中心的忠诚分子，则希望能得到补偿，重得恩宠。怀特霍尔街的王宫成了提供机会的窝巢，走廊上挤满了求见者，他们希望唤回王室记忆，或攀附已获青睐者的关系而得宠。伊夫林向朋友塞缪尔·佩皮斯（Samuel Pepys）承认道："我无法与人凑热闹。"因此，他在共和国期间所做的事没有得到任何奖赏。他知道自己得用别的办法才能让国王注意到他。

伊夫林的哲学友伴也尝试博得王室的注目，因为复辟重新点燃了实验哲人们想兴建一所学院的梦想。查理二世对实验很感兴趣，放逐期间无事可做时，就曾在实验室里打发时间。1660 年 11 月 28 日，雷恩在格雷欣学院做过每周一次的演讲后，有十二个人聚会讨论设立新机构的可能。这群人除了沃德姆学院的几位重要人物以外,还包括一些与查理二世一起放逐归国的保王派要人,如业余天才数学家罗伯特·莫里(Robert Moray)爵士和保王派贵族布龙克尔(Brouncker)子爵,布龙克尔的父亲是国王幼年时期的宫廷内务副大臣。以前常与雷恩一起观看土星的保罗·尼尔(Paul Neile)爵士,后来成为枢密院传令官。科学知识原本应该在遗世独立的牛津学院里开花结果,从此却被迫在商业化的首都里,为自己谋求出路。

选格雷欣学院作为第一次聚会地点,只是形势使然,但是之后,这群人发现没有别的地方可去。1660年12月12日,他们组成委员会与皇家内科医学院洽询,成员是当时所认为社团里最理想的搭配,因为他们是"伦敦,尤其是保王党,最具学识的一群人士"。不料皇家内科医学院拒绝了他们的请求,大失所望之下,他们只能固守在格雷欣学院里,"一周又一周地等待进一步消息"[12],与终身教授们共享房间。

接下来,最早的成员得决定这个团体要成为哪种机构。他们决定要遵循辩论学会的模式,而不是成为学院机构,以几位团员曾在旅行时看过的几所较不正式的欧洲学院为基础。他们宣称新学会将在文化和政治的中心扮演重要角色,以"合理"及避免推测、理论、教条的方式,可以把国家从前几年的智识困境解救出来。雷恩草拟宪章时,宣示了这个学会的社会目标:"就我们所认知最快乐的政府,是推动有利艺术与科学政策的政府,根据周密观察,这些艺术和科学正是文明社会和自由政府的基石。"[13]

然而,为了引起在位者的注意,学会也得招揽一些有影响力的人,因此学会的发起人忙着拟订一份理想的团员名单,名单上的人声望与专业一样重要。从名单上看起来,很明显学会对与西边宫廷相关人士的兴趣,远高于城里有影响力的富商。第一次聚会,他们便决定入会费用为10先令，加上每周1先令的固定会费。学会果然很快引起国王的注意，1660年12月5日的第二次聚会，莫里爵士便报告："国王已知悉此聚会之目的，并欣然赞同，准备予以鼓励。"[14]1660年12月12日，包含四十位卓越人士的名单出炉，念起来像是新宫廷的一览表。不过，虽然王室很早就表达赞许之意，正式付诸实现却还要等上一段时间。

雷恩很快成为学会提高知名度的最可以借力的人士之一。他的叔父曾因护卫坎特伯雷主教威廉·劳德（William Laud）的正统教派地位，被关在伦敦塔里十八年，复辟之后才被释放出来，回到伊利的职位，成为英国国教利益的主要受难者。雷恩的堂兄弟马修（与雷恩的叔叔同名）快速爬升到新政府的最高阶，成为首席大臣克拉伦登伯爵的秘书。雷恩自己很早便拜访宫廷，将父亲在1642年从温莎堡被赶出去时保留的文件，交还给国王。

雷恩家恢复昔日运势，配合着青年哲学家雷恩自己的能力，正好可以让国王赏识到他非凡的科学技能。他代表了英国国教的正统思想和新哲学富革命性观念两者的结合，因此能够让这个新的知识系统既无争议又有活力。他的个性喜欢追求可行并有利可图的实验，加上他过人的天赋，总能以实验制造出强烈的视觉和娱乐效果，使学会高尚的追求看起来既卓越出色又平易近人。

1661年初，雷恩将他于17世纪50年代由威尔金斯指导，以显微镜观察所绘的素描图给国王看，包括一只局部放大到非常清楚的虱子。雷恩以细致的笔触，将小虱子微小繁复的细部结构展现无遗。国王对这幅画大为赞赏，要雷恩再多呈上一些作品。这其中包括一个月球模型，它"极其精确地表现出月亮的表面，所有的高低不平、河川海洋、岛屿大陆等都可以看到"[15]。到了8月，雷恩已完成新的纸板模型，上面有赞美的铭文："雷恩博士为英格兰、法国、苏格兰之王查理二世所造之月球新世界,因为对如此重要的人物而言,'只有一个月亮是不够的'。"莫里安排了一次会晤,让这位天文学家当面把礼物交给国王。

然而,雷恩并不是这个学会唯一努力博取国王兴趣的人。伊夫林于1661年1月6日受邀加入学会,他记录道:"在格雷欣学院聚会的哲学学会的其他会员(Fellow)投票选举我为会员(并且陛下任命我为该学会的理事会成员)。"[16]从此以后,他便孜孜不倦地在宫廷里为学会的声誉而努力,虽然他只不过是在自己萨耶院实验室里做实验的业余化学家,但是对推进学会的信念"有用的知识"(即可以转变成文化和资产的知识),却不遗余力。

伊夫林在复辟时期的前几年出版了许多书来提升学会的名声与观念。1661年,他翻译了加布里埃尔·诺德(Gabriel Naude)的《成立图书馆的建议》,说明如何编目和建设图书馆。在前言里,他两次用到"皇家学会"这一名字,第一次是用在印刷的正式标题上。1661年4月,在国王加冕典礼上,伊夫林在国王面前演说颂词,又一次提到"学会"。接着是1662年翻译的《雕刻》,这是一本研究雕刻艺术技巧的法文书,附录里还介绍了当时非常流行的铜版雕刻技法。

那一年稍晚,伊夫林进一步提升了学会的名声,他提出许多自己所观察到的伦敦问题与重要体验。《驱逐烟尘》描绘伦敦城的一幅令人震惊的景象,这本小册子集合了学识、社会政策、环保主义、城市规划与建筑于一书,指出国家首都位于极为自然美丽的环境,是"地表怀抱里最可观之处所",然而如今它却成为肮脏腥臭的都会:"伦敦城就像是埃特纳火山、火神的庭院、斯特龙博利火山,又像是地狱的外围。"尤其是煤炭的使用,熏黑窒息了整个城市,弄脏优雅的房屋,使果树枯萎,还袭击市民,使他们呼吸的

"全是不干净的浓烟,加上污秽的煤灰臭气,导致种种可厌的不便,污染了他们的肺脏,使他们身体功能完全失调"[17]。

伊夫林的书得到了国王的注意,获准出版,国王也开始将伊夫林视为自己的咨询班底,对伦敦的情况表达关心。伊夫林在发展其具有个性与品位的名声的同时,这个角色让他可以向大众展示,新哲学不只是学院或实验室里的论战,还可以应用在当时的社会问题上。查理二世雇用伊夫林为皇家建筑师,在"国王办事处"的测绘总监下负责几栋官方建筑,研究扩展城市的实际办法。伊夫林成了各式各样半自治政府机构的中流砥柱,在拥挤的房间里来回与人讨论街道铺石、污水工程、辅路问题、马车规则,以及皇家造币厂的工作。

1662年7月15日,学会终于获颁第一个许可状,这不只是王室的许可印信,让他们得以自称"皇家"机构,也是学会作为一个伦敦市法人团体的特权和基本权利。但是他们还需要两个许可状,以便使这个组织的结构更加完备。国王在第二张许可状里宣称自己是这个学会的创立者和庇护人,学会的名字改成"以实验促进自然知识之皇家学会"(The Royal Scoiety for the Promotion of Natural Knowledge by Experiment)。此外,他们还有自己的徽章和会训"口说无凭"(Nullius in Verba),两者都来自伊夫林对古文物研究的想法。国王也颁赠了一支皇家权杖,作为庇护者的象征,每次开会时都会陈列在场。

意外的机会

1661年2月,雷恩被提名为牛津大学的萨维尔天文学教授。他放弃了格雷欣学院的教授职位,离开伦敦,回到牛津。因此,

1661年夏季以后,他待在首都的时间比以前要少,也较少参加学会的聚会。但是每当学会需要宣传的时候,还是会提到雷恩的名字。学会于1663年委托托马斯·斯普拉特(Thomas Spratt)写作正式的《皇家学会史》,该作于1667年印行。斯普拉特受命将学会在短短两年内的所有成就写了下来,这本书既是推销形象的手册,也是历史性的记录,它将雷恩放在舞台的中央,借以提升学会的名誉。

在牛津,雷恩与一些同伴,尤其是同事胡克,继续做各种实验。牛津有一小群新哲人:胡克还是跟着波义耳一起工作,萨维尔数学教授沃利斯仍继续他的职位,比姆堂的化学家威利斯已经回到学院来,找到一个重要的职位,在基督教会学院任职自然哲学教授。威利斯雇了巴斯比博士在威斯敏斯特公学的一位学生洛厄当助手,洛厄转而介绍了基督教会学院的希腊文讲师约翰·洛克到这个团体来。

洛克被引介到沃德姆学院来时,这个团体正要解散。1659年,他开始念笛卡尔的哲学,然后很快便成为威利斯在学院讲座的座上常客,最后他终于见到波义耳和威斯敏斯特公学的老同学胡克。洛克也去听波义耳门徒彼得·斯塔尔(Peter Stahl)的化学演讲,虽然有人抱怨他无礼好问,但他的笔记却是课堂上最详尽的记录。这些课程对哲学家洛克的影响极大,因为他先前的教育都是在研究书籍,但现在却遇到一群喜欢实验室胜于图书馆的知识分子,这使他也迅速对实验产生了热情。

雷恩此时正值专业科学领域的顶峰,此外,他的天分也为他赢得意外的新工作,这个新工作所带来的职位与名望远远超过学会和大学所能带给他的。那个时代职业科学家很少见,雷恩对新哲学的兴趣并没有像年轻英国国教贵族所希望的那样,让他得到社会地位,年轻如他,充满野心又希望成就新事物,不会对宫廷职位的机会置之不理。

他已经表现出对建筑的高度兴趣,伊夫林在萨耶院的玻璃蜂房就是天文学家对设计感兴趣的表现,这充分显示了他制造精巧仪器和解决复杂问题的罕见天分。他的成就还包括,构想出许多不同的结构组合,这对了解建筑物而言极其重要。然而这些都只是小设计,牛刀小试地做点理论和实验,如制作模型、蜂房和日晷。在此之前,他或许只是缺少机会,所以没有盖过任何建筑。

雷恩的第一次建筑机会几乎与他获得教授职位同时到来,1661年底,国王邀请他勘察丹吉尔(Tangier,位于今摩洛哥),这个地中海港口是查理二世于1662年4月与布拉干萨(Braganza)的凯瑟琳结婚时女方的嫁妆,自此成为英国属地,港口地势绝佳,位于地中海入口处,易于管控所有经过此地的贸易。然而大家都认为港口很容易被袭击,克拉伦登伯爵的秘书马修,即雷恩的堂兄弟,曾运用自己的影响力推荐天文学家雷恩,请他撰写建筑港口防卫石墙的可行性报告。这个工作可能为雷恩带来的将是职位、财富和未来的皇家庇护。雷恩很认真地考虑过,但最后因为身体病弱而谢绝。

不过雷恩很快就因为其他工程,调离了牛津的正式职位。1661年年底,雷恩接到一封从牛津而来的信,斯普拉特报告说牛津大学的校长理查德·贝莱(Richard Baylie)在问萨维尔教授的去处。如果雷恩不在学会也不在牛津,那么他在哪里呢?斯普拉特给校长的回答颇令人干着急,他说:"我为你进行了辩护,告诉他,查理二世是英格兰、苏格兰、法兰西与爱尔兰的国王,他已经由最近的国会法案宣布为这些地区的绝对君主;召唤你到伦敦去的就是这位全能的君主。"[18]查理二世已经与雷恩谈过丹吉尔的计划,很可能也有别的建筑计划在进行。

胡克的意外机会也即将出现。在牛津待了将近十年以后，他终于回到伦敦，可是因为在复辟事件上并没有获得任何好处，所以只能靠自己的天分去找职位。不过他晋升得非常迅速，以正值高峰的创造力，成为以行动代表培根派的人士，这也是皇家学会的野心，想在新政权下夺得一席之地。

胡克参与皇家学会事务的最早记录，是1661年4月的一项公告："实验观察现象试解。第三十五项关于空气之实验讨论，支持先前R. H. 所拟之假设，由罗伯特·波义耳先生发表。"此处的"R. H."即为胡克姓名Robert Hooke的缩写，这项实验其实原本是由胡克在1660年在波义耳的实验室里所做的，但是在发布之时，助手的成就却归之于庇护者。

到1662年时，胡克对刚得到许可状的学会已经很熟悉了，他陪着波义耳参加聚会，并示范自己的空气唧筒。他根据第一个唧筒改良制造出第二代，因此第一代的模型便捐献给了格雷欣学院的学会，但因为他是唯一能操作这机械而不至于因故障出丑的人，所以他便成了讨论会场常见的身影。这是他再好也没有的时机了，因为学会刚得到皇家的许可，正打算要成立为永久性的法人机构，当务之急就是寻求庇护并获取威望，且必须履行作为科学机构的宣言，而法人团体其中一项权利就是能够雇用职员。

亨利·奥尔登堡（Henry Oldenburg）得到了皇家学会秘书的职位。因为学会希望"对宇宙万物采取普适、持久且公正的考察"[19]，因此需要成立图书馆，有系统地收藏资料、发现、报告和记录，因此奥尔登堡在一年之中写了三百封信，与欧洲各地的哲学家取得联系，将学会的名字和所作所为发布出去，并搜集伦敦之外其他新发现的消息。他也审查学会里的资讯管理，制作并经营《哲学会刊》，这是学会本身的记录和学会成果的发表。奥尔登堡让学会成为独特的资讯中心，但并没有使它成为预期中的重要研究机构。

从第一次聚会开始，皇家学会就预设为实验的场所。每周都要求特定的会员示范成果，以娱乐或教育他人。学会成立的第一年设置了一位非正式的学会管理员，鼓励会员把自己的想法和实验带来展示。但是学会很明显地分成两派人士，一是主要的实验者，即沃德姆学院的成员和艺术鉴赏家如伊夫林，另一派则是来看热闹的贵族和上流社会人士。此外，这种充满随意性的实验方式，对学会的长远发展并无帮助，如奥尔登堡在给波义耳的信中所言："我们愈来愈怠慢，简直漫不经心……聚会的内容十分贫乏。"[20]

因此，在学会变成正式的组织以后，马上就得重新检视它的优先事项。如果学会的实验和示范没有系统化的议程，不会有什么好处。1662年11月，莫里爵士提议设立一个永久的管理员职位，"每次聚会时可以提供三到四个值得考虑的实验"[21]。会员毫无异议地通过了这个提议，而名单上的候选人只有一个名字，那就是胡克。

一周之内，莫里报告说波义耳已经答应让他的助手胡克离开自己，到学会来工作。虽然一开始的协商如此容易，但学会不稳定的经费状况，却使胡克的薪水费了两年的时间才得以解决。学会原本答应给他一年80英镑，但是不稳定的会费收入却付不起这样的薪水，因此他们找了其他来源，以补足不够的部分。1663年，胡克被选为学会的会员，进入社团的核心，可以免付一般的会费。六个月以后，他们替胡克在格雷欣学院找到住所，这样他不仅离学会很近，而且可以节省生活开销。会员都希望胡克能早日得到学院里的正式职位，当几何学教授艾萨克·巴罗（Isaac Barrow）于1664年5月辞职之时，会员都支持胡克为他们的候选人，但是伦敦内科医生亚瑟·戴克（Arthur Dacre）票数胜过了他，胡克难过至极，认为他被人阴谋陷害。

同时，有人介绍胡克认识富商约翰·卡特勒（John Cutler），卡特勒提议为胡克在格雷欣学院设立一个新的教授职位，推动商业史的研究，他愿意为此支付50英镑的年薪。学会与卡特勒交涉的结果是，这50英镑会用来作为胡克80英镑学会管理员年薪的一部分，而不是额外的赠金。胡克现在领的是一份薪水，却要做两份工作。此外，1665年3月，戴克的胜选结果被发现是作弊而来，于是与他竞争的胡克因此有了第三项任务，一周要在格雷欣学院做两次几何学演讲。他取得了学院中庭的永久房间，这也是他下半辈子的家。

在伦敦的杰出人物和艺术鉴赏家的面前，胡克看来一定很奇怪，传记作家约翰·奥布里（John Aubrey）描述了年仅27岁的胡克："身材中等，有点弯腰驼背，脸色苍白"，不过他对学会的运作却有立竿见影的影响。到了1665年，他的名气已经响亮到让诗人塞缪尔·布特勒（Samuel Butler）用讽刺的文笔为他描绘了这样一幅画像：

> 博学之士，一周一次，
> 上百专家，前来追逐。
> 有如对神谕的膜拜，
> 追问，赞美，外加欺骗。[22]

胡克是全世界第一位职业科学研究人员，他系统地替"新哲学"执行研究。这项工作非常适合他，他的到来也让学会重新思考什么事情应该优先处理。1663年，胡克提出一项任务宣言《为皇家学会着想之提议》，在另一份文件里，他陈述学会的目标为"通过实验,增进对自然事物,以及所有有用的技艺,如力学操作、机械装置和发明的了解(而不是在神学、形而上学、道德、政治、文法、修辞或逻辑的议题上打转)"[23]。

有一个特别的领域是整个学会都很希望探索的,即海事科学和航海,这是当时扩展权力空间的竞争,也是英国最重要的课题。大家都知道查理二世热爱航海,把海军放在对外政策的中心。英国的财富将来自大海,而了解海洋的规律和发明海事机械不只有用,而且有经济效益。胡克小时候在海边长大,从小就对海洋有所研究,在他刚当上学会管理员的前几年里,策划了一系列仪器和实验,希望以此探索海洋的秘密,并为学会争取一些宝贵的专利,其中有测水深的发明和可以撷取不同深度海水的工具,以测量温度和盐分的多寡,还有可以测量预知潮汐的仪器。

1664年,胡克以气压唧筒测量空气重量的实验为基础,做了一系列潜水钟的实验。他知道从物体中把空气抽取出来,就像给它充气一样容易。因此,他先造了一个钟、气箱和防水镜,然后请伊夫林到德特福德的国王码头去寻找四肢发达、头脑简单并有意愿的水手,来参与泰晤士河的潜水实验。经过开头几次失误,到6月4日,有位水手总算可以在水下待上4分钟。这次实验被大家认为是成功的,不过就像当时皇家学会所提出的许多观念一样,这项发明既不实用也太笨重,无法在日常派上用场。

他比较成功的是在"天气史"上的实用新发现。最早的想法来自他的朋友雷恩,雷恩在1661年发明了雨水测量器,当他失去兴趣以后,胡克接手继续研究。他持续加以改良,将温度计做到最完美的地步,使蒸馏水结冰时温度计指示在零度的位置上,并智巧地由观察燕麦穗弯曲程度与空气湿度的关系,制造出湿度计。

胡克的创造力无限,在格雷欣学院的房间里,他对学会的事务热心尽力。在这一生中最有创造力的阶段，胡克还有一个决心，想要解决新哲学里最大的挑战——地心引力。笛卡尔已经提出整个宇宙可以化简为运动与重力的理论，而星球的转动是由于万有引力和离心力的关系所致，但是他并未做出任何可以证明这项假设的实验。因此胡克着手寻求实验证明，希望可以证明伽利略的假设，即有一种持续引力，可以把不管大小如何的物体拉向地球。可是，这个力量对不同的物体是怎样发挥作用的呢？它是类似于磁性的吸引，愈远引力愈小吗？重量会因为物体相对于地球的位置而受到影响吗？物体离开地表以后，会失去重量吗？

1664年8月，胡克将实验带到圣保罗大教堂的尖塔上。这座塔在一个世纪前曾被闪电击中，用鹰架和铁栓摇摇晃晃地拼凑起来，不过高约204英尺的它仍是全英格兰最高的建筑。胡克整个夏天都在这里做实验，记录物体落地的速度及其在不同气压下的改变，并且尝试测量物体在不同高度的重量。物体重力加速度的测量非常困难，因为钟摆并不能精确地测量时间，而且很少有建筑物高到可以有助于测量物体重量的改变。

为了测量物体的高度、时间和重量，胡克制造了许多灵巧的仪器，包括一个摆长约180英尺长的钟摆，来帮他分辨微小的差别，虽然使用起来十分不便。到了1664年底，他觉得自己已经有了足够的证据可以向学会的人发表他的第一个想法，他报告说："世界上所有物体和运动都会改变"[24]，地心引力会因为高度和地点而改变。

皇家学会特许状所赋予的条件，表示他们也可以不经官方的审查制度，在他们自己的出版许可之下出书。学会所出的第一本书是1664年伊夫林的《林木论》，五年前，他曾想过是否应该写一本关于树木的书，并曾在给威尔金斯的一封信里，表达愿意在聚会时分享自己在培植树木方面的想法，也许是继《英伦花园》一书之后的延续计划。《林木论》出版后一炮而红,马上成为最抢手的书,这本书的畅销反映了学会如何执行其计划,因为这本书不仅有学会的研究方法,还有如奥尔登堡所描述的伊夫林的"细致文笔"。

内战结束以后,英格兰森林景况急速恶化,因为煤炭的供应缓慢,加上贵族为了在空位时期销售资产,以维持开销,大量砍伐树木,使林地大幅消失。学会最早从1662年就开始讨论树林的问题,那是因为查理二世为了要重建海军舰队,要海军委托学会进行调查,但是伊夫林的艺术鉴赏眼光,把这本书从探讨关于供应与需求的单调乏味的调查书,变成最成功的英国花园史书。这本书带来了伊夫林所向往的名声,既奠定了他当代首要园艺评论家的名声,也在所有尖端领域中打响了皇家学会的名声,让它不再只是测量空气重量的中心,而且是具有真正实用重要性的机构。

学会所印刷的第二本重要的书是1665年胡克的《显微图谱》,这是他研究显微镜的最高成就,并且凸显了学会对眼见为凭与宇宙新视角的坚持。《显微图谱》与《林木论》非常不同,而奇妙的视觉效果也传递了新哲学的中心思想——培根派的实验哲学。这本书表达出胡克自己的信念:技术是发现真理和知识最重要的一环。譬如,显微镜或望远镜改进了人视力的不足,使人类能够检验宇宙的奥秘:"借助这样的人工仪器和方法,也许在某些方面可以弥补人类给自身带来的危害或缺失。"然而,光有技术没有方法论,便一无是处,对这个培根派哲学的模式,胡克进行了清楚的辩护:"太久以来,自然科学被当成仅仅是智慧与幻想的产物",它必须要用"真实的、机械的、实验的哲学"[25]来加以取代。

胡克对物质的研究从人工物品开始,在放大镜下,尖锐的针头是钝而粗糙的,印刷的句点是模糊的,这显露出"许多技艺粗陋拙劣的痕迹"[26]。观察人工物品和工业产品,是为了要显示它们的不精确，以此衬托自然的复杂之美，因此接下来他便将注意力转到生物体上，如苔藓的质地、软木塞表面的凹痕、种子无法言说的美丽。胡克加快研究的脚步，将心力集中在复杂细致的小物体上，如鱼鳞、蜂刺、虱子、苍蝇的复眼等。他的插图为一般读者大众开启了一个新世界，作家佩皮斯在日记里说他深夜坐在床上看胡克的制图，为之目眩神迷。胡克精巧的画工，成了他推销自己信念的强大工具，让人们看到他对神秘事物的探索，他不只是揭露上帝造物的无尽之美，也用这些发明反映了同样操控着宇宙却隐而不见的规律。

随后，胡克大胆超越显微镜的范围，重新探讨自己以前做过的其他研究，包括对月亮的观察，对燃烧、折射、光学的研究，对地心引力的初步发现，以及钟摆和气压计的实验。他的研究范围极其广泛，多年以后，当学会有人提出新发现时，他常常昭告大众说，这些课题在《显微图谱》里已经讨论记载过了。

由冬入春，在《显微图谱》出版后的 4 月，胡克终于得到应得的赏识，不再只是学会的奴仆，而是最闪亮的新星。就像同时代的雷恩、洛克、伊夫林，他抓住了复辟所给予的机会，在新时代里找到一个角色。新首都各处都可以找到转型、机会和晋升，容纳的不只是那些欢迎查理二世回来的宫廷臣子和哲学家而已。然而，改变的希望虽大，新政权带来的前景却遮掩不住伦敦潜在的危险。

第四章

双城记

在查理二世治下的前几年,伦敦成了英国转型的熔炉。在这里,有新观念的首次爆发,有老机构的复苏,有新社团与学会的竞相创立,人们提出许多观念,希望为当代下定义,然而总的来说,伦敦城的情况仍然很不理想。

首都已经从旧城墙中满溢出来,到处都是人。威斯敏斯特地区的人口是五十年前的八倍,但是面对如此危险的人口激增,官方却没有任何控制能力。优雅的哥特式尖塔耸立在贫民窟之间,以坚固石块建造的同业公会大厅是贵族集会地,但四周环绕的却是低等阶层的住户,街道上挤满行人、骑马人士和马车。乘船还算快速安全,伦敦大桥下的潮水虽然危险,总比大街和小巷好得多。

从位于拉德盖特山丘顶上的圣保罗的教堂院下来,17世纪的旅客会从拉德盖特门出城,这是城市最西端的出入口,同时也是一座监狱的所在地,继续走则通往臭气冲天的舰队沟(Fleet Ditch),此处曾是军队的防线,有清澈的泉水从北边的拉德盖特山丘流下来,现在却经常被淤泥和秽物堵塞,诗人波普(Alexander Pope)后来曾如此形容:

舰队沟的流水，

带着大量死狗贡献给泰晤士河。[1]

过了舰队沟，便到了与泰晤士河平行的舰队街，往西则到威斯敏斯特。当城市膨胀变大，霍尔本、原野圣吉尔斯（St. Giles-in-the-Fields）、克勒肯维尔（Clerkenwell）、考文特花园这些边远地区，自然成为最早的过剩新移民的定居之处，这些土地原属于修道院和圣所，于宗教改革时期被弃置。17世纪50年代首次有人以"大都会"（metropolis）一词来称呼伦敦。由于这座大都会的吸引力变得太强，以致所有抑制城市膨胀的方法都宣告失败。人口爆炸使得城墙之外的地区开始成为权力的中心。

走上舰队街，是狭窄拥挤、令人生畏的布莱德威尔（Bridewell）居住区、圣布莱德教堂（St. Bride）、索尔兹伯里法院。再往北是费特巷，巴本家就住在这里，门前挂着锁与钥匙的招牌。巴本已于1664年之前回到伦敦，离他家不远处，是圣殿关（Temple Bar），这座带有装饰的石头门是仪式场合中的旧城边界，每当官方举行仪式的时候，国王会在此处等候伦敦市长来邀请他入城。往西是河岸街的贵族宫殿和怀特霍尔街的宫廷，这里是皇家地段，最近才开始在城市的管辖权之外独立发展。伦敦其实是两个城市合并起来的，位于西侧的威斯敏斯特皇家首都已经和伦敦旧城区交织在一起了。

仅仅在一代人以前，河岸街曾是最高级的贵族区，伊夫林的英雄偶像阿伦德尔的那座收藏了大量欧洲艺术与大理石雕刻品的宅第就在此地。然而，这块专有的地带已经失去昔日的光彩，附近盖满了新房子，"贵族与廷臣的宅第，与四周冒出来的死胡同、茅屋和斜棚紧紧相连"[2]。对从欧洲大陆各国首都回国的贵族来说，河岸街上摇摇欲坠的都铎时代的宫殿，愈发显示出伦敦还称不上现代大都会。

北边的平原一直到17世纪30年代都还是农场,现在已经改进了一些,林肯法学协会广场(Lincoln's Inn Field)原是宫廷律师集会所边缘的两片草原,企业家威廉·牛顿(William Newton)将它购买下来,并于1639年说服查理一世取得了在此盖三十二栋房子的执照。为了要开发欧式广场,三面地皮都卖给了建筑商。附近于16世纪50年代赐予贝德福德公爵(Duke of Bedford)的地,有更多的大计划在进行。城里的第一座大广场考文特花园,是琼斯受意大利里窝那广场的启发所建。林肯法学协会广场和考文特花园是城市规划新形式的代表,但是因为战争,所有想以建筑美化首都的计划都停顿下来。到了复辟时期,伦敦实在需要好好整顿。

查理二世复位不仅需要英国在宗教、政治和知识层面的改变,首都本身的面貌也需要改变。路易十四治下的巴黎,建筑革新是由国王发起的,他是头号的艺术庇护者,引领潮流,让其他所有人来跟随。但是在英国,查理二世之前的国王很少有用建筑来表现自己权势的,他在欧洲大陆待了许多年,受到华丽风格的影响,也希望把自己塑造成巴洛克君主的形象。然而,他想以壮丽建筑表现自己政权的梦想,却很快就变成了泡影。

1661年5月,英格兰最具资格的建筑师,也是琼斯的姻亲约翰·韦布(John Webb),以琼斯设计的国宴厅为中心,设计了新的怀特霍尔街宫殿草图,呈给国王。他之所以选择国宴厅做自己计划的基点,并非出于偶然。琼斯建于1619年的国宴厅早已成为国家的代表性建筑,是英格兰最完美的古典建筑,查理二世的祖父詹姆斯一世在此款待了许多外国显贵。房间里挂满饰毡,表现出国王堂皇气派(和抱负远大)的自我形象。天花板上是欧洲最好的艺术家鲁本斯的画,将斯图亚特王朝描绘成上帝在人间的捍卫将领。此外，它也是1649年查理一世的行刑地，所以有象征性的意义，通过设计和事件，琼斯的杰作将成为新时代想借以传达的多面性象征代表，它预示了未来的现代建筑，代表了斯图亚特王朝王室的专权政治，也是英国国教烈士的纪念碑，启发了下一代教堂的建筑。

可是怀特霍尔街这一区除了国宴厅以外，就如法国旅人索毕尔（Samuel Sorbiere）所言："只是一堆混合了不同时期所盖的房屋而已。"[3] 由于形势，加上王室经费有限，国王也没有闲情全面改建皇宫，当他想采用法式国王的风格时，却只增加了建筑的拥挤程度。查理二世新增了一间睡房，供他每晚在组织公众仪式睡着时使用，再加一间隐秘的卧室，作为国王最后安寝之处，旁边附有新的浴室，附近还加盖了实验室，让他没事玩玩化学实验。1662年新王后凯瑟琳来了以后，也改建了她的居室。

1663年以后，韦布开始集中全力，在泰晤士河南岸的格林尼治设计一座宫殿，于1664年开始动工，这是查理二世首次在建筑上展现他的统治。他十分妒忌表亲路易十四在巴黎的成就，要韦布设计英格兰的第一座巴洛克式宫殿，想与凡尔赛宫媲美。他聘请了路易十四的皇家花园设计师安德烈·勒诺特埃（André le Nôtre）来规划景观，勒诺特埃将设计图送来，但从未实地到访。大理石也从意大利订购，以备动工。

查理二世虽然没有太多钱用建筑提高他的王室形象，却仍意志坚定地要表现现代君主的姿态，让人可以从远处观赏。类似这种作用的步道，设在花园里比宫殿更理想，因此怀特霍尔街的皇家私人花园和怀特霍尔街到威斯敏斯特的皇家狩猎地圣詹姆斯公园，也都获得改善。圣詹姆斯公园是以法式风格所建的，用来向公众展示，林荫大道是要让国王与随行人员行走避荫之用。在此，查理二世让大家见识到他的"有力步伐"，当他大踏步往宪法丘上迈进时，随从都气喘吁吁地在后面追赶。此外，这也是他的休闲处所，典型的浪子罗彻斯特伯爵（Earl of Rochester）便大放厥词地形容他如何在树丛间到处鬼混。其中还有一块供新流行的法国铁圈球赛（Pelle Melle）使用的场地，这就是今天帕尔摩街（Pall Mall）名称的由来。

但是查理二世知道凭他自己的经济能力无法改造全国，1661年10月他在皇家游轮上与伊夫林谈到"英格兰的现代建筑比其他国家要少得多"[4]，他担心与巴黎不一样，伦敦的建筑将由私人而不是王室来决定。国王对革新建筑的控制能力最多只是大略给些指示，因为虽然所有新的建筑计划在法律上都要经有"建筑警察"[5]之称的测绘总监办公室许可，不过这个过程和新建计划的目的与实际操作关系更大，却无法管制设计或风格。要想把伦敦重建为现代化的古典风格，必须要靠言论和影响力，而不是法令。

担任测绘总监的都市计划顾问，不是什么风光的工作，但是伊夫林接受了，并展现其魄力，调查下水道与外环道路的问题。但他心里还是一直想着自己在欧洲看过的模范首都，希望把它们带到伦敦来。他在17世纪50年代整修萨耶院时，便已开始着手翻译一部由巴黎首席理论家罗兰·弗雷亚尔（Roland Fréart）所著的关于法国建筑的作品，但中途搁置，鉴于新兴建筑四起，他又回到这项工作上，希望借助引介欧洲大陆最好的现代风格理论，影响英格兰建筑的品位。最后，与出版《林木论》一书同年，他终于出版了《建筑的对比》，并且一炮而红。

罗兰·弗雷亚尔对古罗马流传下来、文艺复兴时期重新流行的古典建筑形式，重新加以检视，认为新生代的建筑师应该回头去看已成立的假设，用新的眼光检验，并学习新知。他们的文艺复兴前辈，如琼斯，把事物之间的关系与平衡，也就是比例，当作所有建筑的标准格式。与笛卡尔同时代，身为最早"新哲人"的罗兰·弗雷亚尔，则提出完美的建筑不是基于事物之间的关系，而是要基于精确的测量和尺寸。因此，理想的建筑师应该以成为"新哲人"为职志，在"开始动手之前，先以几何原则做基础，如此，方能简单而有保证地获得完美艺术的知识"。[6]

此外，在伊夫林的译著里有个警告，《建筑的对比》提供一种看待建筑的现代方式，却没谈到如何建造它们。伊夫林已经注意到现代建筑足够灵活，可以体现民族情感与思想，他在巴黎看到皇家广场如何采用意大利里窝那广场作为灵感，却不完全复制它的做法；在荷兰看到当地传统如何运用改良古人所设定的普世标准；在罗马，米开朗基罗和贝尼尼将圣彼得大教堂从传统的巴西利卡式长形教堂，改造成现代杰作的做法，也让他赞叹不已。他相信英格兰也可以找到自己的风格，而不只是像奴隶一样模仿别人的形式。如果他是正确的，这种英式建筑会是什么样子呢？

17世纪60年代初的复辟时期，伦敦是建筑的实验场所，新建筑混合了罗马风格、法国风格、荷兰风格、文艺复兴风格、巴洛克风格和英国传统风格，各自以视觉效果代表新社会的身份地位与品味，从这许多实验里，会逐渐形成一种现代的国家风格，诚如伊夫林所说："我们与古人一样有权利依循天分创作，而不须沦为他们的奴隶；艺术永无止境，它会与时俱进，日趋完美，以适合各种年代与国家，在不同的标准下演变以符合他们的要求，每个人都是根据自己的模式来选择艺术的。"[7]

第一批开拓新品味的出资人，是从国外回来的贵族，他们因王室复辟而得利，又从放逐国外的经验里得到许多新观念。最有价值的地段，不再是拥挤的河岸街，而是接近皇宫的皮卡迪利大道（Piccadilly），离肮脏的市区够远，又不至于远到市郊。这一带将会变成贵族权势以欧洲精英之姿展现的实验场，以巴黎大饭店为模型的新房子，将为未来提供一个大胆先进的愿景。

查理二世的首席大臣克拉伦登伯爵，建了克拉伦登宅第来宣示自己新获得的职位。此宅是由伊夫林在罗马旅游时的游伴普拉特所设计，是英国古典主义的典范。普拉特在旅欧期间学到许多古典建筑的课程，后来写下自己的"建筑史"。回到英格兰后，他继承琼斯的方向，对新的理论缺乏兴趣，1660年6月出版的《建筑的几项大课题》里，他为自己的传统古典主义下了一系列定义，这也就是他应用在皮卡迪利大道上的想法。

普拉特在建克拉伦登宅第时，自由混合了他在旅游时吸收的法国、意大利和英国的基调，伊夫林称之为"毫不夸张是英格兰设计最佳、用途最多、最优雅壮观的房屋"[8]。普拉特在17世纪60年代初便给了英国建筑一个有力的古典范例，超乎任何其他建筑师，也延续了琼斯的计划。不幸的是，这栋房子在17世纪70年代因为克拉伦登伯爵的失宠而遭摧毁，伦敦也失去一栋最精致的建筑。

紧邻克拉伦登宅第，休·梅伊（Hugh May）所设计的柏克利宅第在威斯敏斯特的空地上起建。梅伊在空位时期流亡荷兰，旅游对他的设计影响深刻，让他成为荷兰帕拉迪奥主义的主要倡导者。荷兰新生代建筑师如坎彭（Jacob van Campen）、波斯特（Pieter Post），都是16世纪意大利建筑师帕拉迪奥（Andrea Palladio）的拥护者，企图将传统佛兰芒风格古典化。就像同时代法国建筑师一样，荷兰人也吸收了帕拉迪奥的古典样本，却没有失去自己的民族情感，把荷兰的基调置于其中，如在门廊和壁柱上加上一点砖和极少量的石头。梅伊为皮卡迪利大道的古典建筑提供了新诠释，传达的是具有国家特色的风格，而不用夸张的形式或华丽的装饰。

普拉特和梅伊在皮卡迪利大道上所设计的新建筑，为复辟时期伦敦的前几年奠定了基调。虽然两者有差异，但其间的相似却更显著，他们都是为了要复兴古典的模式，表达对琼斯的敬意，但是在装饰效果上都采取弹性的做法。外国的旅游经验和品味对两位设计师来说，都是最重要的因素，他们也都愿意把这些经验带到伦敦来。此外，两人都表明了职业建筑师这一行业的兴起，以前房屋是由经验老到的艺匠所设计，如今建筑更关乎品味与经验，设计师则鲜少亲自动手施工，而且跻身于艺术家之列。

克拉伦登宅第的南边，皮卡迪利大道与怀特霍尔街之间正在发展的地区，对伦敦后来的城市建筑有着长远的影响。圣奥尔本斯勋爵亨利·杰明（Henry Jermyn）曾于17世纪50年代在巴黎服侍国王的母亲（有人可能会说他服侍过头了），当许多流亡的保王派骑士党饿着肚子，为生计所苦之际，他却能享受佳肴美馔，并且戒慎防备，唯恐被夺。回国后，他设法进入宫廷，开始与国王交涉，想要一块地皮来建造"适合贵族和其他优秀人士居住之所"[9]。他看上的是圣詹姆斯区的土地，此地已经吸引了一些富裕的贵族定居，杰明因其服侍有功，得赐大片土地，范围一直延伸到布鲁姆斯伯里（Bloomsbury），不过只有六十年的租期。他在1662年的第一个计划是替自己盖一栋行馆，但他的野心不止于此。接下来三十年，圣詹姆斯广场的兴建，成了伦敦西区演变的模板，创造出史学家罗伊·波特（Roy Porter）所称"贵族首都"的新阶级，开启了"租赁"革命。

这片郊区的新发展不仅宣告了都市计划的新时期，也标志建筑流行样式的改变，而亨利四世在巴黎的皇家广场则成为伦敦的广场模型。在刚发展的前几年，杰明必须在品味和经费之间找寻平衡。租赁和自由保有的问题，与最后的设计成品一样重要，因此他在开始执行计划之前，不得不花费五年时间，取得土地的终身保有权，如他上呈国王的请愿书所言："没有继承权，就建不成任何宫殿。"当皮卡迪利大道上建起其他贵族的大厦时，杰明只有等待，因为他不是为宣扬自己的显赫地位而建，而是为利润而建。

地主开发自己的土地、建筑房舍获取利润，而杰明则是把土地长期分租给最好的建筑师，如此他便能保证自己的土地上有最佳的建筑物与最优雅的住宅。他计划除了广场以外，还要建造整个社区，就是伊夫林所称的"小镇"。广场四周有几栋主要建筑，中间有小巷，供生意人使用，还有次级道路提供给中产阶级。他甚至设计了市场和地方教区教堂。

设计的方案很简单，每块地租给有意承租的商人，但这些租户必须遵守地主的指示。建筑的租户本身就是寻求利润的商人，他们签过第一个合约，付上基本的租金之后，就开始建构"骨架"，一旦骨架外壳完成，建筑商便去寻找可能的买主，同时转包粉刷工和装潢工，按买主的特殊需求来完成装修。这位资本主义贵族以长期租约赚取土地租金，而建筑商则由买卖短期房屋获利。

感恩之地

然而并非所有的建筑计划都以显耀贵族的地位或追求利润为目的。1660年英国国教阶级复苏，重新点燃大家对仪式与礼拜力量的兴趣，主教的权力也得以恢复。国教教会在王位空位期间曾遭受强烈打击，而圣保罗大教堂就是这场危机中最好的视觉代表。这栋神圣的建筑在共和时期遭到弃置，如1659年2月国会下议院的报道所言："全世界的工人都会告诉你，它的地基已经腐朽了。"[10]这当然不是身为神选国王的查理二世想要见到的景象。

可是国王也无法立即关照到大教堂，临时的折中办法是把内堂的东侧清理出来，作为小礼堂。同时，查理二世也必须恢复伦敦在空位期间因遭控诉而四散奔逃的神职人员，新教会需要新一代的牧师，可是已遭破坏的组织很难再重起炉灶。贾克森主教已于1660年8月过世，虔诚而具有说服力的吉尔伯特·谢尔登（Gilbert Sheldon）继任为主教，他曾在17世纪50年代暗中帮助英国国教存活下来。他一上任便聚合了一群强硬的保守派人士担任教会职员，将过去的清教徒遗迹从城里铲除掉，把非正统英国国教的教士从圣坛上一扫而光。

大教堂建筑本身的修复很快就变成首要之务，因为他们发现石块都从墙面剥落下来了。1663年4月，查理二世组建了一个委员会，勘察"那栋最近曾遭破坏的华丽建筑"的损失程度如何。委员有主教、主任牧师，以及其他六人，包括克拉伦登伯爵与测绘总监约翰·登纳姆（John Denham）爵士，他们的任务是要准备重建的地块，并"寻觅、发掘、测试、找出这栋教堂的真实景况，与其朽坏的确切之处"[11]，开始收募资金，同时也评估哪里有可以供应建筑新材料的采石场。

委员会的首要任务是筹集资金，但进展很缓慢。大教堂属国王与教会所有，但他们都无力负担大整修的计划，国会里有比建筑更要紧的事情需要讨论，而伦敦人虽然列队欢迎国王复位，却还没有准备好要解囊济助象征近年王权危机的大教堂。到了第一年底，委员会才征募到3000英镑，到1666年，也才超过6000英镑。

其次，委员会得决定如何修复大教堂最好，他们知道教堂的问题非常严重，因此没有把测绘总监的指示当成唯一的建筑方针，而是广泛地向"其他有能力的正直人士"[12]咨询意见，这在教会史上是第一遭。但是第一位报道教堂状况的是登纳姆爵士，协同的还有韦布和皇家工匠马歇尔。登纳姆犯了一个错误，以为自己的皇家身份高过委员会，还没有发表报告就开始从挪威订购材料，要进口木材，开始动工搭建鹰架。

1664年7月，登纳姆的报告送到，震惊了整个委员会。一世纪前被闪电击中的教堂高塔，已经"朽坏不堪，老旧龟裂"，造成建筑其余部分结构极大的负荷。委员会订出的重大修复工程，包括打掉所有的屋顶和塔尖，所以圆拱穹隆也需要重建，可是"要完成工程，施工人员必须冒极大的生命危险"[13]。委员会这时才刚开始筹钱，报告中所提的大工程让他们有点犹豫。为了拖延，委员会要求韦布把修复工程集中在西侧的门廊，先不要拆除中心的主要结构。

同时，委员会也寻求较有品位的建议，请普拉特对内堂和高塔进行完整的调查，而梅伊也提交了圆拱穹隆和柱子的现况报告。普拉特在1665年1月的报告里，提出了最省钱的修补方式，不需要大规模整修，需要的是屋顶的结构调查，看它是如何耸立的，但是大部分修复可以利用周围散布的砖块或石块，然后再用石灰加以覆盖，遮掩修复的部分。这种吝啬的建议很合委员会的胃口，但不是很有说服力，因为他们似乎宁可建议再做进一步的调查，也不愿做出决议。

这么一来，关于大教堂的现况，委员会就有两种相反的调查版本，可是他们还是无法做出最后的决定。金库里没有足够的钱可以动工，除此以外，教会阶层组织的一连串改变也造成了计划的延宕。不过修复工程停顿，最重要的原因是大教堂的问题不只是柱式美与装饰佳而已，更是科学和工程的问题。教堂的结构之大，是很吓人的。要修复圣保罗大教堂，解决之道不只需要杰出设计师的经验，还要有高超的工程技术。

过去几年里，雷恩已经开始在伦敦以外的地方用建筑表达他的新哲学。他的叔父于 1662 年从伦敦塔释放出来，恢复主教职位以后，为了完成狱中许下的承诺，捐钱给母校剑桥大学的彭布罗克学院（Pembroke College）盖小礼拜堂。这项私人计划完全由马修提供资金，因此他有权选择自己想要的设计和建筑师，让人有点惊讶的是，他选了自己的侄子雷恩来当建筑师。当时建筑师的主要任务是设计平面图与立面图，而不是监管建筑工程，就此雷恩已经有足够的理论知识可以完成这项工作。此外，他也负责设计建筑的结构和正面外观，内部则由其他设计师来负责。1662 年冬天，他画出平面草图，次年春天得到主教和学院的许可。

雷恩造了一个木制模型来实验并解释他的建筑理念。建筑本身是传统的，不过面对繁忙的特兰平顿街（Trumpington Street）的建筑正立面，足以表现他对建筑结构的最初想法。雷恩从古典大师的作品寻找灵感，借用塞利欧（Sebastiano Serlio）影响深远的《建筑论》一书中的设计，同时加以改动，在平坦的墙面上镶嵌了两根大壁柱，由地面往上，围绕中心一扇圆窗而立。利用古典形式加以变化，使教堂表面看起来像凯旋门的样子，代表主教的复职与国王的复位。这种表达双重意义的自由手法，较为严格的古典建筑师如琼斯或普拉特一定不会接受，可是雷恩从一开始就与现代巴洛克风格结合，表现出灵活多变的效果。

同年，通过家族关系，又因身为牛津备受瞩目的名师，雷恩得到第二件委托工作，委托人是另一位英国国教的高阶人物，地道的牛津人谢尔登主教。从劳德担任大主教的时候开始，众人便希望能在商业街上，为一直以来在圣马利亚教堂举行的历届毕业典礼找个新地方，因为这样一个与宗教无关又可能很嘈杂的活动，在神的殿堂里举办，似乎不太妥当。谢尔登想要送给自己挚爱的学院一栋新建筑，因此捐献了 1000 英镑，希望能抛砖引玉，可惜没有其他人跟进。最后谢尔登只好负担所有费用,自己再掏出 2.5 万英镑来。

因为这是一栋非宗教的建筑,所以雷恩回头参考古典建筑书籍,以罗马的马塞勒斯大剧院(Theater of Marcellus)为模型来设计。这栋建筑的设计和规模,比剑桥小礼拜堂的野心大得多,当然也带来许多新挑战。1663 年 4 月,奥尔登堡向伊夫林报告,雷恩将他的剧院模型带到皇家学会去给众人审查,可是遭到退件,要他重新制图,因为他的设计方案太昂贵。这栋建筑一直到 1664 年 7 月才开始动工。在调整的这一年中,雷恩以实验的精神思考作品暗喻的意涵与结构的问题,也询问朋友伊夫林的意见,伊夫林当初曾把自己对现代英国建筑该如何成形的想法介绍给他。当他翻译完《建筑的对比》一书之后,首先要送的人,想必有雷恩。

剧院的内部是一个巨大的空间,以古典剧院作为模型。空间呈"D"字形,以圆弧包围中心点,在正式场合让校长在中心点演讲。在末端平直的部分,光线从巨大的窗户投射下来,充满整个空间,四周的窗户则把焦点聚集到中央部分。在同一时期,雷恩也在考虑做一个双重反射的望远镜,用同样的方式聚焦一颗遥远星球的图像。层层座位沿着墙壁往上排列,更高处有走廊,高达屋顶,走廊以柱子支撑,但柱子够细,不至于遮住观众的视线。

雷恩最受古典建筑启发的创意是屋顶的设计。他所根据的罗马式剧院,原是为夏季的南欧地区所设计的,屋顶是开放式的,需要时可以用布制天篷来遮盖,雷恩需要的是可以遮盖 70 英尺宽的建材,这比任何一块完整的木板都要长得多,而且这片屋顶必须要能够自己往上支撑住。在此,雷恩充分展现了他擅于解决难题的技能。先前沃德姆学院的沃利斯已经研究出一种"几何平面地板"[14],将木板以格子状方式组合,可以不借助外力,自我支撑,木板以直角交织成网状,将压力分散到整个结构,因此可以承受极大的重量。

雷恩咨询过他在沃德姆学院的老同事以后，将这个地板的设计整个翻转过来变成屋顶，用一列横梁支撑起来。天花板上以造成视觉错觉的"错视画"来装饰，这是英国人第一件使用这种技巧的画作，由国王的画家、英格兰人罗伯特·斯特里特（Robert Streater）设计。1669年开幕时，伊夫林描述朋友雷恩的作品："这真正是史前未有、无可比拟的建筑，毋庸置疑也超越了同时代所有建筑。"[15]因为它的天花板建造得极其坚固，几个世纪以后，牛津大学出版社还用它的阁楼当作仓库。

雷恩是经由实际操作来学习建筑的，正如他经由实验发现自然法则一样。即便这时还是新事业的早期阶段，在吸收古人作品的同时，他也没有把这些权威学说当成理所当然的标准。虽然还没有找到自己的建筑风格，他仍尝试发展具有说服力但又委婉的表达方式。雷恩要等到把注意力集中在伦敦的圣保罗大教堂以后，才会找到真正的风格。

雷恩是什么时候开始关注圣保罗的状况的，我们并不清楚，有人说国王曾在1661年私下询问他的意见，不过雷恩并不是最早的委任顾问。1663年，曾在同年请雷恩设计剑桥伊曼纽尔学院（Emmanuel College）新礼拜堂的雷恩家旧识威廉·桑克罗夫特（William Sancroft），就任圣保罗大教堂的主任牧师，之后不久，雷恩就接到询问，要他以"有能力的正直人士"身份对教堂的现况加以评判。出人意料地，雷恩并未做出任何回应。

同时，雷恩也成为查理二世的怀特霍尔街建筑计划里日益重要的中心人物，这个机会不仅来自他逐渐崭露头角的天分，也是特殊情况使然。这年夏天，测绘总监登纳姆爵士得了重病，天花严重到脸部都溃烂了。他已年老体衰，身体和精神都出现崩溃的迹象，加上年轻的妻子厚颜无耻地与约克公爵（Duke of York）詹姆斯调情，更使他的病情恶化。因为丢脸加气馁，登纳姆忧郁绝望，行径变得古怪起来，甚至有人说他去见国王，说自己是圣灵化身。在这段过渡时期，梅伊被紧急任命担负测绘总监的职务，而雷恩则受命执行怀特霍尔街的计划。1664 年，伊夫林在怀特霍尔街的皇家花园遇到国王，当时国王将一幅新的皇宫平面设计图交给他，根据伊夫林的描述，它非常近似于雷恩的设计。显然，雷恩这时在伦敦已经不只是首席天文学家，更开始以建筑师出名了。

死神降临

然而，当部分伦敦开始出现现代建筑的征兆，建筑师如普拉特、梅伊与雷恩为首都带来新气象之际，城市本身却仍挤满了中世纪的小巷小弄。1665 年，皇家学会会员格朗特（John Graunt）调查急速增加的新兴人口，下结论道："伦敦就像是英格兰的头，但对它的身体而言似乎太大了……我们的教区如今已经膨胀到极端不成比例的地步……老旧的街道已经容纳不了现在的马车流量了。"[16] 在这喧嚣的情形之中，有种恐惧感开始散布，许多人觉得有什么可怕的事情即将发生。

占星术的书、历书、煽风点火的传道士所写的小册子，以及被蛊惑的愚民激昂的呼喊，都是散播伦敦即将灭亡的传言的渠道。1664 年冬天，一颗彗星从城市上空划过，皇家学会要雷恩和胡克画下它的轨迹。可是其他人并不像他们那样客观、理性地看待这件事，占星家乔治·汤姆森（George Thomson）便警告说："燃烧的星星是恶魔要降临人世的预兆。"[17] 不只是彗星带来坏消息而已，星球都排列起来对付伦敦，另一位占星家威廉·利利（William Lilly）

在1月看到了预示"战争、饥荒、死亡或瘟疫"[18]的月食。

紧接着,伦敦也迎来了史上第二糟糕的严冬,从10月起就没下过雨,1月中的一场大雪,加上强风冰霜,使得都会整个停顿下来。煤炭的价格上扬到最高峰,连面包都不得不实行配给制,这使情况变得更加困顿。库存的粮食越来越少,1便士面包的重量从325克降到270克。对伦敦城来说,这是更加肯定的死亡即将降临的预兆。

1664年的圣诞节,在考文特花园北边不远处的原野圣吉尔斯教堂,教区日志里记载了第一例瘟疫死亡的记录。关于这件事发生的缘由,有人认为是来自海外的瘟疫,经由荷兰进口的布匹传染进来。荷兰在前一年便遭到"犬瘟热"的袭击,英格兰的舰队还拒买所有荷兰港口的物品,可是贪婪之士总是找得到漏洞。1664年秋天,瘟疫便传到东海岸交易频繁的港口雅茅斯(Yarmouth)。不知怎么,死亡逐步入侵伦敦。

在这段死亡造访的恐怖时期,有两种不同的医学理论,分别由医师纳撒尼尔·霍奇斯(Nathaneil Hodges)和药剂师威廉·包赫斯(William Boghurst)所写。霍奇斯是伦敦当地医生,圣诞节期间有人召他去看一个病人,"这个年轻人患了热病,吃了两天消炎药,长出两个豆蔻大小的肿块,左右大腿上各一粒"[19],此人幸运地存活了下来。依霍奇斯的说法,此病是由荷兰带到伦敦的,在圣诞节期间散布在原野圣吉尔斯的教区里。可是药剂师包赫斯却认为这些早期的死亡案例,显示瘟疫一直都在城里,潜伏在土壤中:"土壤便是这些有毒气体的发源地和滋生场所。"[20]在他看来,伦敦城因人口过多,负荷过重导致败坏,正好为死亡的大肆横行提供了最好的机会,而严冬也让身体虚弱的人受到重击,预告了流行病的来临。

1665年2月14日，原野圣吉尔斯教区发布了另一桩死亡案例，但未造成骚动。4月有一场风暴，寒冷的天气持续到月底。在这段平静的时期，教区每周申报的"死亡清单"中因"天花"和"胃痛"而死亡的人数急速上扬，这些病征可能是类似其他病症而误诊的瘟疫症状。到4月底，德鲁里巷（Drury Lane）发布了两桩死亡案例，伦敦全城开始涌起了恐慌。4月27日，消息传到怀特霍尔街的枢密院，枢密院立即下令死者家属必须在受污染的屋里隔离四十天。这项轻率的法令引起一场暴动，当地的亲戚朋友一起制服了守卫，他们"撞开门，让屋里的人出来，混入街上的人群里"[21]。

枢密院的反应是命令看守人在教区边境站岗，确定没有感染者从一区流动到另一区去，可是这个办法太无效，也太迟。大家开始展开应对瘟疫的准备，三位治安官拿出一笔钱在城市郊外买地，盖瘟疫隔离屋和简单的医院来抵御传染，院区位于马里波恩（Marylebone），西面是苏豪区，东面是斯特普尼区（Stepney）。大路和河道都准备用来搬运患者，以避免经过人口密集的地区。那个月底，瘟疫一周夺去上百条人命，并且迅速从西区蔓延到旧市区的中心。

5月初，气候从严冬转变为炎热潮湿的夏季，圣马利亚教区的羊毛教堂（Woolchurch）报道了一桩死亡案件，引起一波恐惧，罗杰·莱斯特兰奇（Roger L'Estrange）所发布的《情报员》企图低调处理疫情。虽然如此，克拉伦登伯爵指出牢记经验是最英勇的解决办法："根据古人，牢记上次大瘟疫首次爆发的情形，以及其后的发展，将可预知可怕的夏天即将降临。"[22]能够离开城市的人都准备离去，街道开始堵塞，挤满打包前往乡村别墅的有钱人。有这样一句格言说："早离开，多停留，晚回来。"查理二世让国会休会到次年9月，让议员可以到乡下去躲避疫情。到了7月，怀特霍尔街地区几乎已经人去楼空,两万五千个在宫廷附近居住和工作的人都走光了。如清教徒牧师托马斯·文森特(Thomas Vincent)冷眼旁观所记:"就像[托勒密体系中的]大天球总是先开始移动一样,王公贵族撤到自己的乡村,将远处的房屋准备妥当,搬迁物品,很快就把伦敦抛在身后。"[23]

神职人员、医生和教会长老是下一批离开的人,把"债务和慈善事业"留在身后。清教徒爱德华·科茨(Edward Cotes)后来如此哀悼:"但愿今后照顾我们灵魂与身体的医生,不会再有这么多人离弃我们。"[24] 律师的圣殿区和学院留给守卫,法庭也关闭。主任牧师桑克罗夫特为教区民众设了救济金之后,就率先逃离,到肯特郡的坦布里奇韦尔斯(Tunbridge Wells)温泉小镇去了。皇家外科学院正式关闭前,院长宣布在大教堂的阿门角有位官方药剂师威廉·约翰森(William Johnson)会免费供应一种"有效的专门药物"。皇家内科学院的医生在离开之前也做了建议,提供《瘟疫治疗指南》。这些杰出人士离开后,接下来是商人,他们面临两难,不是离开商店、冒破产之险,就是留下来等死。

皇家学会 6 月 28 日在格雷欣学院最后一次聚会后,成员便四散而去。胡克离开格雷欣学院的研究室,与威尔金斯和佩蒂一起到柏克利爵士在杜尔丹斯(Durdans)的乡村别院去,它位于艾普索姆(Epsom)附近。在此,新哲人继续他们的实验,8 月中伊夫林来访,看到他们在"设计二轮战车、船上用的新装备、可以让人在里面赛跑的巨型轮子,以及其他机械发明"[25]。胡克尤其觉得这次避难大有斩获,因为他在圣保罗大教堂的屋椽间设计实验想找出地心引力时,遇到了瓶颈,但是他很幸运地在班斯特德山丘(Banstead Downs)附近找到一些深邃的山洞。他在伦敦的初步实验已经显示重量和压力会因离开地面的距离而改变,现在他可以在深入地底的井穴里做实验，看看反过来是否也如此。

　　为控制疾病传染和无政府状态，伦敦开始施行管制。国王把城市交到两位将军手上。官方怕瘟疫可能会引起叛乱，开始实施镇压行动，将所有曾经参加过克伦威尔军队的老兵都驱逐出境，并且逮捕了数百名嫌疑犯，加强伦敦塔的防御，把未经审判的人犯关在里面。当时的伦敦市长是胡克的朋友约翰·劳伦斯（John Lawrence）爵士，他留守市政厅，于7月出版《命令书》，写下伦敦城对瘟疫的反应，此时瘟疫的死亡数字已经迅速增加到一周上千人。所有的娱乐和聚会活动都被取消，戏院关门，酒馆每晚九点歇业。他下令全面屠杀"猪、狗、猫、驯鸽、兔子"，捕杀者凭每只尸体可得两倍日薪，总计杀了四万多只动物。街道上禁止乞讨，并逐步进行教区的清洁工作，政府的清道夫每天都收垃圾，确定街上没有放置或贩卖"臭鱼、腐肉、发霉的谷物或烂掉的水果"[26]。

　　在《命令书》中，防止疾病散布的唯一办法是封锁被污染的房子。如果有人生病，屋主有义务通知官方，然后会有一位检验者和医生前来查看病人，如果发现是瘟疫，要么将病人送到隔离病院去，要么封锁房屋，将所有家庭成员都关在里面，与外界隔离。门外有守卫站岗，屋里则有护士照料患者。这些房子门上会画上红色的十字，常伴有"上主垂怜"的慰勉语句。对许多人来说，这种办法近于野蛮，会让全家人一起葬身。有些家庭宁可尝试逃跑，从房子后面挖地道，或是当着守卫的面引燃火药，也不愿等死。

　　市长也企图设置一个包含内科医生、外科医生和药剂师的官方委员会，来监督对患者的照料工作。城里只有四位医生留下来，包括霍奇斯。他们可以拿到30英镑的薪俸，还有圣诞节津贴，如果活得了那么久的话。在荷兰求学多年后回国的巴本，最近成为内科医师学院的荣誉研究员,他写信给市政府,表示愿意服务,却因为不是正统国教徒,又被当成外国人而遭拒绝,市政府认为把这样一个人留在城里太危险。即使是在这样危急迫切的情况下,身为赞美上帝·巴本的儿子仍是洗刷不掉的污点。

结果他们把巴本遣送到城市外缘的隔离病院去。在这里,摇晃的谷仓挤了将近一百个床位,收留垂死的患者,地板上满是呕吐的秽物和垃圾,攀越床铺比走地面还安全容易些。与其说病人是来这里找寻治疗之方,不如说是等死。离屋子不远处挖了一个深坑,尸体丢进去,犹温的床铺很快就有新的病人补充上去。管理伦敦塔附近隔离病院的一位医生查尔斯·威尔科克斯(Charles Wilcox)后来陈述说,医院里面的情况十分凄惨,没有药物,大部分花费由他自己付出,但他从来没有得到补偿。瘟疫的传染十分无情:"许多得了瘟热的病人很难控制,因此需要更多仆役和护士来照料,可是照顾的人也常常病倒,导致病人数目不断增加。"[27]

到了8月,所有抵制瘟疫的方法都宣告无效,全城一片死寂,死亡人数一周最高达到八千人。街道上空荡荡的,"很少见到衣装整齐的公子行走在街上,窗口也罕有女士探头的身影"。花园听任荒芜,以致"玫瑰与其他芬芳的花朵大多枯萎在花园中,即便拿到市场上也无人问津"[28]。每条街都有大量感染者,很快地"不可能也没必要去打听谁有病谁没病了"[29]。

霍奇斯和包赫斯继续探访和医治,但不抱成功的希望。包赫斯报告说,他"一天要看四十个病人,在汗湿床铺上测量脉搏,用七八分钟做判断,以了解各种不同的病征。我有时给他们放血,可能会使他们稍显起色,尽管这种机会很少;有时把他们从床上扶起,达半小时之久,让他们不至于窒息噎住",更常做的是"守在旁边看他们如何死去,然后帮他们合上嘴巴和眼睛"[30]。

以前如果有人过世，教区教堂的钟会从黎明到黄昏敲打宣告，现在却是一片沉寂。跛关（Cripplegate）的钟因过度使用都敲破了，而别的地方则是没有人留下来敲钟。街上非常安静，只有封锁的房屋里传出的声音，"有的是将死的呻吟，有的是精神错乱的吼叫，不远处亲朋好友为失去亲人悲泣，也为自己即将到来的悲惨命运而痛哭"。全城陷于绝望之中。清教徒文森特有一天走在街上，看到一个染病的人跑去撞墙，把头撞破，"血流满面地挂在栏杆上，鲜血一直流到地上"，半个小时后才气绝身亡。[31]

伊夫林为公事留在伦敦，含泪把妻子等家人送到安全的远方。2月，查理二世对荷兰宣战，伊夫林被任命为高等理事官，照料战争当中的患者与战俘，整个夏天都忙着处理照料和禁闭数千水手之事。英国海军开始与荷兰敌军作战后，他在南岸各海港接收战俘，并设立野战医院。战事一开始还算顺利，约克公爵领兵胜了一次战役，但是不久便发现朴次茅斯（Portsmouth）的水兵有人感染瘟疫，必须安排一艘隔离船。伊夫林因为多重任务，常常需要到伦敦去（通常是去多要些钱，因为经费总是来得很迟），8月中他很沉痛地看到"街上摆了许多棺材，活人却很稀少；店铺关门，一切都陷于哀伤沉寂，不知道下一个会轮到谁"[32]。

另一群留在城里的人是清教徒和狂热分子，这些人在复辟时期的前几年间，因为《克拉伦登法典》的实施而转入地下秘密活动。现在瘟疫让这些非国教徒重新冒出来，这引起了官方的恐惧。街头开始出现一些像《骷髅地》和《伦敦城里恐怖的上帝之声》一类的宣传小册页，宣扬瘟疫是上帝惩罚市民奢靡犯罪的信息。当每处教区都有瘟疫入侵以后，清教徒便迅速侵占无人监管的讲道坛，在城里大肆宣扬他们的教义。他们的礼拜受欢迎的程度，使得讲道人"必须爬过长凳，越过拥挤的会众，才能到达讲道坛上去"。[33]贵格教徒也走上街头,访视照料民众,无惧于门上涂抹的红十字,施行慈善事业,把死亡当作上帝的审判,心甘情愿地接受。

由于众人对深刻反思和沉痛哀悼的迫切需要,到了8月,不顾市长大人的命令,开始有葬仪行列蜿蜒穿越城市,因为活着的人再也无法忍受,必须对过世的亲人有所表示。到这年底,有将近十万具尸体被送进坟墓,无法分辨哪些是死于瘟疫,哪些是自然死亡,但是从这段时间有近十万市民逃离城市的数字估算看来,显然每三个留下来的人之中,会有一人活不过年底。

因为尸体太多,运尸人工作负荷太重,屋里开始堆陈死尸。教区的坟场很快就满了,当尸体在浅坟里腐烂,坟地便开始隆起移动。留下来挖坟的教堂司事很少,所以大家只好挖个大坑,把上百具尸首丢进去,用石灰覆盖。木材场里再也没有木头做棺材了,死人只能用尸布包裹,其实就是死时睡在上面的床单,可是也只不过是用手随便折叠而已,所以尸身常常从裹尸布里滑出来,被裸身丢进土里。清教徒教士站在坑旁监看,根据小说家丹尼尔·笛福(Daniel Defoe)的描述,有些人干脆投身尸堆上,让自己死得快一点,有人则在尸堆里找寻珠宝。

冬季死亡数字缓慢下降。12月31日,伊夫林在日记里写道:"成千上万的人在我身边死去,感谢上帝大发慈悲,让我得以度过今年。"[34]死亡的报告持续到新年,宫廷直到2月才返回伦敦,城市情况开始恢复正常,商店也试着重新开门。但是对一些人来说,这次回来得不是时候,因为上帝的愤怒尚未平息。清教徒传道士文森特恼怒地警告说:"他们以为危险已经过去,却比以前死得更快,与以前的人一样,或者更糟,喝醉酒的还是喝醉酒,肮脏的还是一样肮脏。"[35]

出国学习

每个人对瘟疫的反应都不一样——胡克逃到乡下去，继续做实验；巴本和伊夫林留守伦敦，前者身入险境，在隔离病院工作，后者则为国王贡献心力，担任英荷之战照料患者的管理委员。有人选择出国，雷恩和洛克便在这段时期，首次开启了欧洲大陆之旅。

在牛津，洛克从学院内部同事中升迁，1664 年被选为道德哲学的学监（Censor of Moral Philosophy），不过只为期一年。如果要继续学术生涯，最好的升迁机会是加入英国国教。本能上他知道自己不适合担任神职，与波义耳、胡克和威利斯一起进行的新哲学，培养出他对科学的热情，因此他考虑当医生。他询问朋友的意见，斯特雷奇（John Strachey）认为他已经养成独立的思想，恐怕会不适应英国国教的控制与束缚，而且也会"干扰自己原有的天分和兴趣"[36]。

于是他另辟蹊径，打算到德国去，他加入亨利·文（Henry Vane）爵士的外交使团。文爵士奉国王之命到德国克利夫斯（Cleves）去访视勃兰登堡（Brandenburg）的选帝侯，希望与他联合对抗荷兰。然而，此次任务却以失败收场，选帝侯愿意保持中立，开出的联合条件是查理二世承受不起的。不过这次延宕的调停过程，却让洛克有时间四下游览，与之前的伊夫林和巴本一样，首次的欧洲大陆之旅给他留下了深刻的印象。他有很多时间写信给国内的朋友，一位"神秘女子"丝桂贝莉亚（Scribelia）为他提供了有关伦敦和牛津的最新消息。

洛克给朋友波义耳的信，显示这个外国城市对洛克造成的出乎意外的重要影响。这里让他印象尤其深刻的是宗教宽容的政策。他写道："我看不到他们对宗教诠释有任何争议或敌意，这种良好的态度部分是由于此地人的审慎和良善的性情。我询问过他们对宗教的看法，他们对不同意见都抱以包容的态度，没有私下的憎恨或仇视。"[37] 克利夫斯之旅让他决定不担任神职工作，而是另觅新方向。当另一份外交访问的工作要交给他的时候，他决定不再参与，而是回到牛津当一名医生。在瘟疫肆虐伦敦期间，洛克短暂的欧洲大陆之旅，为他日后阐发自由主义的新哲学奠定了坚实基础。

雷恩的旅程也同样对他产生了转变的效果。1665年4月，伊夫林写信给雷恩说："登纳姆爵士告诉我，你今年夏天要去法国。"[38] 雷恩是为了官方建筑事务，要去巴黎亲眼看看波旁王朝的荣光。7月中，当瘟疫横扫伦敦之际，雷恩与圣奥尔本斯勋爵起程前往欧洲。到8月已经有消息传回伦敦，说雷恩"在巴黎很受尊重"[39]，已融入上流社会。

1665年，巴黎正值时代的转捩点，而雷恩得以观察到这个首都在"黄金世纪"的盛世光景。路易十三死于1643年，王位传予5岁的皇太子路易十四，由他来自奥地利的母亲安娜摄政，与她自己的首相、意大利枢机主教马萨林一起执政。1661年马萨林死后，路易十四决心不设首相或让贵族掌握强权，而由他一人独握大权，他要成为专制君主，在每层国家阶级里盖上自己的权势印记。

路易十四的成功靠的是战场上的胜利以及打造了一个现代新社会。他有位理想人选来监管这项任务，那就是具科学头脑的让-巴蒂斯特·科尔贝（Jean-Baptiste Colbert），科尔贝是在马萨林的强力领导下崛起的，对于建设路易新法国的大计划而言是适当的人选。法国必须再次富强起来，才能负担对其他欧洲国家的战争，科尔贝为国王塑造法国荣光的目标，也需要大笔金钱的支持。巴黎即将成为塞纳河畔的新罗马："巴黎因为是国家首都与国王所在地，会直接影响全国,所有商业皆应由此地出发。"[40]要做到这一点,科尔贝必须使这个城市成为艺术与文化的世界中心,来反映国王的统治光环。

雷恩对新哲学的热爱,为两国搭起桥梁,法国的学者很想知道他对皇家学会的构想,有心在巴黎成立类似的学会。他遇到各式各样不同的思想家,如博学家阿德里安·奥祖(Adrien Auzout),他对建筑有兴趣,同时也正与胡克辩论《显微图谱》里关于如何研磨镜片的方法;天文学家皮埃尔·帕蒂(Pierre Petit),曾观测巴黎和伦敦上空滑过的彗星;国王的图书馆员亨利·朱斯特尔(Henri Justel),曾介绍雷恩参加了许多活动,如阿贝·毕代罗(Abbé Burdelo)周一晚上的沙龙。雷恩也造访了许多实验室,看到各种新发明,如帕斯卡尔发明的可以计算到六位数的仪器;还有实验示范,如能随着音乐跳舞的耳聋男孩。因为忙着与这些法国学者相处,作为培根哲学的拥趸,雷恩私下承认他渴望能回实验室去做实验。

但是雷恩到巴黎去并不是为皇家学会做事,而是受登纳姆爵士的委托去考察法国建筑,并想办法回来改变英国。他写了一封信给朋友,可能是伊夫林,说自己忙着勘察巴黎最高级的建筑,并将所见的各式建筑逐一列举,做成目录,他同意这个城市"可以在建筑上形成一派风格,可能是当今欧洲最好的",其中特别指出索邦神学院教堂、恩典谷教堂、圣母往见教堂等法国巴洛克式教堂,他也注意到教堂中心内堂和耳堂交叉处,巨大的穹顶弓弧是如何往上拱起、高耸入云的。这些丰富的风格和新建筑,给了雷恩一生研究的题材,"为防以后遗忘",他搜集了许多素描、画册和版画,宣称已经为自己的书房搜集到了"整个法国"。[41]

雷恩到法国来的时候,正值法国建筑转变的关键时期,因为在塞纳河左岸，卢浮宫对面，法国最具意大利风格的建筑师路易·勒沃（Louis Le Vau），正在开始建筑"四区学院"，这是马萨林献给国家的礼物。这栋建筑是这位意大利枢机主教对法国的永恒贡献，并且为许多荣耀国王的新学者提供住处。然而，1665年春，建筑工程却意外被叫停，勒沃对工程工事很不满意，在细节上吹毛求疵。延迟的理由，可能与塞纳河对岸卢浮宫的消息有关。

自16世纪起，卢浮宫就一直是展现王室梦想的地点，可是到17世纪60年代，亨利四世的"大计划"中断了，建筑停工。科尔贝为了反映路易十四的新荣光，决定重造宫殿，并于1664年被任命为建筑监察官。但他虽富审计的天分，却不够精通建筑业。由于不敢委任当地建筑师，所以他求助于海外，在罗马举办了竞标比赛。大家很快就明白，科尔贝的目标原来是当时公认最伟大的雕塑家和建筑师贝尼尼。贝尼尼设计的成品，经过详细的审查而被众人接受了。他于1665年4月来到巴黎，比雷恩早几周，带了九位随员，姿态高高在上。

贝尼尼绝对有资格为自己的成就而骄傲，毕竟很少有建筑师被一位以上的教宗到家里来拜访的。在此之前的四十年，他是梵蒂冈的艺术指导，先是雕塑家，然后是建筑师。在圣城梵蒂冈之外，他用弧形的柱列改变圣彼得前面的大广场景观，罗马的形象从此在他手中永远改变。在巴黎，他要用自己歌颂上帝在世间的代表——教宗——的艺术成就，来提升这位太阳王的荣耀。

这位意大利大师的到来，让整个法国的建筑界都面临考验。他对当地人的努力评价甚低，批评恩典谷教堂像是一顶无边草帽，戴在过大的头上，他认为新一代的设计师无足轻重，还恫吓国王，坚持工程要完全由他掌控，而且规模不能太小，他得到的承诺是"在经费上不能有任何限制"。[42]

可是到 8 月，贝尼尼与科尔贝在设计的意见上闹翻。总监科尔贝要精确的图表，而贝尼尼则只想讨论惊世的风格。贝尼尼知道自己不太受欢迎，所以把注意力从卢浮宫转开，大半时间花在路易十四的一个大理石半身雕像上。因为被恶劣的报道包围，又对探子很小心的缘故，他对所有访客都抱着怀疑的态度。所以当雷恩到马萨林的宫殿来时，贝尼尼只给了他很短的时间会面，雷恩说："我可以用性命去交换贝尼尼对卢浮宫的设计，可是这位年老且有所保留的意大利老头只让我看了几分钟；那是五张纸上的小设计图，他已经因此得到数千西班牙金币的酬劳了；我只有短暂时间用想象和记忆把它印在脑子里，应该可以用言语和碳笔给你大致讲讲。"[43]

这次私室一窥和对贝尼尼设计作品的短暂几瞥，对雷恩而言，却有如神启——他得以与全世界最伟大的艺术家面对面。让他印象深刻的不只是贝尼尼的艺术，还有艺术家本人。贝尼尼代表了职业建筑师的角色，可以傲慢到命令国王的地步，用纪念碑和恒久存在的石块来表现自己的巴洛克哲学，以大型作品建构并反映了一个新的社会。雷恩看到的，是伊夫林在《建筑的对比》里所描述的"我们与古人一样有权利依循天分创作"的一个活生生的例子。

雷恩在这次短暂的见面里，学到另一件事，即建筑是用石块所建构的政治学，将权势的范围以微妙的方式延伸，扩展空间，并制造气势。10 月 17 日，路易十四根据贝尼尼的设计，打下卢浮宫的地基，更让雷恩理解到这一点，他每天都热切地观察工程的进度。这里"总有不下上千只手同时工作，有的打地基，有的用大机器移动巨石，搭建楼层，立柱子和雕像台座，其他人则进行雕刻、镶嵌大理石、抹泥灰、粉刷、镀金等工作"[44]。

雷恩在信里有这样的理论："建筑理应保持恒久，所以是唯一不能运用时髦元素的事物。"[45]然而他略而未言的是，建筑除了要达到普世的永久目标以外，也要表现出国家的特色。在贝尼尼与法国建筑师团体之间的明显意见分歧之下，这一点暴露无遗。贝尼尼后来说，他被公众的意见打败了，但是这次经验所显示的，其实是法国建筑与意大利风格相去之远。传统的想法是，美或秩序有一种单一的共同定义，但是当贝尼尼把他的意大利巴洛克风格放在法国建筑中间时，便出了问题。贝尼尼觉得自己在法国没有受到应得的赏识，便于1665年10月怏怏不乐地离开了巴黎，卢浮宫的建筑工程就是在此时被搁置下来的。法国的年轻建筑师如勒沃，终于从这位罗马大师的支配下解脱，可以自由地探索自己的国族才情。当卢浮宫重新动工的时候，也才会有一种新的法国巴洛克风格出现，来彰显路易十四的荣光。

1666年3月，雷恩回到英格兰的时候，已经脱胎换骨，原来性喜与人协力合作的羞怯新哲人，已经被那位天才艺术家的形象和巴黎的奇景所改变了。雷恩写信给瘟疫后回到自己教区的桑克罗夫特，说自从他回到牛津以后，就一直想着圣保罗大教堂："我很高兴梅伊与你说，他认为我可以修复教堂，我也为你准备好了。"[46]他装作很小心的样子，而且以朋友的口气而不是建筑师的身份，可是还是不由自主地要为自己的想法铺路。对普拉特的省钱办法，他警告说："事实证明，省钱往往会花更多的钱，而且最后还变成长久的眼中钉，要做就不如做好一点。"[47]不过他的计划和想法发展之迅速，令人惊讶，回国才五周，雷恩便向伦敦的大教堂委员会呈上了调查报告。

他的报告于1666年5月送到圣保罗，这是一篇颇具煽动性和革命性的文件。他先批判登纳姆爵士的报告说："有些人可能目标过于宏伟，是这个时代的形势或能力做不到的。"同时也攻击普拉特的吝啬："有些人则目标设得太低，想把旧建筑拼凑起来，这里一块石头、那里一片砖瓦的，然后用灰泥把所有的缺点都粉刷遮盖起来，留给以后繁荣世代一件需要修修补补的物品。"批评了这两个相对的立场以后，雷恩并没有收敛，紧接着又对委员会提出警告说："我想你们可能会认为，不忽略任何一件事地采取中间路线比较妥当，可以使建筑拥有得体统一之美，也能坚固持久，并符合经费预算。"[48]把钱包束得太紧，会贬抑大教堂的形象，可是花大钱只为装饰而装饰，也没有益处。

在提出自己的解决之道以前，雷恩都是以工程师的技术出发来说话的，表示自己比建筑师更了解建筑，并且把在巴黎学到的所有功课压缩在一句宣言里："这种方法，交由不只是取法古人前例与教训的建筑师，而且身为几何学者的人来做，应该可以保证很安全。"出身绅士的建筑师普拉特，早先已经指出必须做结构调查，雷恩则指出建筑失败的确切所在——屋顶本来就没做好，使得边墙往外压迫，导致坏掉的裂缝加大。支撑内堂的柱子原本就结构简陋，屋顶又给了它太大的压力。石块本身已经呈现腐朽的迹象："很少有石块上面没有因硝石污染而腐朽损坏的痕迹。这是无药可医的顽疾，只要表面覆盖了硝石，腐朽的状况只会不断地恶化。"[49]然而若是把屋顶重新搭盖起来，会再度增加建筑其他部分的压力，从而导致损毁。

之后，雷恩把建筑当作完整的个体来寻找解决的方案。圣保罗的委员会一边看着大教堂，一边想着他们未能筹备足够的资金，对他们来说，雷恩的提议很有自信，具有说服力与热情，而且非常精准，既有力又很让人安心。雷恩引介了一个英国教堂前所未有的做法：

> 把中央部分打空，做成上有穹顶的大空间或圆形大厅，上面

盖穹顶或半球形屋顶，穹顶的外面用比例非常匀称的灯笼形式和尖塔装饰……这种方法可以调整内部列柱不均匀的承压。原本就这个高度而言，教堂显得太窄了，这种做法可以使中央形成大空间，当作大礼堂来用。教堂的外观看起来会像是从大底座中间往上隆起的圆形大厅。[50]

雷恩想建造全伦敦最高的穹顶，象征所有他在科学探索中学到的一切，并表达他想成为建筑师的愿望。但是现实离他的理想还很遥远，虽然复辟带来希望，许多人也尝试将新建筑带到首都来，可是大教堂所在的伦敦仍然是个肮脏凌乱的城市，经过瘟疫的肆虐，这个拥挤的、木结构的中世纪大杂烩，几乎很难支撑站立起来，而更糟的事还等在后面。

第五章
"伦敦不复存在了"

日记作家佩皮斯在1666年初记载:"今年一定会发生许多大事,可是结果会怎样,只有上帝才知道。"[1]占星家已经预告1666年是大灾难的一年,不过不用查《圣经》或星象变动,谁都可以看出伦敦城的灾难。瘟疫年的伤痕复原缓慢,而如今感染已经传到英国的其他地区了。夏季伦敦遭旱灾,8月,鱼街(Fish Street)上的圣马利亚教会开始为祈雨收集捐款。

民众原本希望国王的复辟能带来平安,但是到这年夏天,希望却似乎成了妄想。六年前的《克拉伦登法典》,本来是想强迫英国人都成为正统的国教徒,却一点作用都没有。国王本来希望宽恕并统一全国人民,做的却是完全相反的事。而复兴国教教堂圣保罗这个纪念建筑的希望,看起来无疑是很渺茫的。到这年夏末,委员会仍然没有决定该如何修复这座伦敦城最壮观的纪念建筑。

雷恩已经在5月呈上关于圣保罗的报告,可是委员会夏季期间还在咨询其他建筑师的调查意见和反馈。资深的建筑师普拉特,因其庇护者是首席大臣克拉伦登伯爵,所以当委员会询问他对雷恩理论的意见,他也利用这机会批评雷恩,为自己的名声辩护。他写信给委员会，说大教堂要做彻底的调查报告太浪费钱，这些钱可以用在别的事情上；继而攻击雷恩关于屋顶向外的压力把墙面和柱子推离轴线的说法，并搬出他伟大的精神导师琼斯，在17世纪30年代就认为不需要改变尖塔或柱子的看法。普拉特最后的反驳针对的是雷恩自我吹捧的建筑师兼几何学者的形象，对这场关乎英国国家建筑未来的争辩，他语带讽刺地以一句话来表示自己的立场："我会努力以艺术家的身份来表现。"[2]

他们决定在圣保罗大教堂门口，召集委员会成员、建筑师和顾问等一起来开大会，亲眼看看教堂的情况，再决定下一步该怎么办，会议日期定为8月27日。这天早上，雷恩、普拉特、梅伊、伊夫林（在最后一刻被召来，以他的高品位来提供意见），以及几位委员在教堂庭院会面，包括汉弗莱·亨奇曼（Humphrey Henchman）主教和桑克罗夫特，技术专家如大石匠爱德华·马歇尔（Edward Marshall）和他的儿子乔舒亚。一行人进入像洞穴一般的教堂内堂，天花板上的穹隆像中世纪的棕榈一般，在他们头顶张开，不过这群博学之士研究的却是墙壁，因为雷恩说它们因屋顶的重量而危险地往外倾斜。石匠用重锤线测量倾斜度，结果发现雷恩是正确的。普拉特辩解道，这是原来的建筑师蓄意打造的，以增强整座建筑的透视效果。

一行人再前进到大教堂的中央，也就是内堂与耳堂的交叉之处，高塔虽然损毁，却仍歪歪斜斜地高耸入云。普拉特再次坚持高塔可以修复，有些人也表示赞同，可是伊夫林与雷恩一致认为最好是重新建造。伊夫林虽然曾经与普拉特旅行，在罗马一起看过圣彼得教堂，却站在来自皇家学院、没有经验的年轻同伴那一边。他在日记里记录了对雷恩的支持，是希望有"一座高贵的圆顶（cupola），是英国前所未知，而且风格极其优雅的教堂建筑形式"[3]。伊夫林没有固守对经验和艺术的信念，转而将信心放在一位尚未经过检验的年轻天才几何学者身上。众人意见分歧，争论的结果是需要进一步协商。雷恩必须再多拟一些计划图，并且估算教堂穹顶所需的经费。为了赢得最终的报酬，他得学习兼具贝尼尼和科尔贝两人的角色，把他对雄伟风格的热爱与对细节的注重相结合，好让计划的每个层面都得到认可。

付之一炬！

教堂庭院的会议之后六天，9月2日周日一大早，消息传来，英国海军与荷兰又在海外开战。海军上将是性情草率急躁的鲁珀特亲王（Prince Rupert），也是国王的表兄弟，他企图在法国海岸外与敌军交手，可是当荷兰船只包围布伦港（Boulogne）外面的海岸线时，一阵强风袭击了英国的船队，将行列切开，使舰队一团混乱。这场风暴继续往东行进，打击了肯特郡的海岸，沿着泰晤士河口往上，当晚到达伦敦。

那天晚上，"当大部分人，尤其是比较贫穷的，都刚上床，睡得正死的时候"[4]，布丁巷开始起火。这条街一向以烘焙店和制派店闻名，而且前一天正好是市集日，这天则是"结算日，市集持续了一整天，一直到晚上"。一位替国王海军烘焙饼干的师傅托马斯·法林纳（Thomas Farriner），睡前从烤箱里耙出一些炭火，放了几条腌肉让烟熏，"从而把命运交给了疏忽"[5]。

凌晨天未亮，烘焙店开始烟雾弥漫。不到几个小时，火焰便顺着风势引燃邻近地区，另一栋房子也起火，附近星光客栈（Star Inn）庭院堆放的干草，变成助长火势的材料。类似这种情况，通常地方社区会遵照公告无数次而且规定好的火灾演习程序处理，在法林纳家的火灾还是平常的房屋起火的时候，按这程序应该就可以扑灭了。很不幸地，这次却没有人依照这些程序处理。

一家人在烟雾里醒来，发现一楼无路可走，只好沿着隔壁房子倾斜突出的外加篷屋爬出逃生；只有女仆拒绝逃走，于是她便成了火灾的第一个受害者。火警一起，附近的房舍便将人员疏散一空，报告地方官员。警官被人从床上拉起来，教堂的钟"反向"敲打呼救，街道也被围堵起来。救火员排成一列，从泰晤士河取河水，用桶子传递灭火。邻近的教堂安置了一些机器，如喷水器和长柄舀勺，以控制爆发的火势。可是，这一次事情出了差错。

当火势增强，情况紧急到必须将周围的房屋拆掉以阻止火焰的蔓延时，市长托马斯·布拉德沃斯（Thomas Bludworth）被人从舒适的家中请出来，用马车护送到布丁巷巷口视察危险情况，他被请求允许拆除私人民房。市长抵达后，拒绝下车，不理会大家对火势蔓延的担忧，说一个女人撒泡尿就可以把这场火浇熄。

市长不想把周围房屋拆掉的原因，是因为担心重建所需要的花费，而且布丁巷此时的火势，看起来似乎不过是小片的火灾而已。因此，根据当事人辛塞罗（Rege Sincera）的观察，伦敦大火的起因不是单一的，而是众多意外的集合："一个烘焙师傅的不小心、黑夜视线不良、老屋格局的破旧、街道的窄小、太多易燃物和含沥青的物品、前一个夏季的异常干热，外加猛烈的东风，以及机器与水的浪费。"[6]

当9月2日周日的黎明时分到来之时，大家才开始明白大火的严重程度。住在东边八条街外的佩皮斯，早先醒来后曾到现场去探察火灾，但并不觉得情况严重，于是又回去睡觉。然而，到了早晨，他从伦敦塔塔顶看到火势已经越过布丁巷，开始进攻周围的街道时，才感到害怕起来。他坐船到上游的威斯敏斯特去报告身在怀特霍尔街的国王,查理二世一听,马上安排船只前往勘察。

旧城墙外面的地区,很晚才听到大火的消息。早上 10 点,年轻学者威廉·塔斯维尔(William Taswell)站在威斯敏斯特旁的庭院,"底下有些人跑来跑去,一副惊慌失措、惶恐不安的样子,然后一个报告几乎马上就传到我的耳朵里,说伦敦陷于大火之中"。塔斯维尔往泰晤士河下游去打探更进一步的消息,碰到往上游而来的第一批受难者:"四条挤满了伤员的船只……他们身上除了毯子以外,几乎什么也没有。"[7]

这一天之中,火势愈来愈大。以布丁巷为中心,火焰兵分两路,一条往北到鱼街山丘,并向旧市区的中心前进,火焰直上云霄,其中一股找到圣庞德尼教堂(St. Laurence Pountney)的尖塔落脚,"好像要从高处俯视,寻找它想要吞噬的下一个目标"[8]。第二股火焰往下窜到泰晤士河畔,此处市民攀附在台阶上,把物品丢进船只或水中,没多久河上就"漂满了货物,所有舢板和船只都装满了有时间和勇气者救下的物品"[9]。火沿着河岸慢慢前进,袭击伦敦大桥河口的圣马格努斯教堂(St. Magnus the Martyr),在牧师还措手不及的时候,就把教堂里的金银盘子都烧掉了。

火焰开始蔓延到桥上,切断了逃亡民众过河的唯一通道。伦敦大桥从 12 世纪起便站在这里,并且公认是伦敦城最美的纪念建筑之一,桥边建了许多房屋,桥上中央是大道,旁边有嘈杂的客栈、小礼拜堂和市场摊位。火从桥墩脚下沿烧到河南岸,只有桥中央建筑之间的缝隙,稍微阻挡了它的行进。一个火星引燃了南岸的罗瑟海斯(Rotherhithe),在一座马房里找到燃料。当地人急忙灭火,并且拆掉周围的三栋房屋,确定火焰完全熄灭。

此时火焰已经袭击到"抽水柜",就是位于伦敦大桥北岸最后一座"分水桩"桩拱底下,一座巨大的木造水轮车。这座水车原是城市的奇景，由荷兰工程师彼得·莫里斯（Pieter Morrice）所造，1581年莫里斯还炫耀地用这个嘈杂却奇妙的装置抽取河水，喷射到圣庞德尼教堂的尖塔上。它扮演了从河边把水供应到城中心的重要角色。当它从轮轴上滑落，摔在退潮时河边带状的泥沼里时，本来想用它来汲水救火的希望也幻灭了。火势继续沿河岸往西前进，直到抵达泰晤士街，这是沿海城市的中心地带，仓房里储藏着贸易商的财富。贮藏在干燥木结构建筑里，所有海事国家的必备用品，如麻草、焦油、煤炭、稻草、树脂、沥青、油料，成堆成批都被饥渴的火焰吞噬了。附近酿酒场的啤酒在桶里沸腾，然后爆炸开来，流到街上。

由波罗的海来的玉米和木材、地中海来的奢侈品、东方来的香料，所有商人从海外商旅带回来的货物，都化为灰烬。狂暴的烈焰一视同仁地横扫，就连城市公会的漂亮石屋也开始烧了起来，这公会自古就是海滨贸易与传统的中心。面对着大河、围绕优雅庭院而立的典雅鱼商大厅（Ornate Fishmongers' Hall），首先遭到吞噬，火焰没有给公会傲人的历史留下一点证据。

那天晚上，佩皮斯坐在泰晤士河的一条船上，看着奇异的火光，他已经看到太多会让他的噩梦持续很久的景象了。他从怀特霍尔街捎了信息给市长，这时的伦敦市长已经累得像个"快昏倒的女人"[10]，却还是拒绝王室的帮忙，像只看着大火的鸽子，太害怕以致不敢离开它的窝，等得太久，直到翅膀烧焦，落地死亡。佩皮斯从船上可以看出火焰一点也没有缓和的迹象，他为自己的城市落下了眼泪。

第二天早上，火继续它的路线往都会中心行进，从鱼街山丘转而向北，沿恩典堂街（Gracechurch Street）往利德霍尔市场，在这里因为一位市议员约翰·拉什沃斯（John Rushworth）的努力而停步，他用一帽子的硬币集合了周围的人来救火。东边的圣邓斯坦教堂（St. Dunstan）有一群威斯敏斯特公学的学者，尝试阻止火焰靠近教堂门口，教师约翰·多尔宾（John Dolben）带着学生，包括塔斯维尔在内，在城里来回奔波，一整天用车装水桶阻挡火焰。这时火势已经到达康希尔（Cornhill）的格雷欣学院边缘了。

可是，如文森特所观察的："就算火势稍微缓和压制，或停在某些地方，也不过是很短暂的时间，它很快就复燃，恢复力量，跳跃增长，攻击得更加凶猛，逼退压迫它的人，把他们手里的武器抢夺过来。"[11] 西边的伦巴底街（Lombard Street），自 12 世纪以来便是首要银行和地下钱庄所在的金融地带，此处火焰毫无阻碍地行进。银行家罗伯特·维纳（Robert Vyner）爵士刚好来得及把王室欠他的大笔债务的文件和一些金银餐具收拾走，侥幸护住自己的财产。当火焰蹿上街道，这些高雅的三四层高的楼坍塌下来。"倒！倒！倒！从街道一端到另一端，整个大瓦解。"[12] 这时火舌转向城市大通道的聚合点——西边的针线街（Threadneedle Street）。

当城市变成火炉，市民开始担心自己的安全："高官只想保存自己的性命；中产阶级的人过于惊慌，不知所措；穷人则趁火打劫。"[13] 甚至天还没亮，救火的念头已经变成了急切的逃亡。到凌晨四点钟，佩皮斯看到："街道与公路上挤满了人，有的奔跑，有的骑马，有的搭车，用尽方法要把物品带走。"[14]

街上很快就挤满迫切逃难的民众，往城门口涌去。商人尼古拉·科塞利斯（Nicholas Corsellis）写道："街上到处都是货物和人群，马车进不了小巷，而城门的障碍太多，也无法通行。民众只有把能抢救的一点东西背在背上，扛到伦敦城墙，丢过墙头，然后用乡村马车运走。"[15] 狭窄的街道上挤满马车，车主趁机收取高价，把市民的物品载到安全的地点。那些付不起持续上涨的价钱的人，用文森特的话说,只好当"自己的搬运工人,你很少见到男人或女人有这么大的力气,扛着东西在街上走的"[16]。

市民只考虑到自身安全问题的时候,救火的行动仍持续进行。周一,国王查理二世和约克公爵詹姆斯决定不理会市长的拒绝帮助,开始召集军队。虽然是特殊情况,但这个违背一切传统的做法仍然很大胆。他们召集了周围城镇经过训练的军队,在城外等候命令。伊夫林在泰晤士河南岸的萨耶院,隔墙看到皇家码头上集合了水手,带了支援用的攀缘绳索和火药,听候柏克利勋爵之命。

接近火场,查理二世和詹姆斯在泰晤士河岸从王室驳船下来,然后骑马前往事发处。在西边,迎着煽动火焰的东风,约克公爵派了两圈哨兵围绕城市。外围有五个哨兵,包括一位地方警官、一位伦敦城官员和一个师的伦敦训练军分队,另外还有几位宫廷臣子,他们有权驳回市政府参事的审慎判断,以国王的名义将房屋拆掉。

在圣殿关,建筑师梅伊和其他人列队准备好要阻止火焰烧上舰队街;而詹姆斯则在附近的费特巷,命令当地人帮助准备抵御火焰来袭,"站在及膝的水里,操作机器好几个小时"[17]。在接近史密斯菲尔德(Smithfield)的牛门(Cowgate),伊夫林的岳父布朗爵士在这里抵御从城墙外缘市集烧来的火焰。紧邻城墙外面也有一圈内部的救火站。在参事门(Aldersgate),库珀爵士安排大批拥挤在城门口的民众疏散出去。之后,詹姆斯又骑马回到城墙内救火,置身险境,奋不顾身。

然而火势仍继续无情地蔓延,下一个被呼啸而过的火焰攻击的目标是这个商业城市的金融中心——皇家交易中心。它是格雷欣爵士所建,可谓英国作为贸易大国的搏动的心脏。华丽壮观的中庭,四面围绕着四层以木板装饰的墙壁,玻璃盖顶的走廊上排着壁橱和小台子,上面摆设了来自世界各地的珍品。西边有座钟塔高耸入云，上面是格雷欣的徽章——蚱蜢，伊丽莎白一世女王第一次看到完成的建筑时，赞叹不已，把它冠上了"皇家"之名。1666年9月3日周一，"火焰围绕走廊，里面充满火舌，再沿楼梯往下……喷射的烈焰把中庭化为一片火海"[18]。地窖里的香料散发出刺鼻的臭味，在大火肆虐后，还萦绕在烧毁的建筑里久久不散。只有格雷欣的雕像还残留未倒。

到了第二天结束时，伦敦人在炼狱前游荡。他们因无助而愤怒，不久就变得疯狂。民众聚集在城墙外的安全地区，任由家园和财物被火焰吞噬。开始有谣言传播，说火灾不是意外，而是英国的敌人放的。

周一一整天，失去一切的伦敦人开始攻击外国人，洗劫他们的商店，把他们的房屋夷为平地。年轻的塔斯维尔看到一个铁匠"遇见一位无辜的法国人走在街上，登时用铁棒把他打倒在地"[19]。其他地方也有指责外国人放火的控诉，在新门市集（Newgate Market），葡萄牙大使馆的馆员只是弯腰捡拾面包屑，就被控告丢掷火球。市民聚在莫尔菲尔德（Moorfields）上寻求庇护的时候，有位法国人被控携带燃烧弹，而被加以私刑，结果不过只是一盒网球。一群愤怒的女人，"有的拿烤肉叉，有的带擀面棍"[20]，攻击前圣方济各会托钵僧丹尼斯·德雷帕斯（Denis de Repas）。传言说国王的法籍烟火制造商是放火的主使者，他只好到皇宫去避难。为了这些"外地人"的安全，新门和布莱德威尔的监狱收留他们，可是当大火接近西城墙，这些原来就不是避难所的地方，也不再安全。

周一晚上，伊夫林从萨耶院出发，到泰晤士河南岸的安全地带，要亲眼看看灾情。这时，大火已经控制了城墙内的旧市区，他无力地看着这片炼狱景象，说："愿上帝别再让我看到类似的景象！这里一万栋以上的房屋陷在火海里，狂暴的烈焰发出的爆裂声响震耳欲聋，女人、小孩哭喊尖叫，群众飞奔赶路，高塔房屋和教堂纷纷倒塌，仿佛一场骇人的狂风暴雨。"[21]

整夜火势保持可怕的速度，所产生的热气与风形成旋涡，"以同样的力道往左右吹，使得每边都着了火"[22]。大火和所造成的效应，远传到伦敦城以外。在肯辛顿（Kensington），有位作家说："你会以为世界末日到了……我的走道和花园几乎全都掩盖了纸张、布片等灰烬，天花板和石膏雕像的碎片，随着暴风吹到这里来。"[23]伦敦西面约48公里的温莎镇，报道说有人看到烧焦的纸和丝布飘在风里。而在牛津，洛克在他的气象日记里记载："空气的颜色很不寻常，没有一点云的踪影，日光变成奇异的曚昽红光。"[24]

伦敦市区里，火已经形成三条路线。沿着泰晤士河的火路，现在已经把城墙烧焦了，在黑夜的掩盖下，攻到著名的堡垒贝纳德城堡（Baynard's Castle）。这座城堡原是11世纪征服者威廉王所建，多年竖立在此抵御西来的敌军，但经过十小时东来无情大火的攻击便屈服了，黎明时分，只剩下两个破损的塔楼。然后，这条火路往西向舰队沟挺进。第二条火路顺着城墙往北，环绕拉德盖特山丘的底部，逐渐沿舰队沟的东侧往拉德盖特山丘和参事门的杂乱建筑物区挺进，并慢慢爬往山顶，在那里圣保罗大教堂立于烟雾之上，还未被大火波及。第三条火路则从东边穿越城市。

舰队沟从北向南，顺着最西侧的城墙，穿越克勒肯维尔，在黑修士区进入泰晤士河。舰队沟上唯一的桥梁，通到由舰队街往西延伸出去的郊区。火跳过水面，在西岸脏乱的贫民窟找到新家，侵入河岸边的两所监狱。到了西岸后，火势似乎又重获力量，开始攀登舰队街，吞噬大街两边的建筑，愈来愈靠近约克公爵詹姆斯仓促间准备的救火站。

在城市中心，风此时已经把第三道火路，从皇家交易中心吹往市集的大街——齐普赛街，这条街往西可通往圣保罗大教堂。沿途，十位筋疲力尽的救火员，企图拆除火路上的房屋，但是火移动得太快，即使房子一拆掉，市民惊惶地逃离，他们仓促间留下未清除的残余物，便造成了引燃的火路。

齐普赛街半途，桥头区的圣玛丽勒堡（St. Mary-le-Bow）石造教堂，没能在火路的行进上成为阻挡的关卡；著名的桥头大钟，每天晚上在城门关闭之前总会敲响，告示宵禁，而此时从钟楼中坠落下来。接下来，火舌控制了市政当局的权力中心——古老的市政厅哥特式建筑，中世纪大厅的彩色玻璃窗开始熔化，当火舌窜入房子，古老的橡木橡梁因高热而发红，"闪亮耀眼的木炭，仿佛黄金宫殿，又像是磨亮黄铜所打造的美丽建筑"[25]。火焰继续西行，轻易地吞噬了金匠街，街上富丽堂皇的都铎式房屋，曾被历史学家约翰·斯托（John Stow）描述为"伦敦，甚至英格兰最美丽的市集商业区"[26]，就此付之一炬。然后火沿着斜坡攻上拉德盖特山丘，其他地方的火也包围了山坡，慢慢往顶上的巨大建筑圣保罗大教堂前进。

塔斯维尔在前一天穿过伦敦城，记录道："住在圣保罗教堂附近的人，都对它寄予重望，认为以它超厚的墙壁和所在的位置，绝对会很安全；因为它占地甚广，每边都离其他房子十分遥远。因此，他们将各种物品贮藏在里面。"[27] 当地的商人赶着把货物贮藏在建筑的墙脚下或院子里，教堂庭院周围的印刷业者把纸张、手稿和图书——其中包括约翰·威尔金斯关于新哲学的宏伟著作的全部印刷品——堆满了大教堂地下室的圣菲丝礼拜堂，人们还把门封死，以防空气助长火焰。

火焰先从东边来，烧了圣保罗学院，西面有一股火从南边群集的几栋房屋燃起，然后掉在教堂的屋顶上。因为上面有些铅盖已经在空位时期除去，露出了下面的橡木，当地书商马丁后来与佩皮斯说："开始时火焰掉在一块板子的末端，这些板子是代替破掉的铅板，放置在屋顶的。"[28]火开始沿着屋顶爬，下面裸露的木头，经过一夏天的干旱而干燥得像是火种，因此火焰横行无阻地沿着屋顶的支撑物爬行，在还盖有铅皮的地方闷烧，发出怪异的噬噬声。寒鸦在大教堂的哥特式尖顶上盘旋，下面的内堂开始充满烟雾，屋顶尚存的近6英亩大的坚固金属也渐渐液化，并开始往下滴到教堂里，流下墙壁，沿着防雨的吐水口管往外流，流到庭院的石头上，流下拉德盖特山丘。

当教堂上方的热度穿透木头脚手架，聚集在里面的群众陷入恐慌，纷纷穿越火焰逃生。不久，屋顶熔化的铅滴进大教堂建筑的裂缝，石头开始在高热中爆炸，"像手榴弹一样"[29]。墙壁裂开，重重地跌落到地上，建筑结构出现的大裂缝让空气涌入，更加煽动了火势。东边的玫瑰彩绘玻璃窗户熔化成液体，最后，交叉的石雕穹隆屋顶破碎塌陷下来，撞裂了大理石地板，露出底下的地窖，好像挖开的坟墓一样。没多久，火焰便随之而来，而那些印刷商整齐堆放准备保护的宝贵作品，也就此着火。这些印刷品要烧一整周。掉落的石头也打开内堂里面人们久已忘怀的坟地，而两百五十年前躺在此处的中世纪主教罗伯特·布雷布鲁克（Robert Braybrooke）暴露出来的尸体完整，皮肤硬化变脆，不过毛发还是红色的。

隔天，风开始平息，舰队街上火势蔓延的速度渐缓。当天早上，伊夫林到费特巷的救火站去分派工作，在那里看到其他廷臣与一群从德特福德区码头来的水手，正准备在大火到来之前，爆破一些房屋，"以制造比用一般机械方式拆除的隔离带更大的间隙"。费特巷的房子、工作室和旅店被夷为平地，包括巴本父亲挂着锁和钥匙招牌的工厂。

这次行动很成功，除了圣殿区有一处火情以外，火势停止了蔓延。城市其他地方，风势开始消散，火势也被控制住。虽然房屋地窖里的煤炭还要烧两个月，房子的残骸、个别的破烟囱和废墟还要闷烧好几周，但这天结束时，大火最严重的阶段已经过去。在这一初期阶段，要计算损失有多少是不可能的，但如文森特所记载：

> 伦敦的辉煌如今已如覆巢飞鸟，贸易大遭破坏，其欢愉也随之而消失，欢乐之事无人理会；如今没有管弦歌舞，没有饮酒作乐和佳肴珍馐，没有调情示爱和盛装华服。这些事物在此都已宣告终止。[30]

9月6日周四，伊夫林搭船从萨耶院到怀特霍尔街，拜访过宫廷后，到城里走走。当他搭船到伦敦大桥，费力跨过废墟登岸，攀爬过"还在冒烟的垃圾堆"时，鞋底可以感觉到地上的热气。眼前已经分辨不出是哪一条街、哪一栋楼曾经站在这里，更不用说是在哪一个教区了。他为许多曾经让伦敦辉煌美丽的建筑消逝而哀悼："建筑精致的布商礼拜堂（Mercer's Chapel）、华丽的交易中心、庄严的基督教会，所有的公司行号，壮丽的建筑、拱门、入口，全都成了灰烬；喷泉干涸毁坏，景象有如地底深渊的地窖、水井、地牢，剩余的水还在沸腾。"伊夫林看到市民寻找自己的家，"好像走在荒凉的沙漠里似的"[31]。

从西边靠近费特巷，火焰最后平息的地方，爱德华·阿特金斯（Edward Atkyns）报道说："除了石头和垃圾以外，什么也没有，全都变成一片露天原野，可以一眼从城市这头望到那一头。"[32]另一位观者觉得与其说这是繁荣的城市，还不如说是强风扫过的荒野。火焰不只吞噬了87座教堂和6座奉献礼拜堂，还包括所有贸易公司和政府的主要建筑，如市政厅、皇家交易中心、海关大楼、会议大楼和52栋公司大会堂，布莱德威尔、新门、伍德街以及鸡鸭路口的监狱，外加3座城门和4座石桥。

近十万市民无家可归。合计起来，大约13200栋房屋被毁，所占面积约有436英亩，包含400条街道和旧城墙内部80%的土地，以及紧邻古城墙外的大片自由区。财产顷刻之间化为乌有，金银熔进土里，而珍贵的香料则蒸发到空气里，只留下强烈的气味。死亡人数的记录比较不精确，根据逸闻证据，从法林纳的女仆被烧死到最后熄火为止，只有不到二十人丧生。

伊夫林对圣保罗大教堂的毁损印象特别深刻，记录说它"如今成了可悲的废墟"，仍然站立在城市高处，像是遭撕破丢弃的尸布：

> 门口美丽的柱廊（结构可以与欧洲任何建筑相提并论，而且不久前才由先前的国王修复过）如今残破裂开……看到如此巨大的石块被火烧成的模样，着实令人吃惊，庞大的波特兰石上的装饰、列柱、浮雕、柱头和凸出物，全都掉落下来，甚至屋顶原本盖有铅板的大块面积（不下于6英亩），整个熔化掉了……这座庄严肃穆的、基督教世界里最古老的早期礼拜建筑之一，就此埋于灰烬之中。[33]

塔斯维尔也往大教堂走来，"地面的热度几乎把我的鞋子烧焦；空气如此灼热，若非我在舰队桥上稍作休息，恐怕已经昏倒了"。在教堂庭院附近，他看到一团大钟熔成的金属块，看到了"硬如木板、皮如粗革"的犬尸，还被一个躲在墙后的烧焦妇人吓了一跳，她却没能逃过火神之手，"四肢都烧成了木炭"。

伊夫林越过城墙，走到城外郊野上去，成千上万的难民在这里过夜（他估计有 20 万人），紧抓着剩余的所有物品，饥渴困乏。这些聚集的群众没有东西遮蔽或果腹，"有的躲在帐篷底下，有的住在临时的棚子和简陋的地方，许多人连毯子都没有，也没有任何必要的器皿、床铺或板子"[34]。前一夜谣传有外国人入侵到群众之间，有些人听说"法国人要带武器来攻击他们，割开他们的喉咙，掠夺他们从火里救出来的东西"[35]。夜里一声"武器！"在人群里掀起一阵恐慌，而且马上扩散开来，大家摇摇晃晃地起来找武器，准备要为已经毁坏的城市抵御到底。

对人民的这些恐惧，国王十分关切，第二天他与顾问骑马到郊野上，亲自对难民解说，平复他们的恐慌，如"公报"所报道的："他告诉他们，这是上帝作为，不是人为的阴谋；并跟他们保证他已经亲自审查过几个可疑的人，可是没有发现任何理由怀疑他们犯案。"然后国王承诺会给他们食物："明天会送来价值 500 英镑的面包，后天会再送更多面包来。"[36] 可是这些紧急的措施只能在短时间内奏效。伦敦旧城虽然还在闷烧，但重建的计划必须赶紧提上日程。

民众对火灾的第一个反应，是灰心丧气、悲伤哀悼。入夜的街道变成危险地带，独自行走恐有生命之虞。有些报道提到尸体留在地窖和可怕的谋杀事件。不过，当房屋木材还在闷烧之时，伦敦已经开始实行重建秩序的措施。9 月 6 日周四，国王发布文告，以缓和留在郊野的群众的恐惧，并开始重建的步伐。伦敦必须回到原有的秩序，所以查理二世让伦敦外围召来的武装军队卸任，把权力归还给市长和市议员们。

许多受损严重的公会开始捡拾残留物，在可以复原城市贸易的地方，找寻临时的新家；邮局暂时设置在考文特花园的一家客栈里；海关则移师伦敦塔附近一座未受损的建筑中；市政府则由市政厅移到格雷欣学院。另一方面，格雷欣学院也成了临时的交易场

第五章　"伦敦不复存在了"

所，四方形的中庭里挤进一百个摊位和帐篷，教授被迫搬了出去，他们的住所变成紧急行动中心，只有胡克得以留下来，在灾后的那几天，他见证首都重建的初期行动。

食物需要分配，所以伦敦大桥、史密斯菲尔德、炮兵场（Artillery Ground）设了一些临时的市场，生意必须恢复正常交易，不会再允许非正常的供应和消费。莫尔菲尔德上的难民群众仍然紧抓着自己剩余的物品，等候补给，对谣言或攻击心怀恐惧。查理二世又一次发布宣告，说眼前没有外国入侵的危险："为了防止可能发生的混乱和骚动，我们希望若有任何火警，没有人会慌张或不安，只一心去救火。"[37]

逗留在郊野上的群众慢慢恢复了理性。为了在评估损失的同时安抚他们，城墙外的公共建筑开放给民众存放以保全物品，想把所有物搬到别处的人得小心盗窃。查理二世希望在四天内疏散周围郊野上的难民，让他们回家，所以下令家家户户必须把自家土地上的垃圾清掉。可是很多人看到城市的残破景象，都不愿意回来，迫使国王下令周围的郊区和市镇收容这些难民。负担得起贪婪地主高涨租金的有钱人，便在郊区另觅新家。

9月9日周日，附近教区的教堂涌入大批市民，所有人都为伦敦祈祷，为自己的罪忏悔。几周以后，在严肃的禁食日，圣保罗的主任牧师桑克罗夫特，在国王面前以"炽热的律法"为题布道，将伦敦的废墟看成耶路撒冷灭城的再次降临，是对英国的考验，而不是惩罚。

浴火凤凰

哀悼之情很快就被重建的精神取代，伦敦就要再站起来，而且会比任何时候都更耀眼。但是首先必须评估损失,因此格雷欣学院设了简略的记录卷册,每户户主前来登记原有房屋的所有权状。所有的重建工作,必须先彻底检验其邻近灾区,否则不准动工。在组织必要的土地管理的同时,对城市建设的新想法也在逐步形成,出发点是希望伦敦可以如伊夫林所言,从火里再生为"更灿烂的凤凰"。但是谁能把这个新生命带到伦敦城来呢?新哲人未能设计预防之方,但能否想出治疗之法呢?伦敦需要的是现代城市的计划。大火需要勇敢大胆的反应,也带来了改变的非凡契机。

英国很少有人比伊夫林更懂得现代都市理论,过去十年,他的作品持续关注如何让伦敦现代化的问题。在《英格兰之特色》(1659)里,他觉得与巴黎比较,自己国家的首都令人感到羞耻;《防烟》(1661)一书强烈批评了伦敦的衰败,以及未能处理污染危害的问题;1664年,他翻译了罗兰·弗雷亚尔的《建筑的对比》,对所见大都会早期的改进措施加以赞许,并与国王的一位行政专员共同把这本书当作复辟时期建筑潮的范本,呈献给国王。他已经思考探讨过这个城市的问题,但没有想到自己的想法会有机会完全付诸实现。当他攀过城市里燃烧的废墟之时,想的是他的"凤凰"——伦敦。短短几天之内,他就写出一篇文章《伦敦再造》,并且附了一张城市规划图。

伊夫林的巴洛克式首都,是以旧城区为中心的改进版。他在研究旧城区地图的时候,了解到城市布局和交通网络需要改变,城市平面图的设计要根据理性和几何,"要实施起来没有任何疑问,可以在美感、宽敞和富丽堂皇这几方面,远远超越世界其他城市"[38]。所以,一切都要按空间和地势测量计算好,山坡的倾斜度、河岸的下降角度和河流的形状,都应该在地图上标示出来。

等城市测量好,部分地方加以填补,以减少"城里的深谷、坑洞和陡坡,使贸易、马车、客车和路上的行人更为便利"[39],上面便可以用街道的平面图和网格线来规划,以实现现代首都的面貌。新道路会非常宽敞,伊夫林想象中的大道就像路易十四当时在法国所设计的一样。街道既是城市内外的货物、人员和金钱的流动场所,也是夸耀和展示的地方。伊夫林在设计这些街道平面图的时候,无疑想的是贝尼尼的罗马。16 世纪末在西斯图斯五世(Sixtus V)的统治下,这个永恒的城市已被加以改造,广场、教堂和纪念碑置于集合规划之中,并与一系列铺好路面的直线道路相连。伊夫林所规划的主要大道将不会少于"宽度 100 英尺,最窄的地方也不会少于 30 英尺,它们的路口、高度按比例而定"[40]。街道的宽度会是所在地点重要性大小的指标。城市里较大的建筑和教区教堂,会在周围安排辐射状的道路。

伊夫林也打算重新规划教区的界线、安置地方教堂,来重新分配各区不平衡的人口。每座新教堂都要以现代风格建造,其他主要建筑、出版商的店面、政府部长的房屋,会排列在新广场的边缘,同业公会大厅和皇家交易中心将搬移,来配合城市的新版图,它们的"外面至少要用石块建造,以雕塑和其他装饰物来点缀"[41],以显示首都的权威;同时也会找地方为市长建宅第和新的市政厅。在伊夫林的伦敦计划中,新广场会有各种形状,有些地方作为"市场,有些地方适合马车停放,有些地方则应该设置公共喷泉"[42]。这些地方会带动城市的商业,权力也可以通过辐射状的道路从这里传播出去。对伊夫林来说,新的城市就像人体一样,金钱、货物、贸易是生命之血,从心脏顺畅地流出去,带动整个城市振作起来。

他也强调泰晤士河的重要性。因为贸易大城欢迎世界各地来的物资,港口成为新地标。新皇家交易中心将是"交通和生意最繁荣的"[43]地方,它矗立在河岸的中央,而沿岸原有的老旧木结构仓库、商店、乱七八糟的台阶和危险的机器，会被壮观的码头取代，从而将国家的财富快速运输上岸。

伊夫林的计划是罗马和巴黎现代风格的结合，不过也考虑到遭受大火的旧城基础。9月11日周二，圣保罗大教堂倒塌后一周之内，雷恩听到火灾的消息，从牛津赶回来，伊夫林与他分享了自己的想法。我们有证据确信，伊夫林的计划在他们会面之后有些许更动。两天后，伊夫林到怀特霍尔街向国王报告了这些计划。

他不是唯一想到伦敦城未来的人。如皇家学会的秘书奥尔登堡写给波义耳的信里所说，城里许多重要人物"讨论的几乎全都是对伦敦的勘察和重建计划，以及重建的方式（使用砖块，扩大街道，在某些地方多留大空隙和隔离物），可以在未来发生类似灾害时，不会这么容易被摧毁"[44]。接下来几周，许多计划被送到怀特霍尔街来，每个都与城市重建的新想法有关。最有力的提议，除了伊夫林以外，来自于新哲人世代和皇家学会的三位会员，他们都提出了有效的设计。

这许多有才华的人才里，有一位是学会的创建者佩蒂，他在前一年夏天，与胡克一起待在未受瘟疫侵袭的杜尔丹斯。他不是建筑师，但是个才华洋溢的思想家和统计学家，也是都市哲学家，他所提供的不是城市的素描图，而是新观念。他没有重新界定城市与威斯敏斯特之外的自由区的旧边界，而是创造更大的新伦敦，把它用大范围的行政权力变成郡县。佩蒂对伦敦的构想，在组织上很现代，但不幸未完成报告，也没有呈给国王。

第二位考虑建设伦敦的新哲人是胡克，他与格雷欣学院的城市要人一直保持密切的联系。几乎在大火刚灭时，胡克便将心思转向首都的改善。在学会9月的第一次会议上，胡克和雷恩本来希望提出制造望远镜的新想法，但后来由胡克展示制造砖头的实验。他也在思考如何改变整个城市，并且开始画平面图，用几何的格线设计取代拥挤的中世纪街道与巷弄，主要大街"由利德霍尔一角到新门和类似的大道以直线排列，其他交叉道路以直角转弯，所有教堂、公共建筑、市场等，都位于方便合适的地方"[45]。当时进驻在学院里的市议员对他这份草图都很有兴趣，认为比他们委托的正式调查员彼得·米尔斯（Peter Mills）设计得更好。胡克的平面图很快被官方采用，9月29日他又向皇家学会递交自己的设计图。于是在呈给国王之前，胡克的设计获得了伦敦当局和皇家学会两方的认可。

然而，所有这些设计图都输给了雷恩。伊夫林9月13日到达怀特霍尔街，发现他的设计是第二个到的，"雷恩博士先我而来"[46]。雷恩在与伊夫林讨论那天，谈过他自己对城市的想法。两天以后，奥尔登堡抱怨说雷恩没有向皇家学会提出设计，申请许可。雷恩唯一的理由，是他赶着要第一个提出设计。伊夫林的巴洛克城市魄力宏大，力求改进和调整旧城，但雷恩所想象的伦敦，则是将完全重新改造的大都会。

雷恩的伦敦将会是个新城市，不理会所有可能的花费、实用性、传统和方法。他对贝尼尼的大气派记忆犹新，所思考的是英国的巴洛克城市精髓将会是何种风貌。雷恩与伊夫林的设计相似之处是无可置疑的，但是雷恩在理念上要更进一步。两周之前在圣保罗的会议上，委员会没有认可雷恩重建大教堂的计划，在这个刺激下，他的脑中对新都会应有的形象，充满大胆甚至傲慢的想象。

雷恩的设计全然不齿于模仿欧洲大陆的风格，与伊夫林的一样，是以宽大开放的街道串联起来的路网，路网中嵌有广场和带纪念碑的环路，城市被以各种网格系统和八边形广场划分为一个个街区，街道则像车轮辐条一样，从广场辐射出去。许多后来的评论者

建筑师、天文学家克里斯托弗·雷恩(1632—1723)

作家、园艺家约翰·伊夫林(1620—1706)

科学家、工程师罗伯特·胡克（1635—1703）

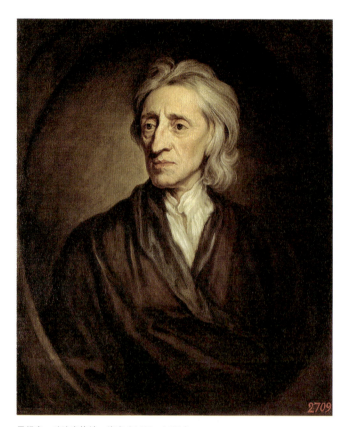

思想家、政治家约翰·洛克（1632—1704）

地产商、经济学家尼古拉斯·巴本(约1640—约1698)

爆发于1665年的伦敦鼠疫造成了10万人死亡

1666年的伦敦大火有效地终止了鼠疫,却只造成5人死亡

1666年大火之前的伦敦

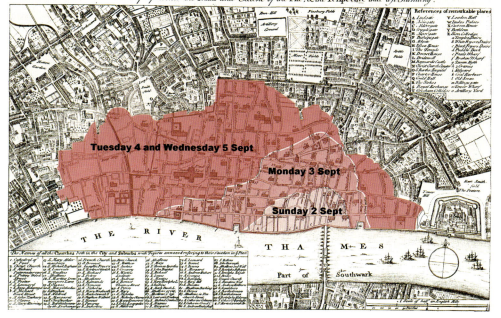

伦敦大火的过火面积,红色处均被夷为平地

LEX IGNEA:
OR
The School of Righteousness.

A SERMON

Preach'd before the KING,
Octob. 10. 1666.
At the SOLEMN FAST appointed
For the late
FIRE in *LONDON*.

By *WILLIAM SANDCROFT*, D. D.
Dean of S. *Pauls.*

Published by His Majestie's Special Command.

Etiam periere Ruinæ

London, Printed for *R. Pawlett*, at the Bible in *Chancery-lane* near *Fleetstreet*.

伦敦大火后社会上流传着各种小册子，有的小册子称这是一起宗教阴谋

伦敦大火纪念柱,建于起火地点,建成时曾是伦敦最高的建筑

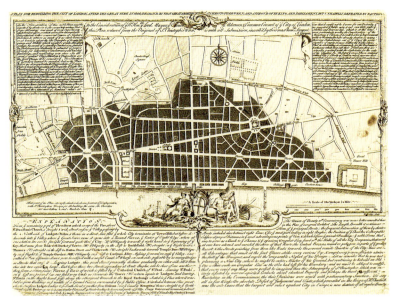

克里斯托弗·雷恩的伦敦设计方案，模仿了巴黎的风格

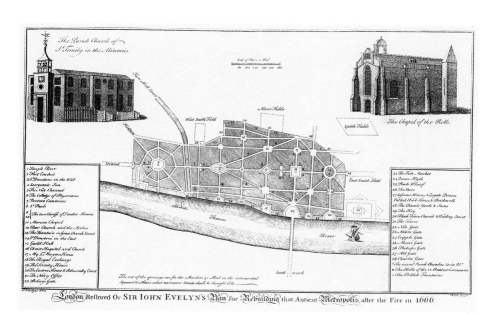

约翰·伊夫林的设计方案,拥有意大利式的广场和街道

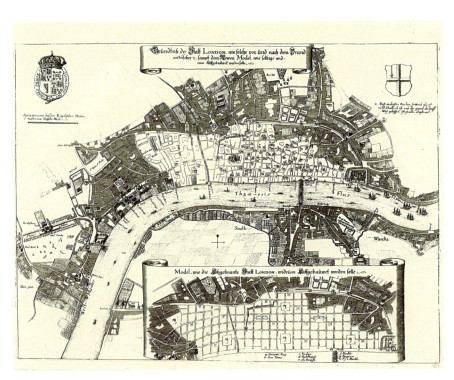

罗伯特·胡克的棋盘格子设计方案

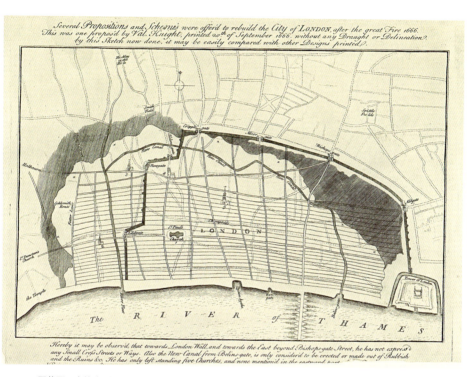

瓦伦丁·奈特（Valentine Knight）的运河设计方案

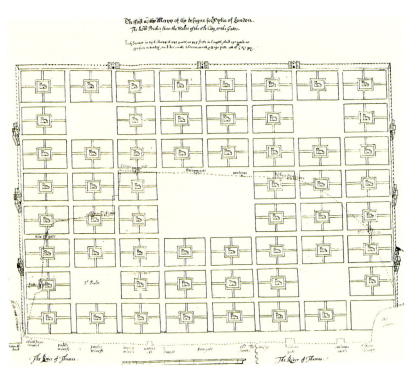

理查德·纽考特（Richard Newcourt）的宗教方块设计方案，每个街区都有一座教堂

认为雷恩将圣保罗大教堂放在设计的中心，但他其实是把皇家交易中心当作城市的心脏，大都会的生命之血——金钱——就是从这里循环出去的。交易中心位于商业区的中心，而商业区则连接泰晤士河中间的海关大楼和其他主要的都市机构。城市的动力中心——同业公会，沿河岸排成一列富丽堂皇的"连栋大屋"，而河岸则设计成直线码头。他在伦敦大桥河口设置了一个广场，类似法国国王亨利四世在"新桥"所建的"皇太子广场"，也建议用两个坚固的石头码头作为船只靠岸处，修复并扩大舰队沟，以改善这条臭水沟的卫生状况。

他把大都会分成几个独立运作的区块，用马路和大道构成的交通网络把它们联系起来。城市因此变得理性化，并且分成小区块，加以改造，再统合为一，就像是实验者把观察所得，简化为数据，然后用以建构他的结论。很明显地，商业交易是雷恩的新伦敦的中心，不过他也将城市的宗教生活理性化。虽然圣保罗大教堂的尺寸缩小了，并加上穹顶，可是因为视线和往西越过城墙的街道规划，而变得醒目，远远地从怀特霍尔街就可以看见它在伦敦天空的身影。教堂前面的柱廊，朝向前面的三角岔路，所面对的大道分成两条主要大街，一条通往皇家交易中心，另一条连接从码头辐射而来的街道。城里的教堂数目减少，并依序排列。

新伦敦从大火灰烬中崛起的希望，握在新哲人的手里。新的大都会将以理性和几何为主导，赋予从巴黎和罗马考察而得的欧洲最佳现代风格。胡克、伊夫林和雷恩都提供了伦敦应该如何生活、工作、出行的新前景。然而，只有时间才会决定哪一个才是建造"更灿烂的凤凰"的最终方案。

第三部

我将再起

第六章
丈量城市

大火后的那周，许多人提出对大都会的新计划和想法，传言说国王会买地实现夸耀自己形象的大计划。伊夫林在9月13日呈出计划草案时，查理二世非常有兴趣，邀请他到国王的寝宫，与约克公爵詹姆斯和王后一起讨论。

对国王而言，这时要大致概括出该建什么还太早，不过他要确定没有人匆忙抢先重建。当许多人呼吁要快速恢复伦敦时，国王却宣告重建日程要延后，并警告众人如果匆忙重建，将会受罚。官方会尊重私人的地产，但只有等土地注册之后，确定受损的程度，知道谁有什么房地、在哪里，谁是地主、谁是租户、租约为何，才能决定下一步要怎么做。

这次宣告也包括了后来为新城市奠下基础的一些初步决定，譬如伦敦会用砖块或石块作为建筑材料，乱七八糟的木结构房屋将成为过去，房子会有垂直的墙壁，沿着街道线排列，而不是往前突出，遮蔽下面的道路。这会使户外的街道变宽敞，便于交易和交通。第二，宣告里提出一个范围广阔的道路拓宽方案，让城市不再是充满一堆狭窄巷弄的拥挤巢穴，至于是哪条路、要多宽，就有待以后再决定了。这些方案会为城市设下新格局，不是铺设在旧的道路系统上，而是全部重新再造；路面会铺平，交通会便利，重新唤起市民对伦敦的骄傲，让它"实用又美观，比欧洲任何都市都能为提升商业贸易提供更方便、优越的环境"[1]。

不过，国王虽然表示个人对雷恩与伊夫林构想的喜好，却没有批准任何一个特定的方案。他说："我们会找地方实验，或是在烧毁的地方先做建筑模型，请最热心和有经验的人来检验，要让所有人都满意。"这个模型拟设的是"所有河岸都设有码头；河边数尺内不能盖房屋"；这里会有城市最优雅的房屋排成一列，把伦敦造成现代的贸易首都，让往来船只汇集来自世界的财富，再经由属于王室的海关，把这些财富分送到城市各处。国王承诺要尽快重建并扩大海关，"给予商人最大的便利"[2]。除此之外，如伊夫林在《防烟》一书中所呼吁的，宣告里也要求那些制造污染的行业搬到城墙外面去。

这是一篇前所未有的革命性宣告，规划了重建的基本规则。但它同时也只是一道临时的命令，国王只能指示这么多，他知道如果要求太多，会显得专制霸道，所以宣告里只是点到为止地说明"协助和建议市长与市议员"[3]，城市最后的形象不是王室专断的决定，而是宫廷、城市与国会之间的协调和努力的结果。

其他一切事情都很匆忙。为了要彻底勘测受灾地区，必须把整个区域内堆起超过4英尺高的残骸清除干净。9月22日，连偏远地区都设了岗哨小亭，让地主和租户来登记他们的法律权利。这是伦敦城第一次登记土地，而且是在最困难的情况下执行。结果回应的人非常少，有些教区来登记的不到10%。官方得催促市民前去，先是恳求，后是威胁。

然而，首都的生活变成停顿状态，人口四散。能负担郊区高涨房价的有钱人，已经离开城墙内残余的地带；而威斯敏斯特和其他地区的房屋，则涨到平常价格的十倍。负担不起天价租金的人，只好在偏远地带搭帐篷，继续买卖事业。穷人的窘况更加凄惨，但还要学着如何生存下去，"在自己焚毁的房屋废墟上，搭起砖头小屋"[4]。更多人干脆离开变成灰烬的城市，移居到自己老家或周围市镇，有些人再也没有回来。人口的出走，使重建机会有错失之虞。

虽然有这些因素造成延宕，官方仍不准任何建筑工程动工，一切要等勘测完成。此外，国王想咨询国会，着手进行初步立法，可是国会对伦敦的危机没那么关心，因为与荷兰的战争还如火如荼，也需要作战经费。但这两个问题其实是相关联的，因为伦敦是英国首要税收来源地，英国海军是靠伦敦港口收来的税金，以及大都会人的贷款和税金才得以生存，如金匠罗伯特·维纳（Robert Vyner）欠了政府一大笔债，就必须持续支付10%的利率。首都在所有直接的税收上，至少贡献了十四分之一；在国库的间接税收上，也占了全国最大的一部分。可是，没有了带壁炉的建筑，国库又该如何持续征收烟囱税呢？

议员们知道伦敦市场和港口必须尽快恢复运作，可是在金钱严重短缺的情况下，众人实在不太可能在都市计划的问题上找到共识。如国会议员约翰·米尔沃德（John Milward）所说："议院一致认为如果不尽快达成共识，重建城市，伦敦可能永远都建不成。"[5]可惜国会也没有其他的解决办法。要是没有明确的提案，他们就不能通过任何法律。在过渡期间，国会设了一个委员会，而雷恩的伦敦新设计便由他们来审定。然而国会议员既没有办法也没有足够的资料可以制定新法律，甚至提不出有用的建议。争论的议题呈到下议院，而下议院只能花两天时间讨论这件事，他们根本不够格讨论建筑。

没有人想要把城市重建得与以前完全一样，但如奥尔登堡告诉波义耳的，大家对雷恩的设计争辩不出什么结论："有人希望用雷恩博士的草图做全新的模式，有些人想要旧风格，用砖块建筑，其他人要折中做法，修建码头，拓宽街道，但保留旧地基和穹顶结构。"[6]雷恩的设计提供的是美感，但也导致进度的延迟和花费的增加，同时让人回想起从前的专制主义。时间、金钱和王权的扩张，都是国会担心的事，可是他们也没有其他选择，这些政治人物把问题丢回给国王的枢密院和市长，要他们再详加考虑，要等有明确的立法提议再说。

公　职

大火五个月以后，伊夫林完成一篇九页的宣传小册页《公家职务，名位利禄，不如隐居》，这本出版物并没有什么创见新意，在伊夫林本人看来，只不过是微不足道的消遣文章。前一年，一位爱丁堡的监察官乔治·麦肯齐（George MacKenzie）爵士写了一篇"道德文章"，提出退隐独居对思想家的好处，认为退休适合有思想者的生活，而宫廷或公家的职务只会妨碍对真理的追求。伊夫林自己在共和国时期就宣称过完全相同的哲学，可见他一方面是想要有所作为，一方面却也是爱好隐退静思的人。大火需要有道之士热烈参与，但是用伊夫林的话说："若能在旁人的贪婪、放荡与强求下，保持慷慨、贞洁、耐心，那么他们在骄傲与傲慢的诱惑下，便仍能谦卑，保有热情。"[7]

1666年10月初，国王与市长决定组建一个专家委员会，设立重建的基本规则。六位委员中，由国王提名三位，每周与另外三位市政府勘测员会面，一起来建构伦敦的新面貌。他们要趁城市人口全都移到城墙外之前，完成调查，并将提议送到宫廷和市议会。这个"重建委员会"的组成会比任何先前的宣告或设计，更能决定伦敦最后的新貌，但时间的压力才是决定程序的最大因素。适合建筑施工的季节到 10 月就结束了，一切都只能等到下一年春天才能动工。

国王还是希望能有一个非常现代化的首都，就像他在欧洲所见到的一样。他很明智地选择了三位委员，不是从总检察官建筑办事处里挑选他个人的设计师，而是从当时设计师里选出最有新意的几位。普拉特是英格兰最资深的建筑师，他曾设计皮卡迪利大道上的克拉伦登宅第，是当时现代风格设计师的领袖；梅伊是建筑怀特霍尔宫（Whitehall Palace）的重要人物，也是建筑办事处的审计官，是监管重建工程财务的理想人物，在皮卡迪利大道的柏克利宅第上，他已经表现出自己可以超越英国风格的能力；最后一位委员是雷恩，他对大都会的设计曾让查理二世大为赞叹。招揽到雷恩是好运气，主要是受到伊夫林等人推荐的影响，而不是因为雷恩在此之前的成就，因为他在这些委员里还算是资历较浅的一位。

伦敦市政府则从一群同业公会的杰出工匠和师傅中，提名他们自己的人选给委员会，这些人都是过去在旧城中习得技艺的佼佼者。彼得·米尔斯是旧城的总勘测员，而爱德华·杰曼（Edward Jerman）则是个"有建筑经验"[8]的木匠，两人都在伦敦城里做过大型工程，并在传统师徒制下受过训练，虽然没有在国外停留很久，但都知道如何完成工程。第三位城市委员是胡克，他的建筑经验虽然很少，但是进驻在格雷欣学院的议员对他的城市设计印象深刻，而且他在学院里也与这些新邻居相处甚欢，身为格雷欣学院的几何学教授，他也会把科学的知识运用在勘测的实际任务上。很快就可以看出，雷恩和胡克之间的交情也是委员会成形的有利因素，奥尔登堡10月便把这两位新哲人拉拢在一起，担任勘测城市的工作。

第一次会议于10月4日召开，由最资深的普拉特主持，而之后几个月的会议也都记载于他的笔记里。《祭祖文》中被史学家重复引用的说法，即雷恩被任命为"勘测总指挥和重建伦敦城的主要建筑师"[9]的神话，可由此证明并非事实。）会议中所讨论的中心主题是如何更深入地进行勘测工作，在拓宽道路的同时，也能保障所有房地产权，以及补偿的问题。第二次会议是10月8日召开，委员会制定了加速清除废墟的方法，雇用承包商清理，并派勘测员监管各区，以便利勘测工作的进行。第三次会议在10月11日召开，委员会因勘测工作进展缓慢，无法设定任何明确的设计，因此只好找寻较粗略的方针，改进仍然堆满垃圾的街道。

每个人都会同意伦敦的旧街道太狭窄，但新的通道又应该是什么样子呢？雷恩的设计里，将大道设为90英尺宽，次要道路为60英尺，小路30英尺，但如今看来不太可行。因此委员会定了街道宽度的标准：

未来道路的宽度如下：

码头约100英尺

主要大街70英尺

其他大街50英尺

其次街道42英尺

小路至少30或25英尺

如果有小巷，则16英尺[10]

接下来10月18日的会议，虽然还没有勘测结果，但他们决定了这些标准该如何付诸实行，然后把结果送到市议会。在所有相关人士看来，这是有所进展的迹象。

由于没有勘测的结果，委员会无法决定城市地面实际的配置，只好把注意力集中在细枝末节上。如果要重建，伦敦需要材料的补给，而且要快。委员会讨论的是砖块和石块的来源以及城市的材料方式，因为材料的补给会决定伦敦的规模和复苏速度。从要"建筑什么"到"如何建筑"，这个过程提供了巨大的商机，也是把伦敦转变成经济首都的催化剂。

然而这种商业细节，却是雷恩宏伟计划的一记丧钟。到11月，坏运气和坏天气，加上城市尚未清理完毕，大家的热情冷却下来，回复平常的思考方式，对巴洛克城市的梦想逐渐淡去。不过，回头看来，雷恩也许从来没有想过他的设计会真的实现，这些设计是大火之后的迫切心情使然，在热切的梦想下，快速画下的素描。雷恩的设计之所以美好，不在于是否能够实现，而在于他敢把强大的想象力大胆地表现出来，自负地去梦想未来的新城市。

10月底，重建的工作又被另一件事干扰：31日这天，伦敦的泰伯恩（Tyburn）行刑场处决了一个叫罗伯特·休伯特（Robert Hubert）的法国人。这个精神错乱的傻子承认大火是他放的，虽然在体能和心智上，他其实都做不到。泰伯恩是伦敦最恶名昭彰的处决地点，在这里群众一边看着休伯特的身体在吊绳上摇晃踢动，一边吼叫欢呼。他的尸体一从吊绳上割下来，马上就被等着要拿他来进行解剖的医师一块块肢解，直到一无所剩。

休伯特的死不只是对法律的嘲弄，也引起一项对重建计划造成重大影响的棘手的法律问题。如果大火被证明是外敌所引起的，重建经费就得由地主负担，而不是每栋房屋的承租户。休伯特之死导致有钱的地主必须担负重建的责任，他们有可能像无家可归的急迫承租户一样，用同样的速度重建吗？会想多花一些钱用砖块和石块来建造吗？为了解决这个难题，国会成立了一个委员会，证明大火不是那个低能的法国人引起的。在众人的催促之下，他们快速工作，1667年1月便提出报告，可想而知，报告里确认大火只是一场意外。

另一方面，严冬也阻碍了伦敦所有的进展。伊夫林在10月21日的日记中记载："八九月异乎寻常的长久干旱，好像是为那场惨烈的大火做准备，继之而来的这个冬季，又如此潮湿多雨，许多人都担心饥荒会接踵而至。"[11]边远市镇捐赠的食物，由船只运到城里给穷人和失去房子的人。11月5日的盖伊·福克斯之夜（Guy Fawkes' Night），原是纪念1605年福克斯爆破国会阴谋失败的烟火节，以往总是烟火绚烂，但今年却只剩一片寂静的黑暗。在许多人看来，伦敦从火焰中重生的一线希望，一定像是城里将熄的余烬所发出的余光造成的错觉吧！

整个冬季，委员会、市议会和枢密院搜集所有的资料和规章呈给国会。胡克和其他勘测员在严寒之中，为烧毁的区域做了基本的勘测。这只是简略的街道勘测，不是所有房地产权的记录，但也足以用来绘制道路拓宽计划的粗略图表。从地图上的记号可以看出这份文件也用来测试新的街道和平面规划，如扩大泰晤士河岸的一个码头。同时，市政当局也不屈不挠地准备一份法案，他们"每周一、三、五的早上八点开会，相关官员都要参与，还用票单事先通知"[12]。年初，所有这些准备资料都被送到国会去，以便制定法案。

然而，国会收到所有立法需要的资料以后，进展却迟缓得令人不耐烦。两议院因为一位议员的丑闻分散了注意力，未能把焦点集中在重建事务上。有人控告约翰·莫当特（John Mordaunt）勋爵行为鲁莽，必须受审。国会上众人对于被告是否应该在诉讼期内暂时卸任争论不休。国会就这样把时间都浪费在内部审查上,而把伦敦旧城的命运摆在了一边。查理二世费尽心力要把《重建法案》(Rebuilding Act)放到国会议员面前,但是过程却吃力而缓慢。等安排好要讨论时,又有人在伦敦需要多少教区教堂的法律问题上吹毛求疵,不过最后法案终于在2月8日获得通过。第二天,国王就关闭两议院,把国会议员送回他们的选区去。伦敦的重建终于可以开始了。

1667年2月的《重建法案》,把前几个月的许多决定、计划和决议总结成一份文件。这份法案规定了大都会的形态,决定哪里的街道应该加宽,以改善交通和货物的流通,把市容市貌和城市结构变得整齐有规律,但是重建的责任则归私人负担。

第一条重要指示是道路拓宽的政策。新伦敦将像人体内血液循环一样,民众、金钱和货物都得以流通无碍地穿梭并激活首都的每个角落。确定主要大街和交通要道之后,为新街道立桩的程序开始提上日程。小路均不可少于16英尺宽,让货运车或载客车可以在整个城市里通行无阻。住宅若因新街道的宽度而缩小,将可获得补偿,并设有新法庭来处理这些仲裁事务。补偿的费用是以新的煤炭税支付,每吨进入市区港口的煤炭要收12便士的税,由市政府征收到1677年6月。

法案中也规定所有要重建房屋的设计,必须要整齐一致面向新拓宽的街道,砖块和石块是唯一的指定建材,门窗的边框则规定用橡木。禁止加建一切凸出的物体,如"往外凸出的结构、码头凸堤、悬出的窗户、柱子、座椅,或任何类似物";每栋房屋都要用统一的规格,以其所在地和重要性,符合四种形式之一:"第一类也是最普通的房屋,面对的是小巷;第二类,面对街道或重要巷道;第三类,面对主要街道或大街;第四类,也是最大的一类,是给高级人士居住的宅第,则不会面对前面三种道路;前述第一类房屋的屋顶均应一致。"[13]每栋房屋都要有标准尺寸,第一类要有两层楼和一个阁楼;第二类应有三层楼;第三类有四层;第四类是富豪之屋,显然会超过标准规格,"由建筑师自行决定"。面对主要大街的房屋,必须要有阳台。

虽然如此,建筑的过程还是需要管理。城市勘测员会在几周内标出新的街道格线图,可是市民又该如何重建他们的家呢?首先要把所有权划分清楚,然后便可以找建筑商承包。为了防止任何一方获利太多,建材的价格和工资都有人监控。此外,要保证有足够的建筑工人,伦敦需要吸引一批新的劳工到城里来,因此当时有了一项重大的改革,甚至威胁到历史悠久的同业公会制度,法案中欢迎外国劳工到伦敦来,并且答应给他们自由工作权:

> 在前述建筑工程里,所有聘用的木匠、砌砖工人、石匠、泥水匠、细木工人和其他工匠、技工或劳工,如果不是伦敦城的自由公民,将得以在七年间与接下来的时期,以及建筑工程全部完成之后,可以与城市其他同行和相同职业的自由公民一样,享有工作和安排工作的自由。[14]

圣保罗大教堂是城市里唯一不在法案规定范围的建筑。它是王室的土地,不属于国会管理。如果要重建,必须由查理二世和他的教会来决定。

城市的勘测

《重建法案》还是不太明确,只粗略勾画出新城市的大体方针,却没有清楚表达大都会重生后的实际样貌。教区教堂的数目减少为 39 座,但是所在地点还有待决定。为了纪念大火,每年订有纪念日,也计划立一个纪念碑,以"铜制或石雕的柱子,立在起火地点或邻近之处"[15]。河畔的泰晤士大街会垫高 3 英尺,以防止河水泛滥。所有伦敦重建的最终规划图和样式,都由市政府,尤其是城市勘测员米尔斯、杰曼和胡克来负责。1667 年 3 月到 4 月,市长、市议会和勘测员开始共同规划伦敦这一"浴火凤凰"的实际样貌。

当时天气极其寒冷,有"严霜、大雪与强风",伊夫林记载,4 月"因为天气太冷,以致树上连一片叶子都没有"[16]。即便如此,官员们仍然要决定哪些街道需要拓宽,以符合法案的规定。3 月 12 日,伦敦市政府呈给国王一张地图,这张地图标示出《重建法案》里强调要拓宽的街道,并附上一些建议。圣保罗大教堂前面的地会清理出来作为教堂庭院的空间,同时设置了新的主干道系统,带动整个城市的交通。此举原本已定好计划,不需要征询国王的正式意见,不过仍给了国王一周的时间来审阅和许可。

第二天,鉴于建筑季节在即,国王的许可将至,市议会选了"米尔斯、杰曼、胡克和约翰·奥利弗(John Oliver)为勘测员和监督员,按国会最近通过的法案,监管本市被大火烧毁房屋的重建事务。令以上勘测员即刻履行前述法案,按本庭规定指示,订出街道"[17]。

胡克和米尔斯隔天便宣誓了,杰曼缺席,他已经在考虑成为私人承包商,而玻璃工奥利弗虽然被提名,但要求只当米尔斯的副手,因为米尔斯已经 69 岁,担负这项工作年纪可能太大。

国王为了表示参与的意愿,提供自己的三位委员,普拉特、梅伊和雷恩,从旁协助。他们的主要任务原本已随国会法案的通过而结束,对实际参与新街道网络的制定,他们其实不太有兴趣,这三位都是建筑设计师，不是营造商，亲自实地操纵工程不是他们的专长，也不符合他们的身份和地位。1667年，雷恩不定时来回停留伦敦，而普拉特则转而将注意力放在修建先前在皮卡迪利大道上的克拉伦登宅第。

伦敦城市勘测员只好靠自己的力量去勘测。3月27日，胡克和米尔斯开始在大火灾区最西边的舰队街钉桩，九周内，将近436英亩的烧毁地区都画出地图来。在速度和精确度上，这是了不起的成绩。据历史学家迈克尔·库珀（Michael Cooper）考证，胡克和米尔斯用5英尺高的柱子，每100英尺立一根，与一群木匠和工人一周工作七天，为大约11英里的街道绘制地图。根据记录，胡克和米尔斯所用的工具，除了传统的测量器以外，并没有其他新器材，但他们的成就却是常识、经验和新哲学效用的证明。胡克把伦敦简化，把从前迷宫似的拥挤巷道变成规则的平面图。

新平面图的钉桩过程，也凸显出用私有土地拓宽街道的问题。1668年1月设立了"城市土地委员会"来判决这类案件，有时候胡克必须亲自面对这些争议。要让索赔生效，必须付一笔小费雇用勘测员来看地，立下证书详述新街道的宽度如何侵犯到产权。再把这份索赔书送到"城市土地委员会"，安排听证会，在会上调停、赔偿或调整，最后由伦敦城的管事臣在六个月后给付。这类事件常可能会引发争论，而胡克必须运用自己所有的魅力和公正判断，来争取最好的结果。一直到重建后很久，他还要处理这类争议，他所处理的最后一笔记录是在1687年3月11日。

除了赔偿的问题以外，城市勘测员还要管理重建的问题，并划定个人私有地的范围和权利。画好新街道图以后，胡克和米尔斯就开始了划分房屋地界的大工程，以使这些房子能从灰烬中重建，这不只是每块地大小的测量，还牵涉到建筑商、租户、地主之间的关系。1667年4月29日,市政府发布《市议会法案》,着手开始这个程序。

建造者必须先要求官方承认他的地基所有权,他付给政府财务人员一笔钱,这笔费用会记录在一本流水账上,再由官方发给建造者收据和将造访当地的勘测员名字。待勘测员费用商定,便会安排他到现场去查看。勘测员搜集有关地点、面积、土地状况,以及邻居姓名等资料,并将地面平面图画在簿子上。然后建造者会拿到一份证书(要再付给勘测员一笔小费),里面列出所有信息条目,到这时才可以开始建造。结果,胡克很快就变成伦敦街头众人皆知的熟面孔,他的臂膀下总是夹着小提包和测量器,前往勘察新地,或与附近的建造者、委托人和地方监护官员一起勘测。重建的需求量极大,米尔斯不久便力竭病倒,而胡克则仍继续坚持不懈。

1667年5月至1671年12月,财务人员的流水账上一共记录了8394个地基,准备好可以动工重建。胡克担负了大部分的工作,每天早上都在为委员会做事。历史学家库珀算过流水账上有1582件以上是分派给胡克的,而在大约4000次左右未标明如何分配的勘察工作中,胡克至少钉桩1400件。不过,最后的确切总数无法确知,因为胡克在1667—1672年每天携带的勘测员簿记已经遗失了。这表示有很长一段时间,只有米尔斯及其副手奥利弗的簿记,记录了事件的进展。单就这个理由,便可以看出胡克在重建伦敦城过程中所扮演的重要角色,这也是最近才为世人所知的事实。

胡克孜孜不倦地勘测伦敦城,在钉桩的街道平面图上,他为新都会设定的基本形式,坚稳地奠基在新哲学之上。此外,他的工作所得甚丰,市政府一年付给他150英镑,而且每次实地勘察和出具证书,他都会收到一小笔费用。同时代的传记作者理查德·沃勒(Richard Waller)记载了他如何得到这些酬劳,如何把钱收藏在

"一个铁制大钱箱里,死后被人发现,上面用钥匙锁着,写着日期和时间,已有三十多年。里面有成千上万的金银,都是他辛苦工作所得的报酬"[18]。

勘测工作给了胡克在皇家学会不可能有的身份地位和金钱上的保障,但这段时期内,胡克仍然为学会尽心尽力,继续他的管理员职位,每周要做实验和示范。学会聘了两位新的管理员——沃尔特·尼达姆(Walter Needham)博士和洛克的校友洛厄博士,稍微分担一点胡克的工作量,1668年胡克被允许雇用一个男孩来协助他进行实验工作。

胡克的城市勘测员和皇家学会管理员的双重身份,是新哲学被应用到现实世界的理想范例。他把实验的方法和城市的希望结合在街道上,执行任务时,其思想总是离不开新式的示范。天气冷的时候,他会埋怨雾气让他无法观测星星;为街道钉桩时,他思考是否可能用连续插在地上的、相邻两个相距约100码的木桩,记录其高度差异,来测算地球的弧度。发掘新知的可能,从来不曾远离这位勘测员的脑海。

哲学家的养成

洛克也被重建初期所表现出的强大思想所吸引。自从旅游回来,他便决定要当医生,他继续在牛津与波义耳一起做实验,并开始写科学文章,如有关一个佝偻症小孩的解剖论文和关于呼吸的研究。大火之前的那个夏天,这些研究引领了一场重要的际遇,并改变了他的人生方向。他收到一位伦敦朋友戴维·托马斯(David Thomas)博士的信,托马斯与财政大臣库珀爵士家很熟,信中说:"我想托你办一件事,若有机会,请帮我设法带十二瓶水给库珀,让他周日和周一早上在牛津时可以饮用。如蒙帮助,我和他都会非常感激。"[19]

财政大臣当时得了肝脓肿,那个周末正好到牛津去看他在大学念书的儿子,他想喝当地的亚斯托普(Astrop)温泉水。洛克受邀与这位显贵一起饮用,两人一见如故,相处甚欢,经过一个夏天,他们建立了良好的友谊。虽然库珀需要的是医生,但洛克似乎更像是领袖政治家。1667年春,库珀邀请洛克到河岸街的埃克塞特宅第(Exeter House)一起居住,替他工作。这里离伦敦城烧毁的灾区边界,只有几百米远。

远离不沾尘世纷争的牛津学院生活,洛克在接下来的几年间,从学院的学者转变成政治哲学家,也从与实验室分不开的医师成为实际的临床医生。伦敦使他从书籍和实验转到理念和行动。与库珀的友谊是影响他生命的最重要的关系。

在埃克塞特宅第,洛克持续研究医术。他的笔记里有许多私人家务事件,如医治患有水肿的"厨娘露西",但不久就忙得没时间处理医药问题和写文章,因为都会生活让他愈来愈着迷。他很幸运地遇到一位与众不同的医生托马斯·西德纳姆(Thomas Sydenham),后者认为要治疗病人,顺其自然才是最好的方法,比古老的理论更管用。他不用陈腐的理论去检查和诊断,而是以观察病情并记录症状来代替。

很少有同行会认同西德纳姆的做法。他似乎对那些总在城市最黑暗角落滋生、在穷苦脏乱居所潜伏的流行病和热病特别有兴趣。1666年,他出版了《热病治疗法》一书,献给波义耳。洛克积极学习这种方法,并与西德纳姆一起治疗当时流行于伦敦的天花。天花流行之盛,到1667年,瘟疫后仅两年,伦敦便有1196人死于此疾。洛克与他的新老师遍访伦敦各地,搜集大量临床记事,随时记录所有症状、诊断和疗方。

西德纳姆认为医生的技术是要帮助身体自我治疗，不是用医药强加在已经损坏的身体上。因此，他不想让发热的患者热上加热，而是用冷却的方法，让他们靠自己好起来，不是把他们弃置在床上任其自生自灭。此外也鼓励病人多喝流质液体。后来说自己经常"为病人的安全和自己的名誉，最有效的疗法就是什么都不做"[20]。

洛克不只受西德纳姆的医术影响，也使用他的方法。他把新哲学应用在新的首都上，洛克在1668年担任西德纳姆的秘书时，也同时开始把自己的想法整理成《医药艺术》，强调个人的经验比从别人处学习得到的智慧更重要："真正的知识是由经验和理性的观察而来的。"[21]

从大学图书馆到临床医生的旅程在1668年5月有了成果。那个月，库珀生病，查理二世的御医弗朗西斯·格利森（Francis Glisson）开给他一剂泻药，却使病情更加恶化，病人疼痛加剧，腹部出现新生儿头部大小的肿瘤。洛克受命照料，详细记录病痛的变化。他想动手术切除肿瘤，于是他征询了一些首席医师的意见，获得同意，6月12日，一位外科医生以烧灼法消毒这个可能是从肝脏长出的肿瘤。

如洛克的报道，他们"引流出大量化脓物质，并切掉许多水泡和皮肤"[22]，但是伤口仍继续流着脓水，为了确保毒素排出，切口用烛蜡保持开口，每天清洗，如此持续六周。在伤口痊愈期间，洛克制作了一个银排放器，让液体从伤口流出。经过几个月，他决定只要还有脓水就让排放器留在原地。归功于洛克的发明，库珀得以回去工作，虽然库珀的对头幸灾乐祸地叫他"水龙头斯基"（Tapski），tap意指"水龙头"，ski（"斯基"）是波兰人的姓氏后缀，因为库珀的政敌认为库珀想把英国变成波兰的共和国王室体制，故意以此加以讽刺；而因为库珀身上有洛克的奇妙装置，那些尖酸刻薄的人更是用库珀的封号"沙夫茨伯里"（Shaftesbury）来重新命名酒桶的水栓开关。

洛克来到伦敦的最初几年，这些创新的能力也在其他方面展现出来。与西德纳姆一起进行工作，深深地影响了他对基础知识的认知。西德纳姆否定了所有权威，只以临床的观察来治疗病人。治病的同时，洛克开始质疑经验在人类认知形成过程中所扮演的角色，他要问：我们是如何了解事物的？

1670年冬，洛克和几个朋友在埃克塞特宅第聚会，成立了一个非正式的思想社团。不像洛克在1668年参加的皇家学会，这里没有实验室的实验和示范，但是用同样的方法去剖析和衡量各种想法，就如他后来所说：

> 五六位朋友聚在我房里，讨论一个不相关的主题，发现很快就遇到障碍，处处都是难题。等我们都困惑了一阵子，我才想到我们弄错了方向，在讨论一件事之前，我们必须查看自己的能力，看什么是我们能够和不能够了解的。[23]

据其中一位同伴詹姆斯·蒂勒尔（James Tyrrell）后来的记录，这次讨论的题目，除了如何测量世界，还有道德的起源问题。

洛克开始把自己的想法写下来，在后来称为"草稿A"的手稿里，他记道："我昨天所见到的水，我永远会知道，因为对我来说，那水1671年7月确实存在，所以是无可置疑的真实命题。"[24]那年冬天，他对这个问题又重新加以探讨，改写成"草稿B"。洛克希望从新哲学寻找新的思考方式，提供另一种认知的基础，不是来自上天的启示或是国教教会的意见，也不是国王的宣告，而是从经验和理性而来。就像洛克后来所说，对人类认知基础的寻求，会把过去的残渣一扫而空，并为现代社会的重建铺下新的基石。而距离埃克塞特宅第只有几百米远处，一座新的现代城市正从火焰的灰烬里逐渐现身。

投机事业

1667 年，舰队街西端的"圣殿区交易咖啡屋"前头墙面贴了一则告示：

> 你眼前所见的
> 是伦敦大火中的最后一栋房屋
> 也是最早修复的一栋
> 愿它为城市和房屋带来顺遂和好运
> 特别是那些有幸正在建造的房屋
> 地主伊丽莎白·摩尔（Elizabeth Moore）与
> 租户托马斯·塔基（Thomas Tuckey）[25]

因为城市将用私人钱财来建造，每个租户负责自己的一小块地皮，所以工程如在波浪中载浮载沉。1667—1669 年，工程断断续续，是否开工取决于建材补给、资金和工人是否足以应付。寒冬，加上与荷兰的海洋冲突阻碍了海峡交通，荷军攻击所有的英国船只，这使得上溯泰晤士河的供给零零落落，建材和从北方来的煤炭运送渠道遭到破坏，市长用以支付赔偿费的资金也为之减少。

1667 年 6 月，情况特别危急，荷兰舰队开上没有军事防卫的泰晤士河，攻击距伦敦约 48 公里的皇家海军主要基地查塔姆

(Chatham)。伊夫林在萨耶院的花园听到交战的声音,荷军"不只羞辱我们,还烧毁我们几只停泊下锚的上佳军舰,造成极大的损害……危机之大,全国和全城人都恐慌不已,希望不要再看到更糟的事情"[26]。7月,《布雷达条约》仓促签署,封锁宣告结束,但是要开始重建,对于当年的季节而言,已经太晚了。到12月,只完成了150栋房屋。一位对混乱的重建状况忧心忡忡的牧师塞缪尔·罗尔(Samuel Rolle),担心城市不会一条街一条街地重生,而是一栋一栋地慢慢来。都会到底有没有建成的一天呢?

　　进展缓慢是必然的,从勘测员所做的勘测便可以看出。重建工作由市民私人付费,但也必须遵守《重建法案》的规定。重建之前,每块地都要经过勘察,房屋的大小和邻居的姓名都记录在勘测员的簿子上,这点非常重要,因为每块地的大小是以共有的墙壁来分隔的,"每块地均分"[27],而重建的过程就得注意这类细节。法案给出的方法,是让建筑者不需要等待周边动工,便可直接开工。

　　分隔两屋的共有墙壁,"由第一位先建筑的人建造,在前面的墙壁留个方便接合的部位,让下一栋同样的房屋接合得好一点"[28]。等第二栋房屋盖好,再付给第一位建筑者适当的补偿。此外,每栋新房子的形式和大小没有太多争议,因为所有房屋都必须按所在地点和面对的街道,符合法案规定的四种类型。如此勘测员可以在簿子里规定好哪一块地要盖哪一种样子的房屋,譬如奥利弗的簿记中的一个例子:"据法案,此地建第二类建筑。"

　　比方说,1668年3月19日,米尔斯访视一栋房屋的地基,"位于舰队街,靠近费特巷,属于尼古拉·巴本医生所有"。他很准确地测量了这块地,记下尺寸和左右邻居的姓名:"正面的宽度从两侧界墙中心点算起12英尺9英寸(背面宽度从两侧界墙中心点算起12英尺11英寸),深度从正面南北算起,由连接街道的地面至北边界墙中心算起49英尺5英寸。西侧是惠里（Wheeley）先生，东侧和北侧都是费德森（Feadson）先生。"[29] 然后发给巴本一张证书，允许在他父亲先前的工厂所在地上，开始动工重建。米尔斯后来还在簿子上画了费特巷这块地的素描。

巴本身为承租户，理应负担重建费用，但因工程昂贵，便想与他的女地主争取租约。1667年1月，国会为此通过了"因近来伦敦大火焚毁房屋所生纠纷之裁决而设立的法案"，并在霍尔本的克利福德旅店（Clifford's Inn）设了一系列火灾法庭，裁决围绕房地产可能产生的任何纠纷。这是斯图亚特王朝期间，少数在法学上有助于推动而非阻碍公平性的例子。火灾法庭的设置，是为了调停争议的双方，找寻妥协之方，让城市可以重新运作。如果租户愿意重建，便鼓励地主降低租金，延长租约。如果租户不想重建，就终止租约，地主可以自行决定如何处理。若是地主想自己开发土地，可以付钱赎回租约。

在费特巷，巴本愿意自己付费重建，但希望地主应允，并要求延长租约。于是火灾法庭在1668年3月发下判决，认为巴本的要求并非不合理，他与地主"寡妇伊丽莎白·斯佩特（Elizabeth Speght）太太和幼子詹姆斯"协商了新租约：

> 应法庭传唤，斯佩特太太亲自出庭，詹姆斯由法庭承认的监护人马修·品达（Matthew Pindar）代表，连同请愿者和他的辩护律师斯特奇斯（Sturges）先生。请愿者要求延长租期四十年，租金每年减为15英镑。法庭认为条件合理，而且被要求一方也表示同意……第一次付费时间为1669年3月25日的基督教圣母节，请愿者可以要求詹姆斯执行延长期限的新租约，以取代旧租约。[30]

到1668年春，虽然有些人还是担心重建的过程会导致城市没落，但伦敦城已经准备得比一年前妥当。管制劳工法的撤销引起了大家的担忧，怕工作会落到无法无天的投机者手中。伦敦的劳工比乡间的劳工收入高，工作场所满是"外来的"建筑工人和工匠，尽管同业公会设法限定他们的工作范围，但重建城市的新劳力大门一打开，就关不住了。新形态的劳工市场上，建筑者本身成为承包雇用他人的企业家，而不再是严格划分的劳工阶级，并且价格是由供应与需求的关系来控制的。

公会丧失管控价格的权力，引起了人们对建筑费用上涨的担忧。牧师罗尔在讲道坛上宣扬公平价格的道德，律师斯蒂芬·普里麦（Stephen Primatt）和科学家威廉·利伯恩（William Leybourn）都出版宣传小册页，希望为重建的工作设立一种标准，把测量和建筑的科学，以及劳工和材料的合理价格介绍给读者。

建材的找寻是第二项主要的考虑。当伦敦港终于重开以后，供给从全国各地和国外涌入，如木材便来自斯堪的纳维亚半岛，据说"挪威因伦敦大火而变得舒服起来"。不久，供应商之间的竞争就使大部分建材定下公平的价格。大半房屋是以砖块而非石块建造，新的砖窑和烧石灰的焚炉，在伦敦各处建立。城墙北方约一公里半的莫尔菲尔德，有个叫亨利·廷德尔（Henry Tindall）的人，以一年20英镑的价钱买了执照，在自己的土地上制造砖块，在1667—1670年烧制了至少550万块砖。有些人则没有那么幸运，如伊夫林冒险投资了一笔钱，与荷兰人约翰·基维特（John Kivet）用泰晤士河的泥沙造砖，试验结果证明河里的土不能用，损失了500英镑，算是一小笔巨款。

伦敦重建还出现了不少其他策略。勘测员在1668年的簿子里，除了有巴本家在费特巷的记录，也让我们看到他的新投机事业的许多其他方面。自从大火以后，当时在当医生的巴本开始在城内灾区置产租地，因为大火后许多市民逃离首都，房价大跌，狡诈一点的投机客，预期未来城里的土地价值会再上涨。米尔斯和奥利弗的记录显示巴本在新门市场买了一个院落，又在齐普赛街购置了一栋房屋。

1668 年 1 月，他与林肯法学协会的托马斯·方丹（Thomas Fountain）借贷 300 英镑，用来重建费特巷的家，在新屋上花了 400 英镑，但并没有拿它作为自己的住宅，反而把父亲的工厂改成好几间住屋，围绕中庭而立，称之为"鹤鸟院"（Crane Court），然后把房子出租，自己挑了最大的一间，计划过奢华的生活。楼上的房间看起来像是富商用来接待债权人和请托人的地方。户外的庭院以黑色大理石和白色磨光的波倍克石铺设，这种石灰岩产于英国西南部的波倍克（Purbeck）。虽然还要支付利息和债务，巴本在这栋房屋上仍然获利甚丰，他已经在房地产投机业上踏出了第一步。

巴本也开始展现出企业家的形象，他创立了保险公司（Insurance Office），这是全世界第一家火灾保险公司。它创立的确切时间已不清楚，但是到 1681 年已改名为火灾公司（Fire Office），并搬到皇家交易中心的后面。他的方法非常简单却很聪明，为居住风险提供一些保障，同时也让自己可以得到可观的利润。砖屋付年租金的 2.5%，木屋付 5%，他提供为期 7 年、11 年、21 年与 31 年的火灾保险。到 17 世纪 80 年代，他的受保人已经超过 4000 人。

创新的麻烦是它常常被人抄袭，巴本的方法很快就有人复制。1670 年，城市公司（City Corporation）提出了自己的方案，它提供生命保险。巴本得在对手抢占市场之前，努力打价格战。城市公司不久便由于为争取顾客而付出太多，从而受损停业，直到 1680 年才重新开张。有鉴于此，巴本发展出消防服务来取代支付保险金。

1667年他打出消防军团（Cohortes Vigilum）或火警巡视公司的广告，这是"一群熟习灭火并具有预防火灾经验的人"[31]。当然这个消防队只负责巡查保护那些贴有保险公司记号的房子，那是一块铅牌，上面是凤凰涅槃的图案。

到1668年底，伦敦又开始像个城市的样子了，根据罗尔的估计，共有800栋建筑完成，1200个地基钉桩。街上已经出现房屋，但商店还没有回来开业。最早重建的那些房屋，很多屋主都没有回来住，而是把它们当成旅店，让外来的建筑工人居住。查理二世设计的新露天市场已钉桩，但人口回流很慢。不过，城市的日常生活虽然复苏缓慢，重要机构却是另一番景象。

第七章
测绘总监

到 1669 年，伦敦慢慢恢复运作。那年夏末，罗尔估算约有超过 1600 栋私有房屋完成，但是还缺少一些东西。虽然市民私有产业的恢复有所进展，但城市仍然缺少重要的机构，即市政磋商、处理和管理的地方，如办事处、法庭、个别同业公会、皇家交易中心、市政厅等。而且首都也少了精神象征的中心——圣保罗大教堂。

大火的灰烬熄灭之后，市民们便要求立即重建皇家交易中心。来自世界各地的人士过去每天都会有两次聚集在此进行议价和交易，但如今墙也塌了，地窖也烧了，所有贮藏的货物都毁了。伦敦需要再有贸易让城市重新兴旺起来，而交易中心也需要永久性的建筑，来取代现在格雷欣学院的临时借用处所。

1666 年 11 月，胡克、杰曼和米尔斯受命到交易中心来提供建议。胡克是第一个做出回应的人，他提出重建的估价，但并未得到这项工作，因为他是以低价估计，经济而且直率地建议大部分建筑可以用旧石块重建。另外两位勘测员对如何获得合同比较有经验，延缓提交他们的意见。

12月,正值交易中心的重建计划还悬而未决之际,雷恩应朋友桑克罗夫特之请,去勘测圣保罗的巨大残骸。到目前为止,还没有任何修复的工作,或是评估能否恢复某些空间,以供市民礼拜之用。雷恩在一封信里写下令人沮丧的评语:"如今看来,它像是站立了两千年的古迹废墟,要充分修缮的话,恐怕会像是修复被撞坏的'阿尔戈号'大船底座,最后几乎什么都不会留下来。"[1]"阿尔戈号"是希腊神话里伊阿宋寻找金羊毛时乘坐的船只,以最佳木材制作,但终归朽坏。它也是星座名称,又称南船座,天文学家雷恩当然熟知这个典故,因此用来譬喻圣保罗大教堂的惨况。这个在伦敦历史中心挺立了这么久的建筑,会不会被这现代城市丢在脑后呢?

然而桑克罗夫特没有时间考虑整体重建大教堂,而是寻求暂时的解决办法。虽然建筑大半皆已倾圮,唱诗席的大理石地板破裂,暴露出下面的圣菲丝礼拜堂,但是教堂在城市里扮演的角色必须持续。所以主任牧师想知道是否有哪些部分还可以补救,作为临时之用。雷恩则不以为然,他就像医生探视垂死病人一样检视这座残骸:"看过患者的可悲状况之后,我们讨论是否可能用技术来治疗,在此我们必须学医生,若发现病人身体完全朽坏,就要改变医疗方式,减轻病情,让病人休息,再设法使情况好转。"[2]

雷恩的结论是,如果需要唱诗席,那么内堂西端是"最不糟糕"的地方,这里琼斯建的大柱廊还矗立着。雷恩的担忧被四位建筑师的勘测报告再次确认,但他们也同意了暂时性的修复。这无疑是一个很糟的解决办法,雷恩强调这种医疗法最多可以缓和病情。因此大教堂的西端搭起临时的唱诗席,上面的新屋顶,"只用板子搭盖",雷恩一直抱怨这实在不是"适用于圣保罗"[3]的办法。

雷恩只好向英国国教的权威人士请愿。另一方面,在交易中心,虽然既没有预算也没计划,为了不错过建筑的季节,市政府仍委任米尔斯和杰曼,在 1667 年 3 月开始重建。米尔斯和杰曼两人都是"勘测员",尽管他们两人都没对此做过调查测量或报告。但杰曼表示反对,他想单独承接项目,以便获得更丰厚的收入。到 4 月底,他的坚持让他变成唯一的设计师,而且受命马上开始工作。

爱德华·杰曼是重要的建筑师,也是经验丰富的城市建造者,为第三代木匠大师,一辈子都在伦敦城里工作。大火之前,曾为个别同业公会工作,任职过鱼贩大厅(Fishmongers' Hall)的勘测员和金匠的木工,也担任过市政工作,如城市观察员(帮市长做结构上的监察)、城市木匠和活动舞台的设计师。17 世纪 50 年代,他把由自己设计的几个项目细化成具体的工程。杰曼是熟悉最新风格的城市技工代表,甚至可能与伊尼戈·琼斯本人一起工作过。

他在大火后当城市勘测员时,便谢绝了与胡克和米尔斯一起去为街道钉桩,因为有钱的私人顾客已经请他去工作了。接下来的四年内,他负责了至少八栋公会大厅的建造,包括布商大厅、酒商大厅、齐普赛街上绸布商公司的正面和礼拜堂、药剂师大厅、服饰公司与鱼贩大厅。此外,他也受委托为圣保罗学院画设计图,这所学院位于被烧毁的大教堂东端,属于绸布商公司所有。1669 年之前的伦敦城简直算是杰曼一手重建的。

圣保罗内堂的西端修复工作开始进行,可是雷恩担心此举会变成委员会不建新教堂的借口。1667 年 10 月,大教堂的职员约翰·蒂利森(John Tillison)开始登记一本清查簿,罗列教堂庭院里所有要做的工作。为了准备唱诗席的修复,先得花几个月雇请工人把垃圾清掉,同时在整个教堂外围起一道墙,并买来木材,准备搭建鹰架。

大教堂就要进行修复,可是没有任何后续计划。雷恩在 1667

年 11 月写了一封急切的信给桑克罗夫特，催促他考虑未来："与其慢慢地修缮现在这样一座大教堂，我们应该有时间可以考虑在现有的高塔和教堂东侧，建造更持久、更宏伟的建筑物。"他甚至愿意把原来想建造宏伟建筑的野心降低："我希望不管你要怎么做，是为了要使它更好。虽然我现在不再寄望能建造这么庞大的建筑，但我相信以圣保罗的名声和大家对它的残骸所寄托的感情，至少我们应该盖一个优雅简洁的建筑，能够以艺术和美感与它相配。"[4]

1668 年 1 月，怀特霍尔召开一个会议，与会的有英国国教的领袖人物，包括谢尔登、坎特伯雷大主教、亨奇曼主教和桑克罗夫特主任牧师。他们批准了雷恩所提议的临时唱诗席，但显然不会有进一步的重建计划。虽然这不是雷恩所希望的回应，但至少确认了他作为大教堂计划首席建筑师的身份。

虽然得到梦想已久的职务，可是雷恩想建造全新教堂的希望，似乎比大火前更加遥远。不过，三个月以后，桑克罗夫特写了一封信给雷恩，详述他如何在大教堂里看到一块石头从天花板上掉落，并发现琼斯的工程确实有缺点。这位主任牧师现在打算道歉："你上次来，在我耳边说的情况，现在变成现实了。我们在圣保罗西端所做的工程，就从我们的耳畔掉落。你锐利的眼睛辨识到墙壁和柱子偏离了它们的垂直角度，而且我相信还有其他的瑕疵，如今每个普通人的眼睛都可以看出来。"[5] 桑克罗夫特请雷恩赶紧带着他在大火之前所画的设计图到伦敦来。

雷恩重建伦敦大教堂的梦想又燃起了，可是他什么也没做。也许是因为他想到年初时，"时间和金钱"的压力迫使委员会不愿考虑庞大计划，所以假装谨慎，以退为进，5 月 24 日他回信给朋友说："我很不愿意在这样一件永久性的事物上仓促行事，也不想在信中附上先前已经让你不满意的设计，也许它是一座不适合我们这个时代的、不切实际的、只能在纸上搭建的建筑而已。"[6] 他已经有足够的经验，知道只有傻瓜才会赶着回应当前发生的灾情。

在雷恩学习怎样与教会官僚主义周旋之时，杰曼正在建造交易中心，可是 1668 年建筑接近完工时，杰曼过世了，工程转交石匠师傅托马斯·卡特赖特（Thomas Cartwright）负责。最终皇家交易中心于 1669 年完工，并于 9 月 28 日开始开放贸易，这里很快就成了城内人引以为傲的地标，教士罗尔称之为"伦敦最荣耀美丽的建筑之一"[7]，有诗人也赞美道：

> 你所到之处，从未见过
> 如此所在。在此你会说，
> 所有其他建筑都要退让，
> 我们英国终于有了凤凰。[8]

诗人似乎并不在意建造这栋建筑其实缺少经费，而且几乎让与市政府共有这栋建筑的绸布商公司破产。据胡克在 1667 年的保守评估，如果回收一些旧石块和金属来建造，费用会是 4500 英镑；结果最后的花费超过 58000 英镑。这个教训显而易见，即其重建太过匆忙（虽然它一完成便迅速变成首都重生的象征）。

与此同时，圣保罗还是无人修建，愈来愈破落，很少有人注意到它。虽然如此，就像雷恩在巴黎所学到的，改变城市命运的，不只是设计和想法，他给桑克罗夫特的信上说："我想任何工作都要奠基在银子上面，不然还没往上盖，就先往下陷了。"甚至在思考新教堂的设计之前，他也要知道"这个基础有多大、可不可靠，然后才能知道能用它来盖什么样的建筑"[9]。如果雷恩要实现他对重建圣保罗的预期，他必须先计算能负担多少钱。

国王的建筑师

1669 年 3 月，雷恩时来运转。在一场巧妙的政治转换中，测绘总监登纳姆爵士临终前推荐雷恩为他的继承人。这项提名背后的计谋，是斯图亚特王朝的宫廷回旋政治的小写照。查理二世最喜爱的白金汉公爵（Duke of Buckingham）知道他的心意，因此要求登纳姆推举雷恩——这是国王好几年前就想起用的人选。这位朝臣想要让国王看到他表态支持雷恩的晋升，尤其是已经知道它即将成为既成事实。

雷恩在 3 月 29 日被聘为测绘总监，国王的建筑师，但尚未得到所有人的认可。梅伊与雷恩没有冲突，但是因其庇护人白金汉公爵背叛自己，心中不快。为了让他噤口，白金汉公爵不得不用许多退休金和报酬优厚的闲差来安抚他，让他变得非常富有（比测绘总监的职位要富裕得多）。另一方面，约翰·韦布不明白他们为什么选了这位天文学家，"不管在哪一方面都比不上登纳姆"，甚至一时愚蠢地说要与他一起来分担"这项雷恩一无所知的工作"[10]。而普拉特却并未发表自己的意见。

然而，测绘总监的身份看似诱人，实则是可厌的金杯毒酒，它是最重要的钦赐职位，享有一年 380 英镑的体面津贴（包括圣诞节的奖金和消费）、怀特霍尔一带苏格兰场一栋免费房屋和汉普敦宫地界的一所乡村别墅。这些附带福利原本最适合登纳姆爵士，可以奖赏他在复辟时期对王室的忠心，以及内战时期一次特别忠勇的表现。聘他为测绘总监，并不是因为他是建筑师。伊夫林曾一本正经地说，登纳姆"当诗人比建筑师好"[11]。

其次，这是一个行政职务。测绘总监是一群监管王室宫殿维修的委员的领头者。委员包括勘测员、审计员、石匠师傅、木匠师傅和差不多所有其他王室家务事的相关行业从业者,"每天早上八点到九点在办公室开会,讨论当天要做的事务"[12]。这工作主要是检查五位书记员的账目记录,他们分别负责怀特霍尔宫、威斯敏斯特和圣詹姆斯宫、萨默塞特宫和伦敦塔、汉普敦宫、格林尼治宫和温莎城堡。

办事处的事务多半是维持皇宫每日的运作,由国王私人金库的年收入运营,由当时洛克的庇护人、财政大臣库珀管理。因此,委员会最重要的人不是测绘总监,而是出纳员梅伊,虽然这是件吃力不讨好的工作。钱总是迟来,而修缮的需求和工程所得的资金总是不能达到平衡。此外,测绘总监办事处一直被要求提高工作效率,而且还被缩减资金,可谓压力重重。雷恩上任前一年,资金被严重缩减,库珀把一年1万英镑减为8000英镑。

测绘总监的第三个任务是担任国王的首席设计师,而国王总是想建造宏伟的皇宫。到目前为止,雷恩设计过大学里的建筑,也开始为保守的英国国教工作。担任勘测员,雷恩可以成为查理二世的维特鲁威(罗马时代的建筑师),以建筑来彰显斯图亚特王朝的荣光。因此,雷恩接受这个职务,等于是同意一项危险的交易——将自己与王室命运的起落结合在一起,以换取建造宏伟建筑的机会。这个新工作终于能将他从牛津带到伦敦,但王室是否有能力重建圣保罗这个伟大的历史遗迹,还是未知之数。

雷恩终于得到了与他野心吻合的职务。从复辟时期开始,他已经打响了自己的建筑名声,也成为皇家学会里最成功的新哲人之一。伦敦大火之后,他晋升为委员会的一员,在纸上决定新伦敦的面貌。如今他得到了测绘总监的资格,也许终于有机会看到自己的建筑实验和梦想在伦敦实现了。

喜庆的气氛可以从雷恩个人生活中的一件鲜为人所洞悉的事

情看出来。他大部分时间都花在公众生活上，很少有记录可以让我们剥开他的外在形象，瞧见私底下的个人灵魂。他似乎把早年的生命都献给了新哲学和建筑，除了嗜好咖啡之外，他几乎没有什么恶习。不过，得到新职务以后，他觉得自己终于达成某种成就，于是做了一件让人意想不到的事——37岁这年，他结婚了。

到这时为止，雷恩忙碌的日常作息里很少有性爱或亲密关系的迹象，但搬到怀特霍尔苏格兰场的新居时，他娶了牛津郡布赖特钦顿地主33岁的女儿菲丝·科格希尔（Faith Coghill）。雷恩一家曾在内战时期避居此地。有浪漫想象的人，也许会认为雷恩的选择是长期爱恋的结果，在最危险的动乱时期就开始了。科格希尔并非来自宫廷，家庭也不富裕，所以因为爱情而结合似乎是合理的解释。然而记载太少，无法确定，只有一封雷恩在1669年夏天送回一只修好的怀表时所附的信，信上说："我终于把这只表寄了出去，我羡慕它如此有幸能靠近你的身侧，经常享有你眼神的注视……请好好保管，因为我给了它一个咒语，它的每下震动都会告诉你，这是我心跳的律动，只努力供你驱使，而且比这表更真心。"[13]

1669年12月7日，他们在圣殿教堂（Temple Church）结婚。婚姻似乎并未影响雷恩的日常生活状态，他的大部分时间依然花在工作上或者咖啡屋里，而非家居生活中。1672年大儿子吉尔伯特（这是用主教吉尔伯特·谢尔登之名命名的）出生，但17个月后夭折，1675年次子克里斯托弗出生。

一进驻怀特霍尔，雷恩便承接了特殊形势下的办事处，因为当时王室只能负担一栋新建筑即格林尼治宫的修建，此宫已于1664年动工。建筑师韦布是驻地勘测员，他期望能建一座让亲戚琼斯妒忌的宫殿。然而进度十分缓慢，部分归咎于资金到位迟缓，这是直接从国库来的"特别"资金。韦布借机批评对雷恩的任用，又声称王室欠他钱，不明智地同时得罪了自己的新上司和庇护人。1672年，雷恩停止这栋建筑的工程，当时宫殿只完成了一侧，"不知所措地"立在泰晤士河畔。韦布则被强制退休，搬到了萨默塞特郡去。

雷恩则将工程集中在了伦敦，以及大火后还有余力顾及的皇家建筑上，第二波城市重建计划就此开始。第一波重建是修复私有房产，让市民回迁，以及重建管理商业的市政机构；第二波则以不同形式的建筑为主。然而在开始重建之前，雷恩得先解决钱的问题。现在他已经知道资金将会决定伦敦最后的形象，它的力量与哲学理念一样大，但国王已经穷得无力实行宏伟的大计划了。英荷之战使国库大损，国王的建筑师又如何在没有预算的情形下，为王室添加荣光呢？因此雷恩决定自己新官上任首先要做的，就是重建为王室提供税收的地方。

查理二世已经在1667年承诺要尽快重建海关大楼，同年登纳姆爵士勘测了土地，但这个进程却被火灾法庭的诉讼程序所阻挠，其中复杂的所有权和责任归属，耗掉1667年整整一年的时间。到1668年，有了新建筑的设计，却没有钱重建了。当1669年杰曼的皇家交易中心接近完工之时，海关大楼却一无所成。建筑季节开始时，筹妥贷款、准备动工之际，任职测绘总监仅一个月的雷恩却临时喊停，否决了那份设计。他要求更改，并强迫国库再增加50%资金在这项工程上。

这栋建筑于1671年完成，是雷恩对新都重建计划的首次出击。它的结构修长优雅，两边各有侧翼，隔着一个宽阔的中庭，面对泰晤士河。海关大楼是所有海上运输交通进入伦敦城的关口，显得既优雅又实用。它以红砖和白色的波特兰石建造，整个一楼是仓库，船只运来的新到货物便贮藏于此，二楼的大厅横跨整个空间，以十一扇拱形高窗装饰。雷恩重建城市的第一个大胆尝试非常成功。

雷恩很快就参与伦敦所有的皇家建筑计划，可是圣保罗大教堂依然没什么进展，只有持续清理废墟的工作仍在进行着，因为没有征询新设计，雷恩提供了自己的意见，这对拆除工作极其宝贵。他认为除了西侧立面，其余应一概拆除。西侧立面是托斯卡纳的简单风格，加上科林斯式柱廊和黑色大理石台阶，原为琼斯所设计。1668 年，工人开始打掉东端的结构，任务危险艰辛，大教堂站立了三百多年、如今呈锯齿状的破裂墙垣，必须一块块地拆卸下来。

圣保罗的高塔尤其危险，雷恩企图用炸药来爆破它的结构，结果出现了各种效果。第一次他用了正确的炸药量，使高塔往上腾起"约 9 英寸，然后整块往下掉落在广场上，形成一堆大废墟，没有四处散落"。第二次雷恩不在场，他的助手（可能是胡克）用了太多炸药，造成意外："一块石头飞到教堂庭院对面民房，穿越窗户，当时几位妇女正在里面工作。"[14] 这次失败之后，工人只好用手工来做，拆卸工程一直延续到 1674 年。

可是，雷恩拒绝设计新的大教堂，他在前一年写给主任牧师桑克罗夫特的信里说，没有钱，重建首都只是纸上的幻想而已。既然国王的钱袋无法负担重建伦敦，就得找新的办法来支付。回到国会是重建圣保罗的唯一希望。

1670 年 5 月 1 日，国会通过《第二重建法案》（Second Rebuilding Act），其中包括几项重要的革新。第一道法案里规定从伦敦港口进来的煤炭，每吨征税 12 便士（即 1 先令），新法案提高为 3 先令，其中 1 先令延续先前的做法，用来支付道路拓宽计划所流失的土地赔偿金，另外的钱部分分配"作为先前所提的教区教堂建筑与修复之用"，其他则储存起来，以用作加速修复"泊船处、码头、公众市场和其他公共场所之用"，4.5 便士则归入圣保罗重建基金。

法案列出 51 座英国国教的教区教堂，取代被大火烧毁的 87 座教堂和 6 座礼拜堂，也定出教堂的建造地点。其中，17 座会在大火之前的原地建造，但其他大多数会将两个邻近的教区结合为一个新教区。此外，《第二重建法案》也列下一串需要完成的市区新建筑，如大火纪念碑是第一道法案所承诺，却仍未实现的；泰晤士河前面要建一个"从伦敦大桥到圣殿区的码头，宽度 40 英尺"；而舰队河则将拓宽为 100 英尺，成为"从泰晤士河水道到霍尔本桥"可以通船的运河。[15]

因此第二波重建将皇家建筑计划与革新相结合，提升了城市的修复品质，法案将国王、市政府、国会和英国国教用法律结合起来，共同负担伦敦的未来希望，但这一组合并不融洽，因为不久之前的冲突记忆犹新，各占一角的四大势力点燃了内战，至今还不能完全互相信任。不过，大家都想看到城市复原，这个共同目的把他们拉在一起。只有时间才能证明这项措施是否过于仓促急切。

《第二重建法案》使得圣保罗大教堂的所有权浮上了台面，大教堂像是被放在首都的十字路口，不知何去何从。圣保罗大教堂原本象征了国王是上帝卫兵的角色，如今却不再是王室独有的财产，而王室负担。虽然法案并未质疑查理二世的"信仰卫士"角色，但这栋英国国教的教堂将由伦敦港口的进口税来重建。重建基金是由市政厅来管理，而不是怀特霍尔或主教宫；基金征收是要持续还是中断，则由国会来决定。所有这些问题都变得非常重要，因为它提出一个难解的问题——到底圣保罗大教堂归谁所有？

城市建筑计划

现在测绘总监可以思考先前只仰赖王室财力而所不能想象的计

划，但新基金是有条件的，虽然雷恩终于可以建造他想要的宏伟风格建筑，自己却成了许多人的仆役。城中许多要重建的建筑是由委员会来监管的，因此雷恩必须服从国王和市政府，必要时还要服从英国国教。更重要的另一项任务是，在许多建筑计划里，雷恩必须与对手"城市勘测员"胡克一起工作。这两位新哲人将组成伦敦历史上最重要的合作团队。

胡克自从当了城市勘测员，便要平衡自己作为市政府职员与皇家学会管理员的双重身份。为街道钉桩的同时，他也参与改进城市重建的计划，如清除垃圾、输送清水到城市各处的系统，以及应国王要求规划新的市集广场。在作为勘测员的职责之外，胡克也渐渐显露出他对建筑问题的兴趣，到1669年，他已经有能力帮助雷恩设计新的海关大楼。

到1670年，胡克已经以建筑师自居。第一件委托案是那年皇家内科学院请他重建沃里克巷（Warwick Lane）的大楼，他花了很少的费用，却仍能在装饰上表现出些许天分。这栋建筑围绕四方中庭而立，不同部分需要满足学院所需的各种功能，有餐厅、大厅，以及研究员的房间。胡克在面对巷道的建筑正面表现出了他最精巧的建筑创意，建造了一个两层高的八角形门房，上层是穹顶，下层是解剖室。学院的诗人塞缪尔·加思（Samuel Garth）爵士写道：

> 穹顶壮丽宏伟
> 椭穹顶峰的拱门奢华尊贵；
> 金色球体，制作精妙，高高在上
> 远处看来，有如镀金圆球一样。[16]

此外，此学院最早使用上下滑窗（sash window）设计，这后来成为伦敦建筑的特色，可能是胡克、雷恩或木工师傅托马斯·金沃德（Thomas Kinward）所创。这种新发明的窗户，外表看起来很简单，其实不然，它强调了建筑与新哲学的共生。大窗户上下滑动，而不是用棍子向外面的街道支开，不只更安全，而且可以让更多光线进入解剖室，使学生可以清楚地观察解剖和示范。

胡克在建筑上做实验的最初几年，是新任测绘总监雷恩的理想伙伴，他们一起解决泰晤士河岸码头设计上的技术困难。他们原本期望建造从伦敦塔延伸到圣殿区的40英尺宽的码头，设计不成问题，但经费却让他们伤透脑筋。谁要来负担沿岸买地的钱？这计划要怎样才能转变得有利可图？最后，由于没有人愿意提供经费，当胡克需要彻底勘测并清理场地时，这项计划因失去动力而停顿了。

修建舰队运河（Fleet Canal）的计划，似乎最符合雷恩和胡克两人的兴趣，但不幸的是，时机不对，而且需要耗费大量金钱。1671年，他们共同发表了一篇报告，建议建造100英尺宽的运河，两岸各设木结构码头。为了做到这点，必须抽干并清理充满恶臭的舰队沟，这不是一件容易的事，用了"十四艘驳船来挖掘，其中七艘工作到涨潮时停止并驶离，再让另外七艘驶入等到下一次涨潮，利用退潮时间在干地上开挖"[17]。将沥干的河岸泥巴挖起来，填入硬墙中，河床上的湿泥则用手推车和篮子铲起来带走。三年半之后，工人还在挖泥巴。运河的陡峭河岸从未变干且不断渗出地下水，这使得木码头很难被支撑起来。

更糟的是，一直有上游丢弃的垃圾顺着河水流下来。城市管辖区范围外的克勒肯维尔一带居民，持续把河流当成屠宰场垃圾的排水沟。随着花费急剧上升，雷恩和胡克的这项事业变成了昂贵的笑话，而两位新哲人束手无策。1674年秋，运河建成，花了令人咋舌的5.1万英镑。伦敦的小小一角暂时有了威尼斯的样子，市政府寄望建造经费可以通过码头上的船只停泊费赚回来，可是这个码头却始终不受欢迎。

测绘总监雷恩和城市勘测员胡克两人所做的第三项计划比较成功。国王长久以来一直希望能用一根柱子来纪念大火，立在布丁巷法林纳的房子附近。1670年他们在鱼街山坡的中间地段找到一块地，大约在那间最先起火的烘焙店西边几百米，胡克画了几张设计图，先经市长同意，再由雷恩代国王签名。这个多立克式风格的柱子，高120英尺，让底下四周许多新建的房子显得十分矮小。底座40英尺高，21英尺宽，四面以浮雕来纪念1666年9月那场可怕的灾难。

这根柱子结合了雷恩和胡克在科学与建筑两方面的兴趣，因为它既是纪念碑，也是科学仪器。胡克在格雷欣学院住所曾尝试制造一座天顶仪，用指向天空的固定筒镜，观察并记录星球的移动，但是附近的交通造成震动，以致无法取得精准的数据。这根柱子高度近160英尺，中空的内部有座回旋式的阶梯，底部有一个房间供天文学家观看夜空，并标记星体的移动、计算天体的视差角度。这个中空的纪念柱也是做钟摆和地心引力实验的理想场所。

到1675年，纪念柱已接近完工，只缺顶部和底部的装饰。顶端要放什么，争议很大，国王要求放个"镀金的大球"，而雷恩的第一个设计是一只从火焰中升起的凤凰，但后来他自己否决说："太费钱了，以它的高度很难辨识，从远处看更不清楚，而且危险的是风会把张开的鸟翼刮走。"[18]最后委员会决定用一个火焰瓮。胡克用他从城里工匠处得来的知识，着手制作一个木造的瓮，镶雕赤铜和黄铜，并加以镀金。胡克得确保这些装饰别太重，并且可以用铰链移动，让柱子里面还可以做实验。

国王最喜爱的雕刻家凯厄斯·西伯（Caius Cibber）为底座的

浮雕绘制了草图，讲述大火以及城市重建的故事。西面雕的是古典图像，查理二世身着古罗马长袍，戴着帝王的桂冠，带领着"科学""自由""建筑""胜利""公义""刚毅"的半裸拟人化身，去解救被长着翅膀的年老"时间"扶持着的、昏倒的"伦敦"。烟雾之上，"丰盛"和"和平"端坐着在做现场调查。

待鱼街上的纪念柱完成，胡克与雷恩的合作已经开始改变伦敦的风貌。这段时间，除了监管码头、舰队运河和纪念柱的建造以外，雷恩与胡克又合作了一项重要计划，而且是一生的事业。这一次，赞助者不是市政府，而是英国国教，在《第二重建法案》里规定以煤炭税补助，重建火灾市区里的51座教堂，这是火灾后最大的公共建筑计划。

1670年5月的《第二重建法案》之后，坎特伯雷大主教谢尔登所领导的委员会，提名雷恩担任这项重任。谢尔登前一年曾在牛津见过雷恩完成的剧院。经由雷恩的推荐，委员会也提名了胡克和爱德华·伍德罗夫（Edward Woodroffe）两位成员加入这个团队，他们受命"即刻修复前述教堂，记录教区范围、教堂所在地、废墟现况，据此准备模型和草图，呈给国王批准，并正确估算需要多大比例的煤炭税收，才能建成每座教堂"[19]。

他们三位是建筑师办事处的核心人物，在设计、建造和管理上都有着非凡的贡献，可谓建筑史上的转捩点。办事处设了新的组织运作法，来处理它庞大的业务，其效率和最后的设计或成品同样重要。这是很"现代"的运作方式，重新规划了劳力的分配，以及从最初设计到最后建筑的过程，并且也提供了工程付款和验收的新方法。

雷恩是这项计划的挂名首脑，也是负责签署所有出自办事处的材料的设计师，所有素描上都有他的印信，即使不是他亲自设计的。他也管理金钱，以及将市长的煤炭税基金分配给教区。这个团队最早是在怀特霍尔的苏格兰场办公，后来移到圣保罗庭院一座特别建造的房屋，雷恩每周四和周六早上，与胡克和伍德罗夫在此碰面讨论计划、经费和日程。他也在这里接见来自各教区的求见者，这些人为了自己的利益，有的痛斥，有的讨好这位测绘总监。

胡克被聘为雷恩的副手，委员会付他一年 800 英镑（为雷恩收入的一半），他的老板也给他办事处经理的薪俸。这个工作是管理一群为教堂画平面图的制图员，以及协商和转包所有建筑合同和供给。他也担任另一项新工作，当材料估量师，并在街道上作为雷恩的代表。他是大家公认的公正勤勉之人，所有市政府官员都把他当作自己人。因为他花了四年时间画平面图，与建筑工人在城中各地超过 3000 块地皮上工作过，没有人比他更清楚砖块、石灰的价钱，土地赔偿的现行标准，以及在哪里可以快速找到木材。

这是非常重要的技能，因为大火已经改变了工作的定义。在同业公会封闭排外的市场中，建筑价格是以签约工匠的技巧和职位来评估的，而价钱则是由石匠和木匠自己设定。对大量涌入的、身兼多务的外地人，没有办法评估他们的工作品质和薪酬范围。于是工钱逐渐改由按工作量支付，这个办法既明确又科学。建筑工人的工资是看他完成了多少建筑面积，而不是他完成工作所用时长。用这个方法，胡克可以取得最好的价钱，也能保证每项工作所花的钱是正确的。

办事处的第三位成员伍德罗夫扮演的是另一个重要角色。他 1622 年出生于伦敦，17 世纪 50 年代曾在韦布的办事处当过制图员，1662 年被任命为威斯敏斯特修道院的助理勘测员，是皇家职务，到 1669 年他已是经验丰富的熟手，有建筑的实践知识，这正是雷恩所缺乏的。他是将雷恩想法变现的理想人物，能与建筑工人周旋，并处理工地发生的临时状况。

雷恩留在办事处时，伍德罗夫多半在工地上。在设计的过程中，建筑图纸和模型的地位变得愈来愈重要。当办事处正式将设计师和建筑工人的角色分开以后，雷恩需要有人把他的想法传递给工人，然后转变为石块建筑。图纸和模型一直是项目中十分重要的部分，因此雷恩把它们放在实践的核心。在办事处，设计师的簿子变成实验室，哲学家在里面探索建筑的许多可能性。这里堆满报告、方案和各种尝试的图纸，有的是雷恩自己画的，有的是胡克所画但雷恩签名的。后来，雷恩雇用了一批复制图画的工人来帮忙。

这些令人眼花缭乱的文件，让我们很难辨识哪座教堂是由谁所设计的。这也许是故意的，因为"建筑师办事处"的名字比任何一位单独的设计师都重要，不过这除了给雷恩的名声加分以外，对其他人而言都是损失，尤其是胡克。最新研究发现，胡克不只是副手和勘测员而已，也参与了许多教堂的设计，有的是与雷恩一起设计，有的则完全独立负责。位于伦巴底街上的圣埃德蒙国王教堂（St. Edmund the King），确定是由他所设计，也有证据显示他监管过圣本贝尼特保罗码头教堂（St. Benet Paul's Wharf）和拉德盖特山丘的圣马丁教堂（St. Martin's）的设计。

在工地上，伍德罗夫协调着一小批有经验的承包商，而承包商则管理自己的小团队。每件工程都是以特约的方式承包，尽量压低花费。团队里有的工人来自受人尊敬的城市公会，有的则是大火后从外地来的，如托马斯·怀斯（Thomas Wise）便是从为新教堂提供石材的多塞特郡（Dorset）波特兰来到伦敦的。与此相似的情况有托马斯·斯特朗（Thomas Strong），雷恩曾经与他在牛津一起建筑谢尔登礼堂，后来将他带到伦敦。此外，也有新的共事团体形成，如木匠魏克斯（Wilcox）"与砌砖工人罗素搭档"，甚至还有一些女工,如"水管工菲丽曼""粉刷工寡妇皮尔丝""铁匠安·布鲁克斯"[20]。许多出现在办事处记录里的工人名字,后来很快又出现在圣保罗大教堂的工人名单上。

委员会给雷恩的建筑日程是交错排列的,十五栋教堂必须立刻开始重建,其他计划则有各种不同的完成日程。进度表的设计是为了平衡工作量,也基于期待煤炭税能稳定持续地进入市政府的金库。同时,雷恩也要为各教区建造临时的木结构礼拜堂,让等待新教堂完成的民众有地方可以做礼拜。这些在纸上看来好像都很切合实际,却忽略了人性的不可预期,而且前提是煤炭税会准时到位,并且非常充裕。可是情况却并非如此。

最先列的十五座教堂,是城市的主要教区教堂,包括城墙外面富裕的圣布莱德教堂和坎特伯雷大主教自己的桥头区圣玛利亚勒堡教堂。其中四座教堂已经自行开始重建或整修,需要仰赖雷恩办事处的是钱,而不是设计上的意见。有一座教堂,即圣玛利亚阿德马利(St. Mary Aldermary),由自己教区的教徒筹足了钱,开始工程,完全不需仰赖煤炭税。除了最重要的教区应该先完成,其他36座教堂为了谁先谁后也开始有了争议。城里的达官显贵不会有耐心等待自己的教区教堂排队重建。

很快就出现了经费明显短缺的状况,煤炭税没有如预期般进账。因此委员会鼓励每个教区开始自行筹募经费,并且答应每筹到500英镑,他们会追加补助1500英镑的煤炭税。这个政策几乎成功得过了头,提供最多自筹基金的教区,开始要求跳跃过名单上的顺序,提前重建,其他未能筹到许多钱的教区,为了达到同样目的,状况好的时候便送礼贿赂雷恩和他的员工,状况不好的时候便开始抗议。这个设想不周的日程表,几乎马上失控。1671年当局下令"不可再开始任何教堂的建设,直到现行重建的教堂完成并付清费用"[21]。

虽然如此，雷恩的城市教堂仍是历代伦敦城最佳的成就。接下来几年，办事处通过的教堂设计，其多样性令人惊奇。虽然有些那时的建筑在19世纪被拆除，或在20世纪40年代被炸毁，但其风格之繁多、石块材料之多样，以及细部之精致，仍然是雷恩非凡想象力的实证。所完成的五十一座教堂，没有任何两座是相似的，每座都依其独特的环境而建造，这也是雷恩建筑思想的更广阔的探索。

新教堂的构想是为了要在首都表现英国国教的重生精神。伦敦曾经是17世纪40年代反叛分子的孕育温床，而且居民大多非英国国教徒，即使在伦敦市民欢迎查理二世复位期间也是如此。复辟以后，政府对长老会的强势定罪引起伦敦市民的愤怒，而非国教徒仍在城内继续聚会礼拜。雷恩的新教堂会不会把这个不受欢迎的教义强加给市民呢？办事处是不是太霸道，想在旧城里盖上正统教会的印记呢？

此外，雷恩没有现代"英国国教"教堂应该像什么样子的前例可循。琼斯设计的位于考文特花园的圣保罗教堂，是少数劳德式教堂的例子。内战前，在萨瑟克（Southwark）、威斯敏斯特、沙德韦尔（Shadwell）和怀特沙佩尔（Whitechapel）这些郊区，人们在尝试"加尔文教徒"风格，找寻"低教会派"（Low Church）非英国国教形式的可能性。雷恩需要在这两种分歧的风格之间，重新想象他的城市教堂风格。

根据雷恩在多年后的一句名言，新教堂最重要的元素是："让所有在场的人可以听到且看到。天主教徒的教堂的确可能造得比较大，只要会众能听到弥撒的喃喃声，看得到高处的圣体，就够了，但我们的教堂则是为了要适合听众，要能听得清楚。"[22]听觉与视觉的要求，加上布道人扮演的是教导会众的角色，而不是高高在上的神人中介，让雷恩据以重新调配室内的设计，来满足存在分歧的两派宗教人士。他让所有的教堂面朝西方，大门在西端，将人领向中央内堂和东端的祭坛空间。新的设计既可满足英国国教对仪式的渴望，也可以应加尔文教徒的需求，让布道人靠近会众。

除了这些神学问题以外，雷恩还有一些实际的困难要解决。许多新教堂会建在大火残留的旧墙上，因为保存现有的基础会比全部新盖要划算得多。这样的结果是，雷恩不得不使用最不讨人喜欢的各种多边形和四边形样式，来配合凹凸不平又远非垂直的墙壁，而无法使用纯粹的对称或几何的形式。雷恩从来没有被一套标准绑住，他的设计一直保持灵活实际，而这种实事求是的态度，便成了他的哲学。

虽然工地上有许多困难，但雷恩仍在实践中尝试寻求神学理论上的一致。他把51座教堂简化为三种现代模式，最普遍的一种是用巴西利卡式拉丁教堂，取代原来高挑中央内堂、两侧有低矮走道的哥特式设计。这种新的室内空间有许多好处，少了排列在走道上的石柱，增加了视觉的可见度，而两旁墙壁装饰的穹顶窗户，让中间的空间光线充足。而且雷恩还用谢尔登礼堂靠墙的阶梯式楼座，在内堂两侧造了递升排列的看台，以容纳更多会众。这种形式的教堂，如今还可以在雷恩许多有名的建筑里看到，如舰队街的圣布莱德教堂和皮卡迪利大道上的圣詹姆斯教堂。

第二种设计形式是开放式的空间，只有一整间不规则形状的房间，圣坛置于东端，特别适用于小教堂。有些会在旁边设置一条走道，雷恩似乎对这种不对称的空间和数学谜题特别着迷。依这种理念建造的，有圣本尼特芬克教堂（St. Benet Fink）的卵形空间和老犹太街的圣奥拉夫教堂（St. Olave Old Jewry）的瓶子形室内空间，其逐渐变细的瓶颈上面则是高塔。有些情况下，雷恩只够在内堂的一侧设置走道，如圣韦达斯特教堂（St. Vedast-alias-Foster）。

第三种室内空间是以围绕中央来安排的方形房间，这种形式只有五个例子，但影响深远，最有名的是圣斯蒂芬·沃尔布鲁克教堂（St. Stephen Walbrook）。常有人认为这座教区教堂与圣保罗大教堂设计的发展有关，而当时雷恩也正同时在规划圣保罗。圣斯蒂芬·沃尔布鲁克教堂以柱子的排列在长方形的空间内勾勒出一个十字内殿，内殿正上方是一个穹顶，这也是伦敦的第一个穹顶。

在这三种模式下，可以发展出无限多创新和变化的可能。雷恩用不同的形式来尝试天花板和室内的设计，如加上或不加弧形的平顶屋顶、半圆拱顶、弓形或椭圆桶形拱顶，还有穹隆形的拱顶和大型圆顶。此外，办事处一旦完成建筑结构，教区便可自由使用自己的经费来装饰室内。许多教区照雷恩的意见，转包给工人，或鼓励他们去设计一些特别的对象。条凳式座椅是所有教堂里不可或缺之物，但大部分人只注意到雕琢圣餐桌的圣坛栏杆、吊灯、市长大人放剑的架子、为仪仗官所制的银顶杖、王室徽章、石雕洗礼池，甚至还有管风琴。

教堂外部，雷恩用了许多不同的设计和样式，来凸显他的建筑哲学和英国国教正统的需求。光线是他的建筑里一项重要的元素，他的教堂用了各式各样的透明玻璃窗，使内部空间分外明亮。外表依循古典的"较佳风格"，朴实简单，墙上镶嵌一列壁柱。他喜欢在建筑西端放置柱廊，而且决心要让每座新教堂上面都有"堂皇的尖塔或灯塔，高度与邻近的房屋成比例"[23]。就像中世纪的教堂尖顶曾直插伦敦天际，雷恩重建的教堂也将在涅槃之城的空中高高耸立。

拉德盖特山丘

雷恩在建筑中探索他的哲学之时，也尝试用笔墨在《建筑文册》一书里定义建筑的法则与历史。书中将建筑当成用来构建"自然史"的科学数据，这让我们洞察到雷恩罕见的心思——他企图解决一个终极难题，即建筑的目的何在？

雷恩把这个问题当作方程式来处理，首先他做了一个假设："建筑有其政治目的：公共建筑是国家的饰物，它构建国家，吸引民众和商业，使人爱自己的祖国。在一个联邦国家里，热情是所有行动的原始动力……建筑的目标是永恒。"[24] 因此他在设计的艺术行动和建筑的政治理由之间，创造了一个带有悖论的理论——建筑渴望永恒，但永远是时代的产物。这位新哲人希望能把石板上原本的旧学说抹干净，重新思考建筑的历史和功能。

在这块"白板"上，雷恩想要找出建筑的首要原则。古典大师维特鲁威要求建筑应遵循三个原则，即"强度、实用、优雅"，雷恩把这个传统智慧颠倒过来，以"美观、坚固、便利"代替，相异之处虽然细微，其实大不相同。"美观"可以当成光学的子集来研究，"坚固"可以从静力学的知识来理解，两者都是以几何为核心："几何形一定比不规则的形状更美丽，在自然法则中一向如此……方形和圆形最美，平行四边形和椭圆形次之，直线比曲线更美。"[25] 最后一条"便利"，是指习惯和传统，必须谨慎处理。

雷恩在思考圣保罗大教堂时，把注意力集中在柱子和拱门的关系、小型圆顶的底座和穹顶的关系上。在一些简明的图表里，他展示出数学计算和几何简化的价值，因为"虽然以前的建筑师经常应用这类拱形结构装饰，却很少提及它的几何性，然而几何却是它最重要的元素"[26]。先前历代人看到这种建筑并不曾深究，但身为现代建筑师的胡克和雷恩却想了解拱的原理。接下来的几十年，皇家学会的《哲学学报》便到处可见各种石块材料的试验和探讨。

雷恩知道"坚固"有科学根据作为标准，但"美观"的标准却不是固定的，而是随着时间与地域改变，是"适合的"或"习惯性的"。每个时代都有自己对美的想法，每个国家都发扬自己的美学，认为自身的比邻国的好。雷恩认为，建筑是建造在石块上的哲学和政治学。为了论证这一点，他写了最早的建筑史著作之一。如果美不是固定的自然法则，我们便需要通过观察对象和评估数据来加以判断。只有再回头看古人的成就，雷恩才能看到"过去"仍在主宰着我们，命令我们遵守"过分严格且迂腐的规范，以至于一旦违反它便犯了野蛮不文明的罪名"[27]，而所有古代的艺术品其实都"只是为了符合它们当时的形式与时尚而造，但因为结构极佳……我们觉得必须严格遵循它们的风格"[28]。

因此，建筑在追求不朽的同时，没有任何一种风格比另一种更好，建筑的故事就是时尚史。此外，房屋和建筑的形式是由于特定地区和时间所需要的功能而产生的。最早的柱廊原型"是林荫走道……后来因城市日趋富裕，才从树木转变成大理石柱"[29]。柱子的造型不是从人体的完美比例而来，而是树干的形状，而且最早的庙堂就是林中的空地。因此雷恩要表达的是，许多古典神圣的建筑模式并非由形而上的美学法则发展而来，而是来自特殊的历史需求与传统。

了解了这一点，雷恩便可以让他的建筑理论从自古罗马到文艺复兴时期的西方传统里解放出来。如果所有建筑都是时尚和功能的表现，那么应该摆脱传统的桎梏，用平等的方式来看待和研究每种建筑。因此雷恩《建筑文册》的第四篇论文探讨了古典式、哥特式、拜占庭式、希腊式建筑，还有亚历山大和提尔人的建筑，甚至古代世界的神话虚构建筑，他认为现代建筑师可以取法自己所喜欢的，不需要受限于古希腊、古罗马和文艺复兴时期意大利的狭窄范围。

《建筑文册》是雷恩的观念实验室，也是他为自己雄心的辩护。与此相同有弹性的方式、对效果的渴望、对建筑静力学和政治本质的了解，都表现应用在雷恩最重要的一项任务上，即拉德盖特山丘上的圣保罗大教堂。1669—1675年，他应邀做了四种不同的大教堂模型，给委员会和国王看，征求他们的意见。为圣保罗寻求完美形式，是一场坚持意志的战争，雷恩努力找寻既符合自己对新建筑的设想，又能满足不同客户群体的向往传统的设计。

1669年，雷恩把他对大教堂的最初构想，呈现在英国国教主教群和宫廷朝臣所组成的委员会面前。这个构想存留下来的资料很少，包括一个拙劣不完整的木结构模型，如此稀少的证据让我们很难想象他的本意。其结构上有柱廊、穹顶和大礼堂，琼斯设计的柱廊应该会站在西端，而内堂则愈往东愈小。雷恩是想以罗马式巴西利卡长形会堂取代哥特式的庞然大物，并在两侧各置一条走道来代替开放式的会堂，取法最早的礼拜方式。如《建筑文册》中所言，他用古罗马公共集会场所和平殿堂（Temple of Peace）作为宗教空间的原型，在经历内战带来的宗教大破坏之后，促进信仰上的统一。雷恩是这样描述和平殿堂的："没有语言和诗歌可以像这座建筑一般自然而然地描绘出'和平'，而这座建筑在人们心里所产生的效果也是油然而生的。"[30]

这项设计让委员会很困扰。雷恩并没有在人们记忆里的旧圣保罗的传统高挑哥特式空间和他对英国国教大教堂的新设想之间，找到令人满意的平衡。先前他想要的是"中等大小的建筑，但比例应匀称，有实用的唱诗席、通廊、柱廊，以及高过所有房子、四周方圆皆可见的穹顶"[31]。可是结果却好坏参半。雷恩考虑到经费的负担，因此设计之时一直受限于这个因素，他说："任何尺寸过大、花费过巨的新设计，似乎都是白费力气。"[32] 颇具讽刺的是，这次委员会却觉得雷恩的设计太过朴素了。

雷恩回到绘图桌上，希望找出可以"满足艺术鉴赏家和评论人的品位，美丽古典、研究妥善的设计，能够比拟希腊－罗马的最佳风格"[33]。第二次的设计是以几何和理性为主导，空间与建筑体块都呈完美对称，以一座高耸入云的穹顶为伦敦的天空加冕，"和平殿堂"变成了"理性殿堂"。他采用了绝对对称的希腊十字平面，等长的四臂由中央穹顶垂直交叉伸出，这在英格兰是前所未见的。雷恩对这个设计极为满意，展示给国王和"一些熟习古典和建筑的杰出人士，他们都非常满意，希望看到它的模型"[34]，这一方案也于1672年冬获得了国王的批准。

不幸的是该方案并不被所有人理解，至少保守的英国国教显贵们并不理解，他们认为"这与他们习惯的旧哥特式大教堂相去太远"[35]。他们付了雷恩100英镑，却把设计退了回去，要他重新设计。但雷恩不愿完全放弃，他持续修改，要在古典形式之中，满足哥特式空间的要求。

在雷恩设计的同时，圣保罗建筑工地上的工程仍持续进行，尽管工程组织上有些许异动。1673年9月，承诺以煤炭税重建大教堂的《第二重建法案》出台三年后，"圣保罗重建皇家委员会"终于成立。这个官方委员会集合教会人士、枢密院人士、市政府官员和其他适当人选，取代了在此之前较不正式的英国国教机构。新的委员会将反映大教堂在教会、王室、国会和市政府的相互关系中不断变动的地位。所有事务，从雇用工人到最终设计，各方都会提出自己的意见。

1673年，雷恩交出第三份设计图给委员会，后来称为"大模型"。查理二世再次全力支持他的勘测员,写道:"我们特别赞成并且要求做出这个模型,其尺寸大小与形式应作为整项工程长久不变的根据与方向。"[36] 以细致木工雕琢的"大模型"是在原有的希腊十字形状的西边加上长内堂,接到琼斯的西端柱廊。这是雷恩在现代几何形式与传统哥特式十字之间,找到平衡的壮丽设计。

然而委员会再次提出种种要求,虽然国王赞同,但英国国教并不认为"大模型"符合他们的品位,更糟的是,新的设计看起来似乎很像罗马的某些建筑。此外委员会也担心这样的结构所需要的经费,如果大教堂的重建要由煤炭税支付,必须以分段的方式来建造,要是中间出什么差错,可以安排调整,不至于让大教堂半途中止未竟。没有人想要看到市中心有个建了一半的碍眼物。

据说雷恩听到他的"大模型"被拒之后,掉下了眼泪,有一段短时间与国王决裂,认为国王背叛了他。但如他在《建筑文册》里所承认:"不管一个人的想法如何经过深思熟虑,在做公众作品之时,仍需要让他的任务免于公众的责难,让设计适于时代的风气,即使当代风气在他看来不够理性。"[37] 雷恩如果想要得到重建圣保罗这个荣耀,他必须再妥协。

虽然失去了他的设计,但雷恩却得到另一个补偿。1673年11月11日,胡克记载:"雷恩博士受封为爵士,并去了牛津。"[38] 在牛津,他辞掉萨维尔天文学教授之职,从此以后雷恩爵士就是建筑师的身份了。除了为纪念职业生涯的重大转变,也许还有一些可以理解的虚荣心,雷恩请雕塑家爱德华·皮尔斯(Edward Pearce)为履新的自己雕刻了一座半身像,逼真的程度可以比拟雷恩在1665年巴黎所见的贝尼尼雕刻的路易十四半身像。雕像看起来很年轻(虽然他当时已经41岁),英气勃发,面孔现代,生动光彩,眼睛微凸,眺望着未来。

雷恩继续努力寻找圣保罗的新形式。作为官方建筑师，他还必须对工地的工程有所付出。他与伍德罗夫都搬到圣保罗教堂庭院中集会大楼（Convocation House）的常驻办公室，就地监督清理的工作。在1675年，他设计了后来称为"授权设计"的图纸，这是一份怪异的设计，混合了各种不属于任何时代或哲学的风格，但看起来仍然类似琼斯在17世纪30年代的设计，用他自己的话说是"尽可能把哥特式风格调和转化，变成较佳的建筑模式"[39]。委员会完全赞同，加上此语："我们觉得它非常巧妙、恰当、实用，因为它非常规则，有可能分阶段建造。"[40] 国王于1675年5月14日发下授权书，雷恩马上就要开始动工。

得到皇家授权那刻开始，雷恩决定"不再制作任何模型，或公开他的素描，因为（他从经验学到）那不只是浪费时间，也会使他的工作不断受限于不称职的审查人"[41]。这可能是他对前六年艰苦过程的一时愤慨，但更可能是一个障眼法，把最不凡的作为隐藏起来的诡计。

自从这一设计获得许可，查理二世便告诉雷恩，他可以"随时在需要之时，对装饰做些许改动"[42]。雷恩把这个王室的许可当成可以进一步推展的指示，立即开始大幅修改他的设计。测绘总监终于拿到许可，重建大教堂的工作可以开始了。当他秘密重画设计图之时，也希望可以找到一个新设计，能反映圣保罗残破建筑四周正逐渐成形重生的现代伦敦。

第四部

现代伦敦的形成

第八章
投机的城市

伦敦命运的变迁,与大英帝国的诞生是同时发生的,这并非偶然。传统的贸易城市正转变成现代市集,在此交易的商品,使用从世界各角落船运而来的材料制造,同时现代市集也将基于经济学和殖民主义的新观念传播出去。当大火将伦敦从内部瓦解转变,来自海外的观念与历险,也造成同样且持久的影响。与庇护人库珀一起工作的洛克,就是这个观念革命的核心人物。

1669年8月,"卡罗来纳号""皇家港口号""阿尔比马尔号"三艘船,从泰晤士河口的白垩山丘(The Downs),沿着英格兰南岸航行,在爱尔兰短暂停留了一下,然后横越大西洋,于10月抵达巴巴多斯岛(Barbados)。这三艘船由伦敦最有钱有势的人提供并投资,载着一百多名乘客,包括贵族、仆役与享有特权的自由民。在巴巴多斯岛,船只被风暴损坏,延误到11月2日,"阿尔比马尔号"沉没,所幸乘客逃到岸上,商旅们向巴巴多斯岛上的小社群租借到一条新船"三兄弟号",继续行程。

接近美洲大陆时,风暴再次肇祸,"皇家港口号"被毁,漂向巴哈马群岛,只有44人逃上岸,最后仅"卡罗来纳号"一艘船抵达大陆。他们建了一个临时的殖民地，称为"皇家港口"。在这里的印第安人很友善地欢迎他们，但不久他们便觉得应该沿刚命名的阿西利河（Ashley River）往上再走远一些，到达与库珀河（Cooper River）交汇处的"阿尔比马尔点"（Albemarle Point），建立了较长久的驻地，起先称为查理镇（Charles Towne），后改名查尔斯顿（Charleston）。当地土著人受到从佛罗里达来的西班牙传教士的影响，一开始就对他们有敌意，这是卡罗来纳将作为新殖民地的一个不太理想的开始。

内战之前，英格兰的殖民地很少，也不太有兴趣往国外发展。譬如说，1642年北美洲的新英格兰地区只有15000名英国定居者，但是在空位期间，克伦威尔刚当上护国公时，对国外的对手采取了强硬手段，以掌控大西洋的财富。根据一系列的航海法案，所有大不列颠的国外前哨基地，都被禁止与他国贸易，因此只有英国的船只能与英国的殖民地进行商业贸易。所有货物都要由英国海港卖出，特别是伦敦。1660年复辟以后，并没有停止护国公时期的外交政策，国王重申航海法案，保留了克伦威尔时代的政策和见证者，包括库珀在内。他当政期间，国际商务的发展成了英格兰进行移民的首要原因。

1663年，查理二世将美洲新世界分出一块地给他的八位宠臣，其中就包括阿什利·库珀。同年发布了皇家特许状，在新大陆东南岸设立了一个殖民地，以查理二世的拉丁文名命名为卡罗来纳（1735年卡罗来纳被划分为南北两部分），建于雅马西（Yamasee）等印第安土著的属地上。卡罗来纳被视为英国最初殖民地——弗吉尼亚——的最佳扩展地，也为那些没有运气定居在加勒比亚海上巴巴多斯群岛的英国人提供其他的选择，这里迅速就形成了繁华的社区。

查理二世对卡罗来纳产生利润的兴趣多于其政治属性,他赋予新地主合法性和政治权利去建设他们自己想要的社会。卡罗来纳就像一块空白的石板,可以填写新的社会模式,而八位所有者便开始设计完美的前景,订立《基本宪法》(Fundamental Constitutions),并于 1669 年 3 月获得认可。洛克是八领主委员会的秘书,这份重要的文件便是他所拟的。卡罗来纳将成为有秩序的和平社会,基本的建立目标是为大地主制造财富,希望吸引那些喜爱自由宪政,并且想要获得潜在致富机会的新移民。

新土地的移民只有一个目的:为祖国提供财富,尤其是它的首都。复辟后几年里的扩张动力,为投资提供了之前所无法想象的机会。最大的报酬要在大西洋帝国形成后才会得到,但英国船只已经对横越全球寻找货物很有经验了。东印度公司成立于 1600 年,它瓜分了在 16 世纪便已发展海上商业的葡萄牙人和荷兰人的市场,如棉花、丝绸、靛青染料、火药和茶叶。查理二世和葡萄牙公主布拉甘扎的凯瑟琳(Catherine of Braganza)结婚后,对印度莫卧儿王朝的利用更进一步。1670 年,查理二世赋予东印度公司排外和自治的特权;17 世纪 60 年代,公司上缴了 8.2475 万英镑到英国,到 17 世纪 70 年代末期,已经提高到 26.9748 万英镑,接下来的十年间还要再加倍。1670 年,查理二世授予哈德逊湾公司在加拿大哈德逊湾进行交易的独家特权,意在从皮草产业中分一杯羹。同样地,由伦敦掌控,但工厂在阿勒波(Aleppo)和君士坦丁堡的黎凡特公司,也得到新的许可状,得以在中东一带扩展生意。

伦敦港很快便成为来自世界各地船只的目的地,这里充斥了印度运来的印花布、西印度群岛运来的糖、西非运来的金子、弗吉尼亚运来的烟草。贸易与货物的增长为城市带来了财富,在都会的街头形成明显大异往昔的景象。码头上卸下来的货物量之巨大,是此前几十年无法想象的。港口扩建了码头的堤岸来应对货物流量的增加，1660—1686年，英国船队的吨位增加了一倍以上。与此同时，胡克和雷恩正在设计海关大楼、舰队沟运河和新的泰晤士码头，以因应这个新的局面。

新材料和大批货物的到来，改变了都会的品位与消费方式。随着进口产品数量增加，价格便开始下跌，大家开始普遍往咖啡里加糖增加甜度，喝巧克力奶，或是做甜布丁。抽最好的弗吉尼亚烟草也变成了寻常之事。印度印花布成了最流行的衣料，威胁到本地的羊毛市场。内战后期的十年间，这种商业上的转变为庞大的消费社会撒下了种子。

由于卡罗来纳的开发获利周期超出预计时长，开始有人对殖民主义本身提出质疑。英国有什么权利去占领别国领土，还宣称拥有所有权？这种所有权中包含了哪些具体条目？向殖民地移民对英国有长远的好处，还是将成为英国经济的负担？洛克的《基本宪法》是对这些问题的重要研究，也是对殖民主义正当性的革命性设想。

之前最早的移民所找到设立殖民地的正当理由，是因为他们不只为商业利益，也有意愿转化原住民。洛克没有把信仰的差异当作所有权的基础，他提出非常不同的财产定义，认为"所有权"不是对人的监管，而是对土地。

洛克认为天地之初，上帝把土地给了普世人类，但这并不构成所有权。土地的所有权只属于曾在土地上工作，并以劳力换取所有物的人。因此，美洲原住民并不拥有土地，因为他们是猎人，不是农耕者。他在1671年写信给卡罗来纳的州长威廉·萨里（William Sallie），说应该公平对待原住民：

不要因贪婪使人受苦，不管是西班牙的居民或我们附近的印第安人,只要宁静平和,便不要去骚扰他们……民众只要在需要的土地上种植,不要再深入乡村……我们英国人也不要认为强取豪夺对我们有利……因此我必须与您强调,希望您约束大家,把心思整个放在农业和商业上,如果能如此经营企业,诚恳地做事,不只是对国王效忠,不辜负我们送他们到那边去,也会让他们安全、轻松地在这些地方做好所有想做的事。[1]

洛克的理论将会为下一世纪英国的扩张主义,奠下哲学的基础。

"小生意不值得他去做……"

商业从海外带来新的财富,也有助于伦敦的重建。城墙内复原的速度惊人,到 1673 年,超过 8000 块地皮已经重建,而五百户正在进行中。经济几乎完全恢复,都市的基本结构也已重建,包括城门、监狱、仓库和市政厅。但是在快速复苏的过程中,有一种令人忧虑的安静:在 8000 块已重建的地皮上,有 3500 栋新屋都空着。此外还有够再建 1000 户房屋的未认领土地,却无人问津。

不过自从大火以后,郊区以指数形式加速扩展,市长和市政府官方抱怨城墙外建筑开发太快,抗议"外围许多新建筑兴建所造成的损害和不便,因为它们抢走城内数千居民,使得大量新建的房屋无人住,没有人利用"[2]。可是这些抱怨却无人理睬。

查理二世也努力想减少郊区的蔓延,1671 年他发布了一道关于伦敦市区和威斯敏斯特之间建筑成长的公告(与过去一百五十年的所有类似公告一样空洞),但与其说是批评郊区扩张,不如说是为了控制他的皇宫四周兴起的新建筑物。这份公告企图把伦敦西区的建筑掌控权,交给他的测绘总监雷恩,因为雷恩现在有权对建筑许可发表意见。然而官方行动总是比趋利行为慢一步。

伦敦西区的建筑工地开始出现一种新型的建筑者－投机商，巴本是其中的佼佼者，他会在建筑事业以及伦敦房地产的买卖与开发上来回切换。他从城墙内旧市区开始，在大火的灰烬上盖起房屋。1670年，巴本计划开发胡克和雷恩正在设计的纪念碑附近的一块地。11月，市政府委员会要决定是让巴本继续开发，还是从他手上把地买下来。经胡克勘察过地块之后，巴本与官方的第一次接触算是温和，并获准进一步开发。

他在城墙内的下一个计划于1674年完成，这回他在民辛巷（Mincing Lane）买下一块地开发成"好住宅区"，可能是用第一次开发计划所得的利润，来建造此地的七栋房屋，其中一栋卖了2650英镑。民辛巷的建筑是个单纯的重建计划，由勘测员和《第二重建法案》严格把关，可是巴本却因用了劣等工艺，完工没多久，拱顶便塌了，造成"极大的丑闻"[3]。

巴本从他的投机事业里很快就赚到相当的利润，并开始打算将快速崛起的威斯敏斯特地区作为发展自己野心的理想地点。与在市区受建筑法规约束不同，在郊区盖房子受到的限制较少（只要到测绘总监办事处走动即可），但所需投资和风险较大。由港口涌入的金钱鼓励了各种形式的投机事业，而巴本发现找到来自新职业阶层的投资者也很容易。他显然对这项挑战很有兴趣，律师罗杰·诺思（Roger North）语带赞美地记载说，巴本告诉他："小生意不值得他去做，那是砌砖工就可以做的事。"然而，要做大规模运作，他需要现金，而在一生事业中，"为了兼顾各项计划，他会借贷资金或者向交易者赊账，手段有时正当，有时恶劣"[4]。

建筑业是个很不稳定的行业，需要大量的投资、在长期投资中被套住资金，并且拿市场的稳定性做赌注。巴本是控制现金流通和债权人的能手,极为擅长笼络投资人,还能找到很多方式避免支付。他比较喜欢赊账,因为借贷要付利息,赊账比较容易拖延支付债务。他常常拖延,直等债主把他告到法院去,因为他知道大部分人不会这么做,这些人还得靠他工作。为了避免麻烦,他雇了"一群职员、委托人、文书、律师"[5]来帮他经营商业,处理大量金钱、复杂的合约和租约,也帮他阻挡债权人。

巴本的投资人形形色色,因为投机建筑业市场是一群新类型的生意人创造出来的,他们是自我奋斗出来的伦敦新兴阶层,了解商业交易,有大商贾也有城市的小生意人,将他们多余的钱财投资在投机客承诺的利润上。不过巴本常常以狡猾的方式取得他们的信任,他发展出几种策略来博取利润,当他买下永久产权的房地产时,便鼓励共同投资人一起出资,重建之后,再快速卖出,赚进利润。

巴本第一个精彩的成就是在1674年,他在河岸街上买下库珀的埃克塞特宅第附近的埃塞克斯宅第(Essex House)。巴本在这次事件中显现了强大的说服力和聪明才智。埃塞克斯宅第曾繁华一时,但如今附近已经变成贫民窟和工厂区。此外,复辟的最初几年,这里一度是贵族聚集的地区,如今早已被新潮的皮卡迪利超越,在战争里获利的贵族在皮卡迪利大道上建起他们的巴洛克式宫殿。

复辟之后不久,河岸街上的宫殿便开始上市销售,有的人买来当住所,如库珀便欣然买下埃克塞特宅第,埃克塞特主教曾在此住到1676年(虽然住得不太高兴)。其他的卖给投机商,他们在几周内便把旧房屋拆掉,计划把它重建为住宅,然后零售给新兴的中产阶级人士。1673年,索尔兹伯里伯爵(Earl of Salisbury)获得许可重新开发他的土地,1674年,他将此不动产以13000—15000英镑的价格卖给巴本。巴本在一年内将宫殿拆卸掉,盖了几个新的住宅再卖出,赚了5000—6000英镑,以十二个月的工作而言,这是惊人的收入。

然而,当初巴本要买这块地时,国王和圣殿教堂都想要阻止,国王想把地赐给埃塞克斯伯爵(Earl of Essex),而邻近圣殿教堂的律师则对巴本要在他们门前建什么感到很紧张。巴本被枢密院传唤到法庭,甚至收到国王本人的指示,但他都不肯改变主意,他的解决方式很简单,即各个击破,如诺思所描述的:"强调其中一项利益分别引诱他们,如果得不到所有人的支持,便把他们加以分化,对此他很有天分。"[6]

巴本对国王置之不理,但承诺给律师们提供新住宅"新苑"(New Court),如他所料,律师们渐渐安静,不再抗议。他还面对现有租户的反对,但是巴本将他们一一打压下去,等到唯一可能的解决方式是由法庭来裁决时,巴本才申诉,等待判决。同时,他拆卸掉所有的房屋,开始重建。判决需要很长的时间,以至于等到法庭要求他支付赔偿金时,巴本已经卖掉重建的房屋,所以他可以逃避支付,并且把账单转给新的屋主,让自己从整个事件里全身而退,保有所有利益。

巴本把传统都铎式的埃塞克斯宅第,从残破失修的单一建筑改建成一系列的街道和房屋,延伸到泰晤士河边缘的码头。诋毁者们抱怨一座壮丽的皇宫就这样被"旅店、酒馆、小菜馆、妓院和酿酒人、木材商连接到河流码头的花园"[7]取代,但是就新建筑本身而言,却是具革命性的。这块地巧妙地混合了商业和住宅用途,为都市生活提供了一种新的风格。事实很快就证明,重建的建筑吸引了许多贵族、绅士和富商,他们喜欢在怀特霍尔和旧市区之间生活、工作的便利。从东边旧市区的反应能进一步看出这个重建计划的成功,市民害怕"如果'西区重建计划'通过,会让已经衰败的旧市区零售业因此崩溃"[8]。

巴本很快就把埃塞克斯宅第所得的利润，投资在更新更大的重建计划上。1675年，他投资购入亨利·杰明（Henry Jermyn）的大计划里的一部分——圣詹姆斯广场。自从17世纪60年代起，这位贵族便一直想在伦敦建一处"皇家广场"，但是因瘟疫与大火的阻挠而延宕。1号建筑1667年建成，杰明自己入住，但广场四周的其他地皮一直到1669年或1670年还没卖出去。接下来另两块地卖给了显赫的贵族，但其余的却很难再推销出去，不得已只好与建筑者－投机商打交道。巴本取得的便是广场东北角的4号地块。

广场的建筑计划必须经由测绘总监许可，每位建筑商要让自己的设计与整体配合，至少巴本这次得遵守规定行事。他一买到地便立即开始动工，同时要付28英镑12先令8便士的年租金。到1677年，新屋已经盖好，以6600英镑卖给肯特伯爵（Earl of Kent）。然而巴本这许多买卖，总不免有些引起争议。销售谈判始于1677年11月，有位"绅士威廉·库姆斯（William Coombes），当时是肯特伯爵的仆人"，为巴本"在买卖和完成交易的事务上，给予过非常慷慨的服务"[9]。但是当所有交易完成，库姆斯向巴本索取服务费，巴本却拒绝支付。库姆斯提出索赔指控，巴本却提出反诉，版本与库姆斯所说的故事相反，说自己是无辜的。但这次争辩的结果如何，并没有留下记载。

自从这次重建计划初见成效，巴本便开始扩展他的"投资组合"计划。为了达到这个目标，他必须确定大量金钱未被绑死在单一的建筑计划上，所以巴本不再购买永久产权，转而开始练习操控租约期的技巧，以便使自己获利最大。这种方法与巴本的关联之大，使得诺思声称它就是他所发明的。巴本从永久产权所有人手上购买土地建筑权，安排有限期的租约，付一笔小小的土地年租金，然后在这块土地上盖房子,再把新屋连同付租金的义务一起卖给新地主。计算起来,新盖的房屋会使租地价值大增,因此可以从卖出的价钱净赚一笔。1677年,他回到河岸街,重建约克宅第(York House),并且在威斯敏斯特地区北边,即尚未建设的苏豪区找寻新机会。

这种租约期的重建做法,使他有一大群投资人与他一起投资建筑计划。虽然它不像重建永久权所获的利润那么大,但是可以确保资金较快回流。这也给了他新的优势,让他可以便宜买入,再卖出或脱手,因为"他不喜欢与任何人合账,即使分红也一定要拿绝大部分的利润"[10]。他常常让工人和同事一起参与计划,用土地付给他们酬劳,以取代金钱。结果是工人必须为自己建筑,以便实现补偿,如此巴本便可以将管理的开销减到最低。他甚至利用租约期土地,抵押筹得更多金钱。要做到这点,他得找一个假的投资人或合伙人,声称他们买了这块地,如此便可以开始收土地租金,用地皮赚钱。巴本再把这未来的利润抵押给别的借钱给他的人。当然,这些借给他钱的人来看地的时候,很快就发现他的钱被用在别处,所抵押的地也根本不值钱。

在大部分案例中,他把所有工作都转包给一群工匠,让他们为他监管工程。不过就算是这层关系,也是为巴本的利益而经营。从前工匠是由公会保护,工钱视技艺和资历深浅而定,而巴本工匠的工资则是以工作量来计算,价钱由独立的工作量监察员负责。这方法与雷恩和胡克在教会重建计划的建筑师办事处所采用的办法类似,但不同的是,巴本用土地取代工资来鼓励旗下许多工匠头投资他的建筑计划。

更重要的是,许多房子的设计都一样。1667年的《重建法案》已经为伦敦建筑定了新规范,要用砖石,不能用木材,而且严格规定只许有四种形式。此外,新兴的租约期做法也对新建筑的形式产生了意外的影响。在新制度下,投机客所赚的土地租金,是由房屋大小决定的,而房屋又以它所面对的街道尺寸而定,所以难怪伦敦房屋都变得又窄又高。如诺思所报告的,巴本在他的地皮上尽可能地挤进许多房屋:"在街道上挤进地皮和小房子,尽可能让正面愈小愈好,以增加房屋的数目。"[11]

房屋形式的趋于统一,也因为材料愈来愈标准化。统一规格制作的、形状标准的砖块,使得大部分房屋形式规整。此外,愈来愈多的木材是从斯堪的纳维亚进口的,抵达工地的木头都是已经切好的标准化木板。巴本比别人都看得出,材质的日益统一,有助建筑更快速的建成。对于巴本这样更在意利润而非建筑本身的人来说,没什么理由每次盖房子都要重新设计。这对房屋最后的品质会有影响,就像两位住进巴本所建房屋后却不满意的买主所说的,他们的新房子"根本不完善,缺点很多,还没有盖好,已完成的部分又做得很差……好几根柱子裂开,地板收缩,而且房屋有些地方有脱落的危险"[12]。

所有重建过程的标准化,使得原已发展太快的伦敦郊区,更加快了速度。下一个主要的建筑地区是威斯敏斯特地区边缘,原是打猎场的苏豪区。1676 年,查理二世转让出位于圣詹姆斯地区北边的圣奥尔本斯(St. Albans)的一些土地,马上就被投机客买去。巴本开始了在鲁珀特街(Rupert Street)的建筑项目,也是住宅和工作场所的结合,与他在埃塞克斯宅第所完成的设计类似。次年,他也出租另一块地,后来成为考文垂街(Coventry Street)。

同年,巴本曾经想在整个苏豪原野上建筑一个宏大的计划。这块地是草原,目前租给两位农夫,原属亨利·杰明所有,之前就已经租给从圣玛丽勒堡教堂来的酿酒商。酿酒商自己无意开发此地,但是知道它很快就会变成开发房地产的热门地带。只要能与酿酒商合作，苏豪原野将为投机者带来大福利。可是巴本没有得到这个机会，并不是他没有争取，而是被对手弗里斯（Richard Frith）夺走合约，他在此设计了一个大广场和周围街道的优雅房舍。[13]

巴本不是那种会舔舐伤口、为失败伤感的人，他会找到新的投机事项。如果拿不到苏豪原野的合约，他就要做次好的，而且尽可能去阻挠弗里斯的计划。弗里斯开始建筑的时候，巴本转租了两位农夫拥有的原野租地，尽管租地的建筑权已经在当年卖给了弗里斯。巴本不肯把地卖出，但因为他没有建筑权，便让它保留原野的样子。这个花招使得两个投机者都无法开发此地，迫使弗里斯"改变所有原定的街道和沟渠，把他们标记到原野的其他地方"。[14]

不过，巴本在1677年买下"军事广场"（Military Ground）上的租地时，用了空手套白狼的投资模式。这是一块两英亩大的小地皮，尴尬地夹在北边的苏豪原野和南边正在盖房子的莱斯特原野之间，之前曾是地方军队的练习场。邻近地价开始上涨以后，这块地被退役军人布兰登的杰勒德（Gerard of Brandon）男爵买去。杰勒德从17世纪60年代起便很想开发这块地，他把军队赶了出去，但是唯一的租户园丁布朗（Browne）不肯搬走，一直到1677年。那年7月，巴本买下租约期地块，开始建筑一条整齐的"杰勒德街"，加上小巷通到已建好的树篱巷（后名沃德街）和国王街（后名沙夫茨伯里街）。

在伦敦复活后，城市也逐渐因为品味的转变和新钱财的涌入而改变。新兴的自由职业者阶层需要一种房屋来表现他们的向往，像巴本这样的投机者，可以提供最符合他们需求的东西。1678年，巴本在一本匿名的宣传小册页《谈新建筑与市镇扩大为国家带来的宏大利益》中写下了他所设想的城市前景，而这正是关于新首都应该是什么样子的辩论中最核心的问题。

有一栋房子可以表现巴本对细节的重视，就是杰勒德街21号。在发展自己事业的过程里他学到，自己所盖的房子应该包括买主想要的、所有最新创的设施，如室内"壁上饰以木板墙、加以粉刷……所有壁炉的烟囱、炉火石、大理石炉床，都粉刷妥当，并贴上壁砖。屋后是厨房和'储藏室'，厨房设有食品柜，并有抽水机供应新鲜河水"[15]。

典型的伦敦连栋房屋便是从《重建法案》的规定所演变出来的。投机者想要在街道前头最小的宽度里，挤进最多的房屋，加上设计上每方面都标准化，以求便利。这些房屋会成为新"竞争者"的住宅，在此"因行业的持续兴旺，所有人都努力想改变他们先前的境况，因此大家都愈来愈有钱，这对国家大有裨益"[16]。巴本不只看出这个新商业城的动机，更确定了它的形式，他在伦敦所盖的这些连栋房屋，可能是以17世纪60年代在莱顿当学生时所见到的荷兰排屋做模型，此后近三百年，中产阶级的生活便是以此为模式。

贸易战争

伦敦以商业首都之姿崛起，使它跻身国际舞台。当都会需要寻找一个新身份时，伦敦港开始挤满来自世界各个角落的船只。毫不令人意外地，它向最近的两个邻居——巴黎和阿姆斯特丹找寻灵感。伦敦街头可以看到法式建筑和城市规划，如查理二世在泰晤士河畔的巴洛克式宫殿梦想，克拉伦登宅第和圣詹姆斯广场，而旁边则是荷兰式建筑，如巴本的连栋房屋、海关大楼和胡克的城市教堂。这种对典范的追寻，遍及都市和政治生活的每个层面。

法国在路易十四治下是欧洲第一强国。对许多人来说，法国的专制主义是权势的最佳典范，整个国家是由国王的"荣光"所操控，这当然很合查理二世的胃口。对其他人来说，荷兰共和国正值商业与文化黄金时代，它的经济能力是可以仿效的，它不是君主政权国，而是由七省共治，每省有自己的土地和省长。那么英国要选择哪一种方式呢？

在这些辩论的议题里，国际贸易成为讨论的重点。如果英国想要繁荣起来，就必须扩展殖民地，管制海事法案，而且许多人认为伦敦的政府应该关心海外移民的发展，保护他们。1660年，查理二世保留了克伦威尔的"贸易委员会"，将其职能并入"殖民委员会"（1673年改称"贸易与殖民委员会"），船运和移民的事务第一次由政府的同一部门处理。到1670年，财政大臣库珀是两个委员会的首要人物，他把英国看成世界贸易的中心，努力要赶上荷兰共和国。1673年，洛克被提拔为委员会的秘书。

然而这种野心勃勃的外交政策，不久便招来他国的愤怒，英国不可避免地和同样使用这种政策的对手成为敌对者。英荷之战是第一场不是因为宗教或王位，而是因为贸易而引发的战争。这是人们首次为保护自己国家的海上控制权而牺牲生命的现代战争。然而战争的花费，特别是皇家海军的维持经费，不是投机客或艺术鉴赏家的责任，而是国王的责任。

决定舰队应该航行到哪里，应该攻击谁的，是国王而不是商人。在很多情况下，这两方的意见并不相同。城里许多人害怕法国人的崛起，胜过害怕荷兰人的富强，他们认为不管是宗教或经济，英国与路易十四都不免一战。到目前为止，查理二世想在战场上为自己政权增加荣光的企图，都胎死腹中。第二次英荷之战没有什么结果，只留下荷兰舰队开上泰晤士河，抵达查塔姆（Chatham），以及英国放弃东印度群岛的权益的记忆;查理二世拿下了随后改名为"纽约"的美洲港口"新阿姆斯特丹",但只是运气好而已。英国想要征服海域的希望,因海军部队不成熟、领导政策不良而遭受阻挠。结果非但没有达成荣耀,奠定新权势,反而因冲突使国王的名声恶化。因为他在前线未能赢得任何胜利,导致了伦敦人对他的敌意。

但是战争需要经费,讽刺的是,当时英国到17世纪70年代虽然变得愈来愈富裕,但国王却有金钱上的危机。1660年复辟所定的支付款,如今看来已经显得太小气。之前两次战争、因伦敦瘟疫与大火而损失的海关和消费税、重建的花费,都使国库瘫痪。为此,查理二世也与唯一能解决他窘境的机构——国会——起了争执。

国会虽然很愿意支援对荷兰的商业之战,却对查理二世的野心颇具戒心。每当国王想出战之时,过去内战动乱时期的疑虑又重新出现,并且赤裸裸地显现出英、法、荷之间的关系。对库珀和洛克来说,这个争论很清楚,英国是应该学法国以不容置疑的铁腕来统治,还是应该追随荷兰的做法以自由和良知来统治人民,成为以理性来管理的基督新教国家?在这许多问题的争议中,金钱这个小议题,成为重点。

查理二世没有求助固执顽强想遏制他的国会,转而被迫把自己的未来卖给伦敦市场,用进口关税的筹码或收据,换取贷款。当时没有现代银行系统,财政大臣必须去寻找各种可能的经费,如富商、兴业公会、宗教机构和贸易公司,用尽方法去协调。查理二世如此依靠贷款度过了困境,没有求助国会。然而,没多久,国王便发现自己欠了伦敦的黄金商人一大笔债。到1672年,国王已负债140万英镑,连利息恐怕都负担不起。

对金钱的迫切需求,迫使国王转向让人料想不到的来源。1670

年查理二世开始与他的表兄弟法王路易十四交易,向他要求经费和协助,资助他重新对荷兰开战。1670年的两次秘密的《多佛尔条约》是查理二世最大的冒险,也是最令人难以想象的外交政策。第一次条约里有个秘密,除了国王和几位臣子以外,无人知晓,查理二世答应帮助路易十四作战,取得西班牙王位,以交换金钱和军队给英国。此外,查理二世必须答应秘密改信天主教。为了一笔不到一年岁入的钱,这真是荒谬至极的冒险协议,更何况数目根本不足以应付他的花费。

这个秘密一直没有公开。第二次《多佛尔条约》是为了弥补第一次条约,当着他所有的咨询委员的面签署,其中包括了库珀(他从未发现真相)。同样的条文加盖了印章,除了找不到天主教这个条款以外。这个条约给了查理二世所需要的现金,可是他却得把这些钱用来为他所厌恶的天主教国家的利益,去与同是基督新教的国家作战。这套戏法诡计,将足以束缚国王剩余的统治生涯。

然而查理二世还是没有解决他的经费难题。为了与荷兰的战事能尽快有结果,国王下了致命的一着棋。1672年1月,他要财政大臣在作战期间停止支付所有贷款的利息十二个月。这个赌注是一场大灾难,所有信任国王、把钱借给他的人都损失惨重,银行家无法按时支付顾客利息,商人付不出账单,总共有超过一万个投资人蒙受损失,而且如伊夫林气愤地指出,这个策略"毁了许多把股份借贷给他的孤儿寡妇"[17]。国王永远都无法再恢复自己在伦敦人心目中的地位。

为了监管这一团乱事,查理二世擢升库珀为首相。库珀是力主对荷之战声音最大的一个,最初便是他领导主战,认为只有打败荷兰才是主控贸易的唯一途径。只要他能提供支持,国王可以给他任何他想要的东西。库珀的新头衔是沙夫茨伯里伯爵(Earl of Shaftesbury），为了平息抗议之声，他说服查理二世采用了国王本人最喜欢的一个策略，即发布《宽容宣言》(Declaration of Indulgence)，让非英国国教徒享有若干宗教自由。

对查理二世，这个宣言是为了包扎停付利息的伤口，平息即将到来的冲突。对沙夫茨伯里伯爵和洛克来说，这是早就该给那些"温和良知人士"的政治公义。可是查理二世却决定，如果沙夫茨伯里要让异议新教徒享有自由，宣言里也应该纳入天主教徒的自由。洛克在宽容政策的论述里，特意省略掉教宗制，但如果要成立这个宣言，他就必须接受国王的条件。洛克代表沙夫茨伯里确认宣言是合法的，虽然它还未通过国会决议。

第三次英荷之战是一场大灾难。6月7日在海上的第一战，双方死伤惨重。自此，荷兰舰队不肯再于海上开战，并在离荷兰海岸不远的沙洲和小海湾，展开有效的游击战。在陆上，利用堤防和沟渠淹水，使得法国精兵前进缓慢，困难重重。到夏天，英军已经失去所有攻打敌人的欲望。

因为战事缓慢进行，查理二世被迫第二次停止财政部支付利息，并于1673年重召国会，众人聚集在威斯敏斯特，亟欲争论。2月5日，沙夫茨伯里伯爵站在新议员前面，被迫为国王的政策辩护，声称国王出战是为了国会的利益。他勇敢不屈地辩称停止财政部的支付是权宜之计，结果戏剧性地赢得国会对荷兰之战的支持。

他对《宽容宣言》的辩护就没有那么成功了。国会认为查理二世的宣言是对国会权力的攻击，他想自行创立法律条文，一旦开庭，争议就没完没了。只要国王想要钱，国会就会要求讨论这项宣言。最后，国王得到他想要的钱，一个月7万英镑，持续三年，但代价是宣言无效。宣言因此被取消。更进一步往伤口撒盐的是，国会还制定了《测试法案》（Test Act），要求所有有实职的官员，从枢密院顾问官到普通文员，都要宣誓信仰英国国教。

1673年复活节，所有官员都规定要领圣餐。在河岸街的丹麦人圣克莱蒙教堂（St. Clement Danes Church），洛克看到沙夫茨伯里伯爵领圣餐。在别处，财政大臣托马斯·克利福德（Thomas Clifford）拒绝领受，从而暴露了他的天主教徒身份，被迫卸职。最令英国人震惊的是，海军大臣也宣称他改信天主教而解职，他不是别人，而是国王的兄弟约克公爵詹姆斯。《测试法案》拆穿了查理二世的血亲继承人竟是天主教徒。

更令人震惊的是，9月詹姆斯所娶的第二任妻子摩德纳的玛丽（Mary of Modena），是一个天主教徒公主。这件事让形势更加危急，全国人都害怕王室将会有教宗制的继承人。对沙夫茨伯里伯爵的一群小集团朋友也是如此，他们一直都在推动荷兰宽容自由的模式，作为英国新政治仿效的对象，然而斯图亚特王朝想要朝向法国的天主教专制主义前进的步伐日渐明显。国王和首相发现他们无可挽回地站在了相反的立场。

沙夫茨伯里伯爵企图借国会之力阻止詹姆斯的婚姻，但查理二世不能容忍他的家人受攻击，几个月后，查理二世受够了，便将沙夫茨伯里伯爵解职。首相把官印还给办公室，发誓要报复。1674年5月，他被从枢密院除名，并被命令离开伦敦。沙夫茨伯里伯爵自此将运用他在政府以外的势力，成为对抗国王特权的集团，这让国王睡不安寝。

无可避免地，洛克也随之失去职位。他回到牛津去完成医事训练，只在大学放假期间回伦敦，替沙夫茨伯里伯爵处理房屋家务。他们一起鼓动着国王的反对派，并于1675年出版《一位正直人士告友人书》，其中写道：

经过十五年对任何国家都算是极致的和平、安静与服从之后，竟会有伪装现形与覆辙重蹈，尤其是经过这么多承诺和宣言，以及《大赦令》，这么多为他辩护的功劳，作为欢迎国王复位的方式……［但如今国王打算］让我们变成比效忠宣誓或旧的律法所知更加专制独裁的政府。[18]

最后，洛克因为这些事件的压力太过沉重而病倒，沙夫茨伯里伯爵容许他解除职务。1675年11月，当《一位正直人士告友人书》在伦敦街头发行时，引起骚动，甚至以原价的二十倍售出，而洛克离开英国，前往法国，并在那里待了四年。

第九章
古老与现代

新的圣保罗大教堂的第一块石头,是在大火近九年之后的1675年6月21日安置下的。当天,雷恩与他的石匠师傅托马斯·斯特朗开始在地面设定新教堂的规模。因为雷恩的设计需要中心点,他们做了一个大略的建筑模型。根据雷恩的记载,他们重建城市中心教堂的这第一天,就有好预兆显现:"有位工人受命从瓦砾堆(这是首当其冲会找的地方)里找一块扁石头,以便安置石匠标记的符号和方位,他立即找了来,那石头刚好是块墓碑,上面什么也没留存,只有一行大写的字母'RESURGAM',意为'我将再起'。"[1]

大教堂终于要重建了,可是设立基础的最初一步,并不是画在空白石板上的,未来的希望需要由旧城市和新城市之间的对话来口述。在拓宽街道和建造房屋的计划里,以及伦敦市民精神生活的方方面面中,在那些想保持旧传统的人和推动改革现代化的人之间,有着许多冲突。拉德盖特山丘上的工程当然也在所难免。

国王欣赏雷恩的设计,但没有力量保护自己的建筑师,而教会上层阶级又误信许多新的表态者,也担心古典的大教堂会偏离传统的哥特式。因此，打从一开始，雷恩便必须在脑子里保留一个有弹性的教堂设计图，并在此后的三十三年建造期间，持续对教堂四周城市变换的状况，以及每天工地上的蛛丝马迹，保持警觉。

大教堂是石块的拼图，而雷恩必须运用自己所有的经验和魅力，以及新哲学的课题，来解决这个难题。他现在服务于一群复杂的客户网，包括国王、市政府、国会和教会，但他还是希望能找到一种建筑风格，把所有这些不同的部门意见统合成一个方案。因此，雷恩在自己周围招揽了一群他所信任的人，其中很多曾经与他在城市教会建筑计划的办事处一起共事过。于是伍德罗夫成为助理勘测员，还有曾在1667年重建委员会与雷恩共事过的城市勘测员奥利弗。蒂利森和贝特曼都是监督工地建筑工程的石匠师傅。胡克虽没有正式的职务，但因为他与雷恩是长期的朋友，所以设计或工程有棘手问题时，常常被叫来提供意见。等这个团队整合完成，也得到委员会的认可以后，雷恩的第一个任务就是着手设定地基。

雷恩知道他的现代建筑必须盖在超过一千年的遗址上，新的结构会比13世纪的哥特式教堂小，而地表下面需要挖空。然而，雷恩的好奇心使他更进一步去探查，等地基打好以后，他又往下再挖深一点，想知道底下有什么："于是他在好几处挖掘深井，于教堂庭院北侧约6英尺深处，发现有些陶土……又再往下搜寻，但除了干沙土有时混合不均而且松动以外，别无发现……他继续往下挖掘，直到碰到混合了海螺与其他贝壳的水和砂石。"[2] 雷恩对大教堂底下伦敦地层的探索，给了城市一个新的"自然史"——泰晤士河在此曾经是宽大的河口，而拉德盖特山丘以前是在水底下的，在过去几千年间，河流的淤积成了山丘。

但是这些挖掘也揭露了一些问题，因为当工人挖到山丘东北角的时候，挖出了出乎意料的东西，一个罗马陶土窑和"大量的瓮、破容器，以及各式各样的陶器"[3]。这个不稳固的地点是不可能当地基的，因此雷恩必须找一个解决方式，不然就得彻底改变他的计划。他挖了一个大约40英尺深的洞，一直到与泰晤士河水等高的硬土层，在洞里填满瓦砾和石块，然后从新洞穴到旧地基造了一道横跨的拱桥。

罗马土窑不是第一年工程中唯一的意外。尽管是在早期阶段，对于建造方面有所了解的人，都很清楚大教堂的设计已经更改：整体的规模同之前获得许可的设计千差万别。国王曾私下对雷恩说他可以稍微更改设计，但雷恩把它当成重新设计整栋建筑的允诺。因此他一得到授权，便立即回到绘图台上，重订他的"最终设计"，这个设计图既未让任何委员看过，也没有经过认可。

"最终设计"是全新的圣保罗计划。它的平面投影图保持了"授权设计"的同样形式，是传统的十字形状，有一个长内堂，在中央与左右袖廊交叉处，但新设计更为大胆，特别是雷恩重新恢复了他想建一座高耸于伦敦天空的穹顶的想法。这样一座穹顶所需要的墙壁，大异于"授权设计"。新设计也将反映出另一个问题，雷恩不愿意考虑有关经费的争议，被它阻碍自己的杰作，而且无视官方的指示，开始定下整个建筑的地基，认为新的大教堂应该是一个完整的作品，而不是七拼八凑的东西。到1677年7月，教堂庭院已经从废墟变成工地，原来的建筑只剩下琼斯的古典前门在瓦砾中保留下来，底下挤满了工人，在堆满石块和木材的庭院里工作。

石块的供应是决定重建进度最重要的因素，尤其是琼斯在怀特霍尔宫和大教堂柱廊上所用的皇家石块。这些特殊的白石块，必须由西南部多塞特郡的波特兰岛皇家采石场运送到伦敦来。在石头可以开始搬运前，雷恩首先得修理采石场、道路码头和吊车的损伤。因为道路状况太差，所以他们决定由水路运送，每条船载运150

吨，但这个方法有点冒险，气候不佳和来自荷兰战舰的威胁都会危及运送，此外，一旦船抵达伦敦，石块必须转到驳船上，以通过伦敦大桥的低矮拱洞，再前进一小段距离，到达圣保罗码头。陆上也需要找到一条道路，可以在市区繁忙的交通之中迂回行进，把石块运送到拉德盖特山丘上。较大的石块用滑轮靠马匹或人力拉动，有些需要两周才能抵达教堂庭院。

到 1677 年 7 月，委员会计算共有 3500 吨波特兰石和其他石头已经运到工地，加上其他搜集到的石块，用来建筑总共不少于 3.7 万平方英尺的外墙面积，以及 2.06 万吨用来填充地基的碎石，这些地基 20—35 英尺深。此外还有账簿记载："至少 75 万包石灰、40 万块砖石、440 吨沙土，加上瓦砾堆中筛滤出来的三倍数量的沙土。"[4] 松散的石块也被用来建造一道临时的施工墙，环绕工地，以防入侵者和夜贼，栅门上安装墙头钉与倒钩，防御偷窃。

建筑开始慢慢从地面出现，除了西端以外，每道边缘都已铺设好地基石块，让伦敦人第一次看到新教堂的规模："（唱诗席）有 170 英尺长，121 英尺宽，离地 24 英尺，上有大穹隆；交叉袖廊地基最大的部分已打好，穹顶在墙内的直径便有 108 英尺，其高度与唱诗席相同……这使整座建筑东西 320 英尺，南北 310 英尺。"[5]

从雷恩摆上第一块石头开始，圣保罗便是关于统计学、重量、负荷的研究。胡克在这方面对雷恩的帮助最大，他了解技术问题，并于 1675 年向皇家学会报告"建筑的各种拱形结构的正确的数学形式与机械形式，以及每种拱形结构所需的正确的拱座"[6]，在报告中，胡克提出了拱形结构是如何使重量均匀平衡的想法。如果要让圣保罗立起来，就必须仔细计算和测量，对建筑史的论述应该写得像几何论文一样。这些考虑在穹顶最早的准备阶段，便成了关注的焦点，地基一打好，便开始穹顶的准备工作。

自从雷恩 1665 年走访巴黎后,他便把穹顶放在他每次大教堂设计理念的核心。圣保罗将是英国第一座有这种穹顶的建筑,它会将伦敦与罗马万神殿的著名传统联结起来。万神殿是公元 2 世纪罗马皇帝哈德良所建,在比例和对称性上皆堪称大师之作,从穹顶的顶点到大殿的地板,可以画出一个完整的球体,是几何与规律的纯粹表现。古罗马人以火山灰做水泥建造,所筑的穹顶高入天空 143 英尺,看似没有任何支持。它原本是为异教的崇拜而建,但后来改为基督教堂,被称为圣马利亚圆形大殿(Santa Maria Rotunda)。从文艺复兴开端之时,它便成为一代代人研究勘测的对象,大家都想知道这经典的完美范例是如何建成的。

虽然雷恩已经吸收了许多罗马的古建筑知识,但并非只对西方的成就感兴趣。位于君士坦丁堡,在 6 世纪由查士丁尼皇帝所建的圣索菲亚大教堂(Hagia Sophia),是古代世界许多人公认的第八奇迹,它由数学家和天文学家米利都的伊西多尔(Isidore of Miletus)及特拉雷斯的安提莫斯(Anthemius of Tralles)所设计,为穹顶提供了另一种模式。圣索菲亚的穹顶是个新创,位于巴西利卡方形会堂的对角线交叉点,由穹隅支撑,四块球面三角形坐落在四根大柱子上,让圆顶往上高高隆起,这是高耸圆顶的首次出现。

西方世界经过几个世纪的罗马教堂和哥特式高塔之后,于 15 世纪文艺复兴时期,人们发现了圆顶可以象征天堂和上帝能力的完美。万神殿的理想结构,后来成为建筑师布鲁内莱斯基(Brunelleschi)在建造佛罗伦萨的圣母百花大教堂时所用的模型,它的圆顶高过佛罗伦萨所有的建筑,象征着人间的天堂。

布鲁内莱斯基于 15 世纪 30 年代开始建造他的旷世杰作,花了十多年才完成。他的圆顶是以砖块所筑,以人字形交叉排列,挑高 91 英尺,是数学工程的精巧作品,因为它是不靠外力自行支撑起来的，建造时也没有搭鹰架。每排砖块都是艰辛堆叠而起，灰泥混合得非常完美，将结构粘合起来，五条大理石拱肋由底座延伸到上面的灯塔。最巧妙的是，布鲁内莱斯基造了一个双层穹顶，内部是5—7英尺厚的砖头骨架内壳，上面铺上外壳，防止穹顶往内塌陷。这种方式既美观又有结构上的优点，由后代更进一步加以改良。这座教堂是15世纪的奇迹，使得佛罗伦萨成为新古典主义的首都。

然而佛罗伦萨的圣母百花大教堂，在下一世纪为罗马的圣彼得大教堂所超越。圣彼得大教堂是大师米开朗基罗所设计，在1546年他来之前，已经有好几位一流建筑师设计改建过，如布拉曼特（Bramante）、拉斐尔（Raphael）、圣加洛（San Gallo），先前这些人寻觅的是古典的理想，而米开朗基罗则更进一步重新构想。1561年，他把注意力集中在穹顶上时，采用了布鲁内莱斯基圆顶许多结构上的特色，但也重新赋予它现代风貌。米开朗基罗寻找的是建筑的灵魂，他所设计的长形穹顶，是对古代的致敬，也是与过去的大决裂。

他将布拉曼特的单层石制穹顶往上提高，让它坐在一个鼓形结构上，离地452英尺。但这戏剧性的手法却造成一个问题，米开朗基罗必须用布鲁内莱斯基的双层穹顶结构来试验，找出解决的方式。他把两层穹顶分离，内层用来配合巴西利卡方形会堂的室内空间，外层穹顶则高入云霄，却不至于影响到建筑内部的空间感。不幸在盖到鼓形结构时，米开朗基罗过世了，圆顶的最后设计是由德拉·波尔特（Della Porte）监督的，他做了一些改动，但仍维持大师的原意，所完成的圆顶是以厚重的石块建成，有一排窗户，顶上还加了一个圆柱形的特殊灯塔。

这种理性与知识平衡的特性，使得穹顶成为反宗教革命的象征，是天主教人文主义者在17世纪初的复苏，大大影响了巴黎建筑和它的天际线。而英国终于可以在它的中心有一座穹顶，并且与罗马和君士坦丁堡的都不一样，而且是属于基督新教的。雷恩将会自历史中习取经验，兼采东罗马和西罗马、文艺复兴时期和现代的建筑特色，并且加上自己对建筑和新哲学的理解，使圣保罗重生。

学会管理员与艺术鉴赏家

19世纪维多利亚时期人们的许多特质，如勤奋、严肃、节俭，都可以用来形容1666年伦敦大火以后的那一代人，是他们为伦敦的现代化撒下了种子，特别是伊夫林和胡克。伊夫林的日记是19世纪10年代在沃顿宅第（Wotton House）一个篮子里发现的。日记出版之后，他以其清醒虔敬的世界观，被人们誉为"第一位维多利亚人"。不过，如果有人能配得上"绝对勤奋"这个称号，那么这个人只能是胡克。

这两人都有日记，不过伊夫林的日记涵盖了他的一生，而胡克的则只有片段留存，这位培根的追随者，用日记当作实验室的笔记本，为那些结论、会议、发现与事件注日期、做标记，把它们当成实验的资料；而伊夫林则将自己的生活编辑成一位公众人物与虔诚基督徒家庭的写照，他的日记对新旧事件都同样重视并加以记录，他是皇家学会的忠实会员、新哲学的追求者，并且是参加会议最勤的一位，经常在辩论会上提问或提供意见。

1670年是50岁的伊夫林一生最忙的时候，身为伤病患者的负责人，随时都有任务要办，而他在宫廷的晋升，也注定了在沙夫茨伯里伯爵所管理的"贸易与殖民委员会"里地位的提升。即使如此，伊夫林仍希望多花些时间来开发萨耶院的花园并进行写作，他曾告诉一位朋友说他宁可一辈子"种菜或涂鸦"[7]。

相反地，胡克绝对是个公众人物。咖啡屋是他平日常去的地方，他喜欢在这里与自己真正的朋友在一起，这是让他最快活的小世界。胡克的日记里一共提到134家城里的咖啡屋。到1672年，37岁的他正值精力的最高峰，在伦敦的重建核心单位担任城市勘测员，除了与雷恩一起监督希兴巷（Seething Lane）海军办事处、新泰晤士码头、布莱德威尔医院、新门及高沼门的重建计划以外，还为布商公司、皇家内科学院、泰勒商人学校工作。1674年他开始建造贝特兰医院（Bethlem Hospital），同时也接待私人顾客，协调设计圣詹姆斯广场的一栋房屋，替布鲁姆斯伯里区的蒙塔古宅第（Montagu House）画平面图。另外，胡克还是格雷欣学院的几何学教授，学期间每周都有演讲。

过去十年间，科学声称是为全人类的利益服务的，而皇家学会的成立宣言是学会要促进共同探索知识和寻求讲求实际的解决方法。但是到了17世纪70年代，科学领域已经变得愈来愈商业化，大家追求"有用的知识"，为的是想要取得专利以及为发明者提供潜在利润的科技投机。因此，在社团庄严尊贵的气氛之中，隐隐出现有职业化的幽灵身影。胡克就在这个争议的核心。

另一方面，伊夫林还是典型的具天分的艺术鉴赏家。他在17世纪50年代末期开始创作园艺巨作《皇家花园》，此后十年间持续写作，但是到17世纪70年代中期，他这部探索实用知识的书距完成仍然遥遥无期。从一开始，他似乎对这部书的读者比书的内容更有概念，在备忘札记里，他用几页道尽他如何努力想定义自己的哲学，这是他一生的矛盾。

《皇家花园》的第一部是新哲学的理想范例，把书分成几个大标题，下面提出自己的论点，所以书的开始是个问题："花园是什么？"接下来是"园丁是什么？"然后探讨四大元素，日月、气候、土壤、肥料对植物的影响，以及植物如何生长，应该用什么器具，种植、修剪、浇灌的正确时间，怎样配置造景最好，营造喷泉的水力学，甚至还有在树丛间聆听鸟鸣的喜悦。

就此而言，伊夫林的精神很现代，他把这许多论述集合起来，为的是编制一套完整的园艺史。他根据自己或朋友在欧洲旅行所见，介绍了一些现代的花园，也从古文献里搜集了大量古代花园的资料，从《圣经》到老普林尼的《自然史》、维吉尔的《农事诗》等。但这些资料的累积对《皇家花园》的写作，简直不利到极点，伊夫林发现自己必须解释全世界的东西，无法集中在自己的论点上。最糟的是，他自己被一个吊诡之处难倒了，即古代的奇迹大部分都消失了，只存在文献里，包括最完美的花园——伊甸园。

1679 年，因无法完成自己的旷世巨著，他这样发泄自己的恼怒：

> 每次当我又想到自己跳进如此一片汪洋大海，花了二十年以上的时间搜集并写下了多少东西在这丰饶而无止无尽的题目上。常常觉得（我是说园艺）自己都无法完全消化，要把这些（日益增多的）资料放进我先前已经大致准备好的部分，而且必须要我亲自动手去做，就觉得自己几乎不可能有力气与时间去完成它。[8]

与之对照的是，职业科学家胡克必须为学会做示范实验，少数几次他没能做出让观众大为惊叹的实验时，学会的人还会表示不快。此外，学会还要求实验有结果，好让欧洲学者都知道学会的名声，而这些结果也会增加一些取得专利的希望，让智慧财产有机会转变为金钱，充实学会空虚的金库。学会管理员的压力非常大，而他仍能保持旺盛的工作热情，在 17 世纪 70 年代，他还把心思转到几个新发现上，这些新发现的领域吸引他锐利的眼光。

1667年,他拜访怀特岛的家乡回来后,开始思考自然史,提出地球有过去的想法:"地球表面大部分已经与天地创始之初大不相同了。"[9] 这说法引领了化石和地震的探索,使胡克跻身17世纪地质学的最前沿。他在牛津继续与波义耳、威利斯、洛克和洛厄做实验,寻找呼吸、燃烧的关键以及空气的品质,希望能发现大气中是什么赋予了生命。他用气压泵和活狗做实验,并且不得不把自己对解剖的厌恶置于一旁,从而对空气的本质有了更深的了解。他也在一致性的知识上有所贡献,找出两种化学物质为什么会结合的原因。

光看胡克的日记,就知道他对知识的胃口,简直是无所不拒。虽然研究如此广泛多样,但是他对新哲学的理论基础有着不断增长的兴趣。他特别提倡新哲学这一学科应该重新组织,提倡专门化和专业化:"我们的研究应该要有某种结果和目标,一些事先设计好的模块和理论,实验里应该要有意图。"[10] 这与17世纪50年代"哲学社团"的最初计划形成了鲜明的对比,从而注定胡克后来会不断对抗重复性的反对意见和争执。这个艺术鉴赏家和科学家之间愈来愈大的鸿沟,也会对现代科学的基础造成影响。

刺猬和狐狸

皇家学会和管理员之间日益增加的不信任感,对大家都不利,也带出胡克性格中不太可爱的一面,这点可以从他这段时期的行事方式看出来。虽然他对朋友和建筑客户很慷慨,但是在科学发现上,却十分易妒,而且不顾一切地争取权力,部分是因为学会里某些重要关系恶化的缘故。胡克较为好斗的态度,也可以看出科学研究者日益专业化的角色,与社会上业余艺术鉴赏家之间的尴尬的冲突。

因为胡克常常要在遭受争议与轻视时全副武装，一般人会把他看成态度傲慢、有侵略性的煽动者，但是胡克在所有案例里都认为自己是受害者，只是为自己的名声辩护，以先前的例子证明自己有理。但是没有人经过这么多争吵，声誉还会很好。这种竞相声称自己是新发现创始者的敌对姿态，会成为促进现代科学市场发展的途径。职业科学家的角色是找出新发现，而胡克则努力要表现自己不只是受雇做实验，以取悦那些对科学稍加涉猎作为娱乐的艺术鉴赏家和宠臣。然而，在皇家学会的其他会员看来，他好斗的个性让人不免对他的自我膨胀产生反感。

然而胡克并没有主动挑起争端、发动争吵，他通常是在对手先有所声明之后，才发声抗议的。很多情况是为保护他曾经做到一半却放下的想法，如早期曾经与雷恩的朋友阿德里安·奥祖（Adrien Auzout）争论镜片打磨是他的发明，后来与荷兰的显微镜发明家安东尼·范·列文虎克（Antony van Leeuwenhoek）也有类似的争吵，还攻击用肉眼观测的天文学家赫维留，说他的结果没有竞争力。吃过一些苦头以后，他才发现《伊索寓言》里狐狸和刺猬的差别，那就是虽然狐狸知道很多事情，但刺猬却知道最重要的一件事。在现代科学的未来，获得称颂最多的将会是专业的刺猬，而不是作为艺术鉴赏家的狐狸。

1671年底，年轻的剑桥大学卢卡斯数学教授牛顿送了一个望远镜到皇家学会。这个新仪器和用拉丁文写的说明书，被送到包括雷恩和胡克在内的委员会面前，由他们来核定这项发明的专利权。仪器十分巧妙，里面装了几面镜子，比一般天文学家用的标准折射管路更能放大远方的事物。次年1月，望远镜被正式呈献给学会会员，而牛顿也被选为学会的研究员，在此之前，皇家学会的伦敦成员对这位数学家还很陌生。直到牛顿在剑桥遇到学会创始人之一的艾萨克·巴罗以后，这些艺术鉴赏家才开始谈论他的作品。

牛顿的反射式望远镜是从他对光线本质的兴趣衍生出来的，在这份反射式望远镜的说明书进入皇家学会接受大家讨论时，有如黑马出现，令人瞩目，但是也让他与胡克发生了冲突，两人都不认为自己是错的。年长的胡克不愿意被一个乡下来的无名小卒比下去，而牛顿固执的程度说不定有过之而无不及。开始时，胡克对牛顿傲慢无礼，声称自己已经发明了"反射盒"，但也承认自己没有时间完成制作。同时他立刻开始组装自己设计的模型。可是胡克犯了第一个错误，他以为争议点是望远镜和仪器的制造，却不知道其实是光的本质。

牛顿读过胡克的《显微图谱》，其中有几个实验是证明光线以波浪形前进的理论。如果光是动作，那么白光就是纯粹无碍的动作，而颜色则是因这完美光波受扰所形成的。牛顿一念到这里便认为是错的，他在书的边缘记道："正如笛卡尔有可能会错，胡克先生也是一样。"[11] 接下来几年，他做实验证明光不是动作、不是波，而是物体、是细小的粒子。因此颜色不是白光受扰形成的，而是所有颜色的光联合呈现的。

1672年2月8日，牛顿为学会写下他的光学理论。这理论送到波义耳、沃德和胡克手上做分析，胡克是唯一回应的人，他在回应里试图恫吓这位年轻的科学家，说他已经"做了上千次实验"证明了所有事情，并且讥讽牛顿的发现："所以我看不出有什么必要相信他所发表的这个理论。"[12] 最后，他冒险承诺会证明自己的理论是对的。胡克的攻击既没风度又没必要，而且严重低估了他的对手。胡克在1672年间向学会示范了好几个光学实验，而两人日趋激烈的辩论信件，也在学会聚会上被公开朗读。胡克并在此后几年的《哲学会刊》上发表了许多反对牛顿理论的文章。

胡克显然相信他是为了学会好才这样做的，但在其他人看来，却是他的工作方式有愈发傲慢和偏执的倾向。最后，牛顿退出这场角力，直到 1675 年才回来，也许是因为学会秘书奥尔登堡也与胡克不和，牛顿便回来重新再提出他的反对意见。胡克再次打算做示范实验证明自己的理论，他宣称："我解释所有事情的方法与他如此不同，我的论述都是立基于实验之上，早把他的说法都驳倒了。"[13] 可是，1676 年 4 月 27 日，奥尔登堡的报告却说，已经做了依牛顿方法而做的实验，而且发现牛顿是正确的。

胡克和牛顿这第一回合的交手没有胜利者。胡克保住了他的地盘，但是牛顿却是对的，不过牛顿发誓不会在胡克生前发表他的理论，他的第一部巨著《光学》到 1704 年（胡克去世次年）才面世。胡克经过这次对峙，在宣称自己从前早就做过先例时，又树立了不少新敌人。

当时最重要的一个议题是测量经度所用的表，这是可以在海上标示精确时间的时钟。问题的关键并不只是它制作的工艺高超，或是它可以带来的巨大利润。当时第三次英荷战事正酣，不管是哪一方海军能拥有这种精度的表，便可以在海上计算出正确的经度，从而获得极大的优势。胡克从 17 世纪 50 年代与雷恩共事时起，便对经度表十分着迷，首先他寻求机械上的解决方法，1663 年又改进怀表，包括重新设计平衡弹簧。胡克向皇家学会的贵族申请专利，但这一次的协商没有谈拢，因为他担心这个机械若有任何旁人加以改进，可能会使他丧失专利权。

1674 年，荷兰学者惠更斯在《论钟摆时钟》一书里，宣告他已经设计出一种怀表，可以在任何情况下告诉你准确的时间。这个宣告迫使胡克回到他自己的这项研究上，在下一次格雷欣学院的演讲里，胡克抨击惠更斯根本没发现任何东西，并声明自己才是发明这种东西的人。

在这次事件里，皇家学会的秘书奥尔登堡对正在酝酿的冲突，有意地在一旁煽风点火，因为这场竞争牵扯到他的个人利益。1675年1月，惠更斯将其钟表平衡弹簧的秘密送交给奥尔登堡，答应把英国专利的收入给他。奥尔登堡公布了这项发明，因此让惠更斯取得了优先权。胡克向学会抱怨说，他十年前就已经提出过类似的设计，可是学会找不到任何记录。奥尔登堡引导会议接受荷兰来的申请，胡克很快就看出他的诡计，责备他耍花招。

然后竞争又复杂了些，优先权不是看谁先把平衡弹簧画在纸上，而是看谁先做出可以使用的实物。胡克不眠不休地与钟表师傅托马斯·汤皮恩（Thomas Tompion）一起完成了这项任务，并在1675年4月7日安排了一个会议，让自己和汤皮恩把这项新发明呈献给查理二世。胡克日记中记载，他"把带有新发条的表给国王看……国王非常高兴，亲切地说它比惠更斯的好得多，答应要给我专利"[14]。

这块表经过了几个月的调整修理和测试。同时，惠更斯的表也于6月送达，由学会的会长布龙克尔子爵检验，结果发现有缺失。胡克的表赢了，可是还没精确到可以帮助船员在全球各地测出时间上的差异。最后，胡克既没有赢得专利，反而还招来皇家学会对他所作所为的指责。胡克一生都在与经度的问题搏斗，可是仍然无法解决这个问题，他的纸上设计是可行的，但是没有精确的科技可以使他的想法变成成果。

这次失败使胡克陷于困境中。他还是没有找出可以让他成名的发明，反而在过程中损害了自己与皇家学会的关系。他再也无法依赖学会的支持了，从奥尔登堡的例子中，他发现有其他同事极力与他作对。

在最近发现的胡克笔记里，可以看到他与奥尔登堡闹翻的程度，其中包括许多他对奥尔登堡的《哲学会刊》所做的批注，与《会刊》一起传送给欧洲各地所有与他有联络的人。学会会议有时候没有记录，胡克认为这是故意的，尤其他关于钟表的发表记录更是被蓄意省略掉。此外，在转述奥尔登堡的《会刊》时，胡克总忍不住要用括号加上自己的牢骚话。1672年7月3日，尼赫迈亚·格鲁（Nehemiah Grew）向与会人士展示了树木的一种特殊性质。胡克附注道："我在此很早以前就已经展示过这一点。"更令人忧心的是同年11月13日胡克的附注，胡克说："这篇报告从未被提及，正是奥尔登堡的卑劣手段所致。"[15]胡克很快就找到了理由来支持他的多疑：奥尔登堡为自己的利益，窜改了学会的记录，贬低胡克。

到1675年，胡克已经受够了。他看到学会的改革是无法从内部达成的，这一点在那年秋天，胡克把自己的几个实验和设计收集起来出版在《太阳望远镜及其他仪器》里时，更进一步地得到证实。当手稿还在印刷厂时，胡克加了一条补充说明，用自己的说法完整陈述了最近所发生的事情，并加上他个人对奥尔登堡的激烈攻击。当大家对这篇煽动性很强的文章议论纷纷之际，布龙克尔和其他人在皇家学会的会议上讨论是否要把胡克赶出学会。胡克获得了暂缓执行，可是他的行为没有因此终止。次年，他出版了《灯》，书中搜集关于改进灯具的演讲，以及一些关于地心引力和光的思考。他再一次以附注做论坛，痛斥自己的同事。

1676年1月，胡克企图建立自己的哲学社团，专注于严肃的讨论和实验，要它们经得起质疑与深入发掘。这个想法最早于1675年12月10日面世，成员毫无意外地包括了几位胡克的咖啡屋同伴——贵族、商人和市政府的人。他们约好每周在雷恩的房屋秘密聚会，最初的会议因有胡克亲近的朋友，包括威廉·霍尔德、亚伯拉罕·希尔（Abraham Hill）和约纳斯·摩尔（Jonas Moore）爵士，出席率相当高。

新哲人之间私下的分裂，在1676年5月浮上台面，牵涉到公众事件的讨论。当时公爵剧团在圣布莱德教堂（St. Bride's Church，正根据雷恩的设计重建中）后面的戏院上演新戏，作者托马斯·沙德韦尔（Thomas Shadwell）素以急智出名，前一年才把唐璜的故事改编成《浪荡子》，造成一时轰动，现在正寻找新的受害者来讽刺。《艺术鉴赏家》第一次上演就爆满，观众包括国王和他的爱臣，戏剧说的是新哲人"虚有其表爵士"的故事，素材取自何人十分明显。这个角色对新科学着迷的样子，从空气的重量到虱子的放大，种种无用知识的探索，很不幸地看起来就像是皇家学会的管理员。

沙德韦尔写剧本之前显然仔细研究过胡克的《显微图谱》，对作者丝毫不留情面。有一段，戏台上的"虚有其表爵士"还想借猪腿上的光来看日内瓦《圣经》，并且被挖苦"在显微镜上花2000英镑，想找寻醋里的鳗鱼、奶酪里的螨虫和李子里的蓝色"[16]。胡克本人去看了以后，呸道："该死的狗东西！上帝会让我报复他们的！观众几乎在指我了！"[17] 戏剧最后几句还说："我们艺术鉴赏家从来没有找到过什么有用的事物，那不是我们的目标。"[18] 胡克听到这里，想必不禁愤怒地战栗吧！当他努力在科学界取得卓越成就，又提出这么多新哲学上的新想法和观测结果之后，却被沙德韦尔用毒辣的文笔和含沙射影的揣摩所羞辱。

胡克不是唯一感受到这种恶意的人，伊夫林也是剧作家辛辣攻击的对象，"看重琐事爵士"这个角色几乎正符合对他的描述，而且不管在公开或私下场合他都尽力为学会辩护。然而，对胡克来说，这个公开的羞辱发生得最不是时候，也影响到他的公众形象和私人生活。

他没有结过婚，而且很少与女人在一起，取而代之的是与他在格雷欣学院东北角房间一起住的非正式家人。1672年，两个女孩从怀特岛来与他一起住，一个是他12岁的侄女格蕾丝（Grace Hooke），这是他哥哥约翰的女儿，另一个是女佣内尔·杨（Nell Young）。格蕾丝到伦敦来，是为了准备和托马斯·布鲁沃斯（Thomas Bludworth）爵士之子完婚的。在伦敦她由胡克监护，胡克把她送到学校培训，备妥一切，可是到1673年夏天婚事却取消了，格蕾丝被送回到她父亲家。

内尔住在胡克家，以年薪4英镑，帮他打理事情，煮饭缝衣，也与雇主有了亲密关系。从1672年9月到次年8月她离开雇主去结了婚，胡克在日记里用天文学的双鱼座符号，记录每次同她的性高潮。内尔离开以后，胡克还与她维持朋友关系，有时会到她在舰队沟的新家去看她，她也继续帮他做些缝补之类的小事情。之后来的几个能力差的女佣，让胡克很生气，因此都只待了一段短时间而已。尽管如此，他还是与其中两人发生了性关系。

1675年，胡克收了一个怀特岛的远亲汤姆·贾尔斯（Tom Gyles）做学徒，同时格蕾丝也回到伦敦来。胡克教导这两个年轻人，为他们进入社会做准备，而他们也带来了家乡的消息。胡克的哥哥约翰作为一名杂货商，在纽波特（Newport）一地奠定了的自己的地位，两次被提名为市长，可是事情不像表面那样顺利。约翰常常要求借贷，包括1675年8月想在阿温顿（Avington）置产那一次的4000英镑贷款，此后他的债台日益高筑。同年，胡克开始与他的侄女发生性关系。次年，他把格蕾丝送回怀特岛，可是她又回到伦敦来，两人重新恢复关系。

这些事都影响到胡克的健康，他一向身体不好，多年来尝试各种泻药、胃肠药和止痛药，他开始对一些危险的用药方式上瘾。因为失眠，所以吃安眠药，然后又用药让自己清醒。他的日记从气象学记录，变成药典的研究，与慢性病、晕眩、盗汗、心悸、眼花、头痛和痉挛搏斗，而这些毛病也许除了肇因于他自己体弱，也因为乱用药。他开始贪婪地搜集各方说法和医药疗方，从医生到江湖郎中，再到酒馆里的"万事通"。

1677 年，所有事情都到了危急关头。9 月，贾尔斯因得了天花病而死，过程拖延得漫长，使胡克心力交瘁。同月，秘书奥尔登堡也死于疟疾。9 月 13 日，贾尔斯葬礼这一天，胡克在学会尚未选举之前暂时代理了秘书职位，可是胡克的对头没有因为奥尔登堡之死而消失，因为他执意不停地大声抱怨批评，让学会其他掌权者也十分厌烦他。选举一直拖到 11 月底，拖延的时间让成员派系更加分裂，为学会的未来而内斗。

雷恩支持他的朋友再找一个新的职位，虽然他不确定忙碌的胡克是否有时间再另外挑起秘书的职位。10 月中，胡克尝试游说雷恩接掌学会会长的职务，不过没有结果。胡克、雷恩、伊夫林和学会的财政主管亚伯拉罕·希尔，整个月都在大法官巷（Chancery Lane）的"男人咖啡屋"开会，找寻拯救学会的办法。最后在 11 月 14 日，胡克与伊夫林、约翰·霍斯金斯（John Hoskins）爵士和其他人一起去见国务大臣约瑟夫·威廉森（Joseph Williamson）爵士，游说他当学会的会长。

然而，所有的计划都没有成功。威廉森的呼声甚高，可是 12 月 13 日胡克却很惊讶地看到尼赫迈亚·格鲁成了临时的秘书。胡克在日记里写下自己的挫折感："他们好像还是要我当管理员，让格鲁当秘书。我是当不了秘书了。在乔纳森家,我对希尔发脾气。"[19]12月19日,事情到了危急关头,如果胡克要继续担任管理员的职位,他要在实验和示范的方向上有更多的决定权,他不要让宫廷的艺术鉴赏家和外行人凭一时兴致来左右他。

当这些事发生在伦敦的时候,格蕾丝为了躲避贾尔斯的天花病传染,已经回到纽波特去了,她一回去便受到了当地的贵族和岛屿总督罗伯特·霍姆斯(Robert Holmes)爵士追求。1678年1月,胡克的哥哥约翰自杀,原因到底是不是金钱问题,很难下定论。不过有些情况很奇怪,下一个月格蕾丝对外宣称得了麻疹,后来有人怀疑她被隔离不是因为传染病,而是怀孕,而约翰则是因为羞耻而自杀。霍姆斯爵士后来认养了一个私生女,不过母亲是谁无人知晓。

胡克次日造访内尔·杨,听到了这个令人悲伤的消息,可是日记里却只有简单的一句:"今天早上兄弟约翰·胡克过世。"[20]除了情绪上的悲伤以外,约翰之死也使胡克家的经济陷于困境,因为自杀在法律上不合法,胡克家人怕所有的房产会充公归国王所有。他的朋友雷恩、霍斯金斯和波义耳都聚集在他身边,为他向国王求情,最后他的家庭声誉得以保全。可是长期以来的不良影响逐渐累积,包括卓绝探索、与对手过招、为城市效力、自行用药的危险养生法,或许还有他自己的罪恶感,这也许已经超过体质羸弱的他所能承受的极限了。

第十章
政治的对立

当拉德盖特山丘上的教堂庭院挤满建筑工人的时候，建筑工地看起来就像是一艘船。鹰架高耸入云，用绳索和支柱捆绑在一起，仿佛船上的帆缆。四处都是巨大的石块，用滑轮或滑车起吊。绞盘起重机房将石块用吊车吊高，也造了人字起重架，把较大的石块用绳索提到空中，两边是高耸的杆子，用坚固的木头做横梁，将它们箍紧。石雕师傅忙着在白色的波特兰石前雕刻，雕好后再放置就位，或是不顾危险地在两根鹰架柱子间悬挂的木板上施工。邻近的圣格雷戈里教堂庭院里，设了一个长期的锯木场。

英格兰从来没有一位建筑师盖过这样大的建筑，不过雷恩之前在建筑师办事处所做的伦敦城教堂重建计划，被证实是这项工程最好的根基。到1675年已经有24座教区教堂在进行中，而办事处也发展出一套工作和组织的测试方式，转而运用到圣保罗大教堂上来。大家都争相要与勘测员一起工作，竞争十分激烈，不过许多拿到合约的石匠团队和工作团队，都是之前做过小规模工程的，而雷恩所选择的身边人，也都是他可以信任的。此外，以工作量为付费标准的有效方法，也在扩大使用。

从早春到寒冬之间的建筑季节，工地上形成一种规律，每天早上六点、中午一点和下午六点会鸣钟集合工人，由检核员点人数。晚上有两位警卫看守宝贵的仓库，以防有人盗窃。每周四和周六，雷恩会勘察工地，穿梭在工人之间，给予指示或询问问题。他与石匠师傅在集会大楼中的办公室开会，细读制图和设计，与胡克讨论，而胡克也总是会在场给予意见。会后他们常到"小孩咖啡屋"去讨论当天的事情，这家咖啡屋离胡克新设计的皇家内科医师学院很近，顾客包括医生和教会人士，胡克和雷恩就是在这里密谋策划皇家学会的人事问题的。

不久，当市民们穿过拥挤的教堂庭院，便可以看到大教堂的形象开始回到首都来了。诗人詹姆斯·赖特（James Wright）在1677年写道：

> 从无到有，圣保罗将再次高入天空！
> 若是这样不可能的事可以发生，
> 历史上无形的教会也可能
> 从混乱变为一致……[1]

国王之弟

然而政治仍然很难达成一致。从1675年起，沙夫茨伯里伯爵便成了王室膏药上最麻烦的一只苍蝇。他虽然已经被赶出宫廷，却仍是强而有力的舆论煽动者，虽然王室多次威逼利诱，但都无法让他噤声。特别是他把注意力集中在王位继承的问题上，在国会大肆发表耸人听闻的言论，说如果作为天主教徒的约克公爵詹姆斯继位，会有如何可怕的局面发生。他不是唯一持有这一论调的人，不久便有一群权贵和市政府官员开始私下传播不满的怨言。查理二世在恼怒之下，不准沙夫茨伯里伯爵待在伦敦，但这招也不灵，最后只好把他关在伦敦塔里，直到他道歉为止。

下狱并没有减弱沙夫茨伯里伯爵的狂热，还给了他组织反国王团体的时间。1678年2月出狱后，他继续攻击，在国会里鼓吹"排外政策"，也在街头、咖啡屋、印刷厂和教堂讲坛上，从而发展出后来的"辉格党"（Whigs）。辉格党常被视为英国历史上的第一个政党形式，不过事实却不是如此清晰确凿。在1678年，辉格党并不是一个党派，而是一群流动性的利益团体，由个别不同的成员所领导，不只是沙夫茨伯里伯爵一人而已。后人常以为辉格党是由单一的"排外政策"统合起来的，但其实他们不满的范围，远超过谁会继承英格兰王位这一问题。辉格党和为宫廷以及国王利益辩护的"托利党"（Toris）之间的对立，使得伦敦人分裂成两派。用最笼统的话说，辉格党反天主教、反法国，并且害怕这两者对查理二世的影响。然而，在这些前提之下，他们提出的其他选择却是林林总总，这说明了辉格党虽然知道他们不喜欢什么，可是却没有什么能达成一致的解决办法。

咖啡屋成了新的辩论室，好些辉格人士的俱乐部变成这些演变中的反对党中枢，如天鹅旅店、致敬酒馆、绿缎带俱乐部。沙夫茨伯里伯爵通过几个出版商，幕后操控印刷品运动，在伦敦街头散布小册子和传单。此外，他们办了一些很具视觉效果的活动，在城里传送令人震撼的信息，并在11月5日的"盖伊·福克斯之夜"上组织戏剧化的表演，由辉格党金库资助。在这些事件里，英文"mob"这个单词，来自拉丁文"mobile vulgaris"（流动的平民，类似于汉语"流氓"的本义），在此第一次用来形容这些有组织的暴民。辉格党已经把伦敦煽动到令人眼花缭乱的地步了。

到1678年秋天，查理二世的处境已经十分不利，有人担心他会使用待命的军队来掌控局面。然后查理二世听到一个阴谋，说耶稣会教士密谋要杀他，让约克公爵詹姆斯继位为傀儡，由天主教的路易十四操控。在首都一片可疑气氛中，这样的阴谋听起来似乎非常可信，再者，谣言不是只来自一个人的说辞，而是三个，接下来被一位脑筋糊涂的教士伊斯雷尔·汤奇（Israel Tonge）证实，然后第三位是提图斯·奥兹（Titus Oates）。10月17日，取得奥兹和汤奇证词的威斯敏斯特治安官埃德蒙德伯里·戈弗雷（Edmundbury Godfrey）死亡，尸体发现于城北樱草花山丘（Primrose Hill）的沟渠里。他被自己的佩剑刺穿，抛弃在草原上，衣服干净，没有挣扎的迹象，所有财物都在口袋里。谣言传开，说戈弗雷是因为知道太多内幕才被谋杀的。

有位历史学家把这个"天主教阴谋"称为"英国历史上最惊人的大恐慌事件"[2]，它以奥兹为中心展开。他生于内战初期，是浸信会教徒，但后来加入英国国教，直到因偷窃、醉酒、鸡奸、亵渎被逐出教会。在海军做了短期工作以后，他到西班牙和佛兰德斯地区旅行，潜入为转化英国人信仰而设的耶稣会学院，但无可避免地也被他们驱逐出去。之后，他回到伦敦来寻求报复。个性怪异、意志薄弱的教士汤奇，对奥兹的间谍与诈骗的新奇故事欣然接受，完全相信他说的事都是真实的，并且向国王叙述，国王虽然没有表示多大的关注，宫廷里有些人却比较容易当真，谣言一时甚嚣尘上。

当奥兹开始胡乱告发，在矛盾、模糊、似是而非之间编造说辞之时，他的听众也愈来愈多，愈发想要相信这个毫无信用的教士的话。因为奥兹举发了太多人事,其中有些一定是真的,而宫廷里所发现的天主教阴谋,也让许多人相信奥兹所说的一切必然有些是事实。被举发的人因为受不了酷刑而招认,更扩大了猜疑的范围。

女人开始在衣服里藏匿枪械,以防万一在街上被攻击,而狂热的反天主教思想也影响到所有的言论。11月5日的焚烧教宗游行,吸引了20万人潮蜿蜒在伦敦街头,到达圣殿关的仪式性柴堆。有人在圣保罗大教堂庭院里的工作棚和石块之间发现了一封信,说要发动天主教的动乱,保证要比1666年9月的大火还要更惨烈。雷恩受命彻底勘察国会大厦的地窖,因为谣传又有新的火药阴谋要把国会炸掉。甚至还有传闻说路易十四正集合武力,准备入侵英国。

1678年冬天,沙夫茨伯里伯爵松散的排外团体嗅到血腥味,看出奥兹的谋略是帮他们推波助澜的最理想的"特洛伊木马"。沙夫茨伯里伯爵自己没有鼓动人举发奥兹,他太精明,不会做这种事,不过他却乐于利用恐惧的心理,把矛头指向"天主教"的宫廷和国会里的托利党,来推进他的政策,并开始准备为他的排外运动发动攻击。查理二世为了保护自己免受更多的侮辱,在1678年12月解散了国会,这是他复辟以来的第一次,并在次年召开普选,找来一批新的国会议员。沙夫茨伯里伯爵写信给秘书洛克,要他马上回国,到他的赛恩特宅第计划辉格党的策略。洛克从1675年便去了法国,接到信马上于4月30日回来,去见他的庇护者。

选举定在1月举行,詹姆斯被送离伦敦,以缓和群众的情绪,然而国会一开张,便很清楚看出沙夫茨伯里伯爵和他的同伴有意把排外政策放在政治议程的最上面。他们攻击国王的首相丹比勋爵(Lord Danby),并从4月底开始辩论排外政策。天主教朝臣编造了一个"金属浴缸阴谋"（Metal Tub Plot），声称发现辉格党要谋杀国王，却没有成功，这对辉格党更是火上浇油。5月21日，下议院以207票对128票的多数，通过了《排外法案》（Exclusion Bill）的第二次宣读。隔周，查理二世为了避免上议院宣读这条法案，让其成为法律，于是让国会休会，并于稍后将它解散。

查理二世已经走到了死胡同，他无法以小集团或少数委员来统治，又不承认别人对他想建立专制政府的指控，如果召开国会，又担心排外政策成为现实。当初复辟的协议条款未能定出王室权力的范围，以至于整个政府的运作有倾覆的危险。

沙夫茨伯里伯爵也无法控制所有可能发生的事情，让它们都符合自己的利益，没有国会，他便转到街头熟练地利用大众媒体制造骚乱。1679年，国会因为排外政策的干扰，忘了更新印刷品审查制度的《许可法案》（Licensing Act），甫获自由的新闻界迅速对阅读大众产生传播、煽动和刺激的作用。除此之外，大家还联合组织请愿团，要迫使国王重新召开国会。1680年1月，光伦敦市政府便有16000人签名请愿，送交国王。同时，沙夫茨伯里伯爵使出操控手段，将查理二世的私生子蒙茅斯公爵（Duke of Monmouth）推到聚光灯下，引起众人的注意，把他当成可能的新教徒王位继承人，让他在伦敦城和乡村市镇像人民英雄一般游行。

伦敦的混乱，也影响了圣保罗大教堂的建造。重建委员会原本是基于教会、宫廷、国会和市政府的同盟，但"天主教阴谋"和随之而来的"排外危机"却使这些机构之间互相猜疑。《第二重建法案》最早提出的问题，开始出现在拉德盖特山丘上，那就是圣保罗大教堂究竟属于谁？市政府是坚决的辉格党，并且反天主教，1681年市长大人委托人在大火的纪念碑底部制作一块新匾额,改写了最近的历史。匾额上的文字将大火的起因与一般人怀疑的天主教阴谋结合起来,"是天主教徒恶意叛逆起火并延烧……他们想要灭绝基督新教和英格兰的自由,引进教宗制,奴役我们"。英国国教绝大多数人是托利党,但是当国王和国会发生角力之时,他们也愈来愈怀疑查理二世要当信仰卫士的承诺了。因此,要重建大教堂,也必须重新建立长久以来首都各势力之间的关系。

伊夫林看着这些争论,同时自己也陷入两难。他的哥哥乔治在国会里是辉格党,伊夫林自己也不想远离辉格党的朋友。他甚至与沙夫茨伯里伯爵有些交情,因为他们两个都是皇家学会的会员,都喜欢园艺,也与最倾向辉格党的埃塞克斯伯爵,即后来的伦敦市长罗伯特·克莱顿(Robert Clayton)爵士有所来往。此外,他也与洛克成为朋友,因为1674年他们曾一起在贸易和殖民委员会共事。所以虽然他是本能的英国国教徒,却无法给托利党百分之百的支持。他在1679年写道:"除非把最近的政局完全改变,采用别种策略,否则我们最后一定会遭遇突如其来且无法避免的后果。"[3]

同时,洛克多半时间不在伦敦,尽量离开风暴的中心,可是只要沙夫茨伯里伯爵需要他的意见,他马上就会骑马到赛恩特宅第,或伯爵在乡下避开政府监督的住所。尽管他这段时期的行动看上去很显然地远离了伦敦斗争的中心,但他确实做了在形势将人逼迫到极限时政治哲学家会做的事,他思考,阅读,访问,与朋友谈话,并构思想法。

洛克用私人的日记帮助自己思考,积极参与到当前的辩论中来。质疑信仰的根基,就是在对权力的剖析。他的论文《我们对神的想法》质疑原罪的根本,《灵感》则探讨理性的中心,以了解信仰。1678年12月的随记《信任，耻辱》里，他谈到当时的问题和权势的危险："滥用权势的人若有好名声，所有不义、谎言、暴力、不公、压迫，也就被当成智慧和能力来看待。"[4]

洛克不是唯一检验权威结构体系的人。没有国会，咖啡屋、印刷品和俱乐部就变成辩论的热门阵地。在这里，有个最重要的问题要讨论，即国王的权力是什么？辉格党坚决认为政治权力不是从神而来，而是人民同意，由国王、平民和贵族协调而成，但托利党则把国王的权力看成上天所授予，由英国国教执行。伦敦街头充斥的纸张和传单之中，有好些是内战时期的小册子，卷土重来煽动火焰。亨顿（Philip Hunton）在1643年所写的《王权条约》（Treatise of Monarchy）重新出版，质疑国王权力的界限。圣保罗的主任牧师桑克罗夫特，也是雷恩的朋友，资助托利党哲学家罗伯特·菲尔默（Robert Filmer）出版了《君权论》一书，这本书作于17世纪30年代末期，但当时并未出版，书中认为君主是神圣的，人类不能限制上帝所赐予国王的权力。这本小册子是通过桑克罗夫特的庇护，才在17世纪70年代出版的。

《君权论》谈的是还没有经过内战、霍布斯的《利维坦》还未出现、查理一世尚未被处决的世界。菲尔默回归到《圣经》的记载和亚当、夏娃在伊甸园的故事，来证明君权神授的理论，举了三个强而有力的理由，说明国王为何对国家有绝对的政治权力。他提出，人类并非生而自由，相反地，亚当是第一位君权论者，由上帝授予领导权；第二，所有国王都是从他传承而下，因此，所有权势都是从上帝最初的授予演变而来，也永远都维持原样。最后，菲尔默将这个观念应用在英国宪法的历史叙述，以及国家组织和政治的发展上。虽然几个世纪以来，王室的权势逐渐腐化，国王仍不在一般法律的限制之下，因为"君主的权力是上帝律法所赐,所以次于它的法律不能限制它"[5]。国会、《大宪章》和政府机构的扩展,只是为了时代的便利,不是与生俱来的权利,国王可以在任何时候将它撤销。国王已经为实际的需求分给旁人一些权力,但这并不是消减他的权威。因此,国王只要对上帝负责,不必向国人交代。

1680年2月3日,洛克以4先令6便士买了一本《君权论》,以及另一本菲尔默的作品《不动产所有权的大审查》,然后由牛津起程前往西南部去拜访朋友。这次随意的购买,是他最持久有力的哲学思想起点,即1688年出版的两篇《政府论》。这是个大好机会,洛克在反驳菲尔默的说法时,不只全面勾勒出自己的想法,而且发出强力的号召,要重新召开国会。第一篇是在1680年和1681年沙夫茨伯里和辉格党的人迫切推动政策的争议高峰期所写就的。

第一篇《政府论》的开头是"菲尔默爵士观念与根据之谬误",提出对《君权论》的异议,并回归《创世记》来反驳菲尔默的说法。他特意重新检视上帝在创造夏娃时赋予亚当管理权的那一段:"你必恋慕你丈夫,你丈夫必管辖你。"对洛克而言,这不是指与生俱来的权力,而是财产的定义。他也仔细检视上帝对亚当的诅咒:"你必汗流满面才得糊口",其中人所受的惩罚是劳力。而"上帝便打发他去工作,给他铲子锄地,权杖管理生物"[6],这些经文里,也没有关于政府的假设。

菲尔默所引的《圣经》并非君权神授说的根据,洛克坚持权威和所有权是基于"理性"才存在,而理性并不是上帝所赐予,而是从创造这项行动而来:"理性是一种渴望,强烈的求生欲望,是上帝赋予在人身上的行动原则,也是上帝在他体内的声音……因此人对生物的拥有权,是建立在他想利用这些对自己生命的存在有利

第十章 政治的对立

或必要的权利上。"[7] 这种对维护个体的理性追求，不是上帝所授予的神职，而是传承与家族的基础。所以，掌控政治的，不是《圣经》的权威，而是自然法。政府并不是上帝降福所选，而是因为大众渴望安全，为所有人的利益而产生。

如果权力不是上天赐予的礼物，那么谁有权统治呢？洛克这一次问到重点，可是还在摸索答案。因为要重新召开国会，国会议员和上议院必须找寻正确的宪法解决方案，不像哲学家可以慢慢思考，不用想象后果。然而，事件的发生会迫使洛克找出答案，而且就在几个月之间而已。

1680年秋天，国会再次启动，辉格党又企图逼迫议院通过《排外法案》，下议院通过了，但因为国王的人进行了富于技巧的操控，上议院否决了法案。沙夫茨伯里伯爵于是尝试另一种策略，建议查理二世休掉他生不出孩子的王后，再婚生个新教的继承人。这种猫戏老鼠的游戏很快就让人生厌了，国会在1681年再次休会，国王命令再重新召集议员，并且要在远离伦敦的保皇派重镇牛津开会。如果查理二世在国会里找不到他想要的议员，至少可以在他掌有优势的地方召开国会。

牛津的国会将会是排外危机的终局，两边都准备妥当要开战。沙夫茨伯里伯爵和洛克在准备阶段的1681年3月，写下了"给该郡骑士在国会里如何举措的指示"，告知辉格党国会议员应该怎样准备面对冲突。洛克也承担起为他的庇护者和同伴安排住宿的任务，他找到的是贝利奥尔学院和数学家约翰·沃利斯的家。他自己的教会学院已经被国王征用了。国会议员于2月抵达，声势浩大。国王随一队警卫进入，而辉格党人则步行穿越城市，帽子上绑着带子，高喊："不要教宗！不要奴役！"伦敦的受雇文人和宣传小册页作家也搬到牛津来看形势的发展，助长煽动争议。

国会终于在 3 月 21 日召开,国王答应听取人民的意愿,如果詹姆斯继位,会想办法保护基督新教。沙夫茨伯里伯爵在临时于牛津大学几何学院里召开的上议院会议中,再度提出排外政策,下议院也迅速采用。国王不急着结束辩论,而让情况自然发展,他知道是这件议题将辉格党人聚合在一起,任何解决方式都会让这个松散的同盟分裂。辉格党人不要詹姆斯继位,可是要什么人继位却意见不一。一派已经提出国王的私生子蒙茅斯,另一派则倾向詹姆斯的女儿玛丽。其他胆子够大的人提议共和国制。经过六天的争论,党内开始出现分裂状态,"大家对新教徒的安全和稳固,普遍觉得无望,认为不会有任何政策可以保障它"[8]。两天以后,查理二世解散上下两议院,让他们回家。他用什么都不做的策略,赢得了这场争辩。

牛津国会之后发生的事件,迅速将英格兰转变成两极分化的国家。查理二世让自己不用倚靠国会来统治英格兰,他从关税和货物税的所得,以及由殖民地经伦敦港倾倒而入的金钱,充实了他的金库,加上法国来的新资助金,在 1681—1685 年进账 430 万里弗尔(livre,古代法国货币,约值一磅银子)。辉格党无法再以收税的理由让国王召开国会,因此失去一个可以影响王位继承权的合法阵地。

查理二世开始反击,不只拿棍子打辉格党的头目,还以其人之道还治其人之身。反对党被迫成为地下组织,不然就高高地挂在绞架上。密探渗入辉格党内,连洛克也身受其害,他在基督教会学院当图书馆员的假朋友汉弗莱·皮丢克斯(Humphrey Prideux)牧师(刚好也是伊夫林的朋友),把他的行踪都报告上去。国王部署自己的宣传工具与"反面写手"来吸引乱民,罗杰·莱斯特兰奇成了国王的首席舆论导向顾问，其使命是让乱民与国王的目标一致，因为如他所观察的："正是印刷品让他们发狂，所以要用印刷品。再让他们回归正常。"[9]于是印刷品开始转而秉持新的论调。托利党表现出保卫国家的形象，与辉格党的煽动言行、意欲重燃内战相抗衡。托利党以"不要回到1641年"的口号占领了上风。

7月，警官终于来找沙夫茨伯里伯爵，在赛恩特宅第将他逮捕。官方没收了他的文件，以叛乱罪名再次把他关进伦敦塔。

然而，伦敦仍是查理二世身边最痛的一根刺，他对市政府采取了无情而有效的处理方式。伦敦市民之顽强，由1681年11月24日沙夫茨伯里伯爵在伦敦法庭上的情形可见一斑，大部分陪审团成员都是他的同情者，他们判决此案无据，沙夫茨伯里伯爵便被释放了。查理二世的回应是发出一份书面的追查状给市政府，质问市政府自治宪章是根据什么权限而定的，说市政府已经破坏了与国王的协议，因此应该剥夺其地位和政治权，降为村镇级别的行政单位。

国王高等法院的听证会于1683年2月召开，这回几乎所有的审判员都是国王自己的人。市政府被判违反自治宪章，不得不请求赦免，查理二世很快便同意，但附加一串条件，如果没有国王的同意，不能选举市长、市议员、治安官、书记官、一般警官或验尸官。国王可以否决市长，若是需要，甚至可以自行聘任。市议员委员会也应该能被否决聘任，治安官则要由国王来聘任。市政府这下被拔掉利牙，国王便可高枕无忧了。

辉格党对托利党这些雷厉风行的举措，保持审慎态度。官方于1681年7月从沙夫茨伯里伯爵家中搜出的文件里，最奇怪的是一本洛克所写的《高卢病》，讲梅毒之事，可是洛克的文章里却找不到相关的资料。这本书真正的内容，其实更具传染性，因为低俗的标题是法国专制主义病理学的双关语，隐藏在背后的是第二篇《政府论》，后改名为《人民政府之最初、当下与末尾论》，这内容如果被发现，也许洛克和沙夫茨伯里伯爵都要上绞架。

第二篇《政府论》比第一篇更进一步回答洛克本来回避的问题——我们应该顺从谁？牛津国会之后，辉格党察觉查理二世不会再召开国会，所以若要找寻改变之道，就要找新方法。洛克一生想回避的——叛乱——似乎是唯一的解决之道。他的文章不只是辩论政府权力和君权而已，也是革命的宣言。

洛克的说法是，在天地时间之初，人是生而平等的，当时的世界里，拥有物和继承权并不存在，这种自由的权利是不可剥夺的。当人口变多，土地的需求增加，金钱累积起来，便演变出商业社会。因为商业兴起，才需要经过大家同意组成的政府，而由少数人来统治，以保护拥有的财物，但这也需要大多数人同意才可以。因此，政府的权力是由人民所给予的，只要政府不逾越这块土地的法律即可。政府若是专制行事，便破坏了这个契约，而一旦宪法法规被破坏，洛克认为，个人或社会整体有权利以违反宪法的缘由把政府换掉：

> 因此无论何时，如果执法者逾越基本的社会规则，不管是出于野心、畏惧、愚昧或腐败，拼命要自己抓住或让另外一个人掌控专制的权力，凌驾于人民的生活、自由和房产之上，破坏了人民对他们的信任，所以人民给他们的权力应该要没收，交还给人民。人民有权利要回他们原有的自由，并且为自己的安全，重立他们认为合适的新执法者。[10]

洛克在最后的呼吁中问道：谁是暴君的审判人？他说："对此我回答：人民是审判者。"[11]

到 1682 年，洛克已全力埋头于反对查理二世的地下反叛活动。上一年的 10 月，皮丢克斯向他的间谍首脑报告说："我们已经拿到一本叫《抵制新教徒的密谋》的宣传小册页，据说作者是洛克。"同时，洛克故意装出与这些事都没有关系的样子，如他的间谍所报告："他一句政治话题都不谈，没有任何消息与我们目前的事件相关，他好像一点也不关心的样子。"可是皮丢克斯不相信："我猜想，可能有些事正在暗中进行。"[12]

事实上，洛克正在慢慢筑起革命计划，甚至包括谋杀国王在内。1682 年夏天，沙夫茨伯里伯爵策划由蒙茅斯领头起义，但是计划失败，蒙茅斯逃到西南部乡下。同时，另一群出身贵族的谋叛者打算在查理二世和詹姆斯从萨福克郡纽马基特（Newmarket）赛马的回程途中将他们两个一起暗杀，但也失败了。1682 年 11 月 28 日，丢尽颜面的沙夫茨伯里伯爵被迫装扮成长老会教士，逃亡荷兰。几周之后，他死于肝病，此病自 1667 年洛克第一次为他治疗，一直持续至死。

沙夫茨伯里伯爵死后，叛乱的密谋仍旧持续，不过洛克参与了多少无法确知。1683 年的头几个月里，一群辉格党人组成的"六人委员会"策划了一场叛乱，另一群由罗伯特·怀斯（Robert Wise）率领的人执行"赖伊宅第阴谋"（Rye House Plot），企图以声东击西法的手法暗杀，结果同样没有成功。"六人委员会"于是策划兵变，他们草拟的新宣言很可能是基于洛克在第二篇《政府论》关于叛乱的论点。但是委员会的行动很快就因为其中有人背叛而失败，谋叛者也被逮捕。

洛克突然明白自己的生命有危险，他的第一个反应是把自己的作品丢掉，他毁了许多纸稿，包括沙夫茨伯里伯爵所写的自传。政府的一位情报人员理查德·霍洛威（Richard Holloway）警官报告说："他将好几篮纸稿偷偷搬到奥克利（Oakley）的詹姆斯·泰里尔（James Tyreell）先生家……或牛津的绸布商保林（Pawling）家。"[13] 在伦敦，谋叛者被调查出来，一个接着一个上了绞架，洛克在牛津也被盯得很紧，因此他撤到西南部去，然后逃到荷兰。带着未完成的第二篇《政府论》，在1683年9月7日抵达鹿特丹。

国王的没落

排外危机期间辉格党行动的失败，让查理二世有机会成为他一直想变成的巴洛克王子形象。他不用再受控于反复无常的国会，而且货物税和关税的流入，加上法国来的金钱，使得他终于可以树立一个足以与法国太阳王路易十四匹敌的英国君主形象。宫廷里设了严格的新规定，觐见国王的管制愈来愈严格。与伦敦人的感情决裂，又经过多次暗杀的威胁，国王改变了此前的作风。以前他会在拥挤的怀特霍尔街地区，巡行穿越新造好的圣詹姆斯公园，让大众看得到他，如今他躲开下等暴民，与他们保持距离，以疏离唤回自己的权威形象。

1683年冬天，测绘总监雷恩受命建筑一座富丽堂皇、足以同凡尔赛宫媲美的巴洛克式皇宫。雷恩为此到汉普郡的温彻斯特去购置足够的土地，这块地曾是阿尔弗雷德大帝（Alfred the Great）的韦塞克斯（Wessex）王朝的首都。建筑季节一开始，便有一群伦敦的石匠与建筑工人进驻到乡间开始动工。最要紧的是速度，因为生病的国王说："要是可以在一年内完工最好，一年对我的生命来说已经很长了。"[14]

雷恩要盖的这座皇宫，必须尽可能是一座英国式宫殿，以豪华的花园环绕。建筑坐落于山丘顶端，俯瞰古老的城市，三面围绕一个大庭院。这个宫殿要与凡尔赛宫一样，不只是王室家庭的休假别墅，也是另一处远离嘈杂伦敦（或者说是与伦敦对立）的政府所在地。东南角是国王的居所，有六十个房间，包括内室、军机房、客厅、卧房、小室，集中于内庭。相对应的西北角是王后、约克公爵和国王目前的法国情妇的住所。宫殿前面是给臣子与部长居住的精致房舍。建筑正面的设计，是要反映王权的壮大和距离感，而没有任何凡尔赛宫的虚饰俗丽。

1683—1685 年，雷恩多次来查看工地，根据他的花费账目记录，他有 78 天在工地。像他这样忙碌的人，这个数字可以看出他对这项工程的重视，也表示施工必须倚赖清楚的设计图和平面图，他做了一个照比例缩小的模型来显示他的意图。雷恩很幸运地从其建筑师办事处雇了一位年轻的制图员尼古拉斯·霍克斯莫尔（Nicholas Hawksmoor），他按照雷恩的要求画出图来，让工人在雷恩不在场时有所依据。在雷恩手下人的眼里，这位助手的地位将会愈来愈重要。1683 年整年把地基定好以后，次年初便开始筑墙。虽然工程严重超过预算，不过进展神速，到 1685 年 3 月已只差在屋顶铺设铅板了，剩下的就是等国王搬进去，让它成为斯图亚特王朝的权力中心，与伦敦抗衡了。

虽然有温彻斯特的建筑分散注意力，但圣保罗大教堂到 1685 年已有明显的进展。天主教密谋和排外危机的大动荡，使圣保罗处于困境。1675 年的法案所给的煤炭税，与工程的真正花费比起来，已经过于微薄，一年仅有 4000—5000 英镑的税金，而雷恩却轻易就可以一下子花掉 1.3 万英镑。雷恩迫切需要更多的钱，但因为担心市政府的反应，他不能去求刚发财的庇护者查理二世。教会同样不愿响应，他们无法信任国王或他将来要继位的弟弟，因为怕他们会把大教堂交给法国。自从1681年的牛津国会失败以后，就没有任何机构给钱了。

雷恩的重建工程愈来愈倚赖私人的捐助来维持进展的顺畅。1677年的一次会议揭示了私人捐助的需求比例之高，让国人知道资金严重短缺。可是谁会资助这样的工程呢？他们决定广泛地向国民募款，请他们掏腰包。于是伦敦主教亨利·康普顿（Henry Compton）写信给所有的教会和地方议会，请求协助。他试图给圣保罗一个新形象，在当时的时代乱象之外，把大教堂摆在英国的中心，与罗马对立。这是重造形象的高明说法，很多人都会赞成。然而大教堂却没办法长久地远离混乱的政治。

一个特别的例子，是曾与雷恩在圣斯蒂芬·沃尔布鲁克教堂工作过的细工木匠斯蒂芬·柯利芝（Stephen College）有关。他在拉德盖特山丘有许多同伴，也是有名的宣传小册页作家。1680年，他到牛津与大群民众一起包围和响应国会，在咖啡屋和酒馆里念讽刺文章和诗文，人们称他为"活跃热门的人"[15]。在牛津，他特别以自己最新的传单《拉洋片》为傲，这篇文章成了辉格党人的最爱，文中将查理二世描绘成在露天游乐场上抢夺人民自由的人。牛津国会失败以后，柯利芝回到伦敦，不久官方开始实施报复，他在1681年7月被捕受审。市政府议员只判他是个"糊涂虫"，王室对此判决很不满意，既然在伦敦无法制裁他，便决定以他在伦敦和牛津都犯罪的理由，把这件案子送到保王派所在的牛津去审判。

此案轰动一时，许多人特地跋涉到牛津去支持他，并且为辉格党辩护。然而审判却受到非法操纵，柯利芝被判处叛乱罪，两周后的 8 月 31 日，被处决于牛津城堡。他几乎马上就成了这次改革运动的殉道者，"基督新教细工木匠"。在拉德盖特山丘上，这个对伦敦自己人的人身攻击与国王在 1683 年出具追查状想要削弱伦敦市政府权力的企图刚好同时发生。大家对大教堂的发展兴趣渐少，甚至有人认为它代表伦敦城内的国王权势，因而对它心生愤恨。

圣保罗的工程也受到气候的妨碍。因为这些年正处于小冰河期，几乎每年冬天伦敦城都会结实地冰冻起来，在这些最冷的月份里，工程是不可能进行的。伊夫林记录了大家聚集在冰冻的泰晤士河上的快乐情景，也同时埋怨寒冷如何破坏了他在萨耶院的花园。1683 年底至 1684 年初的冬天特别严寒，水流被伦敦大桥的桥墩所阻而变缓，西边开始形成冰原，可以承载"好几千人"。新年的时候，原本在河上载运客人的船夫，因失去宝贵的收入，便在冰上摆起摊子和售货亭来，而车夫也在冰上驾驶马车，就像在路上一样。整个城市的人很快就都聚集在从圣殿阶梯到南岸区的冰河上。1 月 24 日，伊夫林写道："马车定时（在结冰的泰晤士河上）由威斯敏斯特区行驶到圣殿区，并在其他码头间来回，就像在大街上一样，雪橇、溜冰鞋、逗牛游戏、赛马、赛车、布偶戏和短剧、餐饮棚和其他世俗场所无所不有，就好像酒神的狂欢宴，或是水上的嘉年华会。"[16] 这场露天游乐会一直延续到 2 月的第二周。

冬季期间，整个圣保罗的工地要将已造好的部分用木板围起来加以保护，因为雨水会结冰，使石块裂开。当回旋的雪侵入内部，必须趁它尚未融化时就扫掉，以免侵蚀底下的砖石穹隆，而到目前为止，已有一些砖块因这种损坏而必须替换。德特福德区有位埃迪斯伯里（Edisbury）先生提供了一个很聪明的解决办法，他发明的"斜堤"可以将唱诗席的整个地板盖住。此外，排水系统也有问题，因为雨水会将拉德盖特山丘上的淤泥和垃圾冲到下面的街道，当时的下水道设施又十分简易，当地居民的住宅和刚铺设好的街道，常常淹满泥泞脏污。所以雷恩必须与附近社区的人沟通，找出新办法来修补排水系统和下水道，而这些钱也得由重建基金来支付。

每年春天，教堂庭院又会再挤满工人，而在琼斯的柱廊后面，新的大教堂正开始成形。雷恩因为怕手头甚紧的委员会随时喊停工程，所以亲自督导建筑工程各方面的进度。他没有照委员会所建议的，一部分一部分地逐步完成，而是整座建筑一起进行。连接琼斯正面门廊和穹顶交叉点的内堂墙壁，现在已经到达地面的高度；工地东端的唱诗席墙壁，也已经盖到 30 英尺高了，雕塑工人开始为外部塑造各种雕像。支撑穹顶的八根大柱子已接近完成。此外，大教堂的形貌已经与当初获得许可的"授权设计"相距甚远，建筑北侧与南侧的袖廊，现在呈现的是拱形，而不是平的，也许是要呼应后来要盖的穹顶的形状。更重要的是，东端的墙壁与雷恩原来被认可的计划，已经大异其趣。

到 1685 年，唱诗席的墙壁已有两层楼高。内部走道的墙壁已经完成，雷恩准备要请人来为唱诗席东端的拱形门楣做精美的雕塑。从外表看来，可以很清楚看出雷恩对外墙的设计灵感，是来自怀特霍尔的国宴厅，也就是琼斯为颂扬斯图亚特王朝所设计的杰作。细节的选择是有意为之，因为再也没有更好的范例可以代表国王作为信仰卫士与复辟以来第一座英国国教大教堂的关系了。但这不是雷恩希望传达的唯一内容，因为圣保罗并非只属于国王一人。

东端的墙壁还藏有另一个秘密。从外面看起来，一楼包含一排窗户，让光线进到唱诗席内，但是二楼各以成双壁柱分隔的四扇窗户，却是以不透光的石块雕塑而成，而不是镶嵌玻璃。这面墙其实是隐藏雷恩另一个建筑细节的障眼法，这个细节才是圣保罗的真正身份。从外部看，教堂东端像两层楼高的巴西利卡式长方形会堂，就像是罗马的和平殿堂；但是从内部看，大教堂提供了一种不同的体验——以高挑的中央唱诗席和两侧的走道，重新创造了一个传统的哥特形式。雷恩以巧妙的手法，在罗马式庙堂的包装底下，藏了一个哥特式的唱诗席。

如此他得以将古老与现代两者同时放在一起，从外表看，大教堂是完全现代的建筑；从内部看，又符合英国国教对传统的要求，雷恩用一个设计表现了圣保罗的三种身份。此外，作为掩饰的屏障墙增加了支撑力，以支持接下来要盖的穹顶。掩饰性的外墙与唱诗席真正的墙之间，还有一道空隙，在这空隙里，雷恩造了一排窗户。

终其一生，雷恩对观看的方式和光线的科学一直十分着迷。他年轻时在望远镜和显微镜上的实验，教会了他新哲学的方法。对雷恩来说，光不只阐释几何学的完美，"也代表了理性的礼物"[17]。圣保罗将会充满自然光，但不会像哥特式有长影子和彩色玻璃的神秘空间，它要提醒崇拜者的是，"理性的礼物"是从上帝那里来的。

当拉德盖特山丘上建起东端墙壁的时候，洛克正前往鹿特丹，然后到阿姆斯特丹去，他是为了保护自己富于煽动性的文章而远走的，这篇文章如果被发现，他绝对会被送上绞架的。洛克曾提出所有权威都不是上帝所授予，而是来自理性——每个人内在的上帝的声音。尽管1685年在政治范畴上，雷恩和洛克似乎站在了完全对立的两端，但雷恩希望用他的新教堂唱诗席来表现的意图却与洛克是相同的。雷恩和洛克两人都在质问过往的权威，也正艰苦地重建新的解决方式。

1685年2月的第一周，查理二世的脚踝受伤，当晚时睡时醒，到第二天早上，脸色苍白，声音沙哑。伺候的人为他刮胡子时，他抽搐起来。御医决定为他放血，宫务大臣艾尔斯伯里（Ailesbury）赶紧去把约克公爵詹姆斯找来，詹姆斯仓促间一脚穿着拖鞋，一脚穿着皮鞋赶到。查理二世知道自己快死了，接下来的六天，医生为他放血，施用止血剂与药物，用药让他打喷嚏，贴膏药从他脚上把毒引出。然而当时的药物对病人的损害程度也许与有效程度一样大。他还得忍受一连串到怀特霍尔来的访客，这些人假装关心，实则是来看他是否真的要死了。当局为国王的性命祈祷之余，也为新王的继位做了必要的准备。伦敦市长询问了国王的状况后，也答应追随约克公爵詹姆斯。

继位的问题随即成为激烈的私下争执。周四，法国大使访视国王，对所见的景况非常震惊，鼓励詹姆斯接掌权势，而不是查理二世的私生子蒙茅斯公爵，或玛丽公主的丈夫，即荷兰新教统治者奥兰治的威廉（William of Orange）继位。法国大使的任务还没完，他与国王的情妇朴次茅斯女公爵（Duchess of Portsmouth）密谈，后者透露了查理二世可能在临死前改信天主教。詹姆斯公爵问他哥哥想不想要教士，国王悄声说："是，全心全意地。"[18] 然后他们秘密安排了一位苏格兰的教士约翰·胡德斯顿（John Hudleston），用假发和教士长袍变装，溜进国王寝宫，听他告解，让他领圣餐。查理二世整夜与家人朋友道别，清晨陷入昏迷，于中午前去世。

辉格党争取的所有事物都落空了，包括延宕的排外危机和歇斯底里宣扬的天主教密谋，查理二世还是按照顺位让弟弟当了他的继承人。詹姆斯迅速地接掌了权力，但他的个性与哥哥相去甚远。他答应在法律之内行事，答应与法国维持联盟，并逐步裁减辉格党的势力，不让他们在新王继位的初期再蹿升起来。对于英国国教，他也发表了恰当的言论，答应会保护支持它。他保留了枢密院，就像也继承了此部门一样，希望制造与哥哥政权一致的印象。

然而，这一切都只是表象而已。一周之内，詹姆斯便在圣詹姆斯宫的天主教会堂公开进行礼拜，而且在4月23日圣乔治节的加冕典礼，没有圣餐礼。谣言开始散播开来，说监狱里的天主教士和教徒被放出来了。

詹姆斯加冕以后，正式成为詹姆斯二世国王，他召回四年在野的国会。会议于5月22日举行，并大肆庆祝，伊夫林也在场聆听国王演讲，国王每次停顿时，都有支持的呼喊声打断演说。新国王趁机要求固定年收入，这项税收马上就获得了通过，很难想象有比这群政客更顺从的了。国会里充斥着托利党人，他们虽然与辉格党一样极力反对天主教，但支持国王继续当英国国教的首领。甚至少数仍在国会里的辉格党人，也为国王欢呼。不用说，詹姆斯二世在如此礼貌地召开国会以后，只不过六周就让它休会了。他拿到了钱，就不再需要政客了。

休会的一个借口是蒙茅斯公爵带叛兵到了莱姆里吉斯（Lyme Regis），说他才是英格兰真正的国王。蒙茅斯活在一个梦想里，但自从沙夫茨伯里伯爵在1682年的计划失败后，他的梦就日渐无望，不过当他的军队穿越西南部郊区，进到每个城镇之时，吸引了许多人响应加入，但这只是凸显了詹姆斯二世的统治基础有多么不稳固。蒙茅斯的起义为时甚短，而政府对叛军的惩罚非常残酷。7月5日在塞奇高沼（Sedgemoor），蒙茅斯的军队有200人遭屠，近1000人在撤退时被杀，100人被捕后即刻处决。

之后，政府派遣血腥审判团（Bloody Assizes）前往镇压此区，主持者是可怕的法官乔治·杰弗里斯（George Jeffreys）。全部1500名犯人都被判有罪，250名处决，850名判十年牢狱，送往西印度群岛当奴隶。蒙茅斯甫一被捕，便当众受审，并以极端残酷的方式处决。刽子手砍了五下，才把他的头砍断，群众惊骇异常，几乎要拥上去用私刑处死残忍的刽子手，幸好被警卫阻挡。伊夫林只盼望这是动乱的终结，他写道："颂赞上帝，大家的心结终于解开了，如果我们改革，未来必有平静的前景。感谢吧！让我们好好善用这慈悲！"[19]很不幸地，事实证明他错了。

第十一章
革命前夕

1666年大火后十九年，伦敦重生了。格雷欣学院的物理学讲师约翰·伍德沃（John Woodward）向雷恩报告说：

> 中世纪伦敦的平面图已大为改变，成了红砖白石的优雅现代城市。成千上万的房屋，即使是市民私人所有，建造的方式不只让他们生活更加方便……还比王公贵族宫殿的设计和建筑水平更加优越……依靠拓宽的街道、能被输送到各处的大量清水、公用下水道和其他类似的发明设计，让香甜的空气在城市中自由流通，干净又有益市民健康，这不只是全世界最美的城市，也是最健康的城市。[1]

但这些改变不只是测绘总监雷恩的成就，像巴本这种投机客的贡献也一样多。

巴本和他的合伙人到1680年所执行的重建计划，已经遍布都会各地，将伦敦城转变成前所未有的面貌。在克拉伦登宅第和柏克利宅第所在的皮卡迪利大道上，贵族的屋宇已经改观，成为精致的华厦。克拉伦登卸职宫务大臣后,于 1675 年将宅第卖给第二代阿尔比马尔公爵(Duke of Albemarle),经过一场大火,这块地最后落入投机组织手中,其中包括有巴本的合伙人,金匠约翰·欣德(John Hinde)和托马斯·邦德(Thomas Bond)爵士。

同样地,柏克利勋爵死后,他的妻子被迫重新开发这块地。失去这么高雅的建筑,伊夫林感到特别可惜:"如此美丽的所在(到目前为止,是全城最高贵气派的花园、庭院、房屋与门廊等),会落入困窘之境,变成租用之地,真是令我痛心。"但他也知道她如此做的原因:"柏克利夫人租让土地的决定,也是为了高昂的租金,一年便有将近 1000 英镑,这种疯狂的恣意胡为,也是城市建筑将来的走向。"[2]

这两栋大房子预示了作为欧洲首都的伦敦,将会以拆除重建的方式重生,将上流房地产转换成分租房屋和利润。然而一下子便碰到危机,因为投机业组织买地花了太多钱,不得不把地抵押出去。欣德因债务下狱,运气最糟。他的失败证明了在竞争激烈的市场上,投机可以大赚一笔,也可能会让你破产。不过还有很多人会步上他的后尘,在多变的经济里冒险一试,这些房屋曾经矗立的地方,后来改建成为邦德街、多佛尔街、阿尔比马尔街,以及梅扉尔区最早的房屋。

改建区不仅限于城西。东部城门附近,通往港口处,旧医院和亨利八世炮兵场的空地,都被炒作成为新兴商人与业者的住屋。到 1680 年,改建计划已大为扩展,范围已经扩大到东边一英里外的贝斯纳绿地的小村了。这一地区是非英国国教徒、犹太人和胡格诺教徒最喜欢住的地方,因为它不在市政府的管辖之下,又离首都的贸易中心不太远。很快就有人吵着要在斯皮塔菲尔德造个市场了。

过去十年间,雷恩曾尽力阻止城市往东扩展,但是它带来的潜在利润实在太大了，巴本无法拒绝这样的机会，他在 1675 年买了德文郡公爵（Duke of Devonshire）的房屋租期。德文郡广场改建得很漂亮，但是巴本的眼光看得更远，1681 年当王室决定将邻近的旧炮兵场卖掉时，巴本与两位曾多次一起做买卖的律师乔治·布拉德伯里（George Bradbury）和爱德华·诺尔（Edward Noell）共同具名买下它。巴本同以往一样，付款付得很慢，还被国库追缴过两次。同时他快速将地块出租改建，分别以不同的条件与多达十七位建筑商签下不同的契约。

在城墙之内完成改建工程的建筑商，现在也变成了投机者，大家不再把他们看成首都的拯救者，反而责骂为破坏者，因为他们的自私作为，使都会变得没有特色。国会里有人在辩论是否要对所有新建筑征收税金，以限制扩张的速度。巴本十分担心，很少提笔的他写了《建筑商辩护论》讨论这个问题，于 1685 年出版。

《建筑商辩护论》不是一本关于建筑学的小册子，作者在引介里便直率地说："要写关于建筑和它的各部分，如地点、平台、材料品质、尺寸大小、装饰，谈柱子的几种样式……只是把维特鲁威和其他人的话照抄过来而已，对读者和作者都是浪费时间。"[3] 他在此之前的作品，清楚显示对装饰和形式没有什么兴趣。对他而言，建筑只与金钱和利润有关。

巴本认为城市的扩张是自然发生的，而且是应需求而扩张。因为学徒和年轻的夫妻到都会来找工作，需要住处，伦敦便是如此成长的。他主张城市的生命是由持续涌进劳工市场的年轻人所给予的，建筑业是伦敦的主要工业之一，养活并雇用了大部分社区团体，当市区边缘盖了新房子以后，市中心的住宅也提高了租金。

《建筑商辩护论》也提出这些改建整体来说帮助了国家，对郊区的住民而言，它为商品货物提供了一个市场，也让人口过多的压力有释放的出口；对国王而言，它以税收的方式提供收入，也让生活不稳定的市民有工作可做；在商业上，它开发了新的市场。这一切都让新兴的都会得利，并且让经由私人金钱而非国库建造的首都，成为所有国家羡慕的对象："当代艺术家已经使伦敦成为欧洲的都会，而如果以好房屋的数量、大广场的多寡、居民的富裕程度来比较，它一定会是全世界最大、盖得最好，也最富有的城市。"[4]

都会北边有很大的空间可以发展，到17世纪80年代，房屋已经盖到霍尔本一带，此地在17世纪40年代因为内战对土地的保卫成为商议线，所以自然形成界线，阻止了城市的扩张。大部分布鲁姆斯伯里原野上的改建，是由拉塞尔夫人精心策划的。拉塞尔夫人的丈夫威廉·拉塞尔（William Russell）勋爵因牵连到1683年排外党人的"赖伊宅第阴谋"而被处决，她从此不再入宫，致力恢复家族资产，发誓"除了律师和会计外，不与任何人说话"[5]。以前有位观光客曾说："此处以草原为界，清新干燥，十分适合散步，有益健康。"[6]但现在，从布鲁姆斯伯里到霍尔本的土地都成了建筑工地。

但是再多的土木工程也无法阻挡投机者前进的野心。1683年，巴本为霍尔本大街北边的红狮原（Red Lion Fields）进行谈判。据信，克伦威尔和其将领死后被掘尸羞辱，后来就葬在红狮原。诗人约翰·弥尔顿在复辟以后，也曾在这个草原的旁边住过几个月。巴本想把这块草原改建成壮丽的大广场，成为他能引以为傲的作品。

到1684年，他已经开始准备建筑用地，以便将土地分块转包或将租期卖给建筑商。此举立时引起一阵骚动，因为这块地横切过从怀特霍尔到纽马基特的皇家大道，所以马上引起测绘总监雷恩的关注。巴本表现出一副藐视规则的姿态，他这种姿态从一些小细节上便可看出，譬如用国王的沟渠当作倾倒垃圾的地方，甚至威胁要把"国王门"拆掉等。但是，雷恩发现，由于司法程序太慢，以致无法在巴本强取豪夺式的工程之前制裁他。

巴本还特地威胁当地居民，住在格雷法学院（Gray's Inn）绿地的律师抱怨受到他的骚扰，尤其是他"把一些垃圾和市场废弃物丢弃于此，有再度引起瘟疫的危险"[7]。此外，同时代作家纳齐苏斯·勒特雷尔（Narcissus Luttrell）报道说，6月10日有律师和巴本的员工发生扭打，"工人攻击那些绅士，又用砖块丢掷他们，然后发生一场混战，最后绅士把他们打败，将一两位工人带回格雷法学院。这次小冲突里，有一两位绅士和仆役，以及几位工人受伤"[8]。

这个案件不可避免地要由法庭来解决，可是判决一落到巴本身上，他马上反告当地的治安官和警官，最终还得由国库来赔偿。这个案子一直上呈到总检察长那里，希望拿到许可，"压制巴本博士及其员工，使他们不再犯类似最近在红狮原上的动乱行径，并防止他们再对国王的臣民有所干扰"[9]。可是他们始终没有拿到许可，似乎没有人压制得住巴本。

一旦设施都有了，如水源、下水道、道路，巴本便将土地分租给其他建筑商。从主要广场的角落，道路以星形分射而出，通往改建计划中的次要道路。他将街道分成统一的宽度，分别以40年、50年、60年和61年的租期出租。在1686—1688年，他将整片区域的所有地块都租出去了，其中有许多交易事务简直复杂得让人难以想象。

1687年，附近的基督教教会医院担心巴本的建筑盖在水管上会造成不好的影响。供水的水管是从附近的拉姆水道街（Lamb's Conduit Street）通过来的，由于他们找来做勘察报告的人做得不好，所以交由官方来做，即皇家律师与副检察长。然后巴本声称水管并不属于那家医院所有，可以共享，为了证明这一点，他造了一栋大房子和一面墙，把水流围在里面。这场立场分歧的争议演变成复杂的辩论，包括古时候是谁授权使用等问题。争论持续到1690年，上自大法官，下至下水道委员会，每个人都牵涉其中。同时巴本还在进行自己的改建计划。他最后答应付钱给医院另造新的水管，不过比起他从建筑上所得的利润就少太多了。

巴本的大广场不像圣詹姆斯或布鲁姆斯伯里区广场是以贵族为目标人群，而是针对城市中有钱的生意人，特别是当地的专业人士、律师和医生。房屋内部有所有新兴中产阶级需要的东西，虽然从微小的细节到每处地方都标准化，但显然他找到了特定的市场。房间的规划并没有偏离他先前的模式，每栋房屋都有三层和一个地下室，是按照1667年《重建法案》的规定所建。

不过，巴本在室内设计方面有所突破。他对室内装饰细节的注重，表示他努力要提供上流社会想要的品位，这些人士会想用耀眼的消费品炫耀自己的新地位。大房间里以木板装饰墙壁，主要阶梯的栏杆风格古朴，宣告了此后18世纪乔治国王时期都市房屋优雅简单的风格。建筑的每个细节都反映了消费文化的兴起，如当时的律师与作家诺思所观察："他的天分不是以建筑的高尚为目标，而是以节省的方式来建造给予每个家庭更多便利与更多小设施的房屋。"[10]

1686年，巴本看待利润的眼光又更长远了一点，他与一位叫汤普森的人交涉。汤普森买了格雷法学院路北边土地的租期，这块地原属贝德福德公司（Bedford Corporation）所有，汤普森想在西奥博尔兹路（Theobalds Road）上盖新房子，但是遇上一个麻烦，这块地妨碍到霍尔本区的新邻居的水管运输。经过迂回曲折的交涉，巴本取得这块地，以及附近其他属于拉格比公学（Rugby

School）的土地。一如既往地，巴本又拖欠付款，付不出给贝德福德公司的租金，可是这一次他们不肯让他搪塞过去。巴本想以土地做交换，代替付款，但因为他名声太坏，他们坚持要他付现金。这个投机客投机过头，资产都陷在投资里，没有足够的流动现金可用。在17世纪80年代建筑潮的高峰中，巴本达到了自己的极限。

国王与伦敦城

同时，尚未完成的圣保罗还是充满一大片鹰架和绳索，并因为詹姆斯二世统治的不稳定，而成了受害者。国王继任之时，国会召开，下议院里有位最不可能的代表——雷恩。雷恩在此之前都尽量避开政治，不过国王知道他会支持王室，所以鼓励他在继位典礼时，作为德文郡普利茅斯的国会议员出席（虽然他从未去过那里）。雷恩也希望以进入国会来拯救他的大教堂。

据1675年《第二重建法案》规定，用来建大教堂的煤炭税1687年将要到期，如果雷恩无法取得国会投票延长期限或增加税收，圣保罗就永远完成不了。在上议院有两位与他地位相当的贵族加入他的行列，一位是他以前的庇护者和老朋友坎特伯雷大主教桑克罗夫特，另一位是曾与雷恩在1665年一起旅行，看过法国城堡的伦敦主教康普顿。他们三人都利用王室税收的投票权来赢取所需要的资金。但雷恩也被召去任职于好几个与建筑无关的国会委员会，负责包括蜡烛油脂进口的调查和出租马车的规定。

很幸运地，圣保罗的小组成员很快得到支持，在国会休会六周之前，让煤炭税得以延长到1700年。此外，他们也得到许可去借用未来的税收。这表示委员会到1687年，每年可以拿到18500英镑的收入。短期之内，大教堂的经费问题得以解决，拉德盖特山丘上的工程得以继续。

这条法案虽然容许大教堂借贷，但想要吸引资助者或通过交涉取得贷款，却不是容易的事，随着詹姆斯二世的统治时间愈久，事情就更是日益困难。很难有人会把圣保罗当成是好的投资项目。财政部受到管制，所有借贷给王室的款项，即使只是由王室委托，都让人觉得是不小的风险，尤其是税率只有6%。雷恩希望能争取到4000英镑，但投资人反响不佳，所以他甚至必须自己掏腰包，用其管家玛丽·多米尼克（Mary Dominick）的名义，给了基金会1000英镑。

除此之外，伦敦人民对国王的疑虑愈来愈深。平定了蒙茅斯的叛军之后，詹姆斯二世没有遣散他身边的军队，反而增加了军队数目，到1685年底，已有近两万人的武装部队驻守在全国各处。詹姆斯二世声称动乱时期地方武力未能加以镇压，证明需要有常备军，可是其他人觉得这一举动另有目的。国王也开始将统治权分给与他信仰相同的人，避开了《测试法案》的限制。詹姆斯二世把他的亲信安插于军队之中，常备军由于内部猜忌和对残酷天主教的恐惧而分裂。在英国人的想象中，天主教是专制主义的制造者，而国会当年又从7月休会到11月，很难让人不联想到军管时期的鬼影又在作祟了。

当11月短暂重召国会，詹姆斯二世要求经费补助他的军队时，事情到了紧要关头。下议院通过了这个法案，里面几乎全都是国王挑选的支持者，但是在上议院宣读时，却遭到强烈反对。伦敦主教康普顿原本欢迎新国王继位，但这次他当着所有英国国教的主教代言人，谴责让天主教徒职掌统治权，使天主教渗入政府机构。他不是唯一有此担忧的人，之前本来很顺服的哈利法克斯伯爵（Earl of Halifax），也附和说："如果国王可以用他的权威接掌法律……这法律就完全失去效力了。政府会变得专制独断。"[11] 这是保守派革命的形成阶段,而詹姆斯二世就任十个月,便开始疏远曾经为他与排外派对抗,为他的权利辩护的英国国教托利党。

伦敦别处也有类似的反抗迹象。詹姆斯二世让国会休会那天,英国国教士塞缪尔·约翰逊(Samuel Johnson)受到虚假审判,因他的小册子《给所有目前军队新教徒的一封谦卑诚恳的信》被判有煽动叛乱之嫌,作为惩戒不准再执业。这篇号召保护英国国教的小册子,已经传遍了全城与整个军队。约翰逊在公开审判时为自己辩护说:"市面上每天都在印刷出版带有叛乱内容的书籍,而我为了维护法律和基督新教,竟要遭受鞭打,真是奇怪。"[12] 约翰逊被剥夺神职降为俗人以后,戴上颈手枷锁,群众都为他欢呼。据说公开判决后,他被鞭打317下,一声都未吭。

整个城市开始弥漫一种焦虑的气氛。伊夫林原来也拥护国王继位,寄望詹姆斯二世会成为国家的保卫者,他甚至因此得到掌玺大臣的职位。但他在詹姆斯二世统治期的前几年,尤其是蒙茅特的军队遭到残酷的镇压以后,愈来愈忧心。詹姆斯二世将统治权分给天主教徒的举动,让身为英国国教徒的他,从冷静变得焦虑,担心天主教的威胁会再次让国家四分五裂。他特别讨厌法国的王室,17世纪80年代这种情绪逐步升高,对查理二世和詹姆斯二世"表面的假政治,实则对法国利益效忠"[13] 尤其厌恶。看着路易十五在欧洲大陆得势,而英国却什么也没做。到年底,伊夫林决定不再出席宫廷的职位,因为他政治理念的改变,还有在萨耶院花园的舒适退隐生活,让他在德特福德区的土地上,找到自己的表达方式。

1683年底1684年初的严寒冬季之后,他的英格兰伊甸园受到严重的破坏:"许多常绿与稀有的植物都完全毁了,橘橙与香桃木奄奄一息,迷迭香和月桂从表面看完全枯死,但柏树似乎会再发上的工程得以继续。

这条法案虽然容许大教堂借贷,但想要吸引资助者或通过交涉取得贷款,却不是容易的事,随着詹姆斯二世的统治时间愈久,事情就更是日益困难。很难有人会把圣保罗当成是好的投资项目。财政部受到管制,所有借贷给王室的款项,即使只是由王室委托,都让人觉得是不小的风险,尤其是税率只有6%。雷恩希望能争取到4000英镑,但投资人反响不佳,所以他甚至必须自己掏腰包,用其管家玛丽·多米尼克(Mary Dominick)的名义,给了基金会1000英镑。

除此之外,伦敦人民对国王的疑虑愈来愈深。平定了蒙茅斯的叛军之后,詹姆斯二世没有遣散他身边的军队,反而增加了军队数目,到1685年底,已有近两万人的武装部队驻守在全国各处。詹姆斯二世声称动乱时期地方武力未能加以镇压,证明需要有常备军,可是其他人觉得这一举动另有目的。国王也开始将统治权分给与他信仰相同的人,避开了《测试法案》的限制。詹姆斯二世把他的亲信安插于军队之中,常备军由于内部猜忌和对残酷天主教的恐惧而分裂。在英国人的想象中,天主教是专制主义的制造者,而国会当年又从7月休会到11月,很难让人不联想到军管时期的鬼影又在作祟了。

当11月短暂重召国会,詹姆斯二世要求经费补助他的军队时,事情到了紧要关头。下议院通过了这个法案,里面几乎全都是国王挑选的支持者,但是在上议院宣读时,却遭到强烈反对。伦敦主教康普顿原本欢迎新国王继位,但这次他当着所有英国国教的主教代言人,谴责让天主教徒职掌统治权,使天主教渗入政府机构。他不是唯一有此担忧的人,之前本来很顺服的哈利法克斯伯爵(Earl of Halifax),也附和说:"如果国王可以用他的权威接掌法律……这法律就完全失去效力了。政府会变得专制独断。"[11] 这是保守派革命的形成阶段，而詹姆斯二世就任十个月，便开始疏远曾经为他与排外派对抗，为他的权利辩护的英国国教托利党。

伦敦别处也有类似的反抗迹象。詹姆斯二世让国会休会那天，英国国教士塞缪尔·约翰逊（Samuel Johnson）受到虚假审判，因他的小册子《给所有目前军队新教徒的一封谦卑诚恳的信》被判有煽动叛乱之嫌，作为惩戒不准再执业。这篇号召保护英国国教的小册子，已经传遍了全城与整个军队。约翰逊在公开审判时为自己辩护说："市面上每天都在印刷出版带有叛乱内容的书籍，而我为了维护法律和基督新教，竟要遭受鞭打，真是奇怪。"[12] 约翰逊被剥夺神职降为俗人以后，戴上颈手枷锁，群众都为他欢呼。据说公开判决后，他被鞭打 317 下，一声都未吭。

整个城市开始弥漫一种焦虑的气氛。伊夫林原来也拥护国王继位，寄望詹姆斯二世会成为国家的保卫者，他甚至因此得到掌玺大臣的职位。但他在詹姆斯二世统治期的前几年，尤其是蒙茅特的军队遭到残酷的镇压以后，愈来愈忧心。詹姆斯二世将统治权分给天主教徒的举动，让身为英国国教徒的他，从冷静变得焦虑，担心天主教的威胁会再次让国家四分五裂。他特别讨厌法国的王室，17世纪 80 年代这种情绪逐步升高，对查理二世和詹姆斯二世"表面的假政治，实则对法国利益效忠"[13] 尤其厌恶。看着路易十五在欧洲大陆得势，而英国却什么也没做。到年底，伊夫林决定不再出席宫廷的职位，因为他政治理念的改变，还有在萨耶院花园的舒适退隐生活，让他在德特福德区的土地上，找到自己的表达方式。

1683 年底 1684 年初的严寒冬季之后，他的英格兰伊甸园受到严重的破坏："许多常绿与稀有的植物都完全毁了，橘橙与香桃木奄奄一息，迷迭香和月桂从表面看完全枯死，但柏树似乎会再发芽。"[14] 他借用罗马时代作家普林尼庄园的名字，在皇家学会上报告自己的园林景况。他的许多树木都受到严重的霜害，特别是橡树、软木、栗木、香椿和松树，还有灌木丛和其他的花圃植物。较为奇特的外来植物因为移到室内过冬，所以得以存活。但他伤心地附注："我的乌龟……因为被松树深入地底的根系卡住，习惯埋藏在地底冬眠的它，发现时已经僵死。"[15]

对他而言，土地一直是艺术与自然安排秩序的所在，表现的是上帝的能力与他的理想社会。用18世纪园艺家斯蒂芬·斯威策（Stephen Switzer）的话说，伊夫林在萨耶院学到"园艺能表现真正的英格兰文化"[16] 的道理。从17世纪50年代起，他便一直培植理想中的斯图亚特王朝景观，混合了国内和外来的植物，整合欧洲大陆的想法和传统的英格兰形式，认为可以形成和谐的景象。但也许他都做错了。

于是伊夫林回到他原先的计划，决定彻底改变。1685年2月，他拔除了莫林的椭圆形花圃，中央原本依照巴黎花园为模型的装饰以非常英国风的保龄球场草坪取代，边缘以黄杨木丛围绕。复杂的欧洲大陆设计，被英式的简洁取代。他还加种了一些果树，如樱桃、梨子、苹果，取代外来的柏树。对受创花圃如此大刀阔斧的改变，也许是他的一种政治评断，对斯图亚特王朝统治日益不满的反应；也可以解释为辉格党崇尚理性景观之风的先驱，它将成为下一世纪的标志特征。

理性革命

正在酝酿的革命不只在德特福德的花园和伦敦街头能感受得到。当都会担忧政治退化之际，皇家学会的一小群哲学家与艺术鉴赏家也在讨论改变的问题。学会本身在进入17世纪80年代后,因对经费的持续需求,以及由于一直没有长期固定据点,内部产生了不小分歧,因而走得分外艰辛。为学会建造一个永久性学院的问题常常被提出来讨论,可是总是没有结果。然而,虽然学会运作不顺畅,新哲学却仍在发芽成长。

詹姆斯二世统治期间,另一个革命也在酝酿,并且其对现代世界的形成有着深刻的影响。在当时的社会大变动之外,不同的情境下还出现两种非凡的世界观。一是在离伦敦十分遥远的荷兰,流亡的哲学家洛克藏匿之处;另外一个则较近,是由于学会管理员胡克与对手牛顿长期对抗所激发出来的。

洛克于1683年抵达鹿特丹后,立即前往阿姆斯特丹,他刻意远离从前的自己,不让自己在那个以"流亡者和斯图亚特王朝谋叛者的温床"闻名的港口停留太久。到了荷兰首都以后,他赁屋而居,开始写作。冬季虽然奇寒,他还是写信给国内的朋友,说清新的空气增进了他的健康,"整天没有咳嗽过一次"[17]。他也很有幸能认识神学教授菲利普·冯·林伯克(Philip van Limborch)和显微镜学家列文虎克。如巴本和伊夫林先前都曾说过的,阿姆斯特丹是贸易、信仰自由和多样化等各方面都让人印象深刻的城市,十分适合洛克的生活。但来年春天,他又与仆人到荷兰共和国的城镇去旅行,满足自己对现代宽容社会的向往。

然而他总还有遭受迫害的恐惧。1684年11月,洛克听到来自牛津基督教会学院的重大消息,称国王命院长费尔说,"那位已故沙夫茨伯里伯爵的旧属洛克先生,屡次结党营私且不忠政府"[18],应从学院驱逐。院长为洛克求情,让他可以为自己辩护,但国王不许,洛克从此与他唯一的庇护所切断了关系。

洛克在迫不得已的情况下,寻求一位托利党显要彭布罗克勋爵

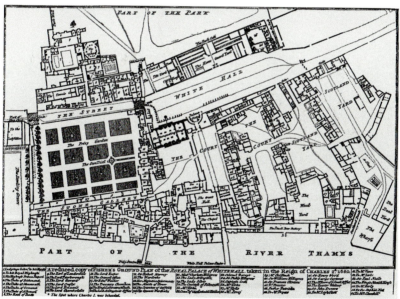

怀特霍尔宫景象及地图,1530年起为国王在伦敦主要的居所,1698年焚毁,只剩国宴厅

罗杰·普拉特设计的克拉伦登宅第,建于 17 世纪 60—80 年代

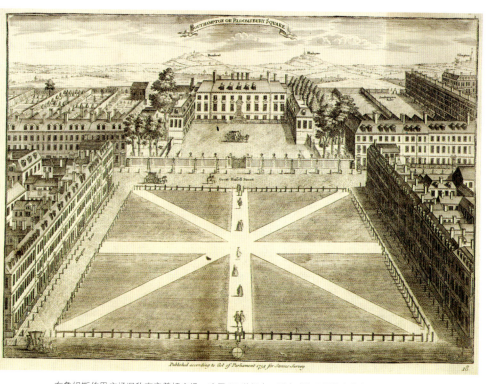

布鲁姆斯伯里广场旧称南安普顿广场，建于17世纪末，后来成为出版和文化中心

尼古拉斯·巴本设计建造的德文郡广场

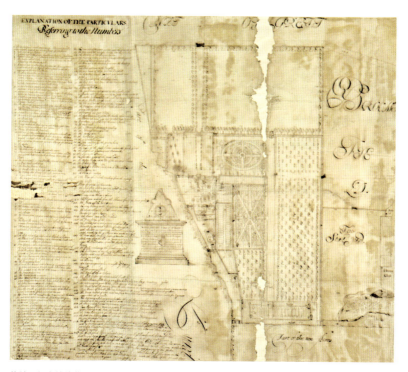

约翰·伊夫林的萨耶院规划方案

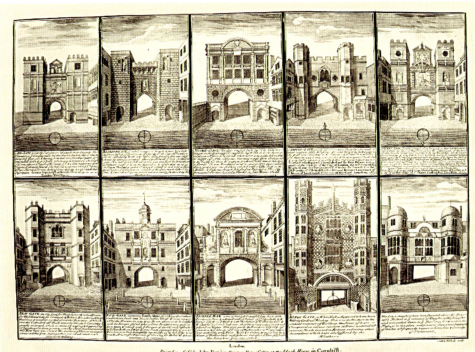

昔日伦敦城的十座城门

从西侧城门望向旧圣保罗大教堂,1561年尖塔被雷电所毁后大教堂成为平顶

早在大火之前,伊尼戈·琼斯就为圣保罗大教堂提出过改建方案

雷恩设计的"大模型",此方案被委员会否决后,据说他曾落泪

这一方案于 1675 年 5 月 14 日获得了委员会的许可,被称为"授权设计",但并非大教堂的最终模样

为了使当局继续支持大教堂的建造,雷恩在 1700 年前后发行了一批绘有教堂未来样貌的版画

格林林·吉本斯所雕刻的主教席位

1706年12月31日,在建第22年(共建了35年),安妮女王参加在这里举行的宗教活动

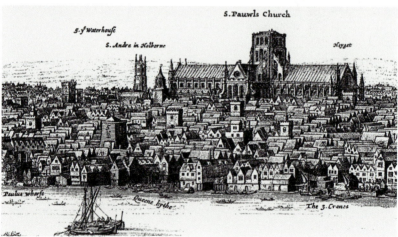

新旧圣保罗大教堂的远眺对比

今日的圣保罗大教堂,尽管周围的建筑越来越高,但它仍不失宏伟

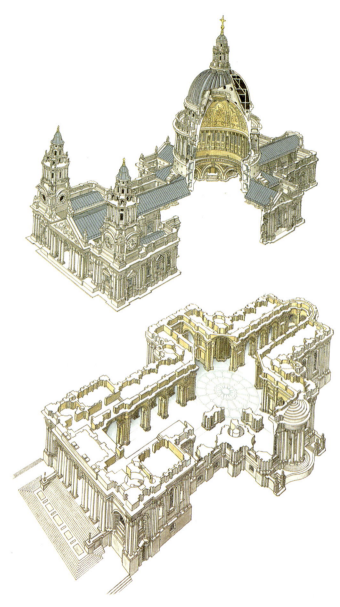

圣保罗大教堂结构图

(Lord Pembroke)当庇护人。他写了一封信,改编了自己的故事,企图声明他与沙夫茨伯里伯爵的关系只是出于偶然:"我们只是因为机会刚好碰上,并不是我去找他……从而熟识沙夫茨伯里伯爵及其家人,若有人对我的行为有异议,我愿意与他当面对质。"他只是家庭医生而已,不是"任何可疑的俱乐部或小团体"的成员,也没写过什么煽动性的文章。到此为止,他对事实颇有保留,将自己在阿姆斯特丹的生活好好加以叙述,作为旁人对他攻击的辩护反证,把自己写成一个书呆子和三流作家,对政治密谋的团体或煽动性的小册子做出一副讨厌的模样:"我想我可以说,在这段时间写了很多东西,比一生中任何其他时候写得更多,可是没写诽谤之词,除非关于人类理解缺失的解释,是对全体人类的诽谤吧!因为我的旧作《人类理解论》所谈(如您所知,我虽发表批评,仍是个正直之士)已受到抨击,而在此地的这段时间,我的笔一直都没停过。"[19]

他在尝试解决一个思考多年的问题,在荷兰他找到自由,可以集中思考了。从17世纪60年代起在牛津与波义耳和胡克一起工作,他便对精神的问题和真正知识只能通过"感官经验"才能获得的想法十分好奇。在实验室里,这是指实验与示范的重要性,但洛克想要把这想法更进一步发展。他在伦敦的埃克塞特宅第住下后,继续与几位哲学与政治旧识辩论,甚至写下几个后来被称为《人类理解论》的"草稿A"和"草稿B"最早的想法。他所探索的问题中心,是如何只以智识来建立正当的上帝律法,而不须倚赖权威。

《人类理解论》不像以前的任何一本哲学书,并没有企图发现所有事物的本质,而是只记录可以看出人类行为方式的资料,或如他的谦卑之词:"我的近视所能看到的真理。"他提议,要寻找心思如何运作的解释,不是用测量,而是"平实的、历史的方法"[20],

不是问我们知道什么，而是如何获得"知道"的能力。

正如两篇《政府论》抓住的问题是当时政治期的空隙和复辟协议的失败，《人类理解论》想要搏斗的是贵格派教徒和喧嚣派教徒的狂热，所用的方式是把理性当作知识的中心。此外他还认为，通往真理的道路是世界的经验，而不是布满灰尘的古籍评注、狂热分子的激情，或执政者迫害人民的权力。

《人类理解论》中提出新生儿的意象，这个孩子知道什么？很多人认为孩子在出生时便已经拥有许多知识："人类的理解有些是与生俱来的，有些基本的观念……就像个性一样，烙印在人的心里。"[21] 这些与生俱来的能力给人道德指示，告诉人应该如何举动，即不言自明的生命真理，可以在全世界所有时代及所有社会看得到。然而洛克认为这人所共知的观念是错误的，我们无法确定小孩出生即有这些观念与个性，反之，新生儿是"一张白纸，没有任何个性，也没有想法"[22]，就像是空白的石板（这是他在1671年"草稿B"里首次使用的词），要一步一步来了解这个世界。如果新生儿带有任何想法到世上，如饥饿、口渴、痛楚，一定是在子宫里体验过这些感觉。

为了挑战知识与生俱来的观念，洛克必须构想一个取得知识的新方法。如果人不是生来便有基本的知识储备，那他们是如何学习世事的？他认为，经验是人与世界的相遇，后者提供给人理解的原料，但并不构成知识本身。经由"观念"，理性和经验结合发展成一幅不断累加的事物图画。对洛克来说，观念是脑中这些记忆的抽象概念。

此外，"观念"有层级，从简单的感官的愉悦和痛楚，到关于无限的复杂观念，有种种错综复杂的类别。因此，小孩一出世便开始学习感官的感受："感觉先让某些特定的观念进来，陈设在这还是空的小室里，脑子逐渐熟悉这些观念之后，他们便居住在记忆之中，开始有了名字。"[23] 这些最初的观念很简单，但是当经验累积多了，观念便逐渐变复杂，与别的观念结合："经验和对事物的观察进到其中，除了它们所提供的之外，别无其他。"[24]

因此，当新生儿经验多了，观念便会增加，对实质世界的感受就会变得愈敏锐。小孩开始学习世界的时候，有另一个层次的理解方式——"知觉"，洛克将它形容为"迈向知识的第一步和第一个层次，也是所有知识材料的入门"[25]，让小孩得以建立复杂的事物观念，进而形成一些"特性"。夏天所见的橡树表达的是树的一般概念，这棵特定的橡树、大小、季节、颜色和年龄等，全都是由先前的经验形成的。小孩长大也会发展出投射的观念，"我们脑子内部的运作，会由自己感知并投射出去"[26]，这不是外界的刺激使然，而是我们脑中已经累积起来的观念所致。

虽然洛克只想在荷兰过哲学家的日子，但却一直没有远离危险。他在1684—1685年的冬天一直写作手稿，并尽量避免参加流亡荷兰的英国激进分子和流亡者的活动，也怕国王的间谍还在监视他。但查理二世的死讯公布后，洛克却发现自己与几个谋叛者牵扯上了关系，他们是与蒙茅斯公爵一起越洋反抗新就位的詹姆斯二世的人士，塞奇高沼一役将叛军歼灭后，国王开始追剿还在海外的谋叛者，詹姆斯二世写信给女婿奥兰治的威廉，命他"将这些人除去，盼你仔细考虑这件事，并知道对我是多么重要"[27]。

洛克很快就循书信被牵连上，被迫再次潜匿地下。逮捕他的通缉令下发后，他藏匿在阿姆斯特丹医生埃赫贝斯特·维恩（Egbertus Veen）家中，1685年秋天用假荷兰身份——范林登医生（Dr. van der Linden）——旅行到克利夫斯（Cleves）去。一直藏匿到1686年5月都没有现身，后来他说这段时间"无法继续写作"如何影响了他集中思考的能力，迫使他以"前后不连贯的段落"拼凑成一本书。虽然如此，他仍决定要继续写作《人类理解论》。

1686年9月，他寄了第三卷的一个版本给朋友爱德华·克拉克（Edward Clarke），讨论观念与语言的关系。古人相信语言在名义上有其"实质"，即事物和名字之间有某种关联，但洛克推翻这种说法，说名字没有任何意义，除非传统赋予它意义。语言是知觉的一种工具，有时候并不理想，人类用它来表达理解，但它并非理解本身，而是增进大众对理性的追求的工具。

11月当洛克在写论文第四卷，也是最后一卷时，得知他被乌得勒支大学以"外来的危险分子"名义驱逐，他只好又上路旅行，因为在阿姆斯特丹找不到住处，所以借住朋友家，可是没有任何事阻止得了他的写作。著作的第四卷是《论知识与意见》，将他各方面哲学综合为一个关于知识的理论，其是理性、经验、知觉和观念形成的基础，并由此可以建立成更为复杂的理念。它们结合成一种方法，使人类能借以理解世界，并经由它而更接近上帝。

正如新哲学企图要经由测量来展现上帝创造的多样性，洛克的目标也是把理性放在追求真理的中心。这很清楚地提醒我们，现代科学的诞生，并非为了宣称上帝死亡，其用意是要更清楚地观看他所造的事物。洛克在其随后的《致读者书》中，很清楚地指出新哲学和他作品的关系："在学术界，不能没有伟大的建设者，他们强大的构思推动着科学，并成为长久留存的纪念碑，让后代赞扬称颂。但也不是每个人都该寄望能成为波义耳或西德纳姆，或生在产生了伟大的惠更斯和无人可比的牛顿的时代。"[28]

洛克选择牛顿作为同时代的模范，情况有点复杂。1686年4

月 21 日，洛克完成《人类理解论》后四个月，皇家学会的职员埃德蒙·哈雷（Edmond Halley）在会议中宣读牛顿从剑桥寄来的信，这是牛顿两年来思考工作所得的结论。一周后的 4 月 28 日，牛顿的手稿《自然哲学的数学原理》寄到哈雷手中，主席霍斯金斯爵士宣布得到学会的认可，应该立即印行，赞扬他为星体轨道运行律新理论的发明家，也是把这理论改善到最完美的人。其中提到的问题，例如为什么月亮在这特定的轨道围绕这个特别的星球？是因为有磁场吸引吗？如果是，为什么星球不会相撞？一定有种引力让星球聚在一起，也有一种平衡的力量，让它们彼此远离。

胡克在会议中很安静地坐着聆听，却十分愤怒。会议暂休时，他与朋友转到乔纳森咖啡屋，才松口说话。什么发明家？什么把理论改善到最完美的人？胡克很确定他对牛顿的新发现也有贡献，而且决定要咖啡屋的听众知道，是他给了牛顿"这发明的第一个概念"[29]。

17 世纪 80 年代的胡克，只是他自己前半生的影子。他还是继续忙着实验和追求新观念，但缺乏了以前的灵感和生气。他持续自我药疗，但病情没有好转。不过他仍是城中卓越的建筑师，完成了一些在 17 世纪 70 年代开始的为显要贵族建造的房屋，也盖了好些乡村别墅，如德文郡的艾斯科特宅第（Escot House），以及为以前的老师兼朋友、威斯敏斯特公学的院长巴斯比博士盖了一座礼拜堂。建筑史学家贾尔斯·沃斯利（Giles Worsley）列举了有力证据，认为胡克很可能也重新设计并改建了在 1687 年遭受意外火灾的蒙塔古宅第。如果这是事实，那胡克很可能也为该家族建了在肯特郡佩特沃斯（Petworth）的宅第。

然而，胡克在皇家学会里的时运却起起落落。做了短期的秘书以后，他又回到管理员的职务，但现在不再是唯一示范实验的人了。他的报告开始显得乏力且重复，对机械哲学的坚持也有点专断和稍微过时。胡克无所不包的多领域研究，以前看来非常令人兴奋，现在看来则缺乏凝聚力。以至于学会很快便要求他在示范前一周先登记，好让委员会确定可以排进日程。

胡克早在1666年的示范里，便展示了所有事物都被地心引力所影响，但是未能找到本质上的"重力"到底是什么。部分是因为他所用的仪器无法记录如此细微的测量，但部分也是因为他找错了方向。1670年，他做了一次演讲，后来自行出版，没有经过皇家学会的许可，题名《以观测证明地球转动之试验》，提出几项重要的假设，需要证明为事实。第一，所有物体是以直线移动的，除非被一种力量牵动转向；第二，所有物体都遵从万有引力，不仅在其表面有作用，也对远处的物体有作用；第三，物体之间的距离与吸引的力量成反比。

最后一项假设——"平方反比定律"尤其重要，主张万有引力的作用与物体之间的距离是相关的，距离愈远的物体，万有引力的作用愈弱。但是胡克找不到可以具体展示这种想法的实验。即使如此，他宣布说，不管是谁找到把星球固着在一起，使它们一致的力量，他将能驾驭整个天文学界。

这种寻找实用实验的渴望，促使胡克于1679年写信给牛顿，开始很有礼貌，后来变成欲盖弥彰的刻薄话，但短暂的书信往返之后，问题有了新的面貌。胡克的信刺痛了牛顿的好奇心，牛顿一边否认他对这件事有任何兴趣，一边又提出一种测量地球每日转动的方法。牛顿犯了一个错，即仓促面对胡克的挑战，他认为物体落地会在垂直点的东边，每个人都相信这个假设是正确的，但他对物体落地动作的解释有问题。这是个直率的错误，但胡克着手设计了几个实验,要证明他的对手是错的。两人炮火相向,在火药味愈来愈激烈的信件中,用图表和防守严密的辱骂相互往来,不过两人也意外地吵到了问题的核心。

两个人都将争辩的论点归类为几项原则,来做研究的基础,塑造理论体系。第一,他们都同意存在反作用力,否则移动的物体不会改变方向。其二,他们都赞同物体运行的轨道是曲线,即椭圆的形状。于是,直线运动中的物体一定是受到反作用的力量影响,才会使它的运行轨道转折成这样的形状。第三,他们都同意"平方反比定律"可以描述相隔一定距离的物体间的关系,说明反作用力可以相隔一定距离对物体造成影响。

不过,从这点以后,两人都想不出这种反作用力是什么。他们都假设有一种往外抛掷的离心力存在,与万有引力的向内吸引力抗衡。他们知道这是错的,但说不出为什么,直到胡克在1月6日的信意外省略了一些字。他原始的草稿里提到了"离心力"[30]这个字眼,即与万有引力相关的离心力量,但完稿信里将之剔除,想用别的名词代替,最后把整个形容字眼都省略掉。星球的移动不再需要用离心力来形容,历史的石板擦干净了,又可以从头思考。

这条探索的路径被暂时冷却了一段时间,但四年后又被重新提起。1684年1月,雷恩、胡克和哈雷在一家咖啡屋聊天,哈雷的日记记载,雷恩给"胡克先生或是我两个月的时间,帮他做出一个有说服力的实验示范,做到的人除了荣誉之外,他会致赠一本价值40先令的书"。胡克声称他已经想出了理论,虚张声势地说"要先保留一段时间,等公布时,会让那些尝试又失败的人知道它的价值",不过雷恩虽然不太相信,还是定了比赛规则。六个月以后,哈雷到剑桥去,告诉牛顿这件事,牛顿与胡克一样说他已经找到答案,但问到证明何在时,他故意拖延时间,"搜寻文件,却找不到,但答应会找出来寄给他"[31]。

牛顿立刻停止所有手边的事去找证明,而胡克则继续他众多的任务,觉得自己已经做了许多事,足够让旁人赏识,他已尽可能地接近于证明自己的假设是正确的,然而,非常不幸的是,事实证明他错了。当胡克仍相信必须在实验里找答案之际,牛顿却超越实验室,在纯数学里寻找。到目前为止,皇家学会一直相信可以用实验示范的知识,经由学会聚会的展示室,借助有效的实验显示。然而,万有引力却无法在房间里展示给贵族和艺术鉴赏家看,它的本质是没有办法用重物经由管子掉落或钟摆不精确的摆动等这些粗略的测量来揭晓的。它只能用观念,以冰冷的方程式和逻辑证明来展现。胡克至少提供了一些解决的灵感,但牛顿提出的却是证据。

1686年4月28日晚上,牛顿的手稿公布了他用来证实整个宇宙运作的研究和以数学原则做出的方程式。胡克的愤怒是可想而知的,当然他自己没法实现这样的壮举。

牛顿刚开始还很高兴旁人提到胡克的贡献,但不久便心生反感,后来回应说如果胡克真的发现"平方反比定律",最多也只是猜测而已,他才是唯一有贡献的人,因为他是找到证据的人。胡克在伦敦的行径借助报道传到牛顿耳里,牛顿受刺激之下把刀子捅得更深,说胡克示范性的实验都只是假设而已,真正的科学是要靠数学才能证明的:"这不是很好吗?数学家发现问题,找答案,做所有的事情,辛苦计算,做苦工,却要心甘情愿地让那些什么也不做,只会假装能干,所有事情一把抓的人去霸占发明的功劳。"[32] 牛顿在回信里挑胡克论点的漏洞,出版的致谢里报复性地只稍微提到他的名字。他在准备草稿时,利用最后编辑的机会,把原本的第三卷里的"最卓越的胡克"改掉，最后完成的书里只称他为"胡克"。

不过，牛顿并没有一夜成名。皇家学会为如此大部头的作品所需的巨额出版费用而忧心，虽然很愿意给予学会的许可，但所有的印刷费用都由哈雷负担。最后《数学原理》终于在1687年6月印行，以当时最少人读过的畅销书闻名。有位剑桥的学生说他在街上瞧见牛顿："走过的那个人写了一本没有任何人能看懂的书，包括他自己。"[33]

洛克在1688年《万有文库》杂志里写了一篇书评（该书总共只出现四篇书评），虽然不懂数学，也没有这些方法逻辑模式的知识，却对之大为称誉。《万有文库》同年1月也首先刊登了洛克的缩略版的《人类理解论》。《数学原理》与《人类理解论》将携手改变世界，开创一个新的时代——启蒙时代。一本书为物质世界找到规则，另一本则为人类思想提供了一张地图，两本书都把理性摆在所有知识的中心，超越既有常识、政府或教会的权威。他们的成就为新的思考方式奠下了基础。然而，在17世纪80年代中期，没有人认为这有什么重要性，因为英格兰正摇摇晃晃地走向另一次内战。

革命的序幕

1686年1月，詹姆斯二世定下新的圣保罗重建委员会名单，反常地集合了贵族、专家和专业人士。雷恩爵士仍是勘测员，曾与胡克一起为伦敦钉桩的市政府委员奥利弗，代替伍德罗夫成为雷恩的副手。伦敦主教康普顿因为大教堂是他的教区教堂，所以是必要成员，伦敦市长罗伯特·杰弗里（Robert Jeffrey）爵士也是一样。

新委员会是为雷恩组建的一支与他志同道合、可以一起工作的团队，他的姐夫霍尔德被任命为礼拜堂的驻堂人员，也是委员之一，约翰·提洛斯顿（John Tilloston）博士是雷恩在皇家学会的会员同事，也是雷恩在牛津的庇护者威尔金斯的女婿。

新的委员会让教区执事团和教士成员有了比较现代的面貌，这些人不像复辟时期高度保守的英国国教阶层，他们以各种不同的层面来看待内战动乱时期的政教问题。以前在17世纪60年代推行的《克拉伦登法典》，是为了要打压埋葬非英国国教者与异教徒，但新一代的人则想办法了解并统合首都各种不同的信仰，这些人后来被称为宗教自由主义者，或"低教会派"。他们的大教堂将不单是严格正统教会的指路明灯，而是以一种包容姿态，找寻新的普世宗教，超越教义与仪式，将信徒结合起来。

然而，委员会的其他成员却让这项任务非常艰困。大法官乔治·杰弗里斯在镇压蒙茅斯叛乱之时，便已赢得"血腥之手"的名声，在得到大法官职务之前，他就以伦敦刑事法官成名，尤其是在"天主教阴谋"一案里对天主教徒的迫害，不过他获得詹姆斯二世的注意，成为委员会里国王的代表。第一次会议是1686年2月22日在杰弗里斯家中召开，康普顿借口缺席，他先前已在上议院提出反对国王的立场。随后几次在教堂庭院礼拜堂举行的会议，杰弗里斯克制不参与。委员会很快便发现，要在众多成员的不同要求下获得一致是不可能的。

3月，詹姆斯二世下了一道指令，禁止政治性传道，因为伦敦有许多传道人利用讲坛告诫民众，要小心泰晤士河涨起的天主教潮流。5月中，霍尔本区的原野圣吉尔斯教堂的教区牧师约翰·夏普（John Sharp）无视禁令，径自继续警告会众，国王命他的主教康普顿惩罚这个我行我素的教士，康普顿拒绝执行。詹姆斯二世只好自己整顿手下，他组了一个委员会处理神职事务，由杰弗里斯当主席，把异议分子从现有的教士里剔除。委员会的第一件案子便是以康普顿未尽职守的理由，罢免了他的主教职务。伦敦如今没有了主教，圣保罗也没有了教士。

雷恩身为测绘总监，依旧对国王唯命是从。当詹姆斯二世下令要改建他的怀特霍尔宫时，雷恩从圣保罗的工作抽身，为威斯敏斯特混乱的房屋和建筑制作新的设计。詹姆斯二世认为温彻斯特建到一半的宫殿并不合适，因此把剩余的建材卖掉，用木板把宫殿围了起来。他想用新的殿堂在伦敦表现自己的权势，置一间会议室和天主教礼拜堂，让他能公开崇拜。雷恩这位英国国教建筑师领袖，因此被迫要服侍罗马的教会。到1686年的圣诞节，礼拜堂完工，国王举行了第一次礼拜。

雷恩对礼拜堂没有表达太多个人的感受，但伊夫林却不然。他对优雅的建筑设计印象十分深刻，外表是简单的石头砖块，鲜少装饰，但室内却布满镀金饰物与雕塑，是欧洲巴洛克风格的完整表现，但他无法掩饰自己的反感："在取悦上帝启蒙了英国以后，我真不敢相信，这些东西还会出现在英国国王的宫殿里。"[34]礼拜堂几乎一完成就被改动，加入圣母堂和祭坛，让它看来更像"罗马"教堂。现在国王非但不想掩饰他的天主教信仰，还认为国人若知道他真正的信仰，便会跟随。然而詹姆斯二世大大错估了英格兰超过一世纪以来，所酝酿的对天主教根深蒂固的厌恶。

詹姆斯二世向罗马的靠拢，也影响了圣保罗的重建。在怀疑渐深的气氛里，詹姆斯二世觉得他已失去托利党的英国国教派人士——曾保住他哥哥统治的政权机构——的支持。他没有去讨好这帮人，却转而向曾与他兄长敌对的小派系和非正统教派寻求新的支持，1686年他开始拉拢非正统教派。1687年4月4日，他发下《宽容宣言》（用洛克在1672年所设的法律先例），给予浸信会、贵格派和天主教宗教自由。这使詹姆斯二世得以在他的枢密院填满与自己同教派的人，甚至包括听他告解的耶稣会教士爱德华·皮特里（Edward Petrie）。他也企图把天主教徒介绍进入牛津和剑桥大学的重要职位，牛顿完成《数学原理》的一个月之后，便被卷入这些对立之中，于是他起而反对大学高阶权位都由天主教徒来担当。

民众对《宽容宣言》的反应是静默。伦敦的异教徒宁可继续去英国国教的地区教会，也不愿暴露身份，他们不确定这种特殊自由的代价是什么，心里明白这种意识的自由只是来自政府的专制而已。蒂勒尔在写给洛克的信里说："相对于事情本身，许多人对这件事的做法更为不满。"[35]天主教徒相对缺乏戒心，他们开始在城里设立礼拜堂，第一座是靠政治外交的优势建在莱姆街上，但空间之大，可容纳的人数比外交领事的数目多得多。到1688年底，已经有一座修道院在克勒肯维尔、十八座礼拜堂和两家耶稣会学校在城里，天主教印刷机构也得到执照来印行他们的宣传单。天主教徒的公开活动让伦敦市民十分恼怒。

詹姆斯二世原本希望他的宽容政策会让他得到感激和支持。1687年夏天他等着臣民来表达正式的感谢。然而，感谢却非常稀少，只有少数非正统教会致以谢词，到8月全国上下只有43封感谢信送到，而正统教会的反应则是三缄其口。坎特伯雷大主教桑克罗夫特写了一篇洋洋洒洒的《反对捐款之理由》，并表示支持消极服从政策，其中感谢了詹姆斯二世的信仰卫士的身份，但不是他的宗教政策。另一本未具名的小册子《致宗教异议分子书》也表示赞同，但警告非正统教会信徒要小心国王的宽宏大量："他现在拥抱你，以后也许就压榨你。"[36]

虽然有这许多大动荡，圣保罗的工程仍继续进行。东端的墙壁完成后，雷恩开始盖唱诗席的屋顶。在原先的"授权设计"里，雷恩为教堂东端设计了交叉拱顶网，但现在这已经不合时宜。根据君士坦丁堡的圣索菲亚大教堂，雷恩受启发设计了一系列精巧独特的浅碟状穹顶，横跨唱诗席上方的顶盖，与罗马的圣彼得大教堂极尽相异之能事。最终效果给人和谐与光明的印象。这个做法也是结构上的新创，因为碟状穹顶没有对唱诗席的墙壁施加向外的推力，而是强化垂直的压力。

东端接近完工之际，雷恩开始集中全力在西端的正面。在此之前，他一直逃避面对这无法避免的时刻，但现在却必须决定琼斯这立在教堂庭院、光秃秃的托斯卡纳式门廊，到底该怎么处理。它是歌颂劳德式正统建筑和斯图亚特王朝的赞歌。雷恩一直把琼斯的作品当作模范，也希望把这道风格简单的正面墙壁与他的新教堂结合在一起，但是到17世纪80年代，他改变了主意。现在内堂地基已经盖到地面的高度，距这道正墙只有短短的距离，但他克制了想把旧作品与新建筑结合的想法。根据1675年的"授权设计"，琼斯建造的西端正面会以一道单一宽度的长内堂，与穹顶的交叉点连接。要造个感觉上逐渐缩小的空间主体，上面再压上巨大的穹顶，雷恩一直担心这结构不可行。教堂西端需要有个宏伟的结构，才能与以后要盖的穹顶互相平衡。最后，他终于决定把琼斯的门廊拆掉，1686年，他下令拆除旧圣保罗的最后一片遗迹。但是他还是不想让国家的大师之作就此毁弃，希望至少能保留一部分经过内战和大火，虽然损毁却也代表胜利的门廊。1687年2月，他提议把其中一个高塔卖给另外一座他负责的建筑——首都西边的切尔西医院，但却被委员会授权书中的条款否决了，因为里面说圣保罗的建材不能卖出，除非是要帮助城市教堂的重建计划。最后，雷恩只能被迫放弃这想法，而西端的墙壁也于1687年9月被清除掉了。

他需要给大教堂一个够分量的"门面"，让它与众不同地矗立于伦敦。这番改动需要从三个不同的视角来做——西边是访客进入教堂庭院的视角；南边是从泰晤士河看的视角；还有第三，是从室内的角度。"授权设计"里，内堂从穹顶的位置向前移到等距的五个窗柱前方，这个设计虽然给了队列行进的空间，但是主教和教士会团在教堂的各种不同空间前进的时候，却缺少了仪式上的变化。

为了解决这个问题，雷恩拿掉了西侧两个窗柱的间隔，把它变成单一空间，造了入口大厅，其宽度（而非较窄内堂的宽度）成为教堂的正面宽度。这个方法打破了内堂重复性的秩序，在教堂的前端提供了一个开放的大房间，可供集会之用。它也有缩短内堂的效果，因此重新平衡了穹顶与西端正面之间的关系。最重要的是，它让正面增添了宏伟的气势。雷恩在入口大厅的两侧加了两间礼拜堂，从内堂的墙往外延伸25英尺，一间作为晨间祷告之用，也有计划添加图书馆、主教法庭和为伦敦主教准备的住所。这会让西端正面加宽50英尺以上。

很多人以为雷恩加上礼拜堂，是詹姆斯二世亲自授意，谣传说詹姆斯二世可以用这形式将建筑赠送给教宗。虽然传闻理由强大，却不是事实。雷恩其实在1685年之前就想过这些问题，他与伊夫林在詹姆斯二世继位前一年便讨论过要添加图书馆，因为伊夫林近来听到有人抱怨教士太爱光顾当地酒馆，没有其他地方读到好书，以滋养智识。但是因为这些谣传和联想，大教堂变成城里不受欢迎的王室的象征。另一方面，英国国教不久也会为自己的存亡与王室起冲突。在此同时,雷恩只能盼望快点看到自己的计划完工,并且义无反顾地把建造计划向前推进。

入侵英格兰

1687年秋天,詹姆斯二世决定重新召开国会。那年他对当地市政机构实施了一连串清洗,希望把自己人放在权高势重的职位上,并命他的官员对每位公职人员、国会议员和民间显要进行投票调查,以测试他们的忠诚度。调查中包括十二个问题,譬如,如果他们被选进国会,会不会接受《宽容宣言》、会不会选有这种观点的国会议员、会不会与宗教自由的政策和平共处等。结果不乐观,如帝国使节所言:"在这项调查以前,每个人都怀疑自己的邻居是国王的党徒,所以都压抑自己的不满,如今大家都不再畏惧表达想法了。"[37]

这次投票并没有使国王获得支持,反而鼓励了反对的人。詹姆斯二世不顾现实,一意孤行,到1688年春天,已经把1200多名官员从职位上清除掉,指望建立同气共声的政府。这些政策的影响,在伦敦特别可以感受到,1687年11月,他设了一个委员会来管理市政机构,用威胁和严厉的谴责换得了一位顺从的市长;但他还不可原谅地用高压手段对付同业公会,因而失去这些曾经保护过他的人的支持,把自己重新塑造成了专制君主的形象。

1688年1月又发生另外一个危机。摩德纳的玛丽王后宣告有孕,引起全国人民一阵恐慌。让情形更加恶化的是1688年4月,国王重新发布《宽容宣言》,命教会教士连续两个周日在讲坛上宣读。然而,詹姆斯二世低估了英国国教徒的接受能力。在执行这项命令之前，伦敦教会的领袖举行了几次会议，因为伦敦主教康普顿仍在停职中，委员会里包括了圣保罗的主任牧师爱德华·斯蒂林弗利特（Edward Stillingfleet）、坎特伯雷的主任牧师提洛斯顿、彼得伯勒的主任牧师西蒙·帕特里克（Simon Patrick）和圣殿区教会的主持人威廉·夏洛克（William Sherlock）。他们咨询过高阶贵族与主教之后，宣布拒绝宣读这道法案，因为《宽容宣言》有违他们的良知和国会的律法。

他们的拒绝使教会从消极顺服变成积极反抗，现在教会有礼却坚决地站在国王对立面，伦敦神职人员宣布以后，由大主教桑克罗夫特领头的七位主教，也拒绝宣读，并决定到怀特霍尔向詹姆斯二世请愿。请愿书精心措辞，确定不会攻击到国王的权力或宗教异议分子的敏感处，不过总归一句，就是拒绝《宽容宣言》。詹姆斯二世听到他们的怨言时，勃然大怒，声言这些主教想要叛乱。但神职人员仍然立场坚定，那个周日伦敦只有七处教会宣读了宣言，其中三处的会众表示厌恶，并在宣读时离开教堂。

伊夫林是虔诚的国教徒，看到这些事件的发展，他非常担忧。他生性不是革命分子，但是再也不能支持国王或政府。5月25日，他报道伦敦市民对神职人员不肯应国王要求的反应："主教的行动得到一致的赞赏，连许多对立的派系都站在同一阵线上，只有天主教徒被排除在外，他们现在非常困惑，而暴动随时都可能发生。"[38] 可是国王的反应很迅速，6月8日，他命这些主教到怀特霍尔来做解释。他们拒绝了，声言："没有臣民有必要控诉自己。"[39] 国王于是要求他们付保释金，并到国王法庭接受审判，但他们再次拒绝。盛怒之下的詹姆斯二世将七位主教起诉，以诽谤政府的罪名下狱伦敦塔。当载运他们的驳船滑行而过时，群众聚集在泰晤士河两岸，对他们表示支持。

同时，6月10日，怀特霍尔传来消息，王后生了一个儿子。伦敦市民非但没有庆贺之意，反而陷入恐慌，因为国王有了后嗣，英格兰就要成为天主教国家了。有一篇报道说："王子的出生给予国王和王后以及与他们站在一边的人最大的喜悦，却给了王国的一般民众所能想象的最大痛苦。"[40] 几乎立刻便有谣言流传，说根本没有王子出生，而是用便盆偷渡进王后寝宫的。教堂受命为威尔士王子的诞生祈祷庆贺，但有的只是一片静默。原野圣吉尔斯教堂里，会众表现出他们的不满："很多人非常无礼地大笑，或是互相旁若无人地笑谈。"[41] 不管谣传是不是真的，王子的存在宣告了英格兰是属于罗马的。

五天以后，七位主教回到威斯敏斯特受审。伊夫林的报道说："宣读起诉书时，他们被叫上去申诉认罪，他们的法律顾问反对，说这是不合法的授权。"[42] 但法庭不理会，依旧强迫他们认罪。到此时，他们已有来自全国的强大支持，包括英国国教徒和宗教异议分子，这些人把众主教所受的攻击当作对基督新教本身的凌辱。有位于萨默塞特的贵格教徒甚至捐赠了100英镑，要保释巴斯和威尔斯（Bath and Wells）的主教。之后，这些被起诉的人要等两周后听审。

那一天，威斯敏斯特大厅从早上九点到黄昏都挤满了人，外面也聚集了群众。当主教和国王的人鱼贯而入时，民众对主教高呼支持，对国王的人则报以嘲弄。诉讼案是指控主教故意发行申诉书，破坏国王的权利，但辩护人指出主教并未出版他们的申诉书，而是亲自递送给国王，而且他们的申诉只是要提醒国王，《宽容宣言》已经在1673年被废除了，是不合法的。四位法官做出结论以后，陪审团便退庭，法庭休庭到次日早晨再开。

陪审团通宵研讨，于次日清晨九点钟记录了他们的裁决。其中两位团员,国王的酿酒人阿诺德和为国王执权杖的唐纳先生,可以预料地认为诽谤是事实;但其他十人毫无异议地一致通过宣判主教无罪。法庭内立时爆发一阵欢呼,而外面,伊夫林看到伦敦城瞬间迸发庆祝的气氛:"城里一片欣喜若狂,从国王法庭到泰晤士河畔,人们排成一队,当主教通过及再次通过时,跪在地上祈求他们的祝福。当晚有大篝火,又有鸣钟相闻,这使宫廷非常不快,法庭上近六十位伯爵和勋爵的阵势,一点也没有安慰的作用;可是事实上,他们是该觉得安慰和欢喜的。"[43]

主教的胜利是英格兰的转捩点。当晚,当庆祝会持续之时,一群贵族计划发动政变,其中包括了被停职的伦敦主教。他们写信给荷兰共和国的领袖奥兰治的威廉,邀请他干涉英格兰的政治。他是詹姆斯二世上一次婚姻所生长女的丈夫。威廉开始秘密进行他的下一步,同年夏天有一支军队成立,准备要让来自海外的势力入侵英格兰。

与此同时,詹姆斯二世尽了最大力量控制在他治下怒潮涌动的国家,在审判主教不成以后,他逮捕了一些饮酒狂欢的人,借以表示他的不悦,但是当这些人被带到地方法官前面,却又被宣判无罪,迫使他对两位胆敢违逆他的法官采取严厉的手段。政府势力在其他地方似乎也在逐渐瓦解,圣保罗的建筑工程虽持续进行,但6月28日却是委员会最后一次开会;街头开始充斥反天主教的暴乱,莱姆街上的礼拜堂被抢劫了三次,克勒肯维尔的修道院也遭到洗劫。传统的烧教宗典礼那天,许多学徒聚集,企图暴力抢劫众所皆知的天主教徒房屋,但被武装部队挡了下来。

奥兰治的威廉即将发动的入侵,成了公开的秘密。伊夫林在9月18日造访怀特霍尔时,发现"奥兰治的威廉将登陆的消息传来时,宫廷上下陷入极度惊恐之中,我几乎不能相信会有如此大的变化"[44]。伊夫林显然已经决定要站在哪一边,他写信给坎特伯雷大主教,警示耶稣会教士捏造了一个密谋,要制造神职人员之间的分裂,让主教归罪荷兰的入侵。他看着形势的发展,混合了担忧与救赎的心情,写道:"看来就像是一场革命。"[45]

第五部

伦敦再生

第十二章
彻底摧毁,重新再造

1689年1月27日,动乱当中,伊夫林与朋友佩皮斯到海军部去吃饭,在那里遇到克伦奇(Clench)医生的儿子,当时未满12岁,人称神童。伊夫林和佩皮斯想测试一下这孩子,问了他许多知识,包括"纪年、历史、地理、几种天文学体系、星球的轨道、经度、纬度、天体学说、河流小溪的流向与来源、码头、大城市、国家的边界和方位,不只是欧洲的,也包括地球上其他任何角落"。测试还包括了整个古代史、古典经典、一般法律与哲学。最后,伊夫林筋疲力尽,问了最后一个问题:"在他所有读过和听闻过的事情之中,有没有像奥兰治的威廉出征,用如此微小的力气争得三大王国,没有遇到任何抵挡的?"[1]那男孩这才必须停下来思考。自从4世纪,君士坦丁大帝从英格兰横扫至罗马以来,还没有像这样的事件发生过。

1688年11月5日,奥兰治的威廉乘着"基督新教"的东风,抵达德文郡南部的布里克瑟姆(Brixham)。踩着雨水泥泞的道路前进是非常累人的事,而威廉超过15000人的部队,包括英格兰人、苏格兰人、日耳曼人、希腊人、荷兰人、瑞士人和胡格诺派教徒,还携辎重"二十一大块黄铜制品,有的需要十六匹马来拖"[2],可拆装的船、一万只备用靴子、火枪和帐篷等备用品。待重新适应干地以后,他们在11月9日开进埃克塞特,承诺会"尽快召集自由合法的国会"[3]。市民对他们的进城,反应不一,英国国教士立场不太明确,经詹姆斯二世清洗并派任自己人的市政官员们,都不见人影,但地方民众则挤满街道,观看威廉的到来。

威廉表演了自己的"开场白"之后,等着看詹姆斯二世如何反应。在伦敦的詹姆斯二世正处于一阵狂乱中,一群贵族与主教聚集施压,要求召集自由国会,但曾经勇敢的军事将领詹姆斯二世,却只答应会"在当前乱事平抚后,尽快召开"[4]。威廉在德文郡等待的时候,贵族显要开始越界表示支持,克拉伦登伯爵之子康伯里勋爵(Lord Cornbury)首先于11月14日表示支持,而北方的其他贵族也纷纷响应威廉的号召。

詹姆斯二世骑马到了他在索尔兹伯里驻守的军队,在恐慌之下,开始流鼻血。可是这鼻血却救了他,因为在索尔兹伯里有一位先前最忠心于他的将军约翰·丘吉尔(John Churchill),正打算发动一项惊人的兵变,在国王巡视军队时把他绑架到埃克塞特去,只因为国王的鼻子作怪,才横生阻碍。11月23日,詹姆斯二世命军队撤守在泰晤士河畔的雷丁(Reading),等候威廉,而他自己则跑回伦敦去了。

当詹姆斯二世回到伦敦以后,才发现宫廷里有更多的人已经逃走,包括他的第二个女儿丹麦公主安妮,已由伦敦主教康普顿护送出了伦敦。他悲叹道:"连我自己的孩子都离弃了我。"[5]为了挽回颓势,他对于召开自由国会的要求又进行了认真的思考,尽管他后来承认,这只是为了要争取时间把妻子和威尔士王子弄出国去的策略。结果他的诡计没有得逞,威廉于12月初开始向伦敦前进,4

日到达索尔兹伯里，7 日与雷丁留守的剩余军队交战。

当威廉的军队开始横越英格兰南部，往伦敦行进之际，首都陷入一片恐慌。伊夫林的儿子带着父亲的祝福，骑马前去投效威廉的军队，而伊夫林语带暗喜地记载道："宫里的宠臣、教士、耶稣会士，逃的逃，躲的躲。所有到目前为止不为人知的事情，都公布在出版物上到处流传，大街小巷里议论纷纷。对威廉王子的期待已远到牛津。威尔士王子和国库财产被秘密送到朴次茅斯……舰队的立场说辞，对国王并不感激。官府的天主教徒放下他们的职务逃走，所有人都惊慌失措。"[6] 威廉进入伦敦只是迟早的事而已。

然而威廉有个问题，他承诺不以征服者的身份前来，而是来保卫英国的自由的，但如果詹姆斯二世还在城里的话，他又怎能自称是保卫者呢？他要把国王关起来吗？或甚至让他受审判？但如果詹姆斯二世就此消失，一切就容易多了。詹姆斯二世明白这暗示，12 月 12 日，他哀悼道："我的孩子都离弃了我……我的军队把我丢下，那些我从一无所有提拔起来的，也是一样，我帮得少和什么也没帮的，还能对他们寄望什么？"[7] 他烧了准备好要召开国会的文书，假扮成仆役，在泰晤士河上坐船，把批准所有法律所需，象征合法性的大御玺丢进河里，前往肯特郡，希望能找到一条船前往法国。

在隔开谢佩岛（Sheppey）的斯韦尔河上，他的船碰到一些停泊在此想发财的小驳船，他们等的不是鱼，而是想逃到欧洲去的耶稣会士。他们强行登上詹姆斯二世的船，认出其中一名乘客是肯特郡的贵族爱德华·黑尔斯（Edward Hales）爵士，因此把他们的船拖到法弗舍姆（Faversham）去，人则转送到另一处，詹姆斯二世被全身搜索，"连隐私之处"都被剥光，景象吸引了一群围观的民众。一直到市长到场才知道他们抓到的奖赏是什么："根据马什

（Marsh）的报告，当时围在门边的民众看到市长跪在他前面，喊着国王、国王。"[8]

詹姆斯二世逃亡不成，这使国家处于边缘状态。伦敦乱民群起，因为没有政府管理，在街道上到处撒野。许多有计划的民众乱事，将詹姆斯二世的天主教残余规矩予以扫除，而祈祷室、印刷商和礼拜堂悉数被摧毁，身份暴露的天主教徒也遭受追捕，房子被拆掉。甚至连在伦敦的外国的天主教外交官也不能幸免，在乱民状况日益严重下，开始流传被解散的爱尔兰军要前来伦敦的谣言，这使得大家重新勾起1641年天主教叛乱的可怕记忆。当大法官杰弗里改装成水手，企图潜逃而在瓦平（Wapping）被抓时，他要求被关到伦敦塔去，因为那里是伦敦城唯一安全的避难所。在他等候自己命运的安排时，暴民围绕在他囚室的窗户底下，挥舞一条绞刑用的套索。

为了平定伦敦城，市政厅里设立了管理员，负责管理贵族、主教和市政府官员的行政事务。他们迫切盼望威廉赶紧到伦敦来，然而当肯特郡传来消息，说国王还没有逃走，一时所有安定国家的计划都陷入绝境。威廉显然已经赢得军事的对抗，但詹姆斯二世却没有离开战场，12月16日又回到伦敦来，他虽然完全失去权势，是个稻草国王，但在法律名义和上帝所授的职务上，仍然是合法的王位拥有人。詹姆斯二世可以接受自己仍是国王，但由威廉执政吗？又或者威廉可以罢免他的岳父吗？

12月17日，詹姆斯二世要求在温莎与威廉见面，诉求和平解决，但威廉却逮捕了他的信使，并派遣警卫巡逻宫殿，使詹姆斯二世变得与囚犯没两样。詹姆斯二世深恐自己会遭受与父亲查理一世同样的命运。最后，威廉给了他逃走的机会，好让自己可以胜利姿态进入伦敦。詹姆斯二世突然发现很多逃脱的机会，因此顺利跑到罗彻斯特,在那里等候机会。消息传来,伦敦市民对威廉大表欢迎,因为"奥兰治"(Orange)意即"橘子",群众在长杆子上插着橘子迎接他的到来,蜂拥向行进城里的军队,女人对进城的英雄高喊:"欢迎,欢迎,上帝祝福你,你来拯救我们的宗教、法律、自由与生命,上帝奖赏你。"[9]威廉抵达圣詹姆斯宫,但只要詹姆斯二世还没有离开国境,他就无权执政。12月23日,詹姆斯二世发现无人看守,终于寻路逃到法国去了。

王座空了,有人便告诉威廉他应该相信自己是一致公认的国王而就位,就像亨利七世在博斯沃斯菲尔德(Bosworth Field)之战胜利,结束玫瑰战争以后,开创都铎王朝一样。然而威廉已经声明他到英格兰来并不是要争夺王位,而是为了给英国自由,他承诺的是召开自由国会,而非征服这个国家。威廉接受了事实执政者的角色,并决定有必要召集一个新政府,以决定许多人认为是世仇的王室的去留。

詹姆斯二世逃出国境后两天,威廉打算召开国家代表大会,召集前一次自由国会的剩余议员、贵族与主教,一起讨论新的解决方案。这个国家代表大会并不是国会,因为只有国王才能召开国会,但就像1660年,查理二世还没有复辟之前,这个大会可以决定下一个政府的形式。他们很快选出议员,下议院包括了数目均衡的托利党人和辉格党人,上议院则有稍多的托利党人。雷恩在温莎代表托利党参选,但移交上级审理时被判无效,辉格党的对手拿到了他的席位。

在邀请召开大会到1月22日第一次开会之间,有充裕的时间让大家消化会中要讨论的形式,也形成了各种派系。无人监管的印刷厂商开始冒出许多文册与传单,发动了两派争论。咖啡屋里对契约性的王位、自然法、宣誓的神圣性议论纷纷。伊夫林报道说:

> 看到那些要召集的上下议院的议员到现在还没有取得共识，我很难过。有些人认为玛丽公主若是当女王，就不会再有任何争议；有些人主张设立摄政王；有个托利党人主张再把詹姆斯迎回来，以某些条件为约束；还有共和国派要让奥兰治王子当总督的角色；罗马派的人也是其中之一，忙着把大家弄得一团混乱。这些人多半都是为了野心或其他利益，很少是出于良知而寻求平稳解决的。[10]

1月15日，一群主教和托利党人聚集在坎特伯雷大主教桑克罗夫特在伦敦泰晤士河南岸兰贝斯宫的家中，这次聚会决定了托利党在即将到来的国家代表大会上的立场。伊夫林一如平常在场边观察，但是在这场辩论里，他表现得比较叛逆。他无法同意那些主教的立场："他们都想要立摄政王，以便减轻内疚，如此所有公众事务都以詹姆斯二世的名义进行，据此法律召开国会。"但是他看到国家迫切需要找到新的解决方案，必须赶紧"在我们之间产生创举"[11]，以免革命重新把内战的阴影带回来。

有人注意到一个人没有参与这场辩论——洛克，他整个冬天都待在荷兰。1689年1月，一位有名的辉格党人妻子玛莎姆夫人写信给他说："这次国家代表大会不是要修改政府制度，而是要彻底摧毁，重新再造，我真希望你能在这里，给他们一个正确的政府方案。"[12]但这次集会的目的并不是要把国家完全变革，目标是在决定谁继位的问题，仍是用一位国王取代另一位。权力转换到威廉的手中是必然的事，而他也十分渴望大家赶紧在遣词和形式上讨论出结果来。可是继位的条件和宪法对《权利法案》（Bill of Rights）的澄清是整个协议的重点。1月22日，国家代表大会召开会议，在威廉的鼓励话语推动之下，四天后开始进行讨论。

会议的第一个任务是要为詹姆斯二世的统治终结下定义，因为英格兰的王位不能空着。每个人都同意詹姆斯二世已经离开，但"弃职退位""终止权位"与"王位空悬"的真正含义是解决未来协定的关键。上议院与下议院对此吵闹不休，直到威廉施加了一些压力，才定下宣言。所选择的用字是辉格党的小胜利，但整体而言是共同的成就，权力的转换不是任何一派的优势或专属，而是整个国家代表大会的："詹姆斯二世国王违反国王与人民之间的契约，竭力破坏王国的宪法；听从耶稣会教士和其他邪恶人士的意见，违背了基本法律；并由王国撤离而出，放弃政府职守；因此如今已经王位空悬。"[13]

定义好了过去，国家代表大会还要整理出什么人该取代詹姆斯二世的位置。威廉该是摄政王吗？詹姆斯二世的长女玛丽能不能自己一个人统治呢？詹姆斯二世的儿子威尔士王子有没有即位权呢？如果由威廉统治，他是"事实上"拥有真正权力的征服者，还是"法律上"授予神职的统治者，抑或"神赐的"上帝选定的代理人？就像在 1641 年时一样，群众聚集在威斯敏斯特的庭院，要聆听会议如何讨论他们的未来，有些人则担心乱民的势力会迫使会议做出不明智的决定。

威廉是个比较习惯靠武力快速取得合法性的人，到 2 月，他已经快要对国家代表大会的辩论失去耐性了，因此他很清楚地对几位高位臣子表示自己不要当妻子的附属配偶："他如此表态，不会考虑靠裙带关系做任何事。"[14] 他也不考虑当摄政王，并威胁要"回荷兰去，再也不搅和他们的事务"。国家代表大会必须下决定，因此 2 月 6 日在威斯敏斯特的彩绘大厅，庭院外面民众的叫喊回响声中，会员关起门来决议王位应由威廉三世与玛丽二世一起继承。诗人约翰·德莱顿简短地把它形容为"削减的混合君主制，半联邦体制"。[15]

如果威廉和玛丽要成为他们的"国王与女王陛下",未来的继位条件形式必须加以界定。天主教徒不可以登上英格兰王位,君主也不可以与天主教徒结婚。这项条例排除了詹姆斯二世回返王位,以及他现在流亡巴黎的儿子威尔士王子继位的可能性。如果威廉和玛丽两人死后无子嗣,王位将归给玛丽的妹妹,嫁给丹麦国王乔治的安妮公主。若是安妮没有小孩,则王位由亲戚里的下一位新教徒继承。如此,继位的规则不再是上帝的决定,而是国会的法规。两位君主在4月11日加冕,不是以继承的规则,而是依据国会的赐予和律法,发誓维护王位。

与此辩论同时,另一个问题也需要解决。如果要有新的统治者,那么他应该如何执政?王权的基础是什么?国家代表大会而非上帝决定了君主的身份,因此他们也有机会决定王权在法律上的许可范围。这个问题比其他任何事,更容易造成辉格党和托利党的分歧,因为这不是王位继承的紧急事件,而是国王即位以后,关于其权限的辩论。托利党和辉格党在创立定义君主权力范围的新法律上是不可能一致的,而威廉也会拒绝任何此类限制。就是这个问题让国会在1641年如火如荼地展开辩论,最终导致英格兰的内战的。

这场辩论直指洛克政府观的核心,因为他的第二篇《政府论》所强调的正是当政治合约遭到破坏时,人民有权利罢免君主,就像1688年所发生的那样。然而,当时还在鹿特丹的洛克,对国家代表大会要改写君主与臣民之间的合约,感到十分震惊。他写信给一位位于英格兰的朋友,抱怨说没有必要改变宪法,而应该保障它,以免被滥用,就像英国在他一生中所受的苦。问题不在国王的权力,因为自然法已经给了它定义,而是它被斯图亚特王朝的几位国王滥用了。国家代表大会不应该发动宪法的革命，制定新法律，而应该澄清和强化古代的权利。

国家代表大会同意他的意见，设立了委员会，包括二十八位辉格党人和十二位托利党人，一起来讨论这问题。讨论结果所产生的《权利宣言》（Declaration of Rights），于2月13日对威廉和玛丽宣读，它不是在国王就位前为他们所定的新规则，而是提醒他们应遵守的法律。最后的版本里，前面条列了詹姆斯二世和其弟所犯的滥用权力事项，如用王室权力制止法律的执行、分配的特权、常备军的设立，以及神职委员会的编列。这项文件虽是让威廉和玛丽签署的任职书，但更警告他们若超越界限，会面临与詹姆斯二世一样的命运。

对许多人而言，这项旧规则的宣告对形势改变之大，足以预示一个新形态的君主政体，一个混合并有限制的君主，与强大的国会共同治理国家。这项宣言能在国王面前宣读，不只是一个党派的胜利，而是整个国家代表大会的胜利。分裂的两个政治党派，都经历过内战的恐怖，而17世纪40年代的记忆也不仅是托利党或辉格党专有的。两派都决定不让英格兰再陷于同样的混乱，宣言就两派人所认为最好的做法，清楚宣读国会和国王应有的权利。

洛克在宣言宣读前一天回到英格兰。在威廉入侵英格兰之时，他便再与许多朋友重新联系，这些人如今与得胜的威廉国王很亲近，因此洛克获得殊荣，得以伴随待在荷兰等候丈夫消息的玛丽公主一起回国。当玛丽进入伦敦之时，全城欢腾，第二天，她便加冕为女王。

洛克立即受到新国王圈子的欢迎，但是他不像许多拥挤在新宫廷的人一样，希望得到一官半职或造成影响力，虽然他发现自己"比先前更受一般人的尊重"[16]，而且所有公众事务都常常会询问他的意见。到2月21日，已经有布兰登堡选帝侯腓特烈·威廉（Frederick William）的大使，要给他高位盛名，但他以健康状况不佳而拒绝。后来威廉给他维也纳的职位以及第三个工作，他也都拒绝了。他最后选了一个上诉专员（Commissioner of Appeals）的次要角色，一年有200英镑收入，但是只用做很少的工作。他在威斯敏斯特住下来，但是与国王一样，他也苦于环境的污染，并半开玩笑地抱怨自己忙得"几乎没有时间碰书"。[17]

不过，洛克先前被认为太有颠覆性而无法见天日的哲学思想，在新政权之下有了发表的机会。他开始安排出版自己的作品，把几箱物品从鹿特丹送到支持辉格党的印刷商奥山·丘吉尔（Awnsham Churchill）那里，印行充满政治性的《政府论》。虽然洛克是在17世纪80年代初期排外危机正高时写下了这些作品，但他对于自然法、合约性的王权和人民有改换君主权利的这些观念，此时看来仍然非常容易引起争议。

洛克决定匿名出版，并在前言里支持新政权："经由人民同意，成功得到他的头衔，是所有合法政府里唯一仅有的，比基督教国度里任何一位王子做得更好，对全世界和英格兰人民，表现对正义与自然法的爱好与保护，在国家濒临奴役与罗马统治的边缘，拯救了它。"[18] 但是《政府论》并不是为了要将革命合理化，或是普通的辉格党宣传小册子。洛克自称为忠诚的威廉拥护者，但是这部1689年8月的出版品，仍然是对新君主的警告，就像他当初写作是为了要警告查理二世一样。

虽然洛克拒绝踏入政治舞台，他仍继续给予朋友和在辩论前线的重要辉格党人意见，并指导方向。因为1689年的协议政策并没有让形势安定，却使党派益发产生分歧。辉格党和托利党在政党发展的最初期，形成固定对立的两派之时，产生了一些危险。同年冬天，洛克开始写一本宣传小册子，希望能避免国家分裂：

> 到处都是大声的抱怨，人民表现出的担忧如此明显，让人无法忽略。并不是我们国人没有勇气，也不是不信任我们的武力，使每个人无望，而是我们之间的分裂造成了人民忧心。每个人都说除非我们团结，否则将站不起来……我希望所有新教徒和每个英格兰人，都把手放在心上，认真考虑他与自己的国人有什么不共戴天的异议，要吵到那种程度，不能与他们互相容忍，而要冒自己和国人的宗教、自由和安全的危险。如果我们现在不团结的话，所有前述那些事物都会濒于险境，最终丧失掉。[19]

如果1688年真的是一场革命的话，它并没有为这个国家带来和平。事实上，刚好相反，不过它找到一种把相异与改变进行制度化的方法。

英格兰的凡尔赛宫

政权的改换引进了一些新面孔到政府里来。威廉和玛丽需要奖赏他们的支持者，就像查理二世在1660年复辟以后，把他的爱将分配到政府各处一样。要选择他们想要的人并不容易，虽然辉格党尽了许多力量帮威廉和玛丽争得王位，期望能得到重用，但国王对他们还是存有戒心，因为他们毕竟已罢免了一个国王；而托利党则反过来怀疑这位以法律而非神授之意取得王位的国王。为了强固自己的势力，威廉把几位荷兰人放在要职上，刚被提升的波特兰伯爵（Earl of Portland）汉斯·威廉·本廷克（Hans Willem Bentinck）成了威廉宫廷上最重要的人，但被人蔑称为"木头人"，而胡克的对手、钟表制造人惠更斯,则成了国王的秘书。

我们不知道政权易手是否影响到雷恩测绘总监的职位。威廉和玛丽都热爱设计与建筑,威廉在1684年开始在荷兰建造海特卢宫(Het Loo Palace),这是一座夏宫,此宫后来成为欧洲最精致的建筑之一,在风格上与巴黎高卢人的炫耀夸张正好相反。谁知道国王会不会从荷兰找建筑师来,以建筑来表现他的统治权呢?

国王没多久就发现伦敦和宫廷不合他们的胃口。威廉虽是英勇的军事领袖,却患有气喘,而首都的烟雾已经开始影响他的健康。他天性沉默寡言,不喜欢英格兰社会无止尽的展示和喧嚣,以及宫廷里让人眼花缭乱的花样,需要把国王随时都展示给大众看。两位新君主需要一个宫殿来展示他们统治的意图,也得适合威廉的需要,一个可以与凡尔赛宫媲美的建筑。加冕后十天,两位新王便离开伦敦,到首都西边几小时骑程的都铎式宫殿汉普敦宫去了。

威廉与玛丽在1689年2月23日抵达汉普敦宫,发现自从1662年查理二世在此度蜜月以后,王室就很少用到此宫,后来变成国王一位情妇的乡村别墅,以及宫廷偶尔的避暑之地,供枢密院使用,国王则在附近的温莎堡停留。17世纪80年代为了詹姆斯二世的次女安妮,建筑做了一些修缮,但是到1689年,房子已经明显破旧不堪。然而,威廉和玛丽马上决定汉普敦是建造英格兰凡尔赛宫的理想地点。两天以后,他们命测绘总监雷恩来勘察。3月2日,国王的床铺以驳船运送到汉普敦宫,十天以后便宣布汉普敦宫将变成宫廷的新家,整个宫廷要从怀特霍尔经泰晤士河往上游搬到这里。

雷恩虽有许多其他任务,仍欣然同意,并开始规划。他是最理想的建筑师人选,因为在英格兰他是最好的建筑师,也因为他希望能建一座能永远站立并代表英格兰王室至高王权的宫殿。不过他要快速想出办法来才行，因为威廉和玛丽急着要尽快搬入。

国会不喜欢宫廷离伦敦这么远，已经对国王不在首都发表评论，如哈利法克斯伯爵所评论的："国王已经难以见到，还彻底搬到汉普敦宫去，又在如此忙碌的时刻，简直破坏了所有事务的进行。"[20] 鉴于国王不能完全不在首都，妥协的方案是在威斯敏斯特的边缘地区，海德公园的西界找个地方，让国王夫妻冬天在此居住，雷恩受命改建另一栋王室建筑，原先是诺丁汉伯爵（Earl of Nottingham）的住宅，改名为肯辛顿宫（Kensington Palace）。这栋房屋不必大肆重建，只要住起来舒适即可，如伊夫林后来所形容的，它是一座"非常可爱的别墅"。

除了圣保罗持续的受挫以外，雷恩还要面对所有最前线的压力，要为他的新庇护者建筑住宅。威廉和玛丽要当年就开始汉普敦宫的建筑工程，而雷恩的建筑师办事处很快便连续给了他们三个设计图，希望能找准国王的品位和气质。查理二世和詹姆斯二世都采用法式风格的卧室，让最亲近的贵族可以立即参与国王最私密的日常行事。但威廉和玛丽都比以前的国王内向私密，因此汉普敦宫虽然需要壮丽的大房间给参观者和庆典之用，但最重要的却是密室。

两位国王在设计早期参与得很频繁。雷恩的第一个设计是把都铎式宫殿完全拆掉，只留下亨利八世所建的中央大厅。他的灵感来自法式风格，但与凡尔赛不同的是整个设计是围绕一个巨大的四方中庭而建，宫殿将背对河流，面向宽广美丽的花园。但就像雷恩的许多计划一样，这个设计撞上经费的礁石，因为要花太多财力和太多时间来建造。雷恩只好回到位于伦敦苏格兰场的设计室去重新构思，不过他没有完全放弃第一个设计的想法，在第二个设计里，四方中庭较小，但仍有一个壮丽的门廊，门廊上坐落着一个穹顶。但这一设计又被驳回，因为要花很长的时间才建得成。

于是雷恩决定不把宫殿完全拆掉，而是用它当基础来设计，旧宫殿会保存下来，但加以大幅修缮。因此雷恩受到很大的限制，他必须根据建筑坐落在现有地景的方式来设计。旧建筑的外面会盖上一层鲜明的古典门面，有上附三角墙的窗户、凹入的壁龛和单柱栏杆，沿屋顶排列。这层外表十分显眼，也能掩盖底下旧宫殿的问题。一如往常，雷恩在金钱和时间受限的极端困难情境下，找到了可以利用既有资源加以改善的设计。

建筑工程始于1689年4月，与威廉的出征同时。威廉经常因领军征战而不在国内，首先是在爱尔兰，然后是针对法国的"九年战争"，政府之事和两座宫殿的管理事务便落入玛丽的手中，但玛丽对这角色并不很适应。汉普敦宫成了拆卸工地，屋顶的铅板被剥除，室内的木壁板也卸掉，并移除掉大部分的石块。石块会储存起来，或用来填平地面的凹渠或壕沟，有的则运到伦敦去为雷恩自己在苏格兰场的花园建造防水堤。几间工作坊已造好，以备使用。泰晤士河上有座都铎式的门房"泰晤士廊"，也为女王改建好了。

但是雷恩最重要的一个问题，是如何把新石块运到此处。在圣保罗大教堂，他已经遇到由波特兰采石场运送石块而来的问题，而与法国开战，更增加了海盗劫掠的风险。因此雷恩必须找采石场，最好是在内地，可以借助陆路运输运到皇宫来。为了赶着开始，他甚至愿意回收原来的旧石块。这年冬天，两座新宫殿的赶工造成一些悲惨的后果。

11月初，肯辛顿宫的修建出了一件意外之事。地基打在地窖上，导致部分墙壁倒塌。五周以后，汉普敦宫发生更严重的意外，宫殿较长的一侧，南边的内部墙壁倒塌，连同屋顶、烟囱和三楼的一部分一起拉下来。更惨的是死了两位木匠，另外还有十一位工作人员受伤。后来发现这部分所用的灰浆，制作得很不完善。雷恩忧心如焚,玛丽女王则责怪自己太自私,催促赶工,才导致这场灾难。两周以后,有飓风来袭,不过没有更进一步的灾情报道。

雷恩要进行修复,但无法躲过政府的注意,官方要求他就此事提出报告。这件事也给了建筑办事处的审计员威廉·塔尔曼(William Talman)一个暗中贬损其上司的机会,塔尔曼是新生代的建筑师,设计过德文郡公爵的查茨沃思庄园(Chatsworth House)的南大门,这栋房屋是英格兰最漂亮的巴洛克式建筑之一。他给了财政委员会(Treasury Board)一长串雷恩所犯错误的清单,于是两人被命令前去陈述案情。塔尔曼带了两位因未能得到圣保罗合约而对雷恩怀恨在心的石匠师傅所提供的证词,会议演变成互相控诉和攻击。委员会站在雷恩的一边,让他继续工作,但通过此事,可以看出雷恩职位周围的危险。

现在雷恩已经58岁了,工作空前忙碌,但如他在《建筑文册》中所记的,建筑是石块所造的政治学,而他必须小心不让周围转变的环境困住。这位年纪已大的测绘总监不能否认自己与旧政权的亲近关系,而塔尔曼则是靠"光荣革命"而起的新世代,雷恩现在要小心他的竞争对手会因新政权上台所造成的复杂关系,影响到他的建筑事业。

道德革命

1688年的事件是对君主的定义的一场革命,国会、国家代表大会与《权利法案》,将国家的大机构永远改变了。一连串国会法案进一步稳固了这点,更加确定国会在政府里面的核心地位,当他们拒绝给国王提供税收以后,威廉在经济上也变得要倚靠国会了。

威廉自加冕以后,便拼命想征战各方,还想领兵到爱尔兰,攻打带法军登陆想鼓动天主教徒把王位夺回去的詹姆斯二世。此外，1689 年 5 月，威廉对法国宣战，带领欧洲大陆新教的同盟，一起对抗路易十四的专制野心。国王有没有能力支付战事，要看他能不能说服国会与他站在同一边。1694 年的《三年法案》（Triennial Act）规定每三年至少召开一次国会，更加确认了国会的重要性。威廉的外交政策使国王对国会的依赖更重，因为他经常要国会支付他在国外的历险。

然而，1688 年以后，宗教问题依然没有解决。国家代表大会虽已定下王位继承的权利与法律，但"光荣革命"事件却使得找寻宗教协调的需要更加迫切。前五十年里宗教信仰与公民权利变成同床异梦的吵闹配偶，这些混乱有待解决。

威廉是从荷兰来的，那里宪法的精神是宽容的文化，就算法律里没有明确规定。他原是加尔文教徒，不是英国国教徒，但他的新职位要求他要做英国国教的"信仰卫士"。玛丽则是忠诚的英国国教徒，她把教会的保存看成 1688 年事件的神旨。是上帝的旨意，让她登上王位，而不只是国家代表大会使然。但是，两位君主都发现，英国国教里的争吵，并不是因为他们与非正式教派之间的分歧，而是政治协调政策本身所造成的。

对坎特伯雷大主教桑克罗夫特这样的人来说，在立詹姆斯二世为英格兰国王时所发下的神圣誓言，是在上帝前面发的誓，不能破坏，虽然他自己也是受詹姆斯二世迫害的受害者。他无法在詹姆斯二世还活着的时候，承认威廉和玛丽是"法律上"的君主，所以拒绝在加冕典礼上主持宗教仪式，也不参与政府，并离开他泰晤士河南岸的兰贝斯宫。有几位英国国教的高等神职人员与崇拜者响应他，拒绝对国王宣誓忠诚，这些人后来被称为"未宣誓者"。这些人的数目不算多，大约是全部神职人员的 4%，但是他们的影响很深远。英国国教里形成教派的分裂,激荡回响了一段时间,并凸显出宗教在政府内部与国家整体中的重要角色。

为了与"未宣誓者"抗衡,国王召集一群较为宽容的神职人员,如所谓"自由人士",包括圣保罗的主任牧师提洛斯顿。提洛斯顿受到新哲人和雷恩早年庇护者威尔金斯的影响,发展出一套非常"不拘泥宗教教义"的宗教仪式,寻求理性的基督教,并容纳其他信仰,对《克拉伦登法典》中以控诉异议分子为宗旨的态度十分厌恶。

"未宣誓者"和"自由人士"之间的教派分裂,在1689年的宗教协调上造成了危险的问题。那年,洛克出版了他在流亡荷兰期间所写的《论宗教宽容》,此文明显警告不宽容的态度所带来的结果,以及权威阶级对个人信仰的选择有无控制权的问题。他质问统治者何以有权可以控制臣民的宗教信仰,信仰不像行动,不能由在上者强制施压,因为个人思想的自由是无法让别人控制的一样。

《论宗教宽容》特别集中讨论迫害的问题,关于以威胁与惩罚来强制推行正统宗教的做法。如果国家强迫臣民违反他们的信仰,遵循正统宗教,是非常可能会失败的。过去五十年来的记录足以证明,并让地方法官赞同这一点。因此,洛克问道,政府是否应该管宗教的事呢?每个人都该可以选择自己的信仰形式(包括不信),但政府若想要有任何惩治的政策,必须谨慎行事。现代政府所需要的,是足够宽容的正式教会,足以容纳几个最温和的其他教派。此外,没有在此"包含政策"里的宗教团体,也不该受惩治。

1689年,这一想法受到了考验。这年夏天,辉格党的诺丁汉伯爵向国会提出了一对法案,《宽容法案》与《包含法案》,让那些支持三十九条信纲之中一定数量的信条,并信奉三位一体的温和教派,可以被吸收到英国国教里,还有对其他几个信仰有限的宽容。

这两条法案成功通过的机会本来很大,然而威廉加上了把《市镇法案》和《测试法案》一起废除。国会里的托利党认为这简直就是对教会的正面攻击,结果,只有部分"包含政策"保留在经过大肆修改的 1689 年《宽容法案》里。洛克给在荷兰的朋友的书信里说,这法案是一线希望,"也许范围没有如你和那些像你一样没有野心或妒忌的真基督徒所希望的那么大,但这也算是有了进展。我希望这些开始,可以奠下自由与和平的基础,有朝一日出现以此为基础建立的基督教会"。[21]

两派人对此都不满意。辉格党人没有得到想要的足够权利,而托利党则嫌他们给了太多,担心任何宽容的形式都可能会削弱英国国教的一致性,而导致英格兰再次陷入混乱。威廉对结果非常不满,于是召集所有神职人员开大会,要他们把自己的目的说清楚。圣保罗的主任牧师提洛斯顿兢兢业业地提出"自由人士"的策略,希望能把"包含政策"的范围推得更广一些,设计出可以包括许多派别的新宗教仪式。但是阻碍横生,大会又回到忠实确保既定教会的保守政策上。威廉又企图除去教会里的"未宣誓者",大约四百名神职人员被除名,包括桑克罗夫特在内。提洛斯顿被任命为坎特伯雷大主教,从教会的顶端领导他的"道德革命"。

这两派的争辩一直没有解决,此后多年相互攻击。其中一个特别的例子,是原本该匿名的《论宗教宽容》作者洛克与牛津万灵学院的附属教堂牧师约纳斯·普洛斯特(Jonas Proast)之间的一连串论战。普洛斯特是位善辩者,迫使洛克一步步妥协和澄清。他们在公众前来往的这些文册,不久就变得恶意相向,但洛克对一个国家中可以容许许多信仰的既有教会的新角色,开始有了清楚的观点。1691 年,洛克在超过两百页的《论宗教宽容》第三篇里,想象了一种新的教会,不是以法律和迫害,而是以理性和说服的方式来建立其主导地位。英国国教以牧养的工作和包容理解的态度来表现它的真实本色，它是国家纪念仪式的中心，而不是祭仪和顺从，洛克认为后两者比较接近天主教的专制主义，而不是真正的宗教。

1688年的"道德革命"见证了"自由人士"升任要职，并由女王认可。经由此事，女王也开始对拉德盖特山丘上的工程产生了兴趣，常常浏览它的设计图。玛丽女王每年秋天都会从温莎的树林送一只雄鹿到大教堂的工地，表示她对工程的喜爱，让雷恩和工人在每年建筑季结束，所有账目整理好的"结账"时刻，可以对着鹿肉举杯向女王祝贺。

新王登位的最初几年，虽然局势混乱，圣保罗大教堂的工程仍持续进行。主任牧师提洛斯顿升任坎特伯雷大主教以后，原有职位由夏洛克接掌。除了有王位易手导致的纷扰以外，经费的问题仍然阻碍进度。雷恩发现向煤炭税借贷是一件危险的事，1689年2月有一条会议记录记道："以国会法案去借贷，欠某几个大户5150英镑；并且到去年圣诞节为止，欠工人材料与人工费，已估算为5575英镑。还有欠石匠工资，尚未估算，预计约3500英镑。一共14225英镑。"[22]1692年有一次把所有工程的薪资冻结，企图遏止资金流动。

波特兰采石场也有些问题重复发生，而大教堂的进度因为新国王对战争的喜好，用了市政府的钱，使所有的船运陷于混乱，而更加困难。从采石场运送石块到工地来，变得危机四伏，而英吉利海峡上游弋的舰队也使得把煤炭运送到首都十分危险。1691年，大教堂委员会报道，有一只船载运了158吨波特兰石，试着跟上护航舰队，"生怕被法国私掠船攻击并凿沉"。[23]不过，到1694年建筑季结束，大教堂已达到一个里程碑，完成了唱诗席的石块工程。一面大木板墙将东端与教堂的其他部分隔开，工程在里面继续进行，不让爱窥探的伦敦人看到。

在传统上，唱诗席是最神圣的地方，与教堂的其他部分隔开，让教士与显贵坐在私密小室中。雷恩声称他希望"整个教堂有自由且空旷的视野"[24]，但他的大教堂将会是有许多部分组成的单一建筑：长内堂是供典礼和行列行进之用；还未建造的穹顶是代表基督新教与罗马相反的例证，是和平与光线的殿堂。但是大教堂的空间最重要的功能，是为英国国教的宗教礼拜仪式所设计，包括圣餐礼与讲道。在唱诗席里，这些功能合而为一。

17世纪60年代的《克拉伦登法典》，强迫人们将英国国教的圣餐礼当作表示忠诚的举止，讲道坛上则不断地对清教徒加以试探挞伐。雷恩在最初的设计里，将英国神圣空间的重点，放在讲道的角色上，他写道："在我们改革的新教里，把教区教堂做得太大，无法让所有在现场的人听得到或看得见，未免过于虚华无用。"[25]这一点因自由人士想要用说服而非强迫的方式传教，而更进一步确定。圣保罗将成为伦敦的讲道坛，而雷恩在他的原始计划里，似乎建议将唱诗席与讲道厅分开。宗教礼拜会在唱诗席里举行，而讲坛则在别处，也许是在穹顶底下。

但是到1694年，雷恩已决定将宗教仪式与讲道场所结合为单一空间。因此他必须在东端造个空间，越过穹顶底下的大交叉点，同时具备圣坛和讲坛的功能。以他重建五十一座伦敦市区教堂的经验，他很清楚这空间到底应该多大："我不认为造一间如此大的房间，里面放条凳和走廊，容纳2000人做礼拜，要听得清楚，又看得到讲道员，是很实际的做法。"[26]

从西端往唱诗席走，雷恩设计了一面屏风，遮蔽住整个交叉点的东侧。这屏风是要制造雄伟的感觉，而不须将唱诗席与大教堂其他部分隔绝，只是造个较为隐私的空间，而非在巨大的教堂空间里造个小箱子。屏风上面有个雕刻优雅的箱子,里面是高约 22 英尺的大管风琴。当信众穿过木门廊的四根科林斯式柱子,进入唱诗席,两边是雕刻优雅的木座位,是给教会和市政府现有修会团体坐的,照仪式与装饰安排,象征性地还原他们对大教堂的共同拥有权。两侧各有两排座位,共 116 个座位,让大教堂的各阶层,从主教到十位歌手分别就座。另外也有市政府高官、市长和常参与礼拜的议员的座位。主教和市长的御座靠近圣坛,互相面对。

座位背面的走道上,是几条走廊和楼梯,给一般的崇拜者更多的空间。一排往上斜堆而起的座位与窗户,沿着两边墙壁延伸,就像戏院的包厢一样,给会众更多座位,楼梯通到最顶端的座位,筑成一圈座位,围绕整个空间。这种新设计可以容纳三百人参与唱诗席的私密空间。另外,雷恩还设计了一些可折叠的座椅,加上轮子,在特殊庆典场合,可以从座位下面抓住铁把手拉出来,在唱诗席的中央空间组合起来。最后,为确定这空间可以作为完美的讲道厅,雷恩设计了一个简单的六边形推轮讲道坛。

唱诗席也是施行宗教礼拜仪式的地方,因此,雷恩为圣餐礼设计了一个象征性的新空间。自内战以来,圣坛、圣餐桌与栏杆的位置已经基本没有争议性了,但是教会标志的位置和次序,仍有各种不同意见。在大教堂东端的半圆形后殿,透明大窗户底下,是所有仪式的中心点。雷恩原本设计了一个令人惊艳的雕饰墙壁,"包括四根环绕花圈的柱子,以最高级的希腊大理石制作,支撑半球形顶盖,饰以合宜之建筑与雕塑元素"[27]。他希望自己在圣保罗的圣坛,可以直接与罗马的圣彼得大教堂和贝尼尼的祭坛华盖相对应。但是在雷恩产生这个想法的同时,圣保罗所属身份有一项重大的改变。1696 年,康普顿主教发表了几项规定,告知伦敦神职人员应如何执行礼拜仪式,以便确保大教堂为不拘教义的自由圣地。

雷恩为了响应，做了较为经济的改动，不再有"建筑与雕塑元素"的装饰，只有一张可移动的、雕刻简单的圣餐桌。他说这只是暂时性的设计，但后来并没有再提起什么遗忘已久的计划，再加上装饰。半圆形后殿的墙壁没有用大理石包裹，而是如雷恩所报告的，"先以油涂抹两次，然后打上雪白底漆，再画上纹路"[28]，让墙壁看来像大理石。用深红色的丝绒让半圆形后殿增加一些装饰性。霍克斯莫尔原本设计了一些精致的扶手，但后来只做了以大理石覆盖的简单低扶手。雷恩的唱诗席完美反映了新英国国教的新要求。

第十三章
伦敦革命

许多历史学家常说内战和光荣革命是英国历史在17世纪的大转捩点，但很少人想到真正的"英格兰革命"其实不是发生在17世纪40年代或1688年，而是发生在17世纪90年代。

回过头去看，五十年前的伦敦似乎是个不同的地方，甚至是不同的国家，因为新时代的第一个种子正开始成长开花。这是个羽翼初丰的现代大都会，现在比以前所能想象的还要大得多。作家托马斯·布朗（Thomas Brown）在1702年记载："伦敦本身便是一个世界，我们每天都发现其中出现比起外头的整个宇宙更多的新'国家'，以及更出人意表的特性。伦敦人之中有如此多的'民族'，举止、习俗与宗教都不相同，居民自己知道的还不到四分之一。"[1]伦敦居民居于五万七千栋以上的房屋，所占地面积超过1830英亩，这个面积是大火所烧毁的区域的四倍。[2]

这样巨大的扩张，把传统的市区空间打散，变成小群落和现代区域。整个城市变成一个流动的混合体，里面是无形却紧密交织的社区，因工作、地位、宗教、性别等新关系而形成。《旁观者》杂志开玩笑说："圣詹姆斯区的居民……与齐普赛区的大不相同，齐普赛区的又与圣殿区的在某些方面有差异，而且在其他方面又与史密斯区的不一样，比如说他们的思考模式和说话方式，这可能是受'气候'和'纬度'所影响吧。"[3]

到了1700年，伦敦已成了欧洲最大的都市。虽然历史学家无法完全精确地计算，但可接受的人口数字，若与欧洲主要相对城市比较，则阿姆斯特丹有20万，巴黎有51万，而伦敦人口介于52.5万到57.5万之间，是罗马或马德里的两倍。在那个时代，人口多寡是国家力量的象征，所以伦敦可说是欧洲的发电场。伦敦人口占全英格兰总人口的10%，城市人口的60%。对于其他地区，首都变成了磁场，或者对有些人来说，成为主要的引流管。它所吸引的大部分是年轻人，他们到商业中心来碰运气，或到众多公会去当学徒，1700年伦敦城里的学徒多达27000—30000名。偏远地区来的过剩人口，抱着谋取较高工资的希望而来。这些年轻的劳动力没有土地和家族的束缚，而且多半未婚，组成了伦敦街头群众的生活样式，也滋养出人们对乱民的忧虑。

如此快速的成长也有黑暗的一面。伦敦一直是危险的居住地，多数来到这里的人都很贫穷，找到财富的希望也很渺茫。虽然重建已经改进了街道与房屋，但每年在伦敦死亡的人数总是多于出生的人数。大都会的经济变得贫富两极分化，却没有传统的组织结构可以保护贫病者免于匮乏。

除了国内移民外，伦敦也成了国际移民的中心。在前一世纪已有一群信奉新教的瓦龙人（Walloon）和荷兰人，到这里来躲避宗教迫害。17世纪50年代，克伦威尔迎来了一支荷兰犹太人的会众，而17世纪90年代，伦敦市政府完成了第一座犹太会堂，位于东部城墙处的贝维斯马克斯（Bevis Marks）。到1695年，犹太社区约有1000名犹太人。

最重要的是胡格诺派教徒的流入，他们是在 1685 年法王路易十四废止《南特诏书》（Edict of Nantes）后，来到英格兰的。法国以天主教为国教，《南特诏书》是法王亨利四世为平息宗教战乱，于 1598 年给胡格诺派教徒的权利。路易十四于 1685 年将之废止，宣告基督新教违法，导致新教徒大举移民。到 1700 年，将近 50000 名胡格诺派教徒已经逃到英格兰，在首都城墙内东边的史密斯菲尔德和西边的苏豪建立了他们的社区。他们带来技术和国际联系，对英国的市场很有利，尤其是像丝绸编织的奢侈品行业和国际银行业。

如小说家丹尼尔·笛福在 1700 年的讽刺诗文《真正的天生英格兰人》所述，这些外国移民潮立即影响了英国的国家特色。所谓英国人是世界人的说法是以观点，而不是血缘来界定的：

> 一个真正的"英国人"说来矛盾，
> 字面上是反讽，事实上是虚构，
> 它是用来测试傻瓜的束缚，
> 使用它的人是在嘲弄它。
> 它只是个隐喻，说的是
> 一种跟全世界扯上关系的人。[4]

但是这些外来人口的流入，也造成了国内的不安。他们贫穷又没有住处，于是有前所未有的大笔慈善捐助来帮助他们，估计约筹了 20 万英镑，但这也带来纷争。整个 17 世纪 90 年代，伦敦市议会一直挤满了反对外来人的请愿者，控诉他们以低工资竞争，削减了公会的价码。

外国技术的大量涌入，也影响了圣保罗的工程。雷恩在重建过程中，所用的建筑工人、石匠师傅、工匠，一般都是来自市政府公会或伦敦外面的工作团队。大教堂的石块主体由英格兰人完成后，装饰工作多半由欧洲大陆来的工匠执行。

大教堂的管风琴由德国人贝尔纳德·施米克（Bernard Schmicht）所设计，他是从荷兰来到英格兰的，有时大家称他为施米克神父，他因在荷兰造过霍恩（Horn）的格罗特柯克教堂（Grote Kirk）管风琴而成名。1668年到英格兰后，三年之间便升任国王的管风琴制作人，已为雷恩在牛津的谢尔登剧院（Sheldonian Theatre）造过管风琴，也是威斯敏斯特的圣玛格丽特教堂（St. Margaret's）的风琴手。他很快就变成伦敦知名的艺术鉴赏家。对圣保罗的任务来说，他是理想人选，因此委员会向他订制了一架比他以前所做过的都大得多的管风琴。原本预定要在1696年3月25日圣母节做好的，结果却多花了七年的时间才完成。

雷恩选了胡格诺派教徒让·提鸠（Jean Tijou）来制作大教堂里的繁复铁艺。熟铁在17世纪60年代起便愈来愈受欢迎，而市区教堂里对新工程的需求甚大，多半都由铁匠公会的师傅来做。提鸠的到来使英格兰的铁艺有很大的革新，他能将熟铁扭转成自然的形式，这种技术是英国前所未见的。1690年，他受托建造汉普敦宫的大铁门，之后变得炙手可热，开始为贵族装饰乡村别墅。

1691年，他开始为圣保罗建造唱诗席的巨大窗框。窗户是雷恩设计里最基本的一项，是让教堂内部充满自然光线的方法。窗框除了形式合宜的锁钮以外，形式简单，别无装饰，最成功的是看来细弱，其实非常坚固，足以把透明玻璃片都支撑聚合在一起。他在汉普敦宫的工作室将窗户做好，然后用驳船由泰晤士河运抵伦敦。不过，提鸠最佳的作品应该是大教堂东端从圣坛南边延伸到北边的屏风。他花了十七年以上的时间，为圣保罗制作精致错综的铁门。

雷恩很坚持要用他所能负担的最好的工匠来做唱诗席的装饰。格林林·吉本斯（Grinling Gibbons）是当时已成名的木雕师傅，雷恩第一次注意到他是在17世纪70年代，由朋友伊夫林在德特福德发现了这个人才的。他才华横溢，最早是在梅伊的王室计划中崭露头角，为查理二世重新装修温莎堡。1682年他当上国王的木雕勘测员和修缮员，并受委托为私人资助的皮卡迪利大道的圣詹姆斯教堂雕刻木工。他的作品也用在詹姆斯二世在怀特霍尔的豪华天主教礼拜堂里。

圣保罗教堂里的唱诗席座椅使用的是从德国北部进口的橡木，由工艺师傅查尔斯·霍普森（Charles Hopson）制成。与英国本地物产比较，德国橡木的纹理较佳，结瘤较少。雷恩和吉本斯再做最后的装饰设计，这次用白色的菩提木雕刻。英国国教讲道厅里要雕刻什么是非常重要的，不能有天主教的雕像，太过于象征性或神秘难解的装饰也要避免。因此，吉本斯发展了一套他在荷兰所学的装饰法，荷兰绘画流行静物与自然景物，所以吉本斯提议用坚硬的木头再现规则而丰盛的大自然产物。

雷恩要大教堂里每个对象都独一无二，没有重复，因此吉本斯选择了桃子、郁金香、番红花、麦穗、勿忘我、叶蓟，还有最有名的破壳而出的豆子，再混合运用这些有限的选择，做出无数不同样式的花彩与聚花羊角，将之布满整个教堂。

雷恩还要吉本斯在座席之间，荣誉牧师的座位上方，设计雕刻六十六个小天使的头和翅膀。每个天使都不一样，各有表情，由吉本斯在其位于弓街的工作室雕刻，再带到大教堂来安装。他还设计了一些六翼天使，有的拿着喇叭，站在管风琴上，面向西边的内堂。另外还有八个天使，置于管风琴箱子顶端，位于穹顶东边拱形的空间里，给分隔教堂东西两端的唱诗席屏风带来一个优雅的轮廊。因此,通过吉本斯的设计,雷恩所造的唱诗席不再是装圣物的箱子或让圣徒与偶像安眠的处所,而是天使们的家。

1694年10月5日,伊夫林第一次造访圣保罗。这次造访让他有了修订新版《建筑的对比》的念头,这本书后来对推荐圣保罗与他的老朋友雷恩也颇有功劳。他所下的结论是:"一座无可挑剔的建筑。"[5]

繁荣与改变

为支持迅速增长的人口,建筑工程一直持续到17世纪90年代,从而把城市的边界推得更远。在红狮广场的北边,巴本将属于贝德福德公司的农场改建为带有连栋房屋的街道,目标是新兴的中产阶级。然而,到了17世纪90年代,两种方式都走到了死胡同。因为过度扩展,他拖欠了贝德福德公司年租金,而太多金钱被长期的建筑计划绑死,他手上没有足够的现金。

这件事以及其他的金钱问题,影响到他的其他计划。1684年,他以9500英镑买了位于伦敦西边原属格雷欣爵士的乡村别墅——奥斯特里公园(Osterley Park)。虽然这位成功的大都会投资者买下它,原本是为了当自己的乡村休憩之用,但巴本忍不住要把它拿来做投资,用它向交易所贷款1.2万英镑,然后开始改建房子。无可避免地,1690年,审判程序到了财务法庭上,两位被掏空钱财的投资人企图要回他们的钱,其中一位是一流大亨乔赛亚斯·蔡尔兹(Josiah Childs)爵士。可是巴本比他们更狡猾,他在国会里取得议员的位子,让自己免于诉讼,而这案子也就作罢了。这职务也让他在伦敦城变动的经济里,有了更多的新机会。

英格兰在此之前五十年,已由农业经济转型为制造业中心,但政府的政策要晚好几年才赶得上这个转变。詹姆斯二世在1685—1688年的经济政策是典型的老式想法，所有财源都来自内地，只扣一点税，重税由进口和制造业来负担。壁炉税惩罚的是市区的住户，而不是乡村的农民。前二十年，巴本就是在这种简单的制度下成功致富的，但情况即将改变。

许多首都的商人对斯图亚特王朝向他们的行业征税的政策十分不满。这是为什么伦敦市民仍与宫廷保持距离的众多原因之一。1688年，他们找到一个熟悉荷兰共和国开明经济政策的王室，新国王乐于支持他们的经济观点，不再对制造业课以重税，而过低的建筑税被提高了，贸易公司的垄断被打破，金融市场得以兴旺。

1660—1700年，从殖民地到伦敦的进口量加倍，每项货物的数量都增加了。1686年，光是从美洲出口到伦敦的货物就价值90万英镑，同年西印度群岛则带来67.5万英镑的货物。进口的增加不只供应了国内的市场，带来新材料，创造新工业，用以兴盛制造业，而且还可以把过剩的物资出口到殖民地（到1700年，印度占了全英格兰出口量的15%）或欧洲（英格兰供应欧洲40%的糖）。

自从17世纪50年代以来，商业交易的兴起一直只有少数一些人在做，但是17世纪90年代，投机业与谋求暴利的时尚热极一时。旧政策只给某些公司特有的交易权，如今被指责为专利垄断，由此一来，首都到处都是私人股票商与投资人。以前充斥流言和政治话题的咖啡屋，现在聊的都是港口最近船只的消息，以及喋喋不休的股票投资谈论。新兴的生意人阶级，从巴本的方法到海外的探险，什么都投资。

商人阶级开始增加后，这个只限少数人的市场需要开放给所有人。1690年之前，约有14家公司，共值90万英镑，到了17世纪90年代中期，当其他从业者出现，这些庞大的联合股票公司有些已经在新兴的股票交换市场上发行证券，到 1695 年，已有约 140 家交易公司，价值超过 450 万英镑了。就像 1999—2000 年的互联网热潮一样，投资人像是喝了太多咖啡因似的，盲目地把钱丢进去，希望快速获取利益。这是个适合像巴本这样技巧熟练的投机者的市场。不久，"它们是不是巴本股？"[6]（bareboned，与 Barbon 谐音，本义瘦骨嶙峋，指报酬不丰厚）这样的话便成了四处可听到的标语，指不确定能获利的股票，而"该死的巴本"也成了巴本的绰号。

多数商业交易都是在咖啡屋进行的，到 1700 年，估计城里超过两千家。胡克最喜欢的两家咖啡屋很快就变成新的股票交易中心，因为格雷欣学院离皇家交易中心很近，这也显示了新哲学与乱中有序的商业地区的关系，股票市场似乎是数学、希望与咖啡因结合所产生的结晶。

政府用一连串策略阻止股票交易的兴起，1697 年出台了一个法案，限制为一百家，并加以管控，未得特许不得营业。次年他们被迫移出皇家交易中心，只好在外面自行营业。咖啡屋很快开始专业化，而"交易巷"（Exchange Alley）也因此成为新兴的股票交易处所。"乔纳森咖啡屋"里张贴了一张单子，上面列了各种联合股票公司的股份。最早的海事单上记录了船只地点及其货物，是由爱德华·劳埃德（Edward Lloyd）从伦巴底街上自己的咖啡屋搜集来的资讯做成。金融报社也随之出现，报道各种交易，可能是喝咖啡时听来的消息。一时投机风潮大热，没有人在乎管控的制度。

然而，威廉三世治下虽是现代市场的经济黎明，他的战争政策却也导致国家陷于混乱，使得巴本与其他投机者遭受经济衰退的打击，协商或逃避都无法使情况缓和。1689 年 5 月，威廉三世对法国宣战，每年都要从英格兰出征欧洲大陆。国王对战争的爱好，将会改变大都会的样貌，因为他在欧洲大陆的军队是踩在金钱上前进的，需要用所有可能的办法来筹募这些钱，而让新教军队有能力作战，最重的责任是由伦敦来负担的。最初的战事得利以后，便是蔓延到海上与陆地上的长达九年的消耗战，而资助的方式只有两种——税收或借贷。

17世纪90年代市场的改变，将迫使巴本离开房地产事业，也会把他卷进当时的大辩论，洛克也会加入观念的交流大潮中。强大的经济可以资助战争，但这意味着什么呢？每个人都会同意市场需要管控，但要如何管控？

1692年，开始有越来越多的地方征收土地税，这会立即带来比关税更多的收入。1694年有另一波税收轰炸，婚礼和丧礼都须课税，与土地无关的财产，如股票和商业货物，也有新规则来裁定。此外，货物税扩展到几乎所有商品，包括盐、啤酒花、麦芽和烈酒。卖彩票和"联合式养老保险"的机构，用现金奖赏和股息红利满足当时人的投机心态，并帮助政府筹钱。伊夫林的马车夫有一次就赢了40英镑。

政府创造出有效率的新方法来收取新的税款，并用数学方法计算与审计税额。国库官员威廉·朗兹（William Lowndes）在这段时期说了一句名言："积少成多，注意存小钱很快就可以积累一大笔钱。"[7] 商业学采用愈来愈多的新哲学的计算方法和搜集资讯方法来解决问题。国家的财富是由人口的多寡来判断的，所以需要加以估算，皇家学会的创始人之一威廉·佩蒂是第一位做人口统计学的人，这门学问后来称为"政治算术"。

1696年，曾与雷恩和胡克在一些委员会共事过的皇家学会会员格雷哥利·金（Gregory King），跟随佩蒂的脚步写出了《英格兰现况之自然与政治观察》，他借助1688年的一些资料来计算，上自王公贵族，下至街头流浪汉，想分析英国各种不同阶层的人口数量。

因为需要管控与监督政府，尤其是收税之事，地方官员的数目增加了。因为要找可以课税的商品，课以货物税，以增加收入来源，监管与记录每项交易事务的官员数目必须增加。增设的新部门和办事处，有商业委员会、海关检察官、船运注册处，进一步以会计和测量的科学方法强化这系统。他们应用新哲学的各式各样的数学来榨取国人的钱财。

然而，到了1693年，国库却空了。这些短期的办法遮盖不了国家政策的拙劣，他们以为战争只是短暂的事，花费不会太多。持续的战事阻碍了金融流入市场，因而可用的经费更加有限，这使得借贷尤显棘手，特别是利率的问题。国会讨论是否该降低利率，但对于管控借贷最好的办法是什么，大家意见分歧，人们不知道究竟利率标准化会鼓励市场还是抑制市场？

对大商贾蔡尔兹来说，利率降低会保障财富的累积，因为它会鼓励借贷和投资，对政府而言这是显而易见的利益，因为政府想要大量借贷，以资助战争所需。巴本在同年出版的《论商业交易》便同意此说。

但是洛克的想法不同，他相信利率应该撤销管制，让它们随时跟着金钱的供应与流通找寻"自然"的高度，政府不应介入个别私人交易。他在1691年出版的《论降低利率与提高币值之结果》里，提出供应与需求的关系是不断变化的。他决心要影响1692年的国会法案，但失败了，利率降低到5%，没有放任放债人的一时兴起，或由都市金融市场的市场力量自行决定。

威廉三世本来想靠借贷资助战事，但是要打败路易十四，对枢密院卑躬屈膝显然不是最好的办法。1689年，国王向枢密院要钱，却没有回应,如作家罗杰·莫里斯(Roger Morrice)所评论的:"所需筹募的金额为10万英镑,但未能备齐,且钱数甚少。"[8] 对国际战争的资金而言,这实在不是理想的来源。到1695年,政府的花费审计下来,一年达到近550万英镑,这是一个令人咋舌的数字,迫切需要找新的借贷方法。

巴本在《论商业交易》里写道:

> 在商业发达的城市里,有公共的信用银行,如阿姆斯特丹和威尼斯,它们对商业交易极为有利,因为付款非常容易,不用一直讨论金钱造成困扰,生意效率会快速得多。伦敦非常需要公共银行,因为没有,商人被迫拿现金到银楼去抵押,靠银楼所给的纸据做买卖。[9]

到17世纪90年代,由私人银行发行的贷款和银楼纸据逐渐普及起来。17世纪70年代,查尔斯·霍尔(Charles Hoare)在齐普赛街开了一家贷款店,1690年搬到了舰队街。17世纪80年代,舰队街也开了一家蔡尔德银行,因为极受欢迎,创建人弗朗西斯·蔡尔德(Francis Child)被提名就任伦敦市长。1692年,斯科特·约翰·坎贝尔(Scot John Campbell)抵达伦敦,在河岸街建立事业,供应贷款,收押金,并发行纸据,著名的库茨银行(Coutts Bank)于焉诞生。然而,私人借贷的激增并未让战争的资金来得容易。私人投资寻求的是私人的利润,政府需要的则是公共银行来管理国家的债务。

没有人比巴本更擅于寻找市场的漏洞并加以利用。身为国会议员,他可以推动成立土地银行的计划。他与律师兼宗教作家约翰·阿司吉尔(John Asgill)一起设立了"政府土地银行",希望能从土地的投资上筹钱。这立即大受托利党的欢迎，他们向来不辜负自己"国家党派"的绰号。这家银行虽无法与其他大企业相提并论，但是到1695年却成功拥有35万英镑资金，在林肯法学协会的印花税局楼上有个办公室。

"政府土地银行"不是唯一用这种方式经营的机构，伦敦各处都有类似的银行出现。不过，其他土地银行所希望的是在收取未来租金时赚取利息，而巴本则用贷款计划未来，建立了第一个购屋互助会。它提供3.5%利率的贷款，远低于其他借款人，并答应从它的储金里出借达30万英镑。在这自恃狂妄的风潮里，出现了约翰·布里斯科（John Briscoe）的"国家土地银行"，似乎更加挑战国内最安全机构的角色。然后这些银行再联合促使国会承认他们的地位，并在1696年得到皇家的许可，不过要取决于他们是否能够为政府筹到250万英镑。事情进行得很不顺利，市政府因巴本先前的投机名誉不佳而不信任他，最后只能筹到2100英镑。

不过，别处还有人讨论更安全的方法来管理国家债务。1693年，有一群投机者与商人提议创立一个国家银行，类似荷兰所发展出来的银行形式。这群人明显是辉格党的人马，包括曾在荷兰经过商，与巴本一样有经济眼光的威廉·佩特森（William Paterson）在内。1691年，他曾是第一批建议成立荷兰式贷款银行的投机者之一，当时计划遭到拒绝，但1694年佩特森再次与同伴向国会的委员会提出这个想法。这回银行的责任将是管理债务，而不是进行投机。

这一次，国会抓住眼前的机会，要求这家银行立即筹到120万英镑，利息为8%。由于这个利息，以及爱国心的鼓励，每个人都很乐意借钱给政府，而这些债务则由银行来管理，银行是作为"永久利息基金"成立的，未得国会同意不得借款给王室，也不能用在商业货品上。银行被严格管控,要以等量的现金储备来发行可以用于交易的纸钞。银行于1694年6月21日开张,十天之内,银行的金库便满了,如伊夫林记载:"国会通过法案设立的这个银行,是第一家大的筹款银行,如今已筹满12万英镑了。"[10] 金银存放在银行里,改换纸币通行,这些贵金属便可以运到欧洲大陆支付给威廉的军队。

从一开始显然就有小问题,而第一年后问题变得更加严重,全国陷入严重的现金危机。到17世纪90年代中期,国内的大部分白银都送到欧洲大陆去支付战事,而交易变得阻碍横生,海外没有足够的金银可以进口货物,而国内市场也缺乏货币。这对"国家银行"造成极糟的影响,1696年5月6日,银行发生挤兑。

洛克因为写经济学文章而受人瞩目,被提名为新的贸易委员会的委员之一。贸易委员会监管殖民政策和贸易活动,当时这些事务正受到国际战争的影响而面临困难。离开政府将近二十年以后,洛克再次回到政府的核心岗位上。他很用心,并且很快就被视为那里的主要声音,得以推动他关于贸易与货币的理念。

洛克相信经济的"自然法",以货币的动态流通自行刺激市场规律。但是有时候,干涉也是必要的。洛克注意到,战争开始后白银逐渐变少,而对几尼金币的投机则不断增加。从1691年起,国会里便有人呼吁要处理这问题,但是在1689—1695年,93.8万英镑的金银被送到欧洲大陆去,造成金价、银价在国内价值高涨。到1696年,英格兰碰上了这个世纪最严重的经济危机。

缺乏现金使得英国在外国市场上的地位受到威胁,而国内农业则因沉重的税收与贫瘠的收成而灾情惨重,实际情况是根本就没钱可借了。对于像巴本这样的投机者而言,这实在是大灾难,他找不到土地银行的投资人,没有人买他的房子,而要钱的债务人很快就敲破了他的门。

大家想尽各种方法来保存白银的储备，政府一年一度讨论是否该将钱币贬值，从而迫使商人降低物价。消费者将铸造的钱币用或剪或磨的方式切下一些来，则是常见的事。洛克认为这种毁损国家钱币的行为是犯罪，但政府似乎无能为力，因为不知道该如何来处理这场危机。

1695—1696年，许许多多的讨论与办法不断涌现和破灭，印刷厂印制了大量文册，报道所有可能拯救国家货币的计划。讨论的重点是在质疑金钱的本质，投机者巴本和哲学家洛克在这场辩论中有正面的对战。在洛克看来，货币有其"固有价值"，它的交易价值以含银量来决定，钱币的价值是在它的金属价值上，但是当白银储存量变少，价值便提高了。但反方从另一个角度来看，价值不是看重量或金银的成分，而是由法律来决定，巴本是最大声提倡这一观点的人之一。他认为任何东西都可以称为钱，只要官方让它合法化："钱不是绝对必须以金银来制造的，因为它唯一的价值来自法律，而不是看印章盖在什么金属材料上。"[11]

1695年，洛克出版《再论降低利率与提高币值之结果》，巴本以《论铸造较轻新钱》来反击。政府在无法可想的情况下，搜集了一群随意挑选的思想家的意见，这些人大部分是皇家学会的长期会员："洛克先生、戴夫南特（D'Avenant）先生、雷恩爵士、沃利斯博士、牛顿博士、[金匠] 希特寇特（Heatcote）先生、蔡尔德爵士、律师 [与巴本的生意伙伴] 阿司吉尔先生。"[12] 这群人大概有一半同意洛克的意见，另一半则同意巴本的意见。雷恩提出自己的意见："金钱只是一种共同的制度，由政府规定安排，用来交易所有商品，材料可以是任何东西，由政府制定盖章即可。"[13] 他还提出一种十进位的币制，但未被采用。牛顿也提出自己的意见，反对重新铸造新币。

洛克于1695年致力于提倡自己认为最合理的货币政策，他写了一系列宣传小册子，包括《支持英格兰以白银铸造钱币论》，再次论述钱币的价值是与本质相关的。如果政府要采用他的意见，必须重新铸造所有钱币。最后，财政大臣查尔斯·蒙塔古（Charles Montagu）同意他的说法，邀请洛克到国会去说明他的想法（虽然巴本当时是国会议员）。政府采用了他的方案，决定全面重铸钱币。国会有一连串的讨论，并通过一些法案，准备这项行动。政府下令从1696年1月1日起，所有被剪切过的钱币不准在市场上流通。

1696年春天，牛顿被提名为新的造币厂总监，他虽然不同意重新铸币，但不得不跟随朋友的方法。他在数学上的天分使得所有会计事务变得很简单，也让他有系统地规划程序。位于伦敦塔的造币厂每天早上四点钟开门，工作到半夜十二点，三百位工人和四十匹马转动机器和火炉，将全国的白银熔化，四周由武装部队包围看守，不让无关的群众靠近。重铸新币的工作一直持续到1698年。

英格兰成为"施行军事财政的国家"，对盛行投机的伦敦城影响深远。战争引发了一些重要的问题，如利率的调节、金钱的本质，以及政府的发展。商业到底是什么？如何刺激利润？这段时期所出现的经济不确定性和大转变，将是现代市场的最初萌芽。

"重要而持久的结果"

17世纪90年代还有另一场战争在进行，即图书的战争，而此时古代与现代的抗争已经接近结束。自复辟时期以来，新哲学已被证明是伦敦大转变的幕后动力。现代思想的成就已经很明显了，但并不表示古代的观念已经死去。

当新哲学呼吁人类理解的"石板"应该被抹净，知识的基础应该被重建，而另一派要保存过去的呼声也变得空前的强烈。1692年，已退休的前大臣威廉·坦普尔（William Temple）出版了《论古代与现代知识》来回应最近的出版物，包括伯内特（Burnet）主教的《地球的神圣原理》，以及法文书《古代与现代之差异》。坦普尔认为，现代世界能为古代世界的成就添加任何新东西的说法是不可能的。

坦普尔的文章出版后三年，知识界突然出现了一个新世纪。1695年，国会开始讨论是否要废除管理审查出版品的《许可法案》。出版自由一直被视为危险的观念，每次国家碰上危机时都让政府很担心。对许多人来说，出版自由会助长无政府的混乱状态，但洛克再一次成了辩论中代表理性的声音。他的论证很巧妙，对于观念表达的判断，他用的是与宗教宽容同样的方式：政府的迫害既不能带来统一，也不能免除暴乱。此外，洛克认为思想的自由出版，也是贸易的自由往来的反映。

他的论证很有说服力，法律的放松刺激了出版业的爆发。伦敦一下子充斥了报刊，到了年底，有三份周报《邮童》《邮差》《飞邮》，在与政府的《伦敦公报》展开竞争。长久以来作为辩论场和演说厅的咖啡屋，现在冷清多了，成了图书馆的模样。动笔的文化于焉诞生，有些人把它看成自由的象征，也有人把它当成诽谤的渠道。从这堆蜂拥而来的笔墨战里脱颖而出的，是小说家笛福，以及由约瑟夫·爱迪生（Joseph Addison）与理查德·斯蒂尔（Richard Steele）主编的《旁观者》杂志。1689—1714年，共有五六千本政治辩论书、讽刺文学与经济文册出版。约翰·弥尔顿在17世纪40年代首次预言的"观念上的联邦"成了事实。"卖身写手"（Grub Street）、"独家新闻"（scoop）、"小说"（novel）、"轰动事件"

(sensation)和"舆论大哗"(public outcry)等名词，正是在这一时期被创造出来的。

洛克不是局外人，17世纪90年代，他写了比以前更多的、令人眼花缭乱的、各式各样的文章。他仍然与普洛斯特争辩《论宗教宽容》中的问题，在1690年和1692年写了回复文章，1690—1692年也持续写作与经济有关的文章。1693年，他完成了《论教育》，攻击墨守成规的经院哲学，这使他成了绝对的现代派，并将他对新哲学与自己童年长期怀有的感觉具体化。他认为教育造就了人，严格的教育通过理性倡导美德，将小孩引向道德，更重要的是，教育不是权威的接受，而是心智的训练。

两年以后，他汇集了众多想法写成了一部《基督教的合理性》。洛克原想不具名出版，但他的掩饰很快被人识破，也引起牛津学者的注意和反对。他一生都在主张，道德的途径是理性，而不是神谕，但是这部大作却提出《圣经》本身也能为道德提供一个理性的途径。文中精彩地描述他童年时期对克伦威尔治下狂热分子的厌恶，那些人利用《圣经》实行神权统治。他指出，《圣经》不是要宣扬基督的再次降临，而是帮助我们理解自然法。

但许多人把洛克的著作看成信仰的反面，尤其是他在《人类理解论》里首次提出的对原罪的反感又在此书中重申，更加触怒了许多人。这本书起初几乎没什么反响，具有讽刺意味的是，当它开始受攻击时，才有名起来。这些攻击者认为它在打倒信仰的柱梁，用自由和没有感情的理性来取代。在他们的眼中，洛克的上帝是数学上的遥远神明，与这个世界没有什么关系。有人甚至认为洛克反对"三位一体"的想法，以及基督的神圣性。

1696年，洛克意料之外地受到以前一位朋友爱德华·斯蒂林弗利特的攻击。斯蒂林弗利特最近才担任过圣保罗的主任牧师，目前是伍斯特的主教,他使洛克骤然成为古代与现代主义的公众辩论中心,要他对几篇关于人类理解的已发表文章做出解释,并改写及重新出版《人类理解论》。其他作家受到斯蒂林弗利特的刺激,纷纷发表意见,想要打压洛克的世界观,次年,《人类理解论》已经变成宗教与哲学的核心辩论主题。洛克对朋友说:"我的书出了六七年,没有人发表反对的意见,对有些人来说有用,对一些不喜欢的人来说至少无害,但是我注意到,现在有些人已经不再这样认为了。"[14]

洛克虽然不喜欢受到这样的注意,但他的影响力却是建立在这些反对意见之上的,下一世纪的知识界辩论很少有人不提到他。1704年洛克去世后,牛津大学决定给予他最高赞扬。洛克尽可能不去回应所有的诬蔑和质问,他评论道:"世人现在既然有了我的书,那就请将就用吧;若有人明白,有太多的问题是我的法则无法解决的,他应该会为世界提供更多服务,设计出可以解决它们的法则,不要把时间用来骂我无知。"[15]

和 平

伦敦为战争所苦时,大教堂也遭受了同样的命运。当金钱由街道上消失,而国会讨论利率之时,雷恩重建圣保罗的能力也受到了直接的影响。到1697年,内堂的屋顶尚未盖好,而西端仍然没有门面,建筑中央的交叉点还有个大洞,少了上面计划要建的高高的穹顶。海上的战事影响到商业交易,也影响到伦敦筹募煤炭税的能力,钱币的短缺使得借贷更加危险。到1692年,建筑工程已经负债2.3万英镑。1694年5月,工人要求委员会付款,以承担他们的花费,雷恩唯一能做的只有把欠债转变成借贷,并答应有钱时还要支付利息。

缺乏资金也造成教堂工地缺乏材料的供应。走道的屋顶需要约42英尺长的木梁,纽卡斯尔公爵(Duke of Newcastle)答应从他位于维尔贝克(Welbeck)的森林提供木材,但是还不够。国内没有足够的木材来盖整座建筑,雷恩努力从德国进口长度合适的橡木板,因为国内几乎不可能找到长度合适的木材,而维尔贝克的橡木也需要从北方的约克郡运送到伦敦来。最初他们企图由陆路运送,但是当木材到达博里(Bawley)时,巨大的木材无法拖运穿越主要街道,所以必须用船运到首都,然后用马匹拖上拉德盖特山丘。

雷恩也因其他由战争衍生出来的王室工作而分散了在主要工作上的注意力。1694年10月,雷恩在切尔西的士兵医院开设两年后,国王与女王给予许可要他在格林尼治为船员建一所医院。董事会为此成立,伊夫林被任命为司库。这项计划是玛丽女王特别想做的,但她不久便病倒,于1694年12月20日过世。她的去世对许多人是一大打击,包括一直与她密切合作的雷恩,对他在汉普敦宫的工程更造成重大的破坏,因为威廉三世失去妻子,无法独自一人前去探视宫殿,建筑工程因而停顿了三年。不过,雷恩得以把精力用在格林尼治的医院上,设计出他最壮观的建筑之一。

雷恩因此较以往更加忙碌,1694年,他以64岁之龄仍全力工作。对于格林尼治和圣保罗的工程,他都全力以赴。1698年,汉普敦宫的工程又开始进行。而1月4日更加上另一件负担,一位洗衣妇引起一场怪异的火灾,烧毁了怀特霍尔宫。雷恩被迫迁出他在苏格兰场的房屋,并尽可能把书籍搬走。当他看到火焰侵袭国宴厅时,连忙命仆役丢下书籍,"看在上帝的分上,把所有东西丢下,去拯救建筑吧"。[16] 国宴厅是唯一没有被大火烧掉的部分,而雷恩立刻受命为之设计出雄伟的新建筑。

雷恩与他的副手霍克斯莫尔一起做格林尼治的工程，就如汉普敦宫一样。霍克斯莫尔自 1689 年起便以才能赢得建筑师的地位，1690 年他设计了班廷福（Buntingford）附近的布罗德菲尔德大厅（Broadfield Hall）。两年后，雷恩让他的学徒主导伦敦基督医院写作学校的建筑设计。他则继续为肯辛顿宫推行建筑工程，从建筑南正面自 1695 年开始建造的国王画廊上，人们可以感受到他的巨大影响力。霍克斯莫尔从他的老师那里学到很多，但也发展出自己的风格。对于格林尼治的建筑，他与雷恩一起工作，并绘制了所有的设计图。

后来，伊夫林介绍了另一位年轻的建筑师、财政部办公室的职员约翰·范布勒（John Vanbrugh）来做这项建筑计划。范布勒生于 1664 年，已是成名的剧作家，专门改写和翻译英国、法国与古代世界的经典戏剧，并创作了《故态复萌》（1696）、《愤怒的妻子》（1697）的等原创作品。不过到了新的世纪，他改变了兴趣，如诗人乔纳森·斯威夫特（Jonathan Swift）所言：“范布勒的天赋就算没了思考和说教，还能大大地转向建筑。”1702 年，他被任命为雷恩建筑师办事处的王室项目组的审计员。

新世纪初始，范布勒与霍克斯莫尔（后者于 1698 年被任命为王室项目组的职员）成了密切合作的同事，一起建造卡莱尔公爵（Duke of Carlisle）在约克郡霍华德堡的乡村庄园，这是新的英格兰巴洛克式建筑的早期例子之一，两人在此之后又合作了格林尼治的建筑计划。他们最完美的合作计划，是 18 世纪 10 年代为马尔伯勒公爵（Duke of Marlborough）约翰·丘吉尔（John Churchill）所建的布伦亨宫（Blenheim Place），这座建筑是为了奖赏他 1704 年在布伦亨战役中的英勇表现。

这两位革新者因雷恩的关系而合作是很自然的事，而雷恩的影响会一直延续到下一代。他们将传承雷恩的任务，但并不以此为限制。他们是英格兰巴洛克风格的先锋，而格林尼治的医院虽然以雷恩的原始设计为基础，却也反映出继承者的创意。

1697年9月，《里斯维克和约》（Treaty of Ryswick）与新教国家的大联盟，让法国与其他国家达成和局，英格兰的和平之日终于到来。虽然这和平很脆弱，但也让英格兰在长长的九年之后缓了一口气，为了满足战争的需求，英国已为之改变。这是欢庆的时刻，而圣保罗被选为大型庆祝弥撒的地点，感谢英格兰的成功和基督新教的胜利。

当宣布12月2日为感恩祈祷日后，拉德盖特山丘上的工程以忙乱的脚步加速进行，以便让大教堂在正式开幕时能做好准备。唱诗席的工程尚未完成，粉刷师傅威廉·汤普森（William Thompson）必须给半圆形后殿的石块上油和粉刷，让它看起来像大理石，有金色与天青石的纹路，然后挂上豪华的深红色丝绒布幕。所选择的摆设都是为了增添唱诗席的光彩，长椅上准备了丝绒坐垫，教堂东端放了一个圣坛桌，下面垫着波斯地毯，上面再挂上金色边缘的深红色绒布，桌上是两座金烛台和两块垫子，垫子上放着精致的镂金版本的《圣经》与公祷书。

感恩礼拜的前一晚，唱诗班熬夜练习新的国歌，贝尔纳德·施米克的管风琴还没完成，就因急需而强迫征用，需要做最后的检查，还雇用了一群妇女来把大理石地板擦亮。

当天，城里挤满了兴高采烈的群众，排在街上看市长的马车和市议员的正式游行，看市政府带着旗鼓行进的队伍，以及贵族从威斯敏斯特前来的场面。每个人都到场了，除了威廉三世，他不喜欢抛头露面，所以留在宫里。待这个国家主要的男女人物都进入大教堂就位，教堂的管风琴手约翰·布洛（John Blow）博士演奏起他特地为这个场合所做的国歌,而音乐则是由亨利·普赛尔(Henry Purcell)所做。

公众座席爆满,十字交叉处挤了一群人,雇来的教堂管理员只准许受邀人员进入唱诗席。因为场面太混乱,伊夫林只好待在外面与群众在一起。礼拜仪式的高潮,伦敦主教康普顿登上新讲道坛,用《诗篇》里的一章讲道:"人对我说,我们往耶和华的殿去,我就欢喜。"

诗人詹姆斯·赖特初见装饰辉煌的唱诗席时,曾如此狂喜地说:

> 里里外外、上上下下,眼睛所见
> 尽是同样令人惊艳与喜悦的景象;
> 各式各样,尽皆美丽,
> 而每种不同的装饰里,却极尽精致。[17]

第十四章
凤凰涅槃

在 1697 年 12 月为《里斯维克和约》所举行的庆典背后，其实隐藏了圣保罗一大堆微小却持续发生的混乱问题。运送波特兰石到拉德盖特山丘上的工作在 1696 年 2 月受到阻挠，位于南码头上方的悬崖塌了一段，打坏了浮动码头、起吊机和从悬崖延伸出去的一段路。所有运送到伦敦的石块都停了下来，同时这些巨大的石块不是要沿海岸拖到切西尔海滩（Chesil Beach），就是得经由陆路载到首都。

消息传到伦敦后，委员会命雷恩派一些专家去鉴定灾情，看是否还能运输任何石块。两位石匠、一位木匠和一位勘测员到场勘察。南码头已无法修复，但若将石块运到波特兰岛北边铺小石的旧码头，还可以维持少量供应。至少短时期内必须如此，但是当采石工尽力将石块运到北岸，却发现此处之所以无人使用是有原因的。

1696 年夏天时这办法还可行，但是当冬天到来，海水开始上涨后，船只装货就变得愈来愈危险。1697 年 5 月，雷恩必须亲自到多塞特郡去一趟，他带着霍克斯莫尔一起去勘察情况，发现采石场没有什么重新整修的希望，但又找不到应急之计，靠近旧城堡的海水太浅，且布满岩石，无法建造新码头，而北岸的码头又"挤满众多船只"。[1] 码头师傅托马斯·吉尔伯特（Thomas Gilbert）提议建一条新的道路和码头，但这要花费1000英镑以上，而且需要时间。雷恩考虑是否有可能让采石工人将石块推过断崖面，使之到达整修过的南码头那里。

雷恩回到伦敦以后，大家讨论这个较便宜但也较危险的办法，之后同意采用。这个方法有短期效益，准备工作很快，花费也少，但有一个缺点，把石块推过悬崖，拖到码头，再装上船只，这过程可以重新再运送小型石块，但运送大石块到拉德盖特山丘就不太可能了。

雷恩最近对大教堂正面的计划，是要在教堂西端建一个醒目的大门廊，门廊前是往上攀升、宽阔长大的阶梯，上面是高约90英尺的巨大柱子，高耸入云，顶上覆盖着壮观的檐楣与山形墙。但是波特兰采石场的灾难，导致无法取得够大的石块来制造这样的效果，雷恩只好另做他想。

为了妥协，他回到"最终设计"的想法，造了一个新的正门来面对大都会，它不是单一风格的巨大柱石，而是在大山形墙下面，顺着建筑的线条，将正面分成两层柱子。第一层有十二根40英尺高的科林斯式柱子，两两成双，立于黑色大理石的阶梯上头，形成凹入的门廊，这是白色大理石正门的前檐；第二层是另外八根柱子，也是两两成双，支撑上面精雕细琢的檐楣，整个将正面提升到屋顶的高度，上面坐落着山形墙，这山形墙稍后会加以雕刻，护墙上再摆放雕像。

结果不会像他原本所希望的那样戏剧化，而且有人批评，以艺术鉴赏家自居的诺思也是批评者之一，雷恩只有承认他们"拿不到可以建造单一柱列的材料，可以把檐楣推到柱头高处"《祭祖文》。

后来给了另外一个理由，即历史前例："古罗马最宏伟的和平殿堂里的柱子便是成双的，不仅合适而且必要，用以制造较宽大的空间……布拉曼特一点也不顾忌使用成双的空间，在梵蒂冈圣彼得大教堂的穹顶内外，米开朗基罗也用过……法国建筑师用双柱用得很好，尤其是卢浮宫美丽的正立面。"[2] 不过，虽然工程发生了许多问题，但雷恩并不只意图复制历史，还要超越他们。

因为从多塞特郡来的石块运送缓慢，造成工地上的许多问题，教堂庭院里没有石材的时候，石匠只好另寻工作，这导致他们与雷恩的关系变坏。雷恩决定不顾一切，进行他的穹顶工程。教堂内部的十字交叉点现在已经盖到屋顶的高度，而雷恩也不得不改动教堂中心的设计。因为他安排拱券的方式使得通向四个侧廊的开口低于通向内堂、唱诗席和两个袖廊的开口，所以侧廊拱券的上方再加一层拱券，以取得较佳的平衡，此外他在上面的开口处周围建了一圈檐楣，当作穹顶底座的雕花边线。

曾经与雷恩一起雕刻过纪念碑底座浮雕的丹麦雕塑家凯厄斯·西伯，这时受命在高处的八个拱券的拱顶石上雕刻八个醒目的标志。雷恩找雕塑家来做石匠的工作是有理由的。西伯曾游览过意大利，研究过米开朗基罗和贝尼尼的作品，有能力为教堂的交叉点添加壮丽的气势。他雕了八个天使，各执一个教堂的象征——两把剑十字交叉。然后雷恩要石匠建造穹顶的底座，到此时，石匠已经盖到屋顶的高度，雷恩要他的建筑高凌伦敦，所以设计了一圈圆形的檐楣，把穹顶和教堂室内分开，鼓形结构上面设计了一列窗户与壁龛。

幸运的是，这道鼓形结构不需用到波特兰石，外部结构和柱子是后来才加上去的。石匠开始用他们可以找到的易切砂岩来建筑。不过，这个建筑计划很复杂，既要符合结构的标准，也要达到美学上的要求。鼓形结构必须够结实，可以支撑上面的穹顶，用一系列的扶壁支持往下的重力，也能把穹顶推向天空。墙壁的设计是往内倾斜，让窗户进来的光线可以射向教堂的地板，就像米开朗基罗在圣彼得大教堂里做的一样。

但是大教堂不只是石块而已，也是崇拜的处所。此前一年，1696年7月16日，康普顿主教曾对大教堂的全体教士和主任牧师发下正式的宣告，要解决大教堂该如何运用的问题。他希望还未完成的教堂可以再次开始在大都会的生活中扮演角色。这是一个非常重要的问题，因为当新的大教堂建好以后，它到底要在现代伦敦城里扮演什么角色呢？

康普顿要求大教堂在重建建筑的同时，也能重建新的灵性。全体教士和主任牧师威廉·夏洛克合作，设计出一套大型仪式，日常崇拜、唱诗和祈祷的模式，一个组织周围教区执行的方案，以及大教堂的不动产该如何管理的政策。每天早上六点与晚上六点，应在两侧礼拜堂举行晨祷与晚祷；早上九点与下午三点唱诗席有开放的祷告。每位教士的阶级和职务都定义清楚，并且每日唱诗迟到或缺席、讲道缺席、在唱诗班里行为不佳，有罚金制度。《里斯维克和约》的庆典之后，大家希望大教堂能扮演它在城市里的角色，1698年有二十五场婚礼在忙碌的工地间举行，次年新近完成的早晨礼拜堂每天都举行礼拜。

康普顿希望大教堂可以成为英国传道的中心，讲道坛上开始宣讲理性的基督教义，旨在以此将人民团结起来，特别是在这里举行许多纪念典礼，伦敦市政府、王室与教会的节日庆典，如查理一世的受难日、盖伊·福克斯之夜、威廉三世的到来纪念，以及1月5日的圣保罗日等都在此策划举办，以信仰和记忆将会众聚合在一起。

然而，要完成整个工程，委员会还需要更多的钱。1685年国会制定的教堂建造基金煤炭税，将在1700年停收，委员会只好回到威斯敏斯特，再次恳求延长税收供应。为了事先进行准备，委员会要雷恩提供还有什么工程需要完成的文件，雷恩尽量使用正面的方式来描述状况："唱诗席西边的工程，有几处已进行到上层屋檐，连同大门廊剩余部分所需的大石块，要等波特兰岛的码头与起重机修复以后，才能恢复供应。"[3]

但是雷恩也对自己的建筑透露出一丝怀疑，他感觉到委员会已经快要失去耐性了，担心他的穹顶会做不成："如果穹顶的工程不能趁现在还有三年半充足经费时开始动工，就可能要缩小尺寸，这不是明智合适的做法。"他必须说服委员会坚持立场："这个大城市的公共建筑，现在与许多较不知名或较不富裕的城市比起来，仍有所逊色，这穹顶完成以后，将会是此城一个令人惊叹的美景，让本国人或外国人都非常满意。"如果要在西端正面与穹顶之间做选择，雷恩的答案很清楚："要完成门廊和钟塔，会比完成整个穹顶的花费多得多。"[4]

这份请愿文件送到国会后，反应不太好。雷恩的恳求引起才智之士与辉格党同声一气的质疑，他们把这栋宏伟的建筑看成托利党的大怪兽，而它的建筑师则是不合时宜的人，想拖延进度，以赚取每年200英镑的收入。雷恩现在已经不是国会议员，一旦建筑计划送到下议院，就脱离他的掌控，无能为力了。下议院勉为其难地拟定了一项法案，并召集了一个国会委员会来讨论这件事。

雷恩估计完成工程，需要17.8285万英镑，另外还需要2.5万英镑完成市区教堂。当这些数字受审查的同时，其他机构如威斯敏斯特修道院和萨瑟克区的圣托马斯医院，也发现争取基金的机会，要求他们也应该分到一部分煤炭税。有些议员到现场去查看，有人带领他们环绕教堂，用酒和糕饼款待，可是他们还是回去报告说，对进度缓慢感到不满。

第十四章 凤凰涅槃

雷恩同步进行整座建筑的建造工程，而不是照授权设计里所规定的，一部分一部分地建造，这方法让建筑不可能停在某个阶段就勉强凑合着用。这种做法让委员很生气，他们通过了法案，但做了些修改，来表示他们对雷恩的恼怒。他们会给大教堂钱，可是雷恩的薪水要减半为一年100英镑。但是为了鼓励他，大教堂完成六个月以后，他可以拿到余款。

雷恩受辱之余，只有沉默接受这种虚情假意的冷落。这种情况使他不太好过，因为他已经把大部分的钱投资在股票市场上了，而1696年货币重铸以后，他的资产看起来显然很不稳固。不过，他现在知道圣保罗大教堂可以完成了，另外也有赞同他做法的人慷慨解囊，如今任威斯敏斯特修道院主任牧师的老友斯普拉特，让他担任教堂勘测员，并付给他年薪100英镑。同年，伊夫林重新出版了自己翻译的罗兰·弗雷亚尔的书《建筑的对比》，并附上一篇《论建筑师与建筑》献给他的长期伙伴雷恩。在其前言里，他赞美雷恩的天才：

> 每次想到圣保罗悲哀凄惨的状况（它曾是马厩和贼窝），我就真心诚意地赞美它。先王查理任命你（及他人和我自己）为委员，负责勘察它毁损的程度，向国王报告，以便快速修补。相信你不会忘记我们是如何努力与一群只想把它修复成为尖塔，而不想重建成新建筑的人周旋……如今出于神意，由你来设计的凤凰已经从灰烬中涅槃。[5]

新世纪

1700年一位个性轻佻的英国作家内德·沃德（Ned Ward）一心

想揭露这个大都会的真面目，出版了一本充满了恶意诽谤的伦敦旅游指南《伦敦探密》，讥讽外来游客蜂拥造访伦敦的新风潮。其中一个例子是他造访圣保罗的回忆，他看到教堂庭院外忙碌的巨大工厂里堆满石块和木材，可是工人似乎没做什么事。在建筑的阴影底下，"他们没有用手帕擦拭脸上的汗水，大多数是在吹指甲"。大教堂里面的进度似乎一样缓慢，沃德看到"角落里有十个人非常忙碌地做着两个人的工作"。但就算如此讥诮不屑的他，也不能不为所见赞叹："我们看着这令人惊叹的人类工程所呈现出来的效果，心里无限满足，心思因全能上帝的造物之手所创的作品，而提升到高处。"[6]

但沃德的描述也提醒读者注意雷恩新教堂的起源，特别是在大家已几乎将它们遗忘的时候。在新世纪刚破晓的时刻，旧冲突的记忆在消逝，伦敦又成了一个年轻的城市，而旧事物很快地被人丢在脑后。就连重建委员会也在改变，1698年，雷恩的姐夫霍尔德过世，造成这群人的分裂，一位野心勃勃的神职人员杨格（Younger）博士取代了他的位置。杨格对内战没有任何痛苦的记忆，他与委员会里较年轻的成员戈多尔芬（Godolphin）博士和斯坦利（Stanley）博士站在同一边。委员会现在分裂为两个世代。虽然当时一切似乎都很均衡，但却不会总是如此。

新的委员会对雷恩所受的国会待遇没有什么同情之意，也没有为他辩护，反而催促他"现在就动工建造穹顶，并尽快完成"[7]。然而雷恩决意确保记录，让世人清楚过程，1698年他申请许可，印刷了一系列圣保罗的版画，让喜欢研究事情的伦敦人看到他们的大教堂未来的样子，这是有技巧的广告，也是精明的保险策略，因为如果以后他被迫做任何改变，这些图可以确保世人注意到它们。接下来四年又印行了三次版画，从不同角度展示室内和外部。

第一次印刷展示的是大教堂的十字交叉部分，尤其是 1675 年所预期的穹顶结构。1702 年由法国胡格诺派移民西蒙·格里伯兰（Simon Gribelin）雕版制作的第二批版画，显示的是西端双柱式门廊、两侧的高塔，以及高耸在上的穹顶。坐落在大教堂上方的穹顶几乎与罗马的圣彼得大教堂完全一样。这两次的图像优雅地表现了雷恩的梦想，但都与最后版本有出入。显然到了 18 世纪初，雷恩还未决定圣保罗最后的形式。

新世纪的第一个十年间，代表上一世纪混乱状况的伟大象征圣保罗大教堂，加快了完工的脚步。虽然大结构已经建造好了，但最重要的穹顶还未达成最后的决定。国会给的新经费（是与雷恩的薪水条件结合在一起的），虽然也让他加速了拉德盖特山丘上的工程，但还是不够。海外传来的意外消息，也使得情况更加恶化，大教堂再次受到时政的影响。

到 1701 年，雷恩虽已习惯顺着意外事件规划建筑，却没料到当年 9 月，流亡巴黎的詹姆斯二世去世了。出乎许多人意料的是，詹姆斯一死，路易十四立刻承认了他儿子的王子身份。詹姆斯二世之子生于 1689 年。国会陷入恐慌，威廉趁机将它关闭，重新召集新议院，选那些赞同战争、愿意满足他任何金钱要求的人。

雷恩代表梅坎贝·里吉斯（Melcombe Regis）选民参选多塞特郡的国会议员，希望能多争取一些煤炭税以完成大教堂，虽然获选，但他的要求却被接下来的军事上的争吵晾在一边。次年 2 月 21 日，威廉国王在里士满公园打猎时，踢到鼹鼠丘，摔倒跌断了锁骨，雷恩的希望更是化为乌有。起初国王的伤势似乎还不怎么严重，被送到肯辛顿宫疗养，但 3 月初情况恶化，加上他长期的肺结核，最后死于 3 月 8 日。詹姆斯二世最小的女儿安妮，也是玛丽女王的妹妹，成为女王。

安妮与姐夫的性格迥异，她继续与西班牙作战，联合英军与新教联盟对抗病弱的路易十四。但是在国会里，她比较倾向托利党，这使得雷恩稍微松了一口气，因为他现在是旧政权的最后几个代表之一。安妮女王之前曾在1697年造访过圣保罗一次，就在它首次开放庆祝《里斯维克和约》的和平典礼之前，并表示了她的赞赏。雷恩有信心在新政权底下找到他所想要的支持，虽然安妮不多言，但是显然对雷恩十分赏识。于是他又开始认真推进工程，决心要看到大教堂完工。

西端正立面的工程已经开始，但是高塔的形式如何，仍是未定之数。格林伯兰在1702年所做的版画显示出雷恩原本的计划，是以罗马大师布拉曼特的设计为基础，带有简单的穹顶的坦比哀多(Tempietto)，就像一瓢冰淇淋放在方形的蛋卷筒上。但几个月内，雷恩就改变了主意。此时双塔已经建到屋顶的高度，到了必须决定大教堂西边形式的最后阶段。雷恩在他的《建筑文册》里曾说："正面应该……是中间往外突出，而不是往内凹入。"[8]双塔的设计为大教堂的壮观正面增添了轻柔的韵律，并且为上头的穹顶增加了边框。西侧的双塔则是雷恩最具代表性的巴洛克式建筑。

高塔不只是美学之谜，也是数学之谜，高塔结实的方形结构该怎样往上升起，包围住一个圆形？雷恩在建市区教堂的时候，受到启发而勇于实验，最明显的是各式各样的尖顶和高塔的运用。他在《祭祖文》里提到建筑现代尖塔来呼应大火前的哥特式建筑的重要性："用美观而数量可观的尖塔或灯塔，高耸于邻近屋宇之上，不须太多花费，便可为城市增添足够的装饰。"[9]

然而雷恩从17世纪80年代到18世纪10年代所建的新尖顶，并不只是数量足够而已。伦敦的天空在新世纪里充满了各式各样令人目不暇接的尖顶设计，仿佛雷恩是在实验室做实验似的，有哥特式塔、荷兰尖顶、旧式英格兰方形塔、各种巴洛克风格尖塔、石针、圆锥形屋顶、木制和铅制尖刺等，它们一直到现在还是伦敦城的优雅特征。1753 年，有位意大利来访者阿尔加洛蒂伯爵（Count Algarotti）说，据他所知，只有一座意大利的尖塔可以与此相提并论。

雷恩所做的实验，通常着重在功用和常识上，在圣保罗建筑上对活泼新奇走向的胃口，是他的另一个面向。这次运用巴洛克风格，对测绘总监而言，展现了知识层面上的姿态与设计的灵活性，他很少让作品流于浮华炫耀，也绝不会以巴洛克建筑师自居，然而圣保罗的西端双塔却是雷恩少有的"幻想"之作，双胎各以四部分组成，有如音乐旋律般向上扭转变化。

每座塔上有十六根柱子，两两成对，坐落在坚固的雕花檐楣上，在外围的四个角落里还各有一对柱子，以增加气魄。上面还有一个过渡层，然后是扁平的穹顶，最后是逐渐变细的尖顶。双塔最上头是由伦敦土生土长的雕塑家弗朗西斯·伯德（Francis Bird）设计的两个金凤梨，边缘围着镀金的小火瓮，在空中闪闪发亮，火舌波动的形状仿佛在西风中摇曳的模样。

南边高塔的第一层外面有座时钟，北边高塔的内部藏有大教堂的吊钟。雷恩很幸运在 1698 年得到了威斯敏斯特国会大厅的大钟，当时它被弃置于新宫廷院的旧钟塔内，任其腐朽。它原是国王的财产，威廉三世将它送给威斯敏斯特区的圣玛格丽特教堂，而教堂又以废铁的价格卖给了雷恩。1699 年新年那天，这座曾响过整个爱德华三世统治时期的吊钟，被取下来，穿越城市，用车运往拉德盖特山丘，在克里斯托弗·哈德森（Christopher Hodson）的作坊里修补，加了一个新的钟舌。不幸新加的钟舌太过坚硬，不到一周时间就把大钟敲破了。重铸的新钟一直到 1706 年才被放到圣保罗的北侧塔上。

同年，雷恩签约买下时钟，这也是他许多市区教堂的特征，大火之前教堂也是以此为特色。这些时钟大部分都设计华丽，立在教堂高塔的支架上或框槽里。不过圣保罗的时钟必须比别的都要大。在早期阶段，尼古拉斯·霍克斯莫尔设计了一座雕琢繁复的时钟，指针的形状像飞动的卷云，提醒底下的人"时光飞逝"。不过最后完成的时钟，是由芬丘奇街（Fenchurch Street）上的制钟匠兰利·布拉德利（Langley Bradley）于1708年所造的，他也曾制造过一些地方教区教堂的时钟，并将为汉普敦宫与布伦亨宫制造时钟。这座未经装饰的钟于1708年装于南侧塔上，但寿命很短，1719年就被替换掉了。

更有意思的是，南侧高塔内设计了一个图书馆和拱廊，两个房间以一道盘旋的石梯相连，这与伦敦大火纪念碑的内部类似。图书馆很快派上用场，因为伊斯灵顿的教区牧师沃尔特·格里（Walter Gery）将其藏书捐赠给了教堂。图书馆是新的自由主义教会一个重要象征，代表它是讲道与学习的处所，而不是迫害与宣扬权威之地。他们用五匹马和一辆车，花了两天半的时间才把这些书全部运上拉德盖特山丘。牛津伯爵（Earl of Oxford）的图书管理员汉弗莱·万利（Humphrey Wanley）后来写道："我认为这个图书馆不只属于大教堂的牧师和教士，也是大都会最主要的公众图书馆。"[10]

建造双塔的同时，也将门廊上的雕花延伸到塔上。1705年，雷恩委托伯德雕刻大教堂入口处上方三角墙上的浮雕。伯德是天主教徒，选择他可能有点奇怪，但他曾向吉本斯和西伯学习过，也曾游历过荷兰，并在罗马研习过。他所雕刻的宽62英尺的浮雕，表现了保罗皈依的戏剧性时刻。整个浮雕有如贝尼尼风格的戏剧，描绘保罗在前往大马士革的途中见到耶稣，由马上摔下来的神启时刻，耶稣的声音转变成了理性的声音。1706年底，为欧洲大陆取得胜利而举行感恩弥撒时，才将西端正面的鹰架拆卸下来，戏剧化地将浮雕展现给世人。沿着大门西边的教堂外部，伯德继续雕刻了圣保罗的生平故事。

雷恩其他的杰出雕工也改变了建筑的外观。吉本斯在西面双塔的表面和北面袖廊的上方，仿制了他在教堂内部雕刻的小天使、花饰和塞满花果、象征丰饶的羊角。他也受委托设计了北面袖廊上方的三角墙，用波特兰石雕刻了天使捧着王室纹章。西伯虽然很失望没能得到西端正面门廊三角墙的雕刻工作，但得到另一项工作，为建筑师雷恩制作较个人的标志。雷恩委托他在南面袖廊上方的三角墙上雕刻一只由火中升起的凤凰，上边写着"我将再起"（RESURGAM），提醒人们记住1675年第一次破土动工重建大教堂的那一刻。

大英帝国的大教堂

如今大教堂已经成了周日礼拜、婚礼与市政府活动的常用场所，也在城市乃至国家的政治生活中扮演了重要角色。安妮女王是虔诚的英国国教徒，曾对拉德盖特山丘上最后几年的工程表示关切，在她的治下，大教堂成了托利党和英国国教的代表，强调的是这座建筑是从斯图亚特王朝而来的遗产。它不只是伦敦各界人士聚会的地方，也是纪念的处所，通过纪念过往和希冀未来，用共同的感情将整个国家维系起来。这座现代大教堂既是守护信徒的灵魂或象征英国国教权势的宗教机构，也是每位国民都能共享的一座国家的宝库。

安妮女王是圣保罗重建过程中的第四位君主，在过去三十年里，大教堂改头换面，国王的身份地位也改变了。雷恩在世期间，国王带着自己的人民，为君主在国家宗教生活里的角色而战。查理一世因为相信只有他一个人才是神在世上的卫士，臣民只有通过他才能接近造物主，所以遭到处决。六十年后，世界已经改变，现在国王是通过国会与人民签订合约。安妮女王仍是信仰卫士，但现在教会代表的是理性与包容的政策。

圣保罗大教堂必须说服人，而不是迫害人，劝导信徒而不是让他们因恐惧而屈服。专一身份的丧失，意味它能代表更多的事物。由于经常选择在圣保罗大教堂来举行英格兰对外战争胜利的庆典，使它成为英国国际地位上升的反映，也成了新兴的大英帝国的象征。

1702年，纪念维哥湾（Vigo Bay）之战胜利的庆典，首先在圣詹姆斯宫举行，再列队穿越城市，行进到圣保罗大教堂。教堂里，女王坐在王座上，两位侍女立于身侧，唱诗席坐着两院议员、伦敦市长、伦敦市议员和大教堂里的所有教士，全国的权贵显要齐聚一堂，包括世俗的、神职的、军事的和经济的各方面人物。另外也准备了位子给其他贵客，如：外国贵族及其家人，让他们见识英格兰的无所不能。威斯敏斯特修道院和王室礼拜堂也来壮大大教堂的唱诗班声势，埃克塞特主教为大家讲道，题为《上主已经把又大又强的国民从你们面前赶出；直到今日，没有一人在你们面前站立得住》。1704年有庆祝布伦亨之战胜利的典礼，接下来还有1705年的蒂勒蒙（Tirlemont）之战庆典，以及1706年的拉米伊（Ramillies）之战庆典。一次比一次更壮观，而每次女王来都可以看到大教堂逐步接近完工的缓慢进度。

圣保罗也是1707年庆祝"大英帝国"诞生的地点。5月1日这天，大教堂里挤满为苏格兰与英格兰的结合来感恩的人。虽然两国自1603年就已共有一位君主，苏格兰的詹姆斯六世到伦敦来加冕为詹姆斯一世，但政治上仍是分开的，各有独立的国会及既有的教会，一直到1707年的苏格兰与英格兰签署了《统一条约》（Treaty of Union）为止。英国政治的新纪元由此开始。

统一的新国家为边界的两边都带来了新的未来，《统一条约》第一条便宣告："英格兰与苏格兰两国……将从此永远合并为一个王国，名为大不列颠。"[11]苏格兰政治家将会到威斯敏斯特来发表意见，国会议员里新增了45个席位，上议院新增了16个席位。两国边界将开放贸易，使用英格兰货币。但苏格兰的司法制度将保持不变，并独立于英格兰，苏格兰的教会也将维持原样，保持独特。

5月1日那天，爱丁堡的圣吉尔斯大教堂（St. Giles）的大钟敲的歌却是《为何我在自己的婚礼这天却感到悲伤》。两国的贵族聚集在伦敦圣保罗大教堂的十字交叉点下，由牛津主教威廉·塔尔博特（William Talbot）讲道。伦敦的大教堂现在成了统一新国家的中心。

穹　顶

到庆典之时，大教堂的结构除了穹顶以外，已近乎完成。在室内，袖廊与内堂的穹隆已涂上灰浆，之后会用石灰水处理，石墙也被涂上一层彩色油漆。唱诗席已完成，也装上了提鸠的铁艺制品，地板上铺的繁复花样也在掌控之中。教堂东端和晨间礼拜堂用的是白色大理石，标示为礼拜处所，而教堂其他空间则铺设黑白相间的图案。建筑中心的十字交叉点底下用的是同心圆花样，以二维空间的平面设计对应上面拱起的穹顶。

雷恩对圣保罗的构想原是想给伦敦建造一座穹顶。到1700年，鼓形结构内部已经开始用简单的易切砂岩建造，而外部比较复杂的设计也已开始进行。鼓形结构需要正式的装饰，把穹顶推到天际建筑线的上方，高过其他所有建筑。为此，雷恩用列柱式围廊，将波特兰石柱子围成一圈，形成172英尺高的厚重石阳台。雷恩是从美学和结构上来设计这些柱子的，这种柱式围廊不只给穹顶美观的外表，也平衡它的重量，是教堂主体和上方穹顶间一个和谐有序的联结。

但是他坚持要以自己辛勤研究多年的罗马圣彼得大教堂作为基础，并加以改进。他选了三十二根柱子，比圣彼得大教堂的稍大，并且在每第三与第四根之间设置一个壁龛。内部也与此相呼应，鼓形结构的窗户每第三与第四扇之间设有一个凹入的壁龛，放置《旧约》里的八位圣徒雕像。

这是很实用的设计，因为雷恩一直很清楚，当穹顶完工后，往上凸起的重量必须有往下的力量互相平衡，整座建筑需要将重量"往内"和"往下"推，而穹顶则要"往下"和"往外"推。用结构上的名词来说，这是"压力"和"张力"之间复杂的平衡，压力是推或收缩的力量，而张力则是拉或伸长的力量。雷恩必须造个系统，让建筑的各种重力平衡，将重量引向地面，每根柱子都有一座拱桥与鼓形结构相连，虽然从教堂庭院几乎是看不见的，每座嵌入的壁龛都有平衡建筑结构下压力的作用。

这些谨慎的措施已经愈来愈有必要。罗马甚至传来谣言，说米开朗基罗的穹顶已出现裂痕，而雷恩希望他的穹顶可以永远屹立。此外，雷恩近几年已经知道他的建筑出现瑕疵，教堂地板下面的地窖深处已有受压和龟裂的迹象，而巨柱的重量必须要能支撑穹顶，将巨大的压力放在下面的地基上。1675年，他已开始重建地窖的柱子，用碎瓦砾填充下层的柱子，制造结实的地基，让大教堂主体坐落其上，但似乎没有做得很好。瓦砾地基有些部分缩小，迫使大教堂的全部重量都靠大理石包裹的柱子来支撑，有些地方大理石开始裂开。他可以在完成穹顶以后再修补这些地基，但不能在这之前，因此他得找个解决方式，让建筑的重量不会整个压在这些有弱点的柱子上。

他也得找出一种办法，让压力分散到整栋建筑上，而不致造成太大的张力。柱子上头，他在整个穹顶底座的外部，造了一圈石檐楣。在这里，雷恩格外小心地再加一圈铁圈在鼓形结构上，用复杂巧妙的夹子和钩子固定，防止石块在热天或建造过程初期移动。有人说雷恩对自己的数学计算非常有信心，在铁圈还没用石灰固定在石块上以前，切除了一道连接点，来证明他的穹顶非常完美。但事实上刚好相反，在重建的最后阶段，他非常担心自己的计划会失败。

身兼建筑师与数学家的他，是从一个问题开始思考的——用鼓形结构托起穹顶造成了内部的异常现象。柱式围廊给教堂外部平添戏剧性和有力的侧影，但是从内部看，却使十字交叉点显得空洞，破坏中央空间的和谐。米开朗基罗在圣彼得大教堂也有类似的问题，雷恩应该很清楚圣彼得十字交叉点视野的缺陷。

为了解决高度的难题，雷恩常在设计中加入双层穹顶，这可以追溯到布鲁内莱斯基在佛罗伦萨建造的百花大教堂，米开朗基罗也将它用在圣彼得大教堂上。外层穹顶从外部看是优雅的半球体，雷恩在他的"最终设计"里原是想以石块来建造，可以坚固地支撑上面厚重的灯塔。但内部的穹顶要低些，给予室内十字交叉点的空间一种和谐感，它的弧度从鼓形结构的窗户高度开始，而外部雷恩希望可以从柱列围廊的檐楣上方开始，并有一层有窗户的阁楼。但这两层穹顶该如何相连？新哲人雷恩必须处理这些问题。

雷恩并非从前传记家和历史学者笔下的结构工程天才，他不知道前人的理论，当然也不会本能地知道什么才是正确的承重和压力系统，可以让穹顶有如奇迹般地挺立。到1705年，他已花了一生的时间思考、研究这个问题，但仍找不到答案。只有建造穹顶的经验本身，才能给他答案。虽说如此，对建筑原则与力学的长期思考，有助于他所做的所有事情。此外他也有许多机会与朋友胡克讨论拱形建筑的想法。胡克于1670—1671年首先发表了静力学理论，雷恩将它运用在"最终设计"上。

胡克用许多实验示范证明出来的想法，认为最理想的拱形结构应该是顺着"推力线"来造的，其弧度可以让从上到下的压力平衡，使张力减到最小。它的曲线是链子悬挂在两点之间的形状，"因为是以延伸且具弹性的方式悬挂，所以倒置过来也会立得很稳"[12]。1695年，胡克的想法再次由戴维·格雷戈里（David Gregory）在皇家学会提出（此事证明胡克的确有理由担心别人会偷取他的想法），报告的题目是《悬链线》。胡克的拱形结构是在实验室里做的，可是雷恩却必须把同样的机械力学用在巨大的建筑上。

1705年，雷恩在研究内部穹顶与外部穹顶的关系时，想到另一个解决方式，他不用想办法把两者连在一起，而是改用第三个结构连接，造个砖石的圆锥体，从内部穹顶的底部往上接到外部穹顶的顶端。更进一步的创意是以这圆锥体支撑上面的灯塔，而不是靠外部穹顶来支撑，而且完全符合了胡克的悬链曲线，使外部穹顶得以用木材和金属尽可能建得很轻。至此，雷恩用了实验、理论和方程式来发展他的想法，但最要紧的是，他是个很实际的人，要在最后的实地建筑阶段才会找到理论的证明。

1705年4月，雷恩命令工人开始建造内部穹顶，同时发明了用木材和鹰架筑成圆形壁架，让工人和石匠可以在上面工作，不需要从地面直接支撑，因此不会干扰到教堂每日的活动。整个内部穹顶表面，稍后会抹上海扇壳磨成的灰泥。教堂十字交叉点正中心高处，有个开口，以后会围上圆形阳台，称为"金回廊"。然后工人开始辛苦地建造以细微角度逐渐往上变细的长型砖石结构。圆锥体尽可能造得很轻，约18英寸或两块砖头的厚度，然后约每5英尺用一圈18英寸厚的较长砖块来强化结构，使它可以不靠外力，自我支撑。建造工程从1705年持续到下一年，其间城市还曾遭受苍蝇之灾，走在街上会留下脚印，像走在雪地上一样，但工程未曾中辍。

圆锥体是一层一层往上堆起的，以最完美的角度倾斜，由工匠师傅毕林赫斯特（Billinghurst）和三十六位工人建造。雷恩对工程的最后阶段采取特别小心的措施，所以不采用计件付费、鼓励工程加速的方式，而要审计员按日付费。他对工程的进展非常满意，1706年底给了石匠理查德·詹宁斯（Richard Jennings）和他的工人50几尼金币的额外奖金。

1707年间，工程加快了脚步。到春天，砖石圆锥体已近完工，雷恩第一位石匠师傅的儿子，本身也是一位石匠的爱德华·斯特朗（Edward Strong），在屋顶处理将要放灯塔的地方，而底下的教堂庭院则挤满忙碌的木匠。木匠师傅詹宁斯已经到南部的肯特郡去查看过可以用来造外部穹顶骨肋的木材，经切割和刨平，在工地上准备好。在砖石圆锥体周围架起木鹰架来，木材逐渐被运到高处。有时候，这些木架运送的不是木材，而是74岁的勘测总监雷恩，他偶尔会到顶端去查看工作的进度。到夏天，雷恩已开始考虑建外部穹顶。此外，他也在思考灯塔的设计。但大教堂就算已处于末期建造阶段，仍不能避免拉德盖特山丘四周事件的影响。

8月23日，圣保罗大教堂意外地成为一桩政治阴谋的场所，也证明大教堂一直都会有争议存在。当天，安妮女王乘坐马车到大教堂来参加奥德纳尔德（Oudenaarde）之战胜利的庆典，陪侍女王的是她最喜欢的侍女莎拉·丘吉尔（Sarah Churchill）。丘吉尔的丈夫是军中最好的将军马尔伯勒公爵，为了他，丘吉尔与女王吵起嘴来，因为女王忘了戴上为她准备好的首饰，丘吉尔认为女王故意忽略，是要贬抑她丈夫的英勇战绩。她们一直吵到教堂门口，进入门口时，女王轻率地叫丘吉尔闭嘴。这个侮辱造成两人之间难以弥补的裂痕。

但事情并不只是两位朋友之间的口角而已，它所发生的地点也是一项"螺丝阴谋"的所在地。有人旁敲侧击地说，辉格党的阴谋者计划把屋顶某些梁柱的螺丝松掉，以便在女王走过内堂时砸死她。这当然只是想象而已，但它也提醒了所有人，圣保罗大教堂在斯图亚特王朝政治生活中的地位。正因它在政治上的地位意义重大，"螺丝阴谋"两天后，重建委员会开会讨论外部穹顶要用什么金属来包裹。有位代表铜业的人向委员会建议以铜制作穹顶的外表，经过讨论，委员会决定照雷恩的建议，不使用铜，因为它很快就会失去光泽，先变黑，然后变绿。雷恩希望以铅来包裹他的穹顶，经委员会允许，以2500英镑委托水管工罗伯茨（Roberts）用"最好的德比郡的铅"为穹顶加盖。但他也"愿意鼓励英格兰的铜业"[13]，所以答应在西面高塔和中央灯塔上用一些铜来做。

但是这段插曲还没结束，国会再次回到威斯敏斯特，继续冬季会议，而铜业者开始向国会议员进行游说。圣保罗大教堂的穹顶该用铅还是铜的问题，很快引起国会委员会的注意，最后，在1708

年2月进行投票。虽然铜的估价比罗伯茨的铅料多了550英镑，但投票选铜的国会议员却比较多，然而案子送到上议院却又被否决，以致形成僵局。现在穹顶的命运在国会手里，要到4月上下议院都解散时才能着手动工。但是待威斯敏斯特那里一解散，大教堂的委员会便采取了大胆的行动，不顾国会的阻挠，投票并催促罗伯茨重新动工，并且愈快愈好。整个夏天，穹顶上铺盖了防水帆布和蜡纸，工人则将沉重的铅板加钉焊接在一起。雷恩特别要求的是要确定没有侵蚀的情况发生。

雷恩原本的设计是要用窗户来装饰穹顶，但加了铅板以后又改变了主意。外部穹顶与砖石圆锥体之间的空间需要光线，而阁楼墙上的窗户只有有限的一点光线从下面透进来。米开朗基罗的圣彼得是以窗户将铅板垂直分隔为三十二条拱形的肋骨架，来呼应阁楼墙壁上的壁柱，这使得外表看来更为坚固，长形的垂直结构强调了穹顶往上拱起的特征。但雷恩决定不用这种设计，改以在外部穹顶的顶端设几扇窗户，只有从上面才看得到，可以让光线进来，却不会破坏穹顶的外表。

他决心要在这年年底完工，并集中精力在砖石圆锥体及外部穹顶上方的灯塔上。1708年5月14日，雕刻门廊三角墙浮雕的师傅伯德和雷恩做出最后决定，要在灯塔上放置铜制大十字架和圆球。石头制造的灯塔本身重850吨，在教堂庭院的地上整个雕刻好，才在当年的夏天吊到教堂顶上。它的圆形底座在前一年的夏天便已准备好，并加上围栏。

灯塔呼应教堂西边的双塔，下面的底座有四扇长形窗户，面向伦敦四角，两侧各有柱子，向上直到迷你小穹顶。它也与教堂室内有关联，从十字交叉中心往上看，穿过内部穹顶的孔，灯塔底座也在最高处形成另一个光亮的半球体。从上部窗户进来的光线穿过内部穹顶的孔,为底下的十字交叉点增加光亮,也证明雷恩的穹顶既具有采光的功能,也是激发敬畏感的设计。

到10月,建筑季节已近结束,工程也差不多完成了。盔甲制造商安德鲁·尼贝特(Andrew Nibbet)准备将铜十字架和圆球运来,放到灯塔上头。在这种场合,一如往常,总有一些带有神话色彩的故事。据说,1708年10月26日,雷恩76岁生日后六天,一群工人聚集在圣保罗的教堂庭院,没有贵族王室,也没有官方史家在场记录,只是小型聚会。在场的还有雷恩的次子克里斯托弗,他生于1675年,正是大教堂砌上第一块石头那年,如今已33岁,他将父亲留在教堂庭院,自己用起重机登上穹顶顶端,陪同的是爱德华·斯特朗,雷恩第一位石匠师傅的儿子。

当时少数在世还有记忆的人,会知道大教堂曾经历战争和灾难,在共和国时期,伦敦市政府回避它,它曾经被认为毫无价值而贻人笑柄;复辟以后,大家任由它腐朽到无可救药的地步。也许是大火救了它,让它不至于沦落得更悲惨。从1666年到完工的路途十分艰险,它是英格兰第一座由一位建筑师在他有生之年完成的大教堂,但建筑师雷恩也因工程缓慢而受到许多攻击与责难。圣保罗在相当于人类一生的时间里,经历了倒塌又重起的过程,雷恩童年的记忆是琼斯所造,令人回想起古典时期的托斯卡纳式的巴西利卡会堂,如今则以现代的意义对这神圣空间重新加以诠释,强调的是理性和《圣经》。砌上第一块石头的三十三年之后,雷恩的儿子准备安上大教堂的最后一部分。

唯一有那天记录的只有《祭祖文》。工人把12英尺10英寸高、10英尺6英寸宽的十字架和直径6英尺的圆球,抬到灯塔顶上固定就位。我们没有关于天气的记录,不过几乎可以确定伦敦的空气是充满烟雾的,就像雷恩的朋友伊夫林在17世纪60年代所写的

《防烟》里所描述的那样。雷恩会抱怨在这种情况下建起的穹顶，似乎没有什么意义，因为在雾里什么都看不见："我们的空气经常模糊不清，看不到远处的景物，只有当雨水冲刷掉城市上方因每天早晨千家万户生火导致的煤烟，太阳出来的时候，才看得见。"虽说如此，他还是估算大教堂的穹顶应该可以从"东边的海上和西边的温莎"看到。[14]

灯塔的装置将会完成雷恩的伦敦穹顶计划，《祭祖文》记载："雷恩将任务转交给次子，在优秀技工斯特朗的陪同之下，与其他所雇的自由工匠，把最后的石块摆放到灯塔的顶端。"[15]

圣保罗的建筑到此完工，虽然大教堂还需要再有三年才完成全部修饰。当防水帆布和鹰架逐渐剥除，伦敦才在四十多年之后，首次得见它的大教堂。此时的英国已经改变了，伦敦也成了世界性的首都，大都会的人需要一段时间才能熟悉他们的大教堂。不过对诗人詹姆斯·赖特而言，圣保罗的重建是个奇迹：

> 我该如何称呼这无可比拟的建筑才对？
> 怎样的词汇才能描述得当？
> 伦敦之荣，岛屿之光！
> 极品中的极品！双倍的超卓！
> ……
> 那雄壮的石球穹顶
> 上有王冠，高入云霄
> 它不只是圣保罗的王冠
> 也是整个岛国大都会的王冠[16]

伦敦终于有了一座可以与圣彼得媲美的大教堂了。王室把教堂当作是自己的,是斯图亚特王朝和托利党持续执政的象征,而辉格党也声称他们有权在此礼拜。大教堂将会是理性的庙堂,也是统一联合的地方,在此,国家的分裂可以愈合,而上帝的恩典也会降临在他的人民身上。

第十五章
终　点

18世纪的伦敦是一个充满矛盾的地方，声称自己进步和启蒙，却让大多数居民受苦和短寿。洛克、巴本、伊夫林与胡克为新的大都会撒下的种子，开出了意外的花朵。在这个世纪里，最缺少科学头脑的塞缪尔·约翰逊用最科学的方法将英语系统地编缀起来，1755年出版了划时代的《英语大词典》。这也是革命的时代，包括美国和法国都在为革命所激荡，他们都受到了洛克的政府观的启发。投机导致"南海泡沫"的发生，但也产生了亚当·斯密的《国富论》。伦敦成了世界性的首都。

巴本没能活到新的世纪，他几乎成功地把政府土地银行建设成英格兰首要的信用公司，但功败垂成，因为没能拿到足够的投资金额，达成他对政府的允诺。这使他的银行受创甚巨，分裂成几个子公司，最终没落。他退隐到城西奥斯特里的乡村别墅，1698年5月18日立下最后遗嘱，请阿司吉尔当执行人。巴本两个月后过世，死时濒临破产边缘。除了妻子的丧葬费以外，他叫人不要偿还任何债务。

巴本所建的房屋在18世纪50年代多半已经拆毁了，留下的很少，但他的影响几乎随处可见，连栋成排的典型房屋形式便是他建立的。没有现存建筑可以纪念巴本，位于霍尔本区大欧蒙德街（Great Ormond Street）内的"巴本院"只是一小块地，比停车场还小，德文郡广场附近的巴本巷（Barbon Alley），则是两栋现代办公建筑中间的一条死巷。不过他持续长久的火灾保险业比较成功，1710年，火灾公司与凤凰公司（Phenix Office）合二为一，成为太阳火灾公司（Sun Fire Office），就是现在的皇家与太阳联合公司（Royal and Sun Alliance Company），它是全世界最老的保险公司。

有一首发表于1705年的诗，也许最能概括巴本在现代伦敦形成过程中所扮演的角色，曼德维尔（Bernard Mandeville）的《喧嚣的蜂群，或转性的无赖》诽谤攻击英国，说它是一窝蜜蜂，工业和利润的发展靠的是自私和恶行，而不是靠美德和道德。这是对资本主义的诞生最语言粗鄙却最有先见之明的文字：

> 所有老千、寄生食客、皮条客、玩家，
> 小偷、造伪币的、庸医、算命的，
> 这许多心怀恶意的人
> 以工作的名义
> 狡猾地加以利用，变成他们自己的用途，
> 施加在本性良善、未加防备的邻人身上。
> 这些就是无赖，只是不叫那名字，
> 坟墓业也是一样。
> 各行各业都有一些诡诈，
> 没有一样不骗人。[1]

在17世纪70年代爬升到巅峰的胡克，一度是拓展知识与理解

范畴的能人，却在晚年体会到逐渐走下坡的痛苦。他持续参加皇家学会每次的聚会，示范实验，如果有人愿意听，他还是会说牛顿亏欠他。1690年他甚至吵着要自己的名字加入"发现天体运行原因者的名单，因为牛顿或其他任何人都无权列名"。[2]

胡克的力量虽然变弱，对科学和辩论的热情却依旧，喜欢咬着不放的习性也没改变，对任何胆敢盗用他的发明的人，还是很有挑战的意愿。17世纪90年代的大部分时间，他还是学会的委员会成员之一，但是角色已经变得愈来愈次要，虽然学会还用他在格雷欣学院的房间开会，却由胡克的朋友哈雷担任了新哲学活力充沛的啦啦队队长角色。但是，受忽略的感觉让胡克十分愤怒。

虽然胡克的科学事业一直走下坡，但他的建筑师角色却看不出有类似情况。1690年他受委托为男用服饰阿斯克公司（Aske's Company）在城东的荷克斯顿（Hoxton）建一所学校和几栋救济院房舍。作为乡村别墅的设计师，胡克还是很受欢迎的。根据建筑史学家贾尔斯·沃斯利（Giles Worsley）的说法，在布伦特伍德（Brentwood）附近为埃塞克斯地主理查德·沃恩（Richard Vaughn）所建的斯坦菲尔德庄园（Stenfield Place），以及在约克郡为利兹公爵（Duke of Leeds）所建的基维顿公园（Kiveton Park），还可以找到胡克的鲜明特色。1693年，胡克辞去雷恩建筑师办事处的工作，可能是因为事情太多而不是缺乏精力。

然而胡克的身体却很衰弱，接近新世纪之时，他的视力开始减退，虽然脑筋还很灵敏。据报道，1697年，"他开始抱怨双腿酸肿，遭受坏血病折磨，大约同时，因晕眩而从楼梯摔下来，跌破了头，造成肩膀瘀伤，也伤到肋骨，晚年常常喊痛"。[3] 他开始思考自己生命的终点，并开始写自传，记下一生中所有的发明和事件，预告说里面会有"时间、方法、步骤、效果，以及我的健康情况、工作和研究、好运与噩运、朋友与敌人"。[4] 不过他没能完成多少。

他愈来愈担心自己的财产，把它们锁在自己房间的一个箱子里，却让房子脏污不堪，朋友诺克斯（Knox）上校很为他悲哀，说他"日子过得那么悲惨，好像没钱购买衣食似的"。[5] 他曾答应要把财产留给皇家学会，却在最后一刻改变主意，死时并未留下遗嘱。他死后，有人发现他的箱子里有超过8000英镑的财产。他死于1703年3月3日，三天后举行了一场隆重的葬礼。

胡克的过世对皇家学会的未来有一项重要的影响。丧礼后三周，格雷欣学院的拥有人布商公司要求学会归还胡克住了近四十年房子的钥匙，并且要学会另寻新的活动场所。皇家学会最后找到的新家是巴本在鹤鸟院所盖的房子，可能是他死去后为了偿还债务而卖出的。宣布此地为新场所的，是学会的新任会长牛顿。

胡克的死给了牛顿自由，1704年，牛顿终于出版了曾答应在胡克死前不予公布的《光学》一书，书中没有提到胡克对光的研究贡献。此后牛顿主导皇家学会二十年，尽可能地把胡克的名字从所有的记录上消除。传记作家理查德·沃勒（Richard Waller）为之叫屈，认为胡克生平的一份恰当描述应该是：

> 以他先天的才华与后天的努力，不仅足以补足所有的错误和缺点，而且绰绰有余，他的洞察力不同凡俗，甚至令人惊叹……就他的成就来看，海内外人士都非常尊重他，而他所有的失败加起来，也还不足以影响他跻身于上一世纪最伟大的人之列。[6]

洛克于1700年5月从贸易委员会退休，威廉三世勉为其难地接受了他的辞职。他原想避离伦敦，但健康情形不佳，双腿肿胀，大半时间卧病在床，阅读有关皇家学会和伦敦生活的新闻。虽然身体要他放慢脚步，但他仍想到乡村去过退休生活。他写信给一位朋友说："我想我已经快到另一个世界去了……不要以为我现在成了苦修者或神秘主义者，我可以开怀大笑，一如平常，与你一样不喜欢大众场合，并没有变得阴郁而失去人性或欢愉。"[7]

虽说如此，他的思想确实比以往专注于宗教议题，开始阅读《新约》里的保罗书信，并为之作注，这些文字在他死后得以出版。他在埃塞克斯的朋友家奥慈庄园（Oates）见客，不再到伦敦去。奥慈庄园是弗朗西斯·马山（Francis Masham）爵士与夫人的宅第，洛克搬到这里来躲避首都的闷浊空气，仍继续他数量庞大的通信，以了解宫廷与国会的近况。有些时候，他还必须为自己的作品辩护。

洛克改写新版的《人类理解论》，为了回应斯蒂林弗利特主教的批评，他做了大幅改动。1703年，托利党在新任女王安妮女王的治下逐渐势大，牛津大学再次对他发动攻击，约纳斯·普洛斯特重新发起对《论宗教宽容》的匿名作者的抨击，而学院的首脑人物则讨论是否要全面查封《人类理解论》。洛克面对这些责难，持保留的态度，没有做任何反击，保持容忍，知道这场风暴最后会过去。

但此事也彰显了洛克的影响。1703年2月，牛津大学的博德利图书馆（Bodleian Library）馆长写信给洛克，要他把所有写过的书各送一本给图书馆，洛克当然非常乐意，要印刷商把《人类理解论》《论教育》和许多关于金钱与利息的文册寄给图书馆。馆长在道谢信里询问这些是否都是洛克的作品："我想我大概不该询问，但这些是否您打算送给我们的全部作品？"[8] 送到牛津的书单里没有的是《政府论》和《论宗教宽容》，洛克一直到过世都未让这两部作品具名。

但牛津大学图书馆的这个问题，让洛克思考到自己的作品，1704 年 9 月 14 日，他在遗嘱里加了一条：

> 哈德森博士……曾来函嘱我将写过的书送给图书馆，我的确在此殊荣下，将所有在我名下的书送到图书馆去，但并未完全履行他们的要求……因此，在此我再把所有我写过但未具名的书，送给公共图书馆。[9]

他列了三部：《论宗教宽容》《政府论》和《基督教的合理性》。对于这些为启蒙时代奠定基石的书，洛克终于在此时承认了他的作者身份。

1704 年 10 月，洛克的身体逐渐衰竭，再也无法站立。27 日晚上，家人聚在他身边祷告，他说："我的工作已经快做完了，感谢上帝。我也许今晚就死了，至多活不过三四天。在晚祷里纪念我吧！"[10] 第二天早上他还起床，但下午约三点过世，坐在椅子上，手放在脸上。

洛克在奥慈庄园的长期女房东马山夫人，是最早出版自己作品的女哲学家之一，可能也是洛克晚年所爱的女人。她写信给想为洛克写颂词的让·德克莱尔（Jean le Clerc）：

> 他是真正爱他国家的人，并忠实履行任务，不只是为了他自己的良知，更是为大众真正的利益，可能比大多数类似职务的人做得更多……他总是在思考人类生活最大和最细微的事，面对不确定的意见时，不管是谁提议，他总是以理性来抉择，他是真理的忠仆（我差点想说是奴隶），从不为任何事而放弃，而且单纯地只为真理而追随真理。[11]

第十五章 终 点

伊夫林到新世纪也准备退休。从17世纪80年代，他便开始整理文稿，为后代子孙改写日记，也积极地确保家人在他身后能有所依靠。对伊夫林而言，退休是叶落归根，同时他也要确保自己的孩子有好婚姻。

1691年，伊夫林的侄子过世，71岁的他变成兄弟乔治在萨里郡沃顿的房屋继承人。乔治希望伊夫林夫妻搬过去，可是这件事不太容易，因为他们在萨耶院住了四十多年，累积的书籍和物品成了沉重的负担。他们的经济能力也变得很差，绅士贵族的收入在新的经济市场上不再显得充裕，加上他与很多人一样投资股票市场，损失不小。

伊夫林的妻子生了许多小孩，但只有两个存活下来。女儿苏珊娜结婚了，正打算要孩子。1692年伊夫林的子嗣约翰得到爱尔兰的官职，他不在时，伊夫林夫妻便暂时移居到他在多佛尔街的公寓，位于时尚的皮卡迪利大道附近，他曾在此处勘察过优雅的克拉伦登宅第与柏克利宅第，现在土地已分成几块地皮和租户。1694年，夫妻两人终于到沃顿去了，与伊夫林的兄弟乔治一起住，到1699年乔治过世为止。

出生地老家的记忆一直让伊夫林念念不忘，如今他回来了。17世纪50年代他曾整修过这里的花园，用洞窟和池塘把浓密的树林变成意大利的想象世界，现在是再加以改动的时候了。1700年，他对佩皮斯形容自己的新生活："我整天都在原野上与牛马羊猪在一起……感谢上帝让我们的牧草收成甚丰……没有任何女主妇像我妻子那样忙碌的了。"[12]

但他还没有完全忘记伦敦的生活，他告诉老朋友："我把哲学、格雷欣学院、佩皮斯先生和约克宅第里愉快的对谈都丢在脑后，忘得一干二净了吗？当然没有。"[13]他还是常常回去参加皇家学会的会议，打听新闻，并仍担任格林尼治医院的司库。不过天生属于园林的伊夫林，对沃顿的重整工作更是全力以赴，梦想把房屋设计成意大利建筑大师帕拉第奥式的别墅，并修整花园。

萨耶院移交给他的女婿威廉·德雷珀（William Draper）。此时萨耶院的花园已经被德特福德区和郊区的建筑所包围，从伦敦大桥到格林尼治的河岸边建满了码头和仓库。为了消除疟蚊的滋生，萨耶院屋后的沼泽已经沥干（伊夫林至少有一个儿子便是死于疟疾），多出的空间又盖了各式各样的建筑。伊夫林原本远离尘嚣的桃花源，如今已经被大都会吞噬了。

1696年，萨耶院的房子被出租给海军上将约翰·本博（John Benbow）。1698年本博又将房屋转租给一位不寻常的访客——俄罗斯沙皇彼得大帝，他到伦敦来参访港口，把学到的东西搬到他的新首都圣彼得堡去。几个月后，伊夫林和雷恩来探查房屋受损的状况，震惊地发现自己四十年前所种，长成"长400英尺，高9英尺，每丛直径5英尺"[14]的冬青树丛，已被沙皇用独轮手推车碾死了。

他也花时间写作，并于1697年出版关于勋章的大书《钱币与奖章大观》，还有未完成的草稿和计划中的文章《论人类尊严》《论石头》和驳斥斯宾诺莎的无神论哲学的《论兽类之理性》，以及各种数学论文。不过，最重要的《英伦花园》一直没有完成，最后一次修改是在1702年。伊夫林没有把目标放在完成这本书上，另外他于1699年出版了一个单行本《谈色拉》，其前言隐晦地提到了自己宏大计划的挫折："我熟识的一个人花了近四十年的时间去搜集园艺设计的资料，累积到几千页的庞大数量……你不会奇怪他何以无法完成自己开始的任务，这应该就是它的命运吧。"[15]

同年，伊夫林的儿子约翰过世，只留下一个孙子，也叫约翰，昵称为杰克。伊夫林努力为他的最后一位后代奠定前途,杰克到牛津求学,他的祖父便开始为他谋划未来,帮他安排周游英格兰,鼓励他学习语言、长笛,上剑术学校。伊夫林写了一本笔记,打算在合适的时机交给孙子,名为《给吾孙之回忆录》,劝勉他过虔敬的生活,妥为照顾他即将继承的沃顿花园,避免交太多朋友,并好好享受藏书丰富的图书馆。最后还预先警告他有关伦敦的生活:"除非你自己的公司可以负担费用……不然会极其昂贵。它会让你的妻女远离更有必要和更具美德的家庭事务。"[16] 伊夫林也开始为孙子找对象,1706年,年轻的约翰娶了颇具影响力的戈多尔芬家族的亲戚安妮·博斯科恩(Anne Boscawen),从而确保了自己家族的未来。

1707年2月27日,伊夫林在睡梦中过世,葬于沃顿的家族地块。墓碑上写着:

生于非凡的革命时代(如他所断言),以其所学,促其欲为,尽现于此。繁华皆空并非事实,唯有真实的虔敬方具真正的智慧。

雷恩与圣保罗大教堂

1708年10月,圣保罗大教堂放置了最后一块石头,但这是私人的仪式,没有敲锣打鼓的庆典,因为大教堂的石头工程虽已完成,但计划尚未结束,还要再过两年,整座建筑才正式宣告可以供礼拜之用。

有件事的改变阻碍了雷恩。1707年,穹顶尚在建造之中,主任牧师夏洛克过世,由年轻的戈多尔芬取代,委员会中的老少两代,在谁有权决定大教堂最终形式的问题上,开始产生争执与分歧。对雷恩的一切贡献致谢之余,主任牧师想把大教堂收回,由教堂的教士团接手,但雷恩已经花了四十多年建造圣保罗大教堂,不愿,或许也无法,对他的生平杰作放手,坚持要看到大教堂完工,而且要照他的方式来做。权力的争夺就此爆发,而雷恩卷入其中,只有输的份。

1708年曾有关于如何装饰穹顶内部的讨论,雷恩原本打算用镶嵌画,"塑造最壮观富丽的样貌"[17],但是被驳回。他又建议雇画家来凸显穹顶的建筑细部,但委员会又要他找一位历史画家来设计,他的穹顶似乎成了别人作品的画布。雷恩还抱着希望,以为教士团看到穹顶最后的样子,也许会让他使用镶嵌画,可是却未如所愿。委员会找了五位画家,要他们交出设计图,从中选择一个,而不是由雷恩来选择。

同一会议中也讨论是否要在整座大教堂外筑一圈围栏,因为附近交通繁忙,需要加一道护篱,如此也能在教堂前多一座广场。雷恩建议在此放置一尊安妮女王的雕像,他认为用熟铁来做比较好,但戈多尔芬则认为生铁较佳。这件事似乎只是教士团想向雷恩证明顾客才有权做最后的决定,但雷恩的反应很恶劣,他拒绝为这份新工作签约,小题大做地大吵大闹,成了全城的话题。一本同情他的宣传小册页评论道:"多数人都很奇怪,雷恩爵士盖了这样一座普世赞叹的高贵建筑之后,竟会因篱笆这件小事,被人执意否定他的意见。"[18]这件为栏杆小事而起的口角,造成的心结却十分严重。

1709年3月,建筑外部的鹰架卸下,伦敦人第一次看到穹顶的荣美之时,委员会开会讨论关于建筑最后装饰的议题,雷恩的建筑师办事处与教士团之间的对立,迅速蔓延到教堂庭院外。这既是政治的对立,也是个人的恩怨,戈多尔芬的哥哥是财政大臣西德尼·戈多尔芬（Sidney Godolphin）伯爵。雷恩现在代表了所有老旧事物，以及托利党，同时代很少有人站在他这一边。安妮女王无法每次都保护他，让他不受攻击。与此同时，灰泥工完成了教堂内部的粉刷，地板也都铺好了大理石。

在穹顶上最后一块石头被安置好很久以后，整个建筑计划才正式宣告完成，原因是有各方干扰，造成困惑，影响到进度。1710年1月，雷恩已经到了忍耐的极限，他写信给一位主教，声称形势已经让他无法完成大教堂的建筑工作，此外，他还要求领取从1697年以来被冻结的薪水。这项要求提交到总检察长那里，他宣称圣保罗仍未完成，要雷恩加以等待。次年，雷恩向国会重提此事，国会同意圣保罗已经完成到可以付雷恩薪水的程度。当年年底，钱终于送到，而仿佛默认似的，大教堂也宣告完工。

没有庆祝，也没有感恩弥撒，但大教堂所受欢迎的程度，见证了雷恩的卓越成就。教堂庭院的印刷店盛极一时，而大教堂也自此成为许多造访伦敦的游客手中指南上的必游景点。德国学者扎哈里亚斯·康拉德·冯·乌芬巴赫（Zacharias Conrad von Uffenbach）于1710年6月到此一游，他在日记中写道，他爬到"灯塔顶端，发现墙上用粉笔写满了无数名字，所以我们也叫人帮我们留了名字。"[19]惊艳之余，他买了一整套素描和版画回去当纪念品。然而，与此同时，却也有不少人私下表示不满。

但雷恩对大教堂并不满意，而且无意就此停工。面对委员会的反对，他向女王埋怨道："大家都知道［教士团里］有什么样的人，用的是什么方式。"[20]雷恩要求女王解散委员会，让他好好完成工作，不要受太多干扰，特别提到戈多尔芬干预他想在女王塑像周围做围栏的事。1711年4月，委员会的会议上宣读了雷恩的请愿，10月，委员会解散，尽管戈多尔芬装作无辜地抗议。雷恩终于可以不受干预地做事，他请提鸠用熟铁完成教堂西端门外女王塑像周围的栏杆，而所有讨论如何装饰穹顶内部的问题都被搁置在一旁。

主任牧师戈多尔芬与测绘总监雷恩之间的对峙，于是少了委员会办公室里的抗争，转而用印刷品来论战。1712年4月，《圣保罗之欺诈与滥用》出版，充满咒骂地控诉雷恩用尽各种诡诈和手段。对于雷恩的敌人来说，尽管圣保罗是几个世纪以来第一座英国国教的大教堂，无疑也是第一座在单一世代设计完成的大教堂，但这些都不重要，最重要的是，它花了太长的时间才完成。他们指责雷恩受贿、把工作交给亲信、计费的过程有漏洞、大教堂本身不是大家所希望的样子等。有人反驳，也有人反对这些反驳意见，喧闹的争执一直持续到1714年女王过世时都没有停止。

乔治一世成了新国王以后，有了成立新委员会的需要。乔治对之前的斯图亚特王朝一点都不感兴趣，也丝毫不加以掩饰，只顾维护自己不太稳固的王权。他之所以得到王位，是因为安妮女王没有子嗣，根据为了确保詹姆斯二世或他儿子不能重登王位而定的传位法案，下一位继承王位的是查理一世姐姐的外孙子。乔治登基后，对支持他的辉格党人论功行赏，因此雷恩得到赏识的机会非常少。他虽然又一次被任命为测绘总监，但是四周围绕的人使他没有发言的余地。他参加了头两次新的大教堂委员会会议，但1715年7月15日以后，就不再去了。他已经被对手打败，不想再去眼睁睁看别人夺走他的大教堂。

少了雷恩，委员会得以进行自己对穹顶的计划，选用英格兰画家詹姆斯·桑希尔（James Thornhill）。桑希尔40岁，与雷恩的大教堂同龄，到伦敦来，住在叔祖父托马斯·西德纳姆爵士的家里。西德纳姆是内科医生，17世纪70年代曾与洛克共事。桑希尔很快闯出名声，已经在汉普敦宫为王室工作过，并于1707年开始为雷

第十五章 终 点

恩的格林尼治医院彩绘大厅绘图,这是英国最精致的巴洛克艺术范例之一。

桑希尔于1715年6月开始画穹顶,以圣保罗的生平做题材,把穹顶分成八块面板,每块面板的边框绘成拱廊的形式。木工在穹顶周边架起步道,让桑希尔和他的助手可以在上面走动和工作。四个月内拱廊便画完了,开始绘制面板上的图。到了1717年,穹顶上的圣保罗生平八景完成。

那一年也是雷恩最后一次参与大教堂的工程。穹顶外决定加上栏杆,主任牧师戈多尔芬想用生铁制造,但委员会认为需要询问雷恩的意见。他们给雷恩一周的时间考虑,但雷恩的回应却很唐突失礼,他说:"我想,不懂建筑技巧的人,总想看到他们所习惯的哥特式结构,而女士们会觉得没有花边不好看……"他觉得栏杆会"破坏整座建筑的和谐"。[21] 虽然如此,栏杆还是加上去了。

到1717年,雷恩已经85岁,却仍精力充沛,令人羡慕。然而,他无疑已工作了太长时间。同年,城市教堂的建筑终于告停,但此后三年他仍继续担任国王办事处的测绘总监。无可避免地,他最后的卸任非常不愉快,是在一群人的中伤和诋毁下被撵走的。攻击的人说他不再是现代建筑师,在过去几十年间,雷恩的巴洛克实验将建筑从古典形式中解放出来,如今建筑界却被新一代欣赏古代传统形式的帕拉第奥风格追随者所取代。雷恩的建筑先前被批评不传统,现在又变成不够古典。新古典主义少壮派的希望是重新建造英国的国家建筑,他们转向"著名的琼斯"寻求灵感,而不是雷恩的作品。

雷恩搬到汉普敦宫的房子退休隐居,似乎在此沉思自己身后将留下的业绩,认为他如果不能在历史上以建筑师留名,就要归咎于查理二世把他从实验室拉出来,害他"花了一辈子做毫无意义的垃圾"。[22] 他也重拾原先对新哲学的兴趣,皇家学会会长牛顿在几年前曾悬赏2万英镑,给能够解决经度难题的人,雷恩尝试用天文观测来定位,但未能得到这个奖项,后来由钟表匠约翰·哈里森(John Harrison)得到。他遵循了胡克的预言,若有一只制造精良、可以在海上精确测量时间的时钟,地球经度之谜便可以由此解开。

时间终于影响到雷恩的身体,他的次子说,虽然"他四肢无力(这是他唯一的问题),脑子却没受什么影响,他的思考依然灵敏活跃,这在那样的年龄非常罕见"。雷恩虽已退休,但不停有人攻击他所做的事,1719年他不得不抱怨:"我为王室和大众服务了五十多年,年纪已经这么大了……只希望能死得安宁。"[23] 可是这还得等上四年。

1723年2月23日,雷恩再次回到伦敦,据说是来造访大教堂,得了感冒,结果病重得回不了汉普敦宫,只得留在他在圣詹姆斯街所租的房屋里。2月25日下午,仆人到房间里来,却发现再也叫不醒他了。

八天后的3月5日,包含十五辆马车与棺木的葬礼行列,从詹姆斯街的房子出发,由伦敦西区蜿蜒行进到东区。九十年前,西区还是平原野地,雷恩在有生之年看到这整个地区的转变,河岸街原本的优雅的都铎式贵族宫殿,被巴本这些投机者拆掉,改建为租屋,出租给有钱人,1670年洛克便曾在此处沙夫茨伯里伯爵的埃克塞特宅第居住,第一次开始讨论人类理解的议题。

雷恩的丧葬行列通过他在17世纪70年代所设计的圣殿关,舰队街两边的房屋应该也是这位建筑师和他同时代人所遗留的成果,因为五十六年前,这整片地区都是火灾灰烬和烧焦的废墟。他的朋友胡克测量了每寸土地,为每栋要盖的新房子立桩、记录。行列通过道路北侧的鹤鸟院,这是皇家学会的新家,学会最初成立时,雷恩是元老之一。走下舰队街，会看到圣布莱德教区教堂，这是雷恩的城市教堂计划里的成功之作，波特兰石所造的尖顶，高立于城市上空，遥遥可见。最后，他们横越舰队河，爬上拉德盖特山丘时，蜿蜒的街道上会缓缓出现圣保罗灿烂的正面。

他被葬在大教堂地窖的东南角，儿子为他所写的墓志铭如今仍在：

"读者，如果你要找寻他的纪念碑，看看你周围即可。"

注 释

前 言

1. J. Evelyn, *A Character of England*, from W. Upcott (ed.), *Evelyn's Miscellaneous Writings* (1825), pp. 141–67.
2. W. Lilly, *Observations on the death of Charles I*, from Francis Maseres and R. Wilkes (eds), *Select Tracts relating to the Civil Wars in England* (1815), p. 141.
3. Evelyn, *Diaries*, vol. II, p. 11.
4. Ibid.
5. Wren, *Parentalia*, p. 293.

第一章

1. Lilly, *Observations on the death of Charles I*, p. 141.
2. Peacham (1962), p. 243.
3. Wren, *Parentalia*, p. 42.
4. V. Smith and P. Kelsey, 'The lines of communication: civil war defences of London', from Porter (1996), p. 118.
5. Evelyn, *A Character of England*, pp. 141–67.
6. Quoted in Tinniswood (2001), p. 14.
7. Quoted in Purkiss (2006), p. 392.
8. R. Waller, *The Life of Dr Robert Hooke*, from R. T. Gunther (ed.), *Early Science in Oxford*, vol. iv, (1930), p. 3.
9. Evelyn, *Diaries*, vol. I, p. 14.
10. Ibid., vol. I, p. 13.
11. Ibid., vol. I, p. 14.
12. From Milton (1974), p. 237.
13. From Scriba (1970), p. 40.
14. Wren, *Parentalia*, p. 203.
15. Oughtred (1653), Preface.
16. J. Evelyn, *The State of France*, from ed. Upcott (1825), pp. 39–95.
17. Evelyn, *Diaries*, vol. I, p. 45.
18. Quoted in Horne (2002), p. 99.
19. Evelyn, *Diaries*, vol. I, pp. 45–6.
20. Evelyn, *The State of France*, pp. 39–95.
21. Evelyn, *Diaries*, vol. I, p. 102.
22. Ibid., vol. I, pp. 118–24.
23. From 'The Legend of Philastres and the Pearle', quoted in Harris (2002), p. 41.
24. J. Evelyn, *Servitude and Liberty* from ed. Upcott (1825), pp. 1–38.
25. Evelyn, *Diaries*, vol. I, p. 248.

第二章

1. Quoted in Zimmer (2004), p. 63.
2. R. Hooke. ed. Gunther, vol. iv, (1930), p. 8.
3. From Peacham (1962).
4. Wren, *Parentalia*, p. 222.
5. Ibid., pp. 198–9.
6. Ibid., p. 227.
7. Scriba (1970), p. 40.
8. Evelyn, *Diaries*, vol. I, p. 276.
9. Ibid., p. 276.
10. Quoted in Harris (2002), p. 29.
11. Quoted in Darley (2006), p. 111.
12. Quoted in Harris (2002), p. 45.
13. Evelyn, *A Character of England*, pp. 141–67.
14. Evelyn, *Diaries*, vol. I, p. 117.
15. Ibid., vol. I, p. 284.
16. Quoted in P. Leith-Ross, 'The gardens of John Evelyn at Deptford', *Garden History*, 25(2), *passim*.
17. See Evelyn (1679).
18. Aubrey (1996), p. 164.
19. Locke's Correspondence, ed. E. de Beer, vol. 1, L. 14.
20. Quoted in M. Feingold, 'Mathematical Sciences and New Philosophies', in Tyacke (1997), p. 359.
21. R. Woolhouse, 'Lady Masham's Account of Locke', *Locke Studies*, vol. 3, p. 173.
22. Aubrey (1996), p. 165.
23. Evelyn, *Diaries*, vol. I, p. 293.
24. Quoted in Dixon Hunt and Willis (1975), pp. 57–8.
25. Evelyn, *Diaries*, vol III, p. 92.
26. Wren, *Parentalia*, pp. 200–6.

第三章

1. J. Evelyn, *The Golden Book of St John Chrysostom*, 1659, from ed. Upcott (1825), Preface.
2. Evelyn, *Diaries*, vol. I, p. 330.
3. Quoted in Harris (1987), p. 45.
4. J. Evelyn, *An Apology for the Royal Party*, 1659, from ed. Upcott (1825), pp. 169–92.
5. Quoted in Harris (2002), p. 49.
6. Evelyn, *Diaries*, vol. II, p. 336.
7. Locke's Correspondence, vol. 1, L. 81.
8. Ibid.
9. From Hunt (2003).
10. The pamphlets were not discovered until 1954. See Locke (2002).
11. Quoted in Harris (2005), p. 48.
12. Quoted in Purver (1967), p. 129.
13. Wren, *Parentalia*, p. 197.
14. Quoted in Purver (1967), p. 131.
15. From Oldenburg's letter to Christiaan Huygens, 7 September 1661. Quoted in Jardine (2002), pp. 180–81.
16. Evelyn, *Diaries*, vol. I, p. 344.
17. Evelyn (1961), *passim*.
18. Wren, *Parentalia*, p. 260.
19. Quoted in Purver (1967), p. 76.
20. Quoted in Hunter (1995), p. 153.
21. Quoted in Birch (1968), vol. II, p. 142.
22. From Samuel Butler's satirical poem *Hudibras* (1665).
23. Quoted in R. Hooke, ed. Gunther (1930), p.122.
24. From R. Hooke, *An Attempt to Prove the Motion of the Earth from Observation* (1674), published a

decade after his Gresham lecture and included in Gunther (1930).
25. R. Hooke, *Micrographia* (1664), Preface.
26. Ibid.

第四章

1. From Alexander Pope's poem *The Dunciad*, 1743.
2. From N. Hanson (2001), p. 43.
3. Quoted in Tinniswood (2003), p. 32.
4. Evelyn, *Diaries*, vol. I, p. 355.
5. Quoted in Colvin (1976), p. 5.
6. Evelyn (1664), p. 2.
7. Ibid., p. 2.
8. Evelyn, *Diaries*, vol. I, p. 382.
9. Quoted in Thorgood (2000), p. 35.
10. Quoted in Keane et al. (2004), p. 66.
11. Wren Society, vol. XIII, p. 13.
12. Ibid.
13. Ibid., p. 14.
14. Wren, *Parentalia*, p. 335.
15. Evelyn, *Diaries*, vol. II, p. 39.
16. Quoted in Champion (1995), p. 2.
17. Quoted in Cowie (1970), p. 15.
18. Leasor (1962), p. 42.
19. Hodges (1720), p. 2.
20. Boghurst (1894), p. 13.
21. Quoted in Moote and Moote (2004), p. 54.
22. Quoted in Leasor (1962), p. 51.
23. Vincent (1667), p. 30.
24. Quoted in Hanson (2001), p. 45.
25. Evelyn, *Diaries*, vol. I, p. 396.
26. Quoted in Moote and Moote (2004), pp. 115–16.
27. C. Wilcox, *The Case of Charles Wilcox*, BL 816. m.9. (28).
28. Vincent (1667), p. 30.
29. The physician Simon Patrick quoted in Champion (1995), p. 4.
30. Boghurst (1894), p. 30.
31. Vincent (1667), *passim*.
32. Evelyn, *Diaries*, vol. I, p. 397.
33. Vincent (1667), p. 50.
34. Evelyn, *Diaries*, vol. I, p. 399.
35. Vincent (1667), p. 53.
36. Locke's Correspondence, ed. E. de Beer, vol. I, L. 163.
37. Ibid., vol. I, L. 175.
38. Wren Society, vol. XIII, p. 40.
39. From a letter by Henry Oldenburg to Robert Boyle, August 1665. Ibid., vol. XIII, p. 43.
40. Quote from Ranum (2002), p. 337.
41. Letter from CW to (probably) John Evelyn, *Parentalia*, p. 261.
42. Quoted in Gould (1981), pp. 33–4.
43. Wren, *Parentalia*, p. 262.
44. Ibid., p. 261.
45. Ibid.
46. Wren Society, vol. XIII, p. 44.
47. Ibid., p. 44.
48. Ibid., p. 17.
49. Ibid.
50. Ibid.

第五章

1. S. Pepys, *Diaries*, ed. R. Latham (1985), p. 567.
2. Wren Society, vol. XIII, p. 18.
3. Evelyn, *Diaries*, vol. II, p. 9.
4. Waterhouse (1667), p. 2.
5. Ibid.
6. Rege Sincera (1809), p. 292.
7. Taswell (1853), p. 11.

8. Quoted in Tinniswood (2003), p. 46.
9. Evelyn, *Diaries*, vol II, p. 10.
10. S. Pepys, *Diaries*, ed. R. Latham (1985), p. 660.
11. Vincent (1667), p. 63.
12. Ibid., p. 62.
13. From a letter by William Sandys quoted in Bell (1923), p. 316.
14. S. Pepys, *Diaries*, ed. R. Latham (1985), p. 663.
15. Corsellis (1941/42), p. 132.
16. Vincent (1667), p. 63.
17. Bell (1923), p. 314.
18. Vincent (1667), p. 61.
19. Taswell (1853), p. 13.
20. Quoted in Tinniswood (2003), p. 83.
21. Evelyn, *Diaries*, vol. II, p. 11.
22. Ibid.
23. Quoted in Bedford (1966), p. 82.
24. Ibid, p. 24.
25. Quoted in ibid., p. 92.
26. Stow (1908), p. 345.
27. Taswell (1853), p. 14.
28. S. Pepys, *Diaries*. ed. R. Latham. (1985), p. 669.
29. Evelyn, *Diaries*, vol. II, p. 11.
30. Vincent (1667), p. 69.
31. Evelyn, *Diaries*, vol. II, p. 14.
32. Quoted in Bedford (1966), p. 135.
33. Evelyn, *Diaries*, vol. II, pp. 13–14.
34. Ibid, p. 12.
35. Ibid.
36. From letter by William Sandys quoted in Bell (1923), p. 318.
37. Ibid.
38. Evelyn, J., ed. de la Bédoyère, (1997), p. 337.
39. Ibid., p. 338.
40. Ibid., p. 339.
41. Ibid., p. 340.
42. Ibid.
43. Ibid., p. 341.
44. Quoted in Reddaway (1940), p. 55.
45. Birch (1968), vol. II, p. 115.
46. Evelyn, *Diaries*, vol. II, p. 16.

第六章

1. Published in the *London Gazette*, 17 September 1666.
2. Ibid.
3. Ibid.
4. Quoted in Reddaway (1940), p. 29.
5. Ibid., p. 49.
6. Quoted in Tinniswood (2003), p. 190.
7. J. Evelyn, *Public Employment*, 1667, from ed. Upcott (1825), pp. 501–50.
8. Description of Jerman originally by Pratt, quoted in Tinniswood (2001), p. 156.
9. Wren, *Parentalia*, p. 263.
10. Quoted in Tinniswood (2003), pp. 224–5.
11. Evelyn, *Diaries*, vol. II, p. 18.
12. Quoted in Cooper (2003), p. 127.
13. From the First Rebuilding Act of February 1667, 19 Caroli, II.
14. Ibid.
15. Ibid.
16. Evelyn, *Diaries*, vol. II, p. 22.
17. Quoted in Cooper (2003), p. 133.
18. From R. Hooke, ed. Gunther R. vol. VI. (1930), p. 32.
19. Locke's Correspondence, ed. E. de Beer, vol. I., pp. 284–5.
20. Dewhurst (1963), p. 35.
21. Quoted in Cranston (1957), p. 91.
22. Quoted in Dewhurst (1963), p. 36.

23. Locke (1997), Preface.
24. Locke (1936), p. xiii.
25. Quoted in Bell (1923), p. 253.
26. Evelyn, *Diaries*, vol. II, p. 24.
27. First Rebuilding Act of February 1667, 19 Caroli, II.
28. Ibid.
29. P. Mills, ed. P. E. Jones and T. F. Reddaway, *Mills Survey*, London Topographical Society, vol. II, p. 29.
30. Anon. (1966), vol. II, p. 85.
31. From T. Tyndell Daniells, *The Lawyers*, www.online-law.co.uk/bar/middle-temple/history.html.

第七章

1. Wren Society, vol. XIII, pp. 20–21.
2. Ibid., p. 45.
3. Ibid., p. 46.
4. Ibid., p. 45.
5. Ibid., p. 46.
6. Ibid.
7. Quoted in A. Saunders. (ed.), *The Royal Exchange* (1997), p. 138.
8. J. Collins, *Edward Jerman 1605–1668* (2004), p. 144.
9. Wren Society, vol. XIII, p. 46.
10. Wren Society, vol. XVIII, p. 156.
11. Evelyn, *Diaries*, vol. I, p. 357.
12. Colvin (1976), p. 11.
13. Wren, *Parentalia*, p. 194 (insert section no. 9).
14. Ibid., p. 285.
15. Second Rebuilding Act of 1 May 1670, 22 Caroli, II, cap. 11.
16. Description of the Royal College of Physicians.
17. Quoted in Cooper (2003), p. 165.
18. Wren Society, vol. V, p. 47.

19. Guildhall Ms 25540, f. 3, 13 June 1670.
20. Wren Society, vol. XIII, account books, 1675–84, pp. 69–202 *passim*.
21. Quoted in Tinniswood (2001), p. 206.
22. Soo (1998), p. 115.
23. Ibid., p. 113.
24. Ibid., p. 153.
25. Ibid., p. 154.
26. Ibid., p. 159.
27. Ibid., p. 157.
28. Ibid.
29. Ibid., p. 158.
30. Ibid., p. 178.
31. Wren Society, vol. XIII, p. 26.
32. Ibid.
33. Ibid.
34. Wren, *Parentalia*, p. 282.
35. Wren Society, vol. XIII, p. 26.
36. Ibid., p. 27.
37. Ibid., p. 320.
38. Hooke (1935), 3 October 1675.
39. Wren Society, vol. XIII, p. 28.
40. Ibid., p. 31.
41. Wren, *Parentalia*, p. 282.
42. Ibid., p. 283.

第八章

1. Quoted in Arneil (1996), p. 130.
2. Quoted in McKellar (1999), p. 25.
3. North (1890), p. 53.
4. Ibid., p. 55.
5. Ibid.
6. Ibid., p. 53.
7. Quoted in Brett-James (1935), p. 326.
8. McKellar (1999), p. 25.

9. *Survey of London*, vol. 29, 1960, p. 88.
10. North (1890), p. 56.
11. Ibid., p. 54.
12. *Survey of London*, vol. 33, p. 30.
13. Ibid., p. 379.
14. Ibid.
15. Ibid.
16. From Barbon (1678).
17. Evelyn, *Diaries*, vol. II, p. 70.
18. *A Letter from a Person of Quality to his Friend in the Countryside*, from W. Cobbett, MP, *Cobbett's Parliamentary History of England*, vol. 4, 1806.

第九章

1. Wren, *Parentalia*, p. 292.
2. Soo (1998), p. 31.
3. Ibid., p. 32.
4. Wren Society, vol. XIII, pp. 57–9.
5. Wren, *Parentalia*, p. 194.
6. Quoted in *Helioscopes*, from Hooke (1969).
7. Quoted in Darley (2006), p. 136.
8. Evelyn (2001), Introduction.
9. Hooke (1969), pp. 320–22.
10. From *A General Scheme or Idea of the Present State of Natural Philosophy*, in Hooke (1969), p. 15.
11. Quoted in Gleick (2003), p. 86.
12. Quoted in Inwood (2002), p. 164.
13. Ibid., p. 168.
14. Hooke (1935), p. 157.
15. From the New Hooke Papers, Royal Society, *passim*.
16. From T. Shadwell, *The Virtuoso* (1676).
17. Hooke (1935), p. 243.
18. From Shadwell, *The Virtuoso*.
19. Hooke (1935), p. 333.
20. Ibid., p. 346.

第十章

1. From James Wright's *Ecclesia Restaurata*, in Aubin (1943), p. 275.
2. Kenyon (1972), Preface.
3. Quoted in S. Pincus, 'John Evelyn: Revolutionary', in eds. Harris and Hunter (2003), p. 189.
4. Quoted in Locke (2003), p. 236.
5. Filmer (1991), p. 35.
6. Locke (2003), p. 31.
7. Ibid., p. 56.
8. Quoted in Cranston (1957), p. 200.
9. Quoted in T. Harris (2005), p. 211.
10. Locke (2003), p. 197.
11. Ibid., p. 208.
12. Quoted in Cranston (1957), p. 202.
13. Ibid., p. 228.
14. Quoted in Jardine (2002), p. 336.
15. DNB (2004), vol. XII, p. 616.
16. Evelyn, *Diaries*, vol. II, p. 192–3.
17. Downes (1982), p. 67.
18. Quoted in Fraser (1979), p. 591.
19. Evelyn, *Diaries*, vol. II, pp. 229–30.

第十一章

1. Quoted in Milne (1986), p. 88.
2. Evelyn, *Diaries*, vol. II, pp. 197–8.
3. Barbon (1685).
4. Ibid.
5. Thorgood (2000), p. 49.
6. Ibid., p. 48.

7. Quoted in Brett-James (1935), p. 330.
8. Ibid.
9. Ibid.
10. North (1981), p. 54.
11. Harris (2006), p. 100.
12. Vallance (2006), p. 78.
13. Quoted in S. Pincus, 'John Evelyn: Revolutionary', in Harris and Hunter eds. (2003), p. 196.
14. *Phil. Trans.*, vol. 14, p. 562.
15. Ibid.
16. Quoted in Darley (2006), p. xiii.
17. Quoted in Cranston (1957), p. 232.
18. Ibid., p. 246.
19. Locke (1976), vol II, pp. 661–66.
20. Locke (1997), p. 56.
21. Ibid., p. 59.
22. Ibid., p. 109.
23. Ibid., p. 65.
24. Ibid., p. 66.
25. Ibid., p. 147.
26. Ibid., p. 110.
27. Cranston (1957), p. 253.
28. Locke (1997), pp. 10–11.
29. Halley's letter to Newton, in Newton, *Correspondence*, vol. 2 29 June 1686.
30. Ibid., Hooke to Newton, 6 January 1679 (p.260).
31. Ibid., 29 June 1686.
32. Ibid., 20 June 1686.
33. Quoted in Gleick (2003), p. 135.
34. Evelyn, *Diaries*, vol. II, p. 261.
35. Dillon (2006), p. 84.
36. *A Letter to a Dissenter* is presumed to have been written by Lord Halifax, 1687.
37. Harris (2006), p. 231.
38. Evelyn, *Diaries*, vol. II, p. 274.
39. Harris (2006), p. 264.
40. Dillon (2006), p. 117.
41. Ibid.
42. Evelyn, *Diaries*, vol. II, p. 275.
43. Ibid., p. 276.
44. Ibid., p. 280.
45. Ibid., p. 285.

第十二章

1. Evelyn, *Diaries*, vol. II, pp. 288–9.
2. Quoted in Dillon (2006), p. 154.
3. Ibid., p. 162.
4. Harris (2006), p. 286.
5. Quoted in Vallance (2006), p. 140.
6. Evelyn, *Diaries*, vol. II, p. 285.
7. Vallance (2006), p. 140.
8. Dillon (2006), p. 178.
9. Ibid., p. 198.
10. Evelyn, *Diaries*, vol. II, p. 287.
11. Ibid.
12. Quoted in Dillon (2006), p. 214.
13. Quoted in Harris (2006), p. 324.
14. Quoted in Vallance (2006), p. 173.
15. From John Dryden's poem, quoted in Schwoerer (1992), p. 99.
16. R. Woolhouse (ed.), *Locke Studies*, vol. 3 (2003), p. 183.
17. Locke's Correspondence, ed. E. de Beer, vol II, L. 1127.
18. Locke (2003), vol. I, p. 3.
19. Quoted in Farr and Roberts (1985).
20. Quoted in Colvin (1976), p. 155.
21. Locke's Correspondence, ed. E. de Beer, vol II, L. 1147.
22. Wren Society, vol. XVI, p. 62.
23. Ibid.
24. Quoted in Tinniswood (2001), p. 313.
25. Soo (1998), p. 115.

26. Wren, *Parentalia*, p. 292.
27. Ibid.
28. Ibid.

第十三章

1. Quoted in Shoemaker (2004), p. 20.
2. See Spence (2000).
3. Quoted in ed. Merritt, J. F. (2001), p. 122.
4. From Defoe (1997).
5. Evelyn, *Diaries*, vol. II, p. 332.
6. Quoted in Dillon (2006), p. 340.
7. Quoted in Hoppitt (2000), p. 125–6.
8. Quoted in Dillon (2006), p. 318.
9. Barbon (1905), p. 19.
10. Evelyn, *Diaries*, vol. II, p. 331.
11. Barbon (1905), p. 16.
12. Locke (1991), vol. I, p. 25.
13. Li (1963), p. 70.
14. Locke's Correspondence, ed. E. de Beer, vol. IV, L. 2202.
15. Cranston (1957), p. 469.
16. Quoted in Tinniswood (2001), p. 321.
17. From James Wright's 'The Choire', in Aubin (1943), pp. 278–83.

第十四章

1. Wren Society, vol. XVI, p. 88.
2. Wren, *Parentalia*, p. 288.
3. Wren Society, vol. XVI, p. 85.
4. Ibid.
5. Evelyn (1707), Preface.
6. Ward (1955), p. 78.
7. Wren Society, vol. XVI, p. 82.
8. Soo (1998), p. 155.
9. Ibid., p. 113.
10. Keane et al. (2004), p. 421.
11. Act of Union, 1707.
12. Hooke (1931), p. 151.
13. Wren Society, vol. XIII, p. 37.
14. Wren, *Parentalia*, p. 292.
15. Ibid., p. 293.
16. From 'The Cupola' by James Wright, in Aubin (1943), pp. 298–304.

第十五章

1. Quote from Mandeville (1970).
2. R. Hooke, ed. Gunther, vol. IV (1930), p. 189.
3. R. Hooke, ed. Gunther, vol. VI (1930), p. 63.
4. Quoted in Jardine (2003), p. 21.
5. Ibid., p. 305.
6. R. Hooke, ed. Gunther, vol. VI (1930), p. 66.
7. Locke's Correspondence, ed. E. de Beer, vol. VII, L. 3199.
8. Ibid., vol. VIII, L. 3569.
9. Locke's Will, in ibid., vol. VIII, p. 425.
10. Quoted in Cranston (1957), p. 480.
11. Quoted in R. Woolhouse, 'Lady Masham's Account of Locke', *Locke Studies*, vol. 3, p. 185.
12. Quoted in de la Bédoyère (1997), p. 279.
13. Ibid., p. 276.
14. Evelyn, *Diaries*, vol. II, p. 349.
15. From *Aceteria*, in J. Evelyn, ed. Upcott (1825), pp. 721–812.
16. Evelyn (1926), p. 4.
17. Wren, *Parentalia*, p. 292.
18. Quoted in the pamphlet *An Answer to the Pamphlet entitul'd Frauds and Abuses at St Paul's etc.* (1713), *passim*.

19. Quoted in Keane et al. (2004), p. 317.
20. Quoted in Tinniswood (2001), p. 354.
21. Wren Society, vol. XVI, p. 131.
22. Quoted in Tinniswood (2001), p. 365.
23. Wren, *Parentalia*, p. 347.

参考文献

原始资料

Anon., *Tracts concerning banks, coinage, insurance etc.*, BL 816. m.10, vol. K, no. 65–74.
———, *Administrative documents, Christchurch Hospital*, GL Ms 22536.
———, *The Fire Court*..., ed. P. E. Jones, Corporation of London, 1966.
———, *Bank of England, Selected tracts 1694–1804*, Gregg Press, 1968.
Arundel, T., *Arundel's Remembrances*, ed. J. M. Robinson, Roxborough Club, 1987.
Aubrey, J., *Brief Lives*, ed. D. Lawson, 1996.
Barbon, N., *Apology for the Builder*, BL 8245.a5, 1685.
———, *A Discourse shewing the great Advantages that New Buildings, and the Enlarging of Towns and Cities Do Bring to a Nation*, 1678.
———, *A Letter to a Gentleman*..., BL 816.m.10 (74).
———, *An Answer to A Letter from a Gentleman*, BL 816.m.10 (75).
———, *A Discourse on Trade*, ed. J. A. Hollander, Baltimore, MD, 1905.
———, *A Discourse concerning coining the new money lighter*, Gregg Press, 1971.
Birch, T., *The History of the Royal Society of London*, 4 vols (facsimile), Royal Society, 1968.
Boghurst, W., *Loimographia: An Account of the Great Plague in the Year 1665*, ed. J. F. Payne, Shaw, 1894.
Bohun, E., *The Diary and Autobiography of Edmund Bohun*, privately published, 1853.
Burnet, G., *History of his Own Times*, J. Brettell, 1813.
Butler, S., *Hudibras*, ed. J. Wilder, Clarendon Press, 1967.
Clarendon, *History of the Rebellion and Civil Wars of England*, ed. G. Huehns, Oxford University Press, 1955.
College, S., *Strange News from Newgate*..., BL T.100 (164), 1683.

Corsellis, N., 'Experiences in the Great Fire of London', ed. L. C. Sier, *Essex Review*, vol. 50(1), 1941/42.

Defoe, D., *Tour through the Whole Island of Great Britain*, vols I, II, Peter Davies, 1927.

Defoe, D., *A Journal of the Plague Year*, Penguin, 1966.

Defoe, D., *A True Born Englishman and Other Writing*, ed. P. N. Furbank and W. R. Ownes, Penguin, 1997.

Dugdale, Sir W., *The History of St Paul's Cathedral in London from its foundations*, 1716.

Evelyn, J., Commonplace Books, BL Mss. 78328–78331.

———, *A Parallel of the Ancient Architecture with the Modern*, 1st edn, 1664.

———, *Sylva, A Discourse of Forest Trees, and the Propagation of Timber in His Majesties Dominions*, 1679.

———, *Acetaria, a Discourse of Sallets*, 1699.

———, *A Parallel of the Ancient Architecture with the Modern*, 2nd edn, 1707.

———, *Evelyn's Miscellaneous Writings*, ed. W. Upcott, Henry Colburn, 1825.

———, *The Diary of John Evelyn*, ed. W. Bray, 4 vols, Henry Colburn, 1850–52.

———, *Memoirs for my Grand-son*, ed. G. Keynes, Nonesuch Press, 1926.

———, *Directions for the Gardiner at Sayes Court*, ed. G. Keynes, Nonesuch Press, 1932.

———, *Fumifugium: or the inconvenience of the aer and smoake of London dissipated*, National Society for Clean Air, 1961.

———, *Elysium Britannicum, Or the Royal Gardens*, ed. J. E. Ingram, University of Pennsylvania Press, 2001.

Fiennes, C., *The Journeys of Celia Fiennes*, ed. C. Morris, Cresset Press, 1947.

Filmer, R., *Patriarchia and other Political Writing*, ed. J. Summerville, Cambridge University Press, 1991.

Graunt, J., *Natural and Political Observations Upon the Bills of Mortality*, ed. P. Laslett, Gregg International, 1973.

Hartlib, S., *A description of the famous Kingdome of Macaria*, 1641.

———, *Designe for Plentie by a Universall Planting of Fruit Trees*, 1652.

Hodges, N., *Loimologia*, 1720.

Hooke, R., Classified Papers: Hooke Papers, Royal Society, 160(31).

———, New Hooke Papers, Royal Society, 166(7).

———, 'Life and Works of Robert Hooke', ed. R. T. Gunther, *Early Science in Oxford*, vol. VI, printed for subscribers, 1930.

———, 'Life and Works of Robert Hooke', ed. R. T. Gunther, *Early Science in Oxford*, vol. VII, printed for subscribers, 1930.

———, 'The Cutler Lectures', ed. R. T. Gunther, *Early Science in Oxford*, vol. VIII, printed for subscribers, 1931.

———, *The Diary of Robert Hooke, 1688–93*, ed. R. T. Gunther, printed for subscribers, 1935.

Hooke, R., *The Diary of Robert Hooke 1672–1680*, ed. H. W. Robinson and W. Adams, Taylor & Francis, 1935.

———, *Micrographia*, ed. R. T. Gunther, *Early Science in Oxford*, vol. XIII, printed for subscribers, 1938.

———, *Philosophical Experiments and Observations*, ed. W. Denman, Library of Science facsimile, 1967.

———, *Posthumous Works*, ed. R. Waller, Introduction by R. Westfall, Frank Cass & Co., 1969.

King, G., *Natural and Political Observations...*, ed. P. Laslett, Gregg International, 1973.

Locke, J., *An Early Draft of Locke's Essay*, ed. R. I. Aaron, Clarendon Press, 1936.

———, *Locke's Travels in France (1675–1679)*, ed. J. Lough, Cambridge University Press, 1953.

———, *The Correspondence of John Locke*, ed. E. de Beer, 7 vols, Clarendon Press, 1976–89.

———, *Locke on Money*, ed. P. H. Kelly, 2 vols, Clarendon Press, 1991.

———, *Political Writing*, ed. D. Wootton, Penguin, 1993.

———, *An Essay Concerning Human Understanding*, ed. R. Woolhouse, Penguin, 1997.

———, *The Essays on Natural Law*, ed. W. von Leyden, Clarendon Press, 2002.

———, *Two Treatise of Government*, ed. I. Shapiro, Yale University Press, 2003.

Luttrell, N. A., *Brief Historical Relations of State Affairs from September 1678 to April 1714*, 6 vols, 1857.

Mandeville, B., *A Fable of the Bees*, ed. P. Harth, Penguin, 1970.

Maseres, F. and R. Wilkes, *Select Tracts relating to the Civil Wars in England*, 1815.

Mills, P., 'A Survey of Building Sites after the Great Fire 1666', ed. P. E. Jones and T. F. Reddaway, *London Topographical Society*, 89, pp. 97–9.

Milton, J., *Selected Prose*, Penguin, 1974.

Newton, I., *Correspondence of Isaac Newton*, ed. H. W. Turnbull, vol. 2, Cambridge University Press, 1959–61.

North, R., 'Life of the Honorable Sir Dudley North', *Lives of the Norths*, G. Bell & Sons, 1890.

———, *Of Building: Roger North's Writings on Architecture*, ed. H. M. Colvin and J. Newman, Oxford University Press, 1981.

Oughtred, W., *Mathematical Recreations (Clavis Mathematicae)*, 1653.

Peacham, H., *The Complete Gentleman and Other Writings*, ed. V. Heltzel, Cornell University Press, 1962.

Pepys, S., *The Shorter Pepys*, ed. R. Latham, Bell & Hyman, 1985.

Pratt, R., *The Architecture of Sir Roger Pratt*, ed. R. T. Gunther, Oxford University Press, 1928.

Rege Sincera, 'Observations Both Historical and Moral upon the Burning of London', *Harleian Miscellany*, III, 1809.

Royal Society of London, *Philosophical Transactions*, vols I–XX, Royal Society facsimile, 1963.

Scriba, C. J., 'The Autobiography of John Wallis', *Notes and Records of the Royal Society*, 1970.

Spratt, T., *A History of the Royal Society*, Routledge and Kegan Paul, 1959.

Stow, J., *A Survey of London*, ed. C. L. Kingsford, 2 vols, 1908.

Stow, J. and J. Strype, *The History and Survey of the Cities of London and Westminster*, 2 vols, 1720.

Talbot, W., *A Sermon Preach'd before the Queen at the cathedral-church of St Paul's on May the first*, 1707.

Taswell, W., 'Autobiography and Anecdotes by William Taswell D.D.', ed. G. P. Elliott, *Camden Miscellany*, II, 1853.

Temple, Sir W., *Five Miscellaneous Essays by Sir William Temple*, ed. S. Holt Monk, Univeristy of Michigan Press, 1963.

Vincent, T., *God's Terrible Voice in the City*, 1667.

Wallington, N., Notebooks, BL Add. Ms 21935.

Ward, N., *The London Spy*, ed. K. Fenwick, 1955.

Waterhouse, E., *A short narrative of the late dreadful fire in London*, 1667.

Wilcox, C., *The Case of Charles Wilcox*, BL 816. m.9 (28)

Wren, S. (ed.), *Parentalia*..., Facsimile of Heirloom edn, 1965.

———, *Parentalia*, Royal Society of London, GB 117.

Wren Society, vols. 1–20.

二手资料

Ackerman, J. S., *The Architecture of Michelangelo*, Penguin, 1970.

Ackroyd, P., *London: The Biography*, Chatto & Windus, 2000.

Andrews, J., A. Briggs, R. Porter, P. Tucker and K. Waddington, *The History of Bethlem*, Routledge, 1997.

Appleby, J. O., *Economic Thought and Ideology in Seventeenth-century England*, Princeton University Press, 1978.

Aries, P., *Centuries of Childhood*, Jonathan Cape, 1962.

Arneil, B., *John Locke and America: The Defence of English Colonialism*, Clarendon Press, 1996.

Ashcraft, R., *Revolutionary Politics and Locke's Two Treatise of Government*, Princeton University Press, 1986.

——— (ed.), *John Locke Critical Assessments*, 4 vols, Routledge, 1991.

Ashcraft, R. and M. Goldie, 'Locke, Revolution Principles, and the Formation of Whig Ideology', *Historical Journal*, 1983.

Ashley, M., *James II*, Dent, 1977.

Aubin, R. A., *London in Flames, London in Glory: Poems on the Fire and Rebuilding of London 1666–1709*, Rutgers Univeristy Studies in English, vol. 3, 1943.

Ballon, H., *The Paris of Henri IV: Architecture and Urbanism*, MIT Press, 1991.
Barker, F. and P. Jackson, *A History of London Maps*, Barrie & Jenkins, 1990.
Barker, T. C., *Three Hundred Years of Red Lion Square 1684–1984*, London Borough of Camden, Libraries Department, 1984.
Baron, X. (ed.), London 1066–1914, vol. 1, Helm Information, 1997.
Beard, G., *The Work of Christopher Wren*, Bartholemews, 1982.
———, *The Work of Grinling Gibbons*, John Murray, 1989.
Bedford, J., *London's Burning*, Abelard-Schuman, 1966.
Beier, A. L. and R. Finlay (eds), *London 1500–1700*, Longman, 1985.
Bell, W., *The Great Fire of London*, Bodley Head, 1923.
Ben-Chaim, M., *Experimental Philosophy and the Birth of Empirical Science: Boyle, Locke, Newton*, Ashgate, 2004.
Bennett, J. A., *The Mathematical Science of Christopher Wren*, Cambridge University Press, 1982.
Bennett, J. A., M. Cooper, M. Hunter and L. Jardine (eds), *London's Leonardo: Robert Hooke and the Seventeenth Century Scientific Revolution*, OUP, 2003.
Berlinski, D., *Newton's Gift: How Sir Isaac Newton Unlocked the System of the World*, Duckworth, 2001.
Black, J., *The British Seaborne Empire*, Yale Univeristy Press, 2004.
Blackstone, G. V., *A History of the British Fire Service*, Routledge & Kegan Paul, 1957.
Bold, J., *John Webb: Architectural Theory and Practice in the Seventeenth Century*, Clarendon Press, 1989.
———, *Greenwich: An architectural history of the Royal Hospital for Seamen and the Queen's House*, Yale University Press, 2000.
Borozdin-Bidnell, M., 'Interiors: Nicholas Barbon in Red Lion Square', *Georgian Group Journal*, Spring 2003.
Bowle, J. E., *John Evelyn and His World*, Routledge & Kegan Paul, 1981.
Brett-James, N. G., 'A Speculative London Builder of the Seventeenth Century, Dr Nicholas Barbon', *Lon. & Middlesex Arch. Soc.*, vol. VI, 1933.
———, *The Growth of Stuart London*, Allen & Unwin, 1935.
Burke, P., B. Harrison and P. Slack (eds), *Civil Histories: Essays presented to Sir Keith Thomas*, Oxford University Press, 2000.
Campbell-Culver, M. A., *A Passion for Trees: The Legacy of John Evelyn*, Eden Project Books, 2006.
Chamber, D., 'The Tomb in the Landscape: John Evelyn's Garden at Albury', *Journal of Garden History*, 1(1), 1981.
Chambers, J., *Christopher Wren*, Sutton, 1998.
Champion, J. A. I., *London's Dreadful Visitation: The Social Geography of the Great Plague of 1665*, University of London, Centre for Metropolitan Studies, 1995.
Chaney, E., *The Evolution of the Grand Tour*, Frank Cass & Co., 1998.

Chapman, A., *London's Leonardo: Robert Hooke and the Seventeenth Century Scientific Revolution*, Sutton, 2005.

Chappell, V. (ed.), *The Cambridge Companion to John Locke*, Cambridge University Press, 1994.

Charlesworth, M. (ed.), *The English Garden*, vol. 1: *Chronological Overview 1550–1730*, Helm Information, 1993.

Charlton, C., *Going to the Wars: The Experience of the British Civil Wars 1638–1651*, Routledge, 1992.

Clapham, J., *The Bank of England: A History*, 2 vols, Cambridge University Press, 1944.

Clark, Sir G., *A History of the Royal College of Physicians*, Clarendon Press, 1964.

Clark, P. (ed.), *The Cambridge Urban History of Britain*, vol II: *1540–1840*, Cambridge University Press, 2000.

Cobb, G., *The Old Churches of London*, Batsford, 1942.

Collins, H., *Edward Jerman 1605–1668: The metamorphosis of a master-craftsman*, Latterworth Press, 2004.

Colvin, H. M., *Biographical Dictionary of British Architects 1600–1840*, Yale University Press, 1971.

———, *History of Office of the King's Work*, vol. 5, HMSO, 1976.

———, *History of Office of the King's Work*, vol. 6, HMSO, 1977.

Cooper, M., *Robert Hooke and the Rebuilding of London*, Sutton, 2003.

Cooper, M. and M. Hunter (eds), *Hooke 2003: Papers presented at a conference*, Ashgate, 2006.

Cooper, N., *Houses of the Gentry 1480–1680*, Yale University Press, 1999.

Coote, S., *Royal Survivor: A Life of Charles II*, Sceptre, 1999.

Cottret, B., *The Huguenots in England, Immigration and Settlement c. 1550–1700*, Cambridge University Press, 1991.

Cowie, L., *Plague and Fire: 1665–6*, Wayland, 1970.

Cranston, M., *John Locke: A Biography*, Longmans, 1957.

Crawfurd, R., *The Last Days of Charles II*, Clarendon Press, 1909.

Cruickshanks, E. (ed.), *The Revolution of 1688–9*, John Donald, 1989.

Darley, G., *John Evelyn, Living for Ingenuity*, Yale University Press, 2006.

De Krey, G., *A Fractured Society: The politics of London in the first age of party 1688–1715*, Clarendon Press, 1985.

———, *London and the Restoration 1659–1683*, Cambridge University Press, 2005.

De la Bédoyère, G., *Particular Friends. The Correspondence of Samuel Pepys and John Evelyn*, Boydell Press, 1997.

De Mare, E., *Wren's London*, Folio Society, 1975.

Dewhurst, K., *John Locke (1632–1704) Physician and Philosopher*, Wellcome Historical Library, 1963.

Dickson, P. G. M., *The Financial Revolution in England: A Study in the Development of Public Debt 1688–1756*, Macmillan, 1969.

Dillon, P., *The Last Revolution*, Jonathan Cape, 2006.

Dixon Hunt, J. and P. Willis (eds), *The Genius of Place: The English Landscape Garden 1620–1820*, Elek, 1975.

Dorn, M. and R. Mark, 'The Architecture of Christopher Wren', *Scientific American*, vol. 245, July 1981.

Downes, K., *English Baroque Architecture*, Zwemmer, 1966.

———, *Hawksmoor*, Thames & Hudson, 1969.

———, *Christopher Wren*, Whitechapel Gallery, 1971.

———, *The Architecture of Wren*, Granada, 1982.

———, *Sir Christopher Wren: The Design of St Paul's Cathedral*, Trefoil, 1988

———, 'St Paul's and Its Architecture', *London Topographical Record*, vol. XXVIII, 2005.

Dunn, J., *The Political Thought of John Locke*, Cambridge University Press, 1969.

———, *The British Empiricists*, Oxford University Press, 1992.

Du Prey, P. de la R., *Hawksmoor's London Churches*, University of Chicago Press, 2000.

Durston, C., *The Family in the English Revolution*, Blackwell, 1989.

Dutton, R., *The Age of Wren*, Batsford, 1951.

Earle, P., *The Making of the English Middle Class: Business, Society and Family Life in London 1660–1730*, Methuen, 1989.

———, *A City Full of People: Men and Women of London 1650–1750*, Methuen, 1994.

Elmes, J., *Memoirs of the Life and Work of Sir Christopher Wren*, Priestley and Weale, 1823.

Emberton, W., *Skippon's Brave Boys: The origins, development and Civil War service of London's trained bands*, Barracuda, 1984.

Esterly, D., *Grinling Gibbons and the Art of Carving*, Victoria and Albert Museum, 1998.

Fara, P., *Newton: The Making of Genius*, Macmillan, 2002.

Farr, J. and C. Roberts, 'John Locke on the Glorious Revolution: A Rediscovered Document', *Historical Journal*, 28(2), 1985.

Field, J., *The King's Nurseries: The Story of Westminster School*, James & James, 1987.

Fraser, A., *King Charles II*, Weidenfeld & Nicolson, 1979.

Gardner, J. S., *English Ironwork of the 17th and 18th Centuries*, Tiranti, 1911.

Gauci, P., *The Politics of Trade: Overseas merchants in state and society 1660–1720*, Oxford University Press, 2001.

———, *The Emporium of the World: The London Merchant*, Continuum, 2007.

Gherarty, A., 'Nicholas Hawksmoor and the Wren City Steeples', *Georgian Group Journal*, vol. X, 2000.

Gherarty, A., 'Robert Hooke's Collection of Architectural Books and Prints', *Architectural History*, vol. 47, 2004.
Gibson, W., *The Church of England, 1688–1832*, Routledge, 2001.
Gleick, J., *Isaac Newton*, 4th Estate, 2003.
Goldie, M., 'The revolution of 1689 and the structure of political argument', *Bulletin of Research in the Humanities*, 1980.
—— (ed.), *John Locke: Selected Correspondence*, Clarendon Press, 2002.
——, 'Roger Morrice and his Entr'ing Book', *History Today*, November 2001.
——, 'John Locke: Icon of Liberty', *History Today*, October 2004.
Gould, C., *Bernini in France*, Weidenfeld & Nicolson, 1981.
Gregg, E., *Queen Anne*, Routledge & Kegan Paul, 1980.
Grell, O. P., J. I. Israel and N. Tyacke (eds), *From Persecution to Toleration: The Glorious Revolution and Religion in England*, Clarendon Press, 1991.
Gribbin, J., *Science: A history 1543–2001*, Penguin, 2002.
Gwynne, R., *Huguenot Heritage*, Routledge & Kegan Paul, 1985.
Hamilton, S., 'The Place of Sir Christopher Wren in the History of Structural Engineering', *Newcomen Society Transactions*, vol. XIV, 1933–34.
Hampson, N., *The Enlightenment: An evaluation of its assumptions, attitudes and values*, Penguin, 1990.
Hanson, N., *The Dreadful Judgement: The True Story of the Great Fire of London*, Doubleday, 2001.
Harris, F., *Transformations of Love: The friendship of John Evelyn and Margaret Godolphin*, Oxford University Press, 2002.
Harris, F. and M. Hunter (eds), *John Evelyn and his Milieu*, British Library, 2003.
Harris, I., *The Mind of John Locke*, Cambridge University Press, 1994.
Harris, T., *London Crowds in the Reign of Charles II*, Cambridge University Press, 1987.
——, *Restoration: Charles II and his Kingdoms 1660–1685*, Penguin, 2005.
——, *Revolution: The Great Crisis of the British Monarchy, 1685–1720*, Penguin, 2006.
Hart, V., *St Paul's Cathedral*, Phaidon, 1995.
Hartley, Sir H. (ed.), *The Royal Society: Its Origins and Founders*, Royal Society, 1960.
Hennessy, E., *Coffee House to Cyber Market: 200 years of the London Stock Exchange*, Ebury Press, 2000.
Hill, C., *The World Turned Upside Down: Radical Ideas during the English Revolution*, Penguin, 1972.
——, *The Experience of Defeat: Milton and some contemporaries*, Faber & Faber, 1984.
Hiscock, W. G., *John Evelyn and His Family Circle*, Routledge & Kegan Paul, 1955.

Hobhouse, H. and A. Saunders (eds), *Good and Proper Materials: The Fabric of London since the Great Fire*, London Topographical Society, 1989.

Holme, T., *Chelsea*, Hamish Hamilton, 1972.

Hopkins, A., *Italian Architecture from Michelangelo to Borromini*, Thames & Hudson, 2002.

Hoppitt, J., *A Land of Liberty? England 1689–1729*, Oxford University Press, 2000.

Horne, A., *Seven Ages of Paris*, Weidenfeld & Nicolson, 2002.

Horsefield, J. K., *British Monetary Experiments 1650–1710*, G. Bell & Sons, 1960.

Houston, R. A. and W. W. Knox (eds), *The New Penguin History of Scotland*, Penguin, 2001.

Huizinga, J. H., *Dutch Civilization in the 17th Century*, Collins, 1968.

Hunt, C., 'A Forgotten Poem by Locke', *Locke Studies*, vol. 3, 2003.

Hunt, T., *The English Civil War at First Hand*, Weidenfeld & Nicolson, 2002.

Hunter, M., *Science and Society in Restoration England*, Cambridge University Press, 1981.

———, *The Royal Society and Its Fellows 1660–1700*, British Society for the History of Science, 1982.

——— (ed.), *Robert Boyle Reconsidered*, Cambridge University Press, 1994.

———, *Science and the Shape of Orthodoxy*, Boydell Press, 1995.

Hunter, M. and S. Schaffer (eds), *Robert Hooke: New Studies*, Boydell Press, 1989.

Hutton, R., *The Restoration: A political and religious history of England and Wales 1658–1667*, Clarendon Press, 1985.

Hylson-Smith, K., *The Church in England from Elizabeth I to Elizabeth II*, SCM Press, 1997.

Inwood, S., *A History of London*, Macmillan, 1998.

———, *The Man Who Knew Too Much: The Strange and Inventive Life of Robert Hooke 1635–1703*, Macmillan, 2002.

Israel, J. (ed.), *The Rise and Greatness of the Dutch Republic*, Clarendon Press, 1995.

———, *Radical Enlightenment: Philosophy and the Making of Modernity*, Oxford University Press, 2001.

———, *Enlightenment Contested: Philosophy, Modernity and the Emancipation of Man 1670–1752*, Oxford University Press, 2006.

Jardine, L., *On a Grander Scale: The Outstanding Career of Sir Christoper Wren*, HarperCollins, 2002.

———, *The Curious Life of Robert Hooke: The Man Who Measured London*, HarperCollins, 2003.

Jeffreys, M. V. C., *John Locke, Prophet of Common Sense*, Methuen, 1967.

Keane, D., A. Burns and A. Saint (eds), *St Paul's: Cathedral Church of London*, Yale University Press, 2004.

Kent, P. and A. Chapman (eds), *Robert Hooke and the English Renaissance*, Gracewing, 2005.
Kenyon, J., *The Popish Plot*, Phoenix, 1972.
——, *Revolution Principles*, Cambridge University Press, 1977.
Keynes, Sir G., *John Evelyn: A Study and a Bibliography*, Clarendon Press, 1968.
King, R., *Brunelleschi's Dome: The story of the great cathedral in Florence*, Pimlico, 2000.
Kishlansky, M., *A Monarchy Transformed: Britain 1603–1714*, Penguin, 1996.
Knights, M., *Politics and Opinion in Crisis, 1678–81*, Cambridge University Press, 1994.
——, *Representation and Misrepresentation in Later Stuart Politics*, Oxford University Press, 2005.
Lane, J., *Puritan, Rake and Squire*, Evans Brothers, 1950.
Lang, J., *Rebuilding St Paul's after the Great Fire of London*, Oxford University Press, 1956.
Leapman, M., *Inigo Jones*, Hodder Review, 2003.
Leasor, J., *The Plague and the Fire*, Allen & Unwin, 1962.
Lehmann, J. F., *Holborn*, Macmillan, 1970.
Leith-Ross, P., 'The Gardens of John Evelyn at Deptford', *Journal of Garden History*, 25(2), 2005.
——, 'A Seventeenth-Century Paris Garden', *Journal of Garden History*, 22(2), 2002.
——, 'Fruit planted around a new bowling green at John Evelyn's Garden at Sayes Court, Deptford, Kent'. *Journal of Garden History*, 2006.
Letwin, W., *The Origins of Scientific Economics*, Methuen, 1963.
Levin, J., *The Charter Controversy in the City of London 1660–1688, and Its Consequences*, Athlone Press, 1969.
Levine, J., *The Battle of the Books*, Cornell University Press, 1991.
——, *Between the Ancients and the Moderns: Baroque Culture in Restoration England*, Yale University Press, 1999.
Li, M.-H., *The Great Recoinage of 1696 to 1699*, Weidenfeld & Nicolson, 1963.
Lillywhite, B., *London Coffee Houses*, Allen & Unwin, 1963.
Lindley, K., *Popular Politics and Religion in Civil War London*, Scolar Press, 1997.
Lindsay, J., *The Monster City: Defoe's London 1688–1730*, Hart-Davis, MacGibbon, 1978.
Lindsey, J., *Wren: His Work and Times*, Rich & Cowan, 1951.
Lubbock, J., *The Tyranny of Taste: The Politics of Architecture and Design in Britain 1550–1969*, Yale University Press, 1995.
Luu, L. B., *Immigrants and the Industries of London, 1500–1700*, Sussex Academic Press, 2005.
MacCulloch, J. R. A. (ed.), *A Select Collection of Scarce and Valuable Tracts on Commerce*, London, 1850.

MacDonald Sinclair, W., *Memorials of St Paul's Cathedral*, Chapman & Hall, 1909.
McInnes, A., 'When was the English Revolution?', *History*, October 1982.
McKellar, E., *The Birth of Modern London: The development and design of the city 1660–1720*, Manchester University Press, 1999.
McMahon, D., *The Pursuit of Happiness: A History from the Greeks to the Present*, Allen Lane, 2006.
Magnusson, M., *Scotland, the Story of a Nation*, HarperCollins, 2000.
Matthews, W. R. and W. M. Atkins, *A History of St Paul's Cathedral and the Men Associated with It*, Phoenix House, 1957.
Maynard Smith, H., *The Early Life and Education of John Evelyn: 1620–41*, Clarendon Press, 1920.
Merritt, J. F. (ed.), *Imagining Early Modern London: Perspectives and Portrayals of the City from Stow to Strype 1598–1720*, Cambridge University Press, 2001.
Miller, J., *Seeds of Liberty: 1688 and the Shaping of Modern Britain*, Souvenir Press, 1988.
Milne, G., *The Great Fire of London*, Historical Publications, 1986.
Milton, J. R., 'John Locke and the Fundamental Constitutions of Carolina', *Locke Studies*, no. 21, 1990.
———, 'Locke's Pupils', *Locke Studies*, no. 26, 1995.
Mitchell, R. J. and M. D. R. Leys, *A History of London Life*, Longman, 1963.
Moote, A. and D. Moote, *The Great Plague: The Story of London's Most Deadly Year*, Johns Hopkins University Press, 2004.
Morrill, J. (ed.), *The Impact of the English Civil War*, Collins & Brown, 1991.
Mowl, T., *Gentlemen and Players: Gardeners of the English Landscape*, Sutton, 2000.
Nichols, R., *The Diaries of Robert Hooke, the Leonardo of London 1635–1703*, Book Guild, 1994.
Ochs, K., 'History of Trades', *Notes and Records of the Royal Society*, 39, 1984/85.
O'Malley, T. and J. Wolschke-Bulmahn (eds), *John Evelyn's Elysium Britannicum and European Gardening*, Dumbarton Oaks Research Library, 1998.
Pearce, D., *London's Mansions: The Palatial Houses of the Nobility*, Batsford, 1986.
Pearl, V., *London and the Outbreak of the Puritan Revolution 1625–43*, Oxford University Press, 1961.
Pevsner, N., *An Outline of European Architecture*, Penguin, 1960.
Pevsner, N. and S. Bradley, *London: The City Churches*, Yale University Press, 1998.
———, *London 1: The City of London*, Yale University Press, 1997.
Pevsner, N. and B. Cherry, *London 4: North*, Yale University Press, 1998.
Picard, L., *Restoration London*, Weidenfeld & Nicolson, 1997.
Pincus, S. C. A., *England's Glorious Revolution, 1688–89: A brief history with documents*, St Martin's Press, 2006.

Plumley, N. and A. Niland, *A History of the Organs in St Paul's Cathedral*, Positif, 2001.
Ponsonby, A., *John Evelyn*, Heinemann, 1933.
Porter, R., *London: A Social History*, Penguin, 1994.
———, *Enlightenment: Britain and the Creation of the Modern World*, Penguin, 2000.
Porter, S. (ed.), *London and the Civil War*, Macmillan, 1996.
Price, J. L., *Culture and Society: The Dutch Republic in the Seventeenth Century*, Batsford, 1974.
Purkiss, D., *The English Civil War*, HarperCollins, 2006.
Purver, M., *The Royal Society: Conception and Creation*, Routledge & Kegan Paul, 1967.
Quarrell, W. H. and M. Mare (eds), *London in 1710, from the Travels of Zacharias Conrad von Uffenbach*, Faber & Faber, 1934.
Quest-Ritson, R., *The English Garden: A Social History*, Viking, 2001.
Rabb, T., *The End of the Renaissance and the March of Modernity*, Basic Books, 2006.
Ranum, O., *Paris in the Age of Absolutism*, Pennsylvania University Press, 2002.
Rasmussen, S. E., *Experiencing Architecture*, Chapman & Hall, 1959.
———, *London: The Unique City* (revised edn), Penguin, 1982.
Reader, J., *Cities*, Heinemann, 2004.
Reddaway, T. F., *The Rebuilding of London after the Great Fire*, Jonathan Cape, 1940.
Royle, T., *Civil War: The Wars of the Three Kingdoms 1638–1660*, Little, Brown, 2004.
Saunders, A. (ed.), *The Royal Exchange*, London Topographical Society, 1997.
———, *St Paul's: The Story of the Cathedral*, Collins & Brown, 2001.
Schama, S., *The Embarrassment of Riches: An Interpretation of Dutch Culture in the Golden Age*, HarperCollins, 1987.
Schwoerer, L., *The Declaration of Rights, 1689*, Johns Hopkins University Press, 1981.
——— (ed.), *The Revolution of 1688–89: Changing Perspectives*, Cambridge University Press, 1992.
Scott, E., *The King in Exile: The wanderings of Charles II from June 1646 to July 1654*, Constable, 1904.
Scott, J., *England's Troubles: Seventeenth Century English Political Instability in European Context*, Cambridge University Press, 2000.
Scouloudi, I. (ed.), *Huguenots in Britain and Their French Background, 1550–1800*, Macmillan, 1987.
Seaver, P., *Wallington's World: A Puritan Artisan in Seventeenth Century London*, Methuen, 1985.
Sekler, E. F., *Wren and His Place in European Architecture*, Faber & Faber, 1956.

Sennett, R., *The Conscience of the Eye: The Design and Social Life of Cities*, Faber & Faber, 1990.
Sennett, R., *Flesh and Stone: The Body and the City in Western Civilization*, Faber & Faber, 1994.
Shapin, S., *A Social History of Truth*, University of Chicago Press, 1994.
———, *The Scientific Revolution*, University of Chicago Press, 1996.
Shapiro, B., *John Wilkins 1614–1672: An Intellectual Biography*, University of California Press, 1969.
Sheppard, F., *London: A History*, Oxford University Press, 1998.
Shoemaker, R., *The London Mob: Violence and Disorder in 18th Century England*, Hambledon & London, 2004.
Smith, G., *The Cavaliers in Exile, 1640–1660*, Palgrave Macmillan, 2003.
Soo, L., *Wren's Tracts on Architecture and Other Writings*, Cambridge University Press, 1998.
Spence, C., *London in the 1690s: A Social Atlas*, University of London, Centre for Metropolitan Research, 2000.
Spurr, J., *England in the 1670s: 'This Masquerading Age'*, Blackwells, 2000.
Stewart, L., *The Rise of Public Science: Rhetoric, Technology and Natural Philosophy in Newtonian Britain 1660–1750*, Cambridge University Press, 1992.
Stoye, J., *English Travellers Abroad: 1604–1667*, Yale University Press, 1989.
Stroud, A., *Stuart England*, Routledge, 1999.
Stuart, M. A., 'Locke's Professional Contacts with Robert Boyle', *Locke Newsletter*, no. 12, 1981.
Summerson, Sir J., *Architecture in Britain 1530 to 1830*, Penguin, 1963.
———, *The Classical Language of Architecture*, Yale University Press, 1964.
———, *Inigo Jones*, Penguin, 1966.
———, *Georgian London*, Yale University Press, 2003.
Survey of London, vol. 27: *Spitalfields*, University of London for London County Council, 1957.
———, vol. 29: *St James's, Westminster*, part 1, University of London for London County Council, 1960.
———, vol. 32: *St James's, Westminster*, part 2, University of London for London County Council, 1960.
———, vol. 33: *St Anne's, Soho*, part 1, University of London for London County Council. 1966.
———, vol. 34: *St Anne's, Soho*, part 2, University of London for London County Council, 1966.
Tames, R., *Bloomsbury Past*, Historical Publications, 1993.
Tarlton, C., 'The Rulers Now on Earth: Locke's "Two Treatise" and the Revolution of 1888', *Historical Journal*, 28(2), 1985.
Thorgood, P., *The London Rich: The Creation of a Great City from 1666 to the Present*, Penguin, 2000.

Thurley, S., *The Lost Palace of Whitehall*, RIBA, 1998.
Thurley, S., *Whitehall Palace: An Architectural History of the Royal Apartments*, Yale University Press, 1999.
———, *Hampton Court: A Social and Architectural History*, Yale University Press, 2003.
Tinniswood, A., *His Imagination So Fertile: A Life of Christopher Wren*, Jonathan Cape, 2001.
———, *By Permission of Heaven: The Story of the Great Fire of London*, Jonathan Cape, 2003.
Tomalin, C., *Samuel Pepys: An Unequal Self*, Penguin, 2002.
Trevor, M., *The Shadow of a Crown: The Life Story of James II of England and VII of Scotland*, Constable, 1988.
Turnbull, H. W. (ed.), *Isaac Newton's Correspondence*, vol. 2, Cambridge University Press, 1960.
Tyacke, N. (ed.), *The History of Oxford University*, vol. IV: *Seventeenth-century Oxford*, Clarendon Press, 1997.
Uglow, J., *A Little History of English Gardening*, Chatto & Windus, 2004.
Underdown, D., *Royalist Conspiracies in England 1649–1660*, Yale University Press, 1960.
———, *Somerset in the Civil War and Interregnum*, David & Charles, 1973.
Valliance, E., *The Glorious Revolution: 1688 – England's Battle for Liberty*, Little, Brown, 2006.
Van der Kiste, J., *William and Mary*, Sutton, 2003.
Van der Zee, H. and B., *William and Mary*, Macmillan, 1973.
———, *1688: Revolution in the Family*, Viking, 1988.
Vickers, D., *Studies in the Theory of Money 1690–1776*, Peter Owen, 1960.
Von Leyden, W. (ed.), *John Locke: Essays on the Law of Nature*, Clarendon Press, 1954.
Waldron, J., *God, Locke and Equality*, Cambridge University Press, 2002.
Waller, M., *1700: Scenes from London Life*, Sceptre, 2000.
———, *Ungrateful Daughters: The Stuart princesses who stole their father's crown*, Sceptre, 2002.
Walsh, J., C. Haydon and S. Taylor (eds), *The Church of England c.1689–c.1833*, Cambridge University Press, 1993.
Webster, C., *The Great Instauration: Science, medicine and reform 1626–1660*, Duckworth, 1975.
Weinstein, H., 'The Paper Wars of the 1640s', *BBC History*, February 2005.
Weiser, B., *Charles II and the Politics of Access*, Boydell Press, 2003.
Westfall, R., *Never at Rest: A Biography of Isaac Newton*, Cambridge University Press, 1980.
———, *The Life of Isaac Newton*, Cambridge University Press, 1993.
Whinney, M., *Wren*, Thames & Hudson, 1971.

Whitaker, K., *Mad Madge: Margaret Cavendish, Duchess of Newcastle, Royalist, Writer and Romantic*, Vintage, 2002.
Woolf, V., *The Common Reader*, Hogarth Press, 1925.
Woolhouse, R., 'Lady Masham's Account of Locke', *Locke Studies*, vol. 3, 2003.
Woolley, B., *The Herbalist: Nicholas Culpeper and the Fight for Medical Reform*, HarperCollins, 2004.
Worsley, G., *Classical Architecture in Britain: The Heroic Age*, Yale University Press, 1994.
———, 'Taking Hooke Seriously', *Georgian Group Journal*, vol. XIV, 2004.
———, *Inigo Jones and the Classical European Tradition*, Yale University Press, 2006.
Yolton, J., *Locke and the Way of Ideas*, Oxford University Press, 1956.
———, *A Locke Dictionary*, Blackwells, 1993.
Zimmer, C., *Soul Made Flesh: Thomas Willis, the English Civil War and the Mapping of the Mind*, Heinemann, 2004.

致　谢

许多人认为写作是孤独的追求，在落满灰尘的柜子里翻找资料，一连好几个小时盯着电脑上的空白文档。但这并不是真的。写作《伦敦的崛起》是和不同的人协作的过程，所以需要感谢很多人。

首先，要感谢图书管理员和档案保管员，他们保管着国家的文化遗产，但这项重要的工作常常被低估。一方面他们受到经费紧缩带来的困窘，另一方面还要被迫成为"观点中枢"，作为智囊团的他们，在我们的历史中却始终处于边缘。而如果没有伦敦城中那些伟大的建筑，包括大英图书馆、伦敦图书馆、国家档案馆、皇家学会和市政府图书馆，这本书是不可能完成的。是否应该为继续使用这些宝贵的资源付费，我不知道。但更重要的是，它们必须保持可用，并且易用。那些分享我们自身历史的持续投资，总会产生回报。

在写作和出版本书的过程中，我受到了很多人的帮助。关于最初的设想，许多人给予了我建议和专业指导，包括Conville & Walsh公司的我的经纪人帕特里克·沃尔什（Patrick Walsh），还有Weidenfeld & Nicolson出版社的海伦·加农斯-威廉斯（Helen Garnons-Williams）、贝亚·赫明（Bea Hemming）和凯丽·福尔克纳（Kelly Falconer），以及Walker公司的乔治·吉布森（George Gibson）和杰奎琳·杰克逊（Jacqueline Jackson），他们极大地帮助我提升了作品水平。当然还要感谢我的文字编辑们，伊恩·派登（Ian Paten）、杰西卡·米德（Jessica Mead）、艾伦·萨姆森（Alan Samson）和卡蒂·汉布利（Katie Hambly），以及整个营销团队。

这本书还要归功于我家人和朋友们的宝贵支持。罗丝（Rose）、刘易斯（Louis）和希多拉（Theadora），我的母亲和艾德（Ed），艾玛（Emma）和蒂姆（Tim）。最后，谨以此书献给我的父亲奈杰尔（Nigel）和岳父迈克尔（Michael）。他们都过世得太早了，一定错过了这个故事中某些有趣的东西。

新知
文库

01 《证据：历史上最具争议的法医学案例》[美]科林·埃文斯 著　毕小青 译
02 《香料传奇：一部由诱惑衍生的历史》[澳]杰克·特纳 著　周子平 译
03 《查理曼大帝的桌布：一部开胃的宴会史》[英]尼科拉·弗莱彻 著　李响 译
04 《改变西方世界的26个字母》[英]约翰·曼 著　江正文 译
05 《破解古埃及：一场激烈的智力竞争》[英]莱斯利·罗伊·亚京斯 著　黄中宪 译
06 《狗智慧：它们在想什么》[加]斯坦利·科伦 著　江天帆、马云霏 译
07 《狗故事：人类历史上狗的爪印》[加]斯坦利·科伦 著　江天帆 译
08 《血液的故事》[美]比尔·海斯 著　郎可华 译　张铁梅 校
09 《君主制的历史》[美]布伦达·拉尔夫·刘易斯 著　荣予、方力维 译
10 《人类基因的历史地图》[美]史蒂夫·奥尔森 著　霍达文 译
11 《隐疾：名人与人格障碍》[德]博尔温·班德洛 著　麦湛雄 译
12 《逼近的瘟疫》[美]劳里·加勒特 著　杨岐鸣、杨宁 译
13 《颜色的故事》[英]维多利亚·芬利 著　姚芸竹 译
14 《我不是杀人犯》[法]弗雷德里克·肖索依 著　孟晖 译
15 《说谎：揭穿商业、政治与婚姻中的骗局》[美]保罗·埃克曼 著　邓伯宸 译　徐国强 校
16 《蛛丝马迹：犯罪现场专家讲述的故事》[美]康妮·弗莱彻 著　毕小青 译
17 《战争的果实：军事冲突如何加速科技创新》[美]迈克尔·怀特 著　卢欣渝 译
18 《口述：最早发现北美洲的中国移民》[加]保罗·夏亚松 著　暴永宁 译
19 《私密的神话：梦之解析》[英]安东尼·史蒂文斯 著　薛绚 译
20 《生物武器：从国家赞助的研制计划到当代生物恐怖活动》[美]珍妮·吉耶曼 著　周子平 译
21 《疯狂实验史》[瑞士]雷托·U.施奈德 著　许阳 译
22 《智商测试：一段闪光的历史，一个失色的点子》[美]斯蒂芬·默多克 著　卢欣渝 译
23 《第三帝国的艺术博物馆：希特勒与"林茨特别任务"》[德]哈恩斯-克里斯蒂安·罗尔 著　孙书柱、刘英兰 译
24 《茶：嗜好、开拓与帝国》[英]罗伊·莫克塞姆 著　毕小青 译
25 《路西法效应：好人是如何变成恶魔的》[美]菲利普·津巴多 著　孙佩妏、陈雅馨 译
26 《阿司匹林传奇》[英]迪尔米德·杰弗里斯 著　暴永宁、王惠 译

27 《美味欺诈：食品造假与打假的历史》［英］比·威尔逊 著　周继岚 译
28 《英国人的言行潜规则》［英］凯特·福克斯 著　姚芸竹 译
29 《战争的文化》［以］马丁·范克勒韦尔德 著　李阳 译
30 《大背叛：科学中的欺诈》［美］霍勒斯·弗里兰·贾德森 著　张铁梅、徐国强 译
31 《多重宇宙：一个世界太少了？》［德］托比阿斯·胡阿特、马克斯·劳讷 著　车云 译
32 《现代医学的偶然发现》［美］默顿·迈耶斯 著　周子平 译
33 《咖啡机中的间谍：个人隐私的终结》［英］吉隆·奥哈拉、奈杰尔·沙德博尔特 著　毕小青 译
34 《洞穴奇案》［美］彼得·萨伯 著　陈福勇、张世泰 译
35 《权力的餐桌：从古希腊宴会到爱丽舍宫》［法］让－马克·阿尔贝 著　刘可有、刘惠杰 译
36 《致命元素：毒药的历史》［英］约翰·埃姆斯利 著　毕小青 译
37 《神祇、陵墓与学者：考古学传奇》［德］C. W. 策拉姆 著　张芸、孟薇 译
38 《谋杀手段：用刑侦科学破解致命罪案》［德］马克·贝内克 著　李响 译
39 《为什么不杀光？种族大屠杀的反思》［美］丹尼尔·希罗、克拉克·麦考利 著　薛绚 译
40 《伊索尔德的魔汤：春药的文化史》［德］克劳迪娅·米勒－埃贝林、克里斯蒂安·拉奇 著　王泰智、沈惠珠 译
41 《错引耶稣：〈圣经〉传抄、更改的内幕》［美］巴特·埃尔曼 著　黄恩邻 译
42 《百变小红帽：一则童话中的性、道德及演变》［美］凯瑟琳·奥兰丝汀 著　杨淑智 译
43 《穆斯林发现欧洲：天下大国的视野转换》［英］伯纳德·刘易斯 著　李中文 译
44 《烟火撩人：香烟的历史》［法］迪迪埃·努里松 著　陈睿、李欣 译
45 《菜单中的秘密：爱丽舍宫的飨宴》［日］西川惠 著　尤可欣 译
46 《气候创造历史》［瑞士］许靖华 著　甘锡安 译
47 《特权：哈佛与统治阶层的教育》［美］罗斯·格雷戈里·多塞特 著　珍栎 译
48 《死亡晚餐派对：真实医学探案故事集》［美］乔纳森·埃德罗 著　江孟蓉 译
49 《重返人类演化现场》［美］奇普·沃尔特 著　蔡承志 译
50 《破窗效应：失序世界的关键影响力》［美］乔治·凯林、凯瑟琳·科尔斯 著　陈智文 译
51 《违童之愿：冷战时期美国儿童医学实验秘史》［美］艾伦·M. 霍恩布鲁姆、朱迪斯·L. 纽曼、格雷戈里·J. 多贝尔 著　丁立松 译
52 《活着有多久：关于死亡的科学和哲学》［加］理查德·贝利沃、丹尼斯·金格拉斯 著　白紫阳 译
53 《疯狂实验史Ⅱ》［瑞士］雷托·U. 施奈德 著　郭鑫、姚敏多 译
54 《猿形毕露：从猩猩看人类的权力、暴力、爱与性》［美］弗朗斯·德瓦尔 著　陈信宏 译
55 《正常的另一面：美貌、信任与养育的生物学》［美］乔丹·斯莫勒 著　郑嬿 译

56 《奇妙的尘埃》[美]汉娜·霍姆斯 著　陈芝仪 译
57 《卡路里与束身衣：跨越两千年的节食史》[英]路易丝·福克斯克罗夫特 著　王以勤 译
58 《哈希的故事：世界上最具暴利的毒品业内幕》[英]温斯利·克拉克森 著　珍栎 译
59 《黑色盛宴：嗜血动物的奇异生活》[美]比尔·舒特 著　帕特里曼·J.温 绘图　赵越 译
60 《城市的故事》[美]约翰·里德 著　郝笑丛 译
61 《树荫的温柔：亘古人类激情之源》[法]阿兰·科尔班 著　苣蓓 译
62 《水果猎人：关于自然、冒险、商业与痴迷的故事》[加]亚当·李斯·格尔纳 著　于是 译
63 《囚徒、情人与间谍：古今隐形墨水的故事》[美]克里斯蒂·马克拉奇斯 著　张哲、师小涵 译
64 《欧洲王室另类史》[美]迈克尔·法夸尔 著　康怡 译
65 《致命药瘾：让人沉迷的食品和药物》[美]辛西娅·库恩等 著　林慧珍、关莹 译
66 《拉丁文帝国》[法]弗朗索瓦·瓦克 著　陈绮文 译
67 《欲望之石：权力、谎言与爱情交织的钻石梦》[美]汤姆·佐尔纳 著　麦慧芬 译
68 《女人的起源》[英]伊莲·摩根 著　刘筠 译
69 《蒙娜丽莎传奇：新发现破解终极谜团》[美]让-皮埃尔·伊斯鲍茨、克里斯托弗·希斯·布朗 著　陈薇薇 译
70 《无人读过的书：哥白尼〈天体运行论〉追寻记》[美]欧文·金格里奇 著　王今、徐国强 译
71 《人类时代：被我们改变的世界》[美]黛安娜·阿克曼 著　伍秋玉、澄影、王丹 译
72 《大气：万物的起源》[英]加布里埃尔·沃克 著　蔡承志 译
73 《碳时代：文明与毁灭》[美]埃里克·罗斯顿 著　吴妍仪 译
74 《一念之差：关于风险的故事与数字》[英]迈克尔·布拉斯兰德、戴维·施皮格哈尔特 著　威治 译
75 《脂肪：文化与物质性》[美]克里斯托弗·E.福思、艾莉森·利奇 编著　李黎、丁立松 译
76 《笑的科学：解开笑与幽默感背后的大脑谜团》[美]斯科特·威姆斯 著　刘书维 译
77 《黑丝路：从里海到伦敦的石油溯源之旅》[英]詹姆斯·马里奥特、米卡·米尼奥-帕卢埃洛 著　黄煜文 译
78 《通向世界尽头：跨西伯利亚大铁路的故事》[英]克里斯蒂安·沃尔玛 著　李阳 译
79 《生命的关键决定：从医生做主到患者赋权》[美]彼得·于贝尔 著　张琼懿 译
80 《艺术侦探：找寻失踪艺术瑰宝的故事》[英]菲利普·莫尔德 著　李欣 译
81 《共病时代：动物疾病与人类健康的惊人联系》[美]芭芭拉·纳特森-霍洛威茨、凯瑟琳·鲍尔斯 著　陈筱婉 译
82 《巴黎浪漫吗？——关于法国人的传闻与真相》[英]皮乌·玛丽·伊特韦尔 著　李阳 译

83 《时尚与恋物主义:紧身褡、束腰术及其他体形塑造法》[美]戴维·孔兹 著　珍栎 译

84 《上穷碧落:热气球的故事》[英]理查德·霍姆斯 著　暴永宁 译

85 《贵族:历史与传承》[法]埃里克·芒雄-里高 著　彭禄娴 译

86 《纸影寻踪:旷世发明的传奇之旅》[英]亚历山大·门罗 著　史先涛 译

87 《吃的大冒险:烹饪猎人笔记》[美]罗布·沃乐什 著　薛绚 译

88 《南极洲:一片神秘的大陆》[英]加布里埃尔·沃克 著　蒋功艳、岳玉庆 译

89 《民间传说与日本人的心灵》[日]河合隼雄 著　范作申 译

90 《象牙维京人:刘易斯棋中的北欧历史与神话》[美]南希·玛丽·布朗 著　赵越 译

91 《食物的心机:过敏的历史》[英]马修·史密斯 著　伊玉岩 译

92 《当世界又老又穷:全球老龄化大冲击》[美]泰德·菲什曼 著　黄煜文 译

93 《神话与日本人的心灵》[日]河合隼雄 著　王华 译

94 《度量世界:探索绝对度量衡体系的历史》[美]罗伯特·P.克里斯 著　卢欣渝 译

95 《绿色宝藏:英国皇家植物园史话》[英]凯茜·威利斯、卡罗琳·弗里 著　珍栎 译

96 《牛顿与伪币制造者:科学巨匠鲜为人知的侦探生涯》[美]托马斯·利文森 著　周子平 译

97 《音乐如何可能?》[法]弗朗西斯·沃尔夫 著　白紫阳 译

98 《改变世界的七种花》[英]詹妮弗·波特 著　赵丽洁、刘佳 译

99 《伦敦的崛起:五个人重塑一座城》[英]利奥·霍利斯 著　宋美莹 译

100 《来自中国的礼物:大熊猫与人类相遇的一百年》[英]亨利·尼科尔斯 著　黄建强 译